变局

七千人大会始末

1962年1月11日—2月7日

张素华 著

中国青年出版社

图书在版编目（CIP）数据

变局：七千人大会始末：纪念版 / 张素华著 .— 3 版 .
— 北京：中国青年出版社，2012.1（2025.6 重印）
ISBN 978-7-5153-0487-8

Ⅰ. ①变… Ⅱ. ①张… Ⅲ. ①中国共产党－党史－史料－1962
Ⅳ. ①D232

中国版本图书馆 CIP 数据核字（2011）第 266861 号

策　　划：吴晓梅工作室
原版责任编辑：吴晓梅
本版责任编辑：刘霜　马绒
封面设计：瞿中华

出版发行：中国青年出版社
社　　址：北京市东城区东四十二条 21 号
网　　址：www.cyp.com.cn
编辑中心：010-57350510
营销中心：010-57350370
经　　销：新华书店
印　　刷：三河市君旺印务有限公司
规　　格：700 mm × 1000 mm　1/16
印　　张：28
字　　数：400 千字
版　　次：2006 年 6 月北京第 1 版　　2007 年 8 月北京第 2 版
　　　　　2012 年 1 月北京第 3 版
印　　次：2025 年 6 月河北第 19 次印刷
印　　数：124001-129000
定　　价：68.00 元

感悟七千人大会的开法

（代序）

中共中央文献研究室副主任 陈晋

1962年初召开的扩大的中央工作会议，以其七千人的空前规模载入史册，以至于研究历史的人，索性把这个会议叫作“七千人大会”，它的正式名称，反倒有些陌生。

这个会议为什么要扩大到七千人？为什么要开27天的时间？领导层对会议的设想和引导经历了哪些变化？与会者的心态和讨论发言情况如何？最后形成了什么共识，做出了什么决策，解决了哪些问题？这样开会，对后人有什么样的启示？凡此等等，如果填空式回答，似乎不难。若要理清来龙去脉，拎出会议的要害关键，还原当时的政治气氛，道出中央领导对现实问题的认识过程，揭示当时情况下执政党的决策方式，就没有那么容易了。没有对三年“大跃进”的探索实践及其主题的准确把握，缺少对中央领导层当时的决策过程的仔细研究，不挖掘和积累大量详实的会议材料，特别是会议的酝酿细节和与会人员的发言内容，实难做到。《变局——七千人大会始末》一书，我觉得是大体做到了的。

作者张素华，是我的同事。她在20世纪70年代末到中央文献研究室，那时还叫毛泽东主席著作编辑出版委员会办公室，工作很单纯，就是通过编辑党的重要文献，来研究毛泽东和中共党史，一晃达30余年。《变局——七千人大会始末》是她的第一部个人著述。积几十年之功，成一部史作，在当代学术史上，已不多见，其在史识和材料上的扎实程度，也可想而知。唯其如此，2006年该书一面世，即引来不小反响。一部靠材料说话的严肃史作，竟成为了畅销书。如今，中国青年出版社又根据读者需要，推出这部纪念“七千人大会”召开50周年的新版。

我是在2006年细读该书的。当时感受颇多，对书中描述的七千人大会的开法，犹有兴趣。现尝试作以下疏理。

1962年初，党中央召开的扩大的中央工作会议即“七千人大会”，不仅以其空前的规模载入党的史册，更以其通过上下通气和上下互动的讨论来解决现实难题、总结工作经验而启示后人。

召开如此大规模的会议，原本是为解决粮食紧缺这个当时非常具体而又重大的难题。1958年开始的“大跃进”运动和1960年的严重自然灾害，造成全国粮食全面紧张，粮食征购计划无法完成；到1961年11月中旬，只完成当年任务的20%，京、津、沪三大城市随时有断粮的可能。为解决这个从1954年实行粮食统购统销政策以来从未遇到过的困难，党中央专门提请六个中央局第一书记会议商讨办法。结果与会者多表现出畏难情绪，怕答应了中央要求的粮食征购数目后回去难以落实。中南局书记陶铸提出，干脆把全国的地委书记找到北京来开一次会，以“打通思想”。这个建议似乎印证了中央此前的一个基本判断：对粮食产量，地方干部没有完全讲老实话，只有从思想上解决分散主义和本位主义，才可能完成粮食征购计划。为此，毛泽东不仅同意陶铸这个提议，还决定再扩大规模，把县委书记们也请来。这就是有七千多人参加的扩大的中央工作会议的由来。

怎样才能“打通思想”呢？毛泽东的设想是总结前一阶段的工作经验，讲清道理，把会议当成“小整风”。于是，中央在1961年11月16日发出的召开扩大的中央工作会议的通知里明确提出：会议主要讨论近几年的工作经验和端正工作作风问题。工作中存在的不正确的观点和作风就是分散主义和本位主义，不讲老实话，“在执行国家收购农产品任务上不照顾大局，片面地只顾本地或者只顾农民一头”，等等。

因落实粮食征购计划而引发召开大规模的会议来总结经验，体现了中央见微知著的正确判断和值得提倡的领导方法。当然，这也不是灵机一动所致。此前在调整和制订经济计划时，即已出现中央的指示落实不畅的情况；不少地区和部门强调局部利益，向中央讲条件，并觉得前几年的工作不够理想，中央也没有作统一和明确的解释。因此，召开“七千人大会”实为形势使然。从中央关于召开“七千人大会”的通知和稍后起草的大会报告稿来看，当时设想的大会主题实际上有两个：一个是总结经验，讲清楚“大跃进”以来的成绩和缺点；一个是解决问题，反对工作中存在的分散主义。但这两个主题不是并列的，总结经验是为了反对分散主义，重点在后者。

把分散主义作为主要矛盾，是不是抓到了问题的关键，是否符合当时的实际情况呢？从毛泽东对大会报告稿的处理方式看，中央似乎也没有十足的把握。毛泽东在1962年1月30日“七千人大会”上有这样一个说明：“在这次会议开始的时候，刘少奇同志和别的几位同志，准备了一个报告稿子。这个稿子，还没有经过中央政治局讨论，我就向他们建议，不要先开中央政治局会议讨论了，立即发给参加大会的同志们，请大家评论，提意见。同志们，你们有各方面的人、各地方的人，有各个省委、地委、县委的人，有企业党委的人，有中央各部门的人，你们当中的多数人是比较接近下层的，你们应当比我们中央常委、中央政治局和中央书记处的同志更加了解情况和问题。还有，你们站在各种不同的岗位，可以从各种的角度提出问题。因此，要请你们提意见。”

“七千人大会”在 1962 年 1 月 11 日举行时，没有举行开幕式，而是直接把大会报告稿发给与会者阅读，然后分组讨论，征求意见。讨论一开始，果然是议论纷纷。不少与会者明显不同意报告中提出的反对分散主义的主张。有的省说，工业上有分散主义，但非此不可，否则不能调动地方上发展工业的积极性；而农业上不仅没有分散主义，相反是集中过多，把农民搞得比较苦。有的省说，现在不是反分散主义的问题，而应该反主观主义。显然，地方干部与中央的认识并不一致，提出反主观主义，则尖锐地触及到“大跃进”运动的失误原因，并传达出地方干部对前几年不好的领导作风尚有心结未解。

中央在 1 月 15 日发现了会议讨论的这个重要动向。是坚持按原拟主旨开会，还是根据实际情况重拟报告稿？党中央和毛泽东于 16 日果断决定，应该充分听取地方同志的意见，重新组成报告起草委员会来起草大会报告，并要求先弄清楚当前的主要矛盾是什么，统一思想后再写稿子。这个决定，实际上使大会原拟的两个主题的关系发生了重要变化，即由反对分散主义为主，改成了以总结“大跃进”运动的经验教训为主。

总结“大跃进”运动以来的经验教训，大家是拥护的。但在怎样总结经验这个问题上，认识就不一致了。由于中央鼓励人们大胆思考和具体分析，一时间又是议论纷纷，并很快就突破了中央原来的认识范围。无论在新成立的报告起草委员会内部的讨论中，还是在大会的分组讨论中，像总路线、“大跃进”、人民公社这“三面红旗”还举不举，怎样看 1959 年的庐山会议，中央提出的从 1963 年到 1972 年的远景规划设想的指标是高了还是低了，反对分散主义是不是抓住了主要矛盾，中央原拟报告稿是否要推翻重来这些问题，都提了出来。特别值得一说的是，与会者把原拟报告稿中谈得比较抽象和笼统的“大跃进”失误的原因，也讨论得更加具体和深入了。

例如，原拟报告稿强调“大跃进”失误的一个主要原因是缺乏经验。原则上讲，这当然是对的。但在分组讨论时，不少人提出，不能把什么问题都归结为缺乏经验。有人说，如果只是因为缺乏经验，就不能解释有的省区的失误特别严重，而有的省区则相对轻一些，有些稳重的省区甚至粮食也没怎么减产，可见，这与各省、市、区负责同志的领导作风是有关系的。有人说，前几年人们对上面要求的经济高指标，有的确实是深信不疑，有的是随大流将信将疑，有的是认为指标高一点便于鼓干劲、动员群众，这三种情况确实与经验不足有关。但还有两种情况就不能说是缺乏经验了：一种是虽然心里认为完不成高指标，但是不敢说出来；一种是明知不行，却硬说能够完成，为的是迎合领导。这两种情况显然属于思想作风问题。这样的议论，便直接触及到党内政治生活是否缺乏民主气氛的问题了。

再如，与会者认为，中央强调多做调查研究，这是对的；但同时要解决怎样调查才能了解真实情况的问题。1958年，上自中央领导人，下至县委书记，是下基层最多的年份之一，国务院很多部的部长也都下去了，以至于周恩来不得不下令每个部必须留一个部级干部看家，免得中央有急事找不到人。可见各级干部的工作并不缺乏下去搞调查研究。问题是虽然下去了，却很难了解到真实的情况，听不到真实的声音；即使看到、听到了，回来后也不敢反映真实情况。结果，调查研究表面上轰轰烈烈却缺少实效。这样一来，失误的关键又归结到政治生活是否有民主气氛的问题上来了。在分组讨论中，几乎每个省的省委书记都谈到缺乏民主气氛的问题。有人还说当时党内出现了“四不讲”的现象：报上没发表的不讲，中央没讲的不讲，文件没规定的不讲，顶头上司没讲的不讲。如果按这样的“四不讲”来搞调查研究，自然就看不到表面无而实际有的情况，听不到人们口中无而心中有的声音，自然也就提不出各种正确的意见和建议。

这些观点引起中央的高度重视。大会报告的第二稿对“大跃进”以来的经验教训作了更加具体的分析。刘少奇1月27日还针对讨论情况在大会上作了口头报告。关于中央吸收大会意见的情况，毛泽东在1月30日的讲话中评论说：“报告第二稿是中央集中了七千多人议论的结果。如果没有你们的意见，这个第二稿不可能写成。在第二稿里面，第一部分和第二部分有很大的修改，这是你们的功劳。听说大家对第二稿的评价不坏，认为它是比较好的。如果不是采用这种方法，而是采用通常那种开会的方法，就是先来一篇报告，然后进行讨论，大家举手赞成，那就不可能做到这样好。”

毛泽东1月30日在大会上发表的这个讲话，是对会议讨论情况的真切回应。其中心意思是讲民主集中制，强调无论党内党外，都要有充分的民主生活，要让群众讲话，领导干部要善于听取别人的意见和建议，有了错误，一定要作自我批评和接受别人的批评。毛泽东还专门讲了刘邦和项羽争天下时，刘邦“从谏如流”而项羽“主观武断”的故事，说明“刘邦胜了，项羽败了，不是偶然的”。值得一提的是，毛泽东在讲话中还又一次带头承担了“大跃进”

失误的领导责任，作了自我批评。

会议原准备在1月30日结束。根据毛泽东的提议，会议延长会期，让大家在北京过一个春节（2月5日）。延长的几天干什么呢？毛泽东说："要解决的一个中心问题是，有些同志的话没有讲出来"，"在中央开会，还不敢讲话，回到地方就更不敢讲话了"。"我建议让人家出气，不出气，统一不起来，没有民主，就不可能有集中，因为气都没有出嘛，积极性怎么调动起来？"这个建议，显然有利于落实会议的认识成果。如果只是由毛泽东讲一篇话即宣告总结经验的事情做完了，地方上的领导干部心里的疙瘩还是难以化解，而且他们希望能够结合本地的实际，把总结经验的事情做得更具体、更深入一些。这样，从1月31日到2月7日的会议，便以"出气"、"顺气"为主，即各省、市、区、部委听取地、县两级的意见，同时检讨过去几年的缺点错误，展开批评与自我批评。而对引发这次大会的粮食征购问题则不再纠缠，中央还根据实际情况减少了征购任务，反对分散主义也逐渐淡出了会议的主题。这些做法，使与会者心平气顺，认为这次会议总结经验是马克思主义的，是实事求是思想路线的真正贯彻。

民主气氛活跃了，大家的心气就顺了，认识也就统一了，接下来的事就是把总结出来的经验教训落实到克服困难的各项具体政策措施之中。毛泽东在1月30日的讲话中就曾提出："工、农、商、学、兵、政、党这七个方面的工作，都应当好好地总结经验，制定一整套的方针、政策和办法"。因为，"有了总路线还不够，还必须在总路线指导之下，在工、农、商、学、兵、政、党各个方面，有一整套适合情况的具体的方针、政策和办法，才有可能说服群众和干部，并且把这些当作教材去教育他们，使他们有一个统一的认识和统一的行动"。在"七千人大会"前后形成和实施的工业七十条、农业六十条、商业四十条、高教六十条、科学十四条、文艺八条等，特别是"七千人大会"后，中央下决心对国民经济进行了大刀阔斧的调整，压缩"大跃进"期间盲目上马而投入巨大的一些工程，精减城市人口等，都属于在当时认识条件下总结经验、修正错误、完善政策并贯彻于实践的重要之举。

一次为解决粮食征购难题引出的原本是要反对分散主义的大会，在不到一个月的时间里，从中央到县级的领导干部在认识上出现了如此大的转变和提升，自是可圈可点。今天的人们已不再面临当时讨论的那些具体难题，但"七千人大会"的召开过程和方法，却沉淀了足以让后人体会应该怎样去处理难题、总结经验的启示。

第一，解决难题，要上下通气，在互动中找出难题背后的深层原因。工作中出现一些难题，因角度不同、感受不同、对实际情况的了解不同而看法不一，这是很寻常的事。寻找解决办法，自然不能只着眼于具体现象，而要首先找出背后的根源。统一思想，切忌主观武断，把结论强加于人。开会讨论，不是简单地让别人接受你的主张，要鼓励人们讲真话，不怕有分歧。只要是符合实际的讨论，即使改变原定会议主题也无不可。只要充分发扬民主，就能“各去所偏，归于一是”，就能达到统一认识的目的。

第二，总结经验，需要把遇到的实际问题具体地摆出来，深入下去进行分析，才能找到焦点问题和拿出有针对性的解决办法。如果只是抽象地泛泛而谈，只讲原则上如何、基本上如何、大体上如何，而涉及具体问题则语焉不详，这样即使总结出一些共性的所谓经验来，虽然不错，但不鲜明；虽然可能皆大欢喜，但很可能不痛不痒或浅尝辄止，最终就难以从根本上解决问题。

第三，对需要解决的难题形成共识之后，还须落实到提出解决难题的具体政策、具体措施和具体办法，并一一贯彻于实践当中。这样，总结经验才算是真正地全面地收到了实效。历史事实说明，“七千人大会”前后制定的各行各业的切合实际的具体工作条例，以及大会结束后对极度失衡的国民经济进行的有效调整，为扭转我国当时的严重困难局面发挥了重大的作用。早在1948年纠正土地改革中发生的偏向时，毛泽东就曾经说过：“领导者的责任，就是不但指出斗争的方向，规定斗争的任务，而且必须总结具体的经验，向群众迅速传播这些经验，使正确的获得推广，错误的不致重犯。”我们党和人民的事业，就是在我们不断总结和运用自己正反两方面经验的过程中而不断向前发展的。

以上算是我读《变局——七千人大会始末》的一点体会。

一部引起广泛关注的书，当然会见仁见智。对读者产生这样那样的启发，是其应有的效果。作者邀我为此新纪念版写一序言，可能长了些，但还是坚持完整写下一个方面的体会，也算是表达对严肃的有史识有材料的党史著述应有的尊重。

目 录
CONTENTS

目 录
CONTENTS

01

变局
——七千人大会始末

前　言

1962年1月11日——2月7日，在北京召开的扩大的中央工作会议，有中央、各中央局、各省市自治区党委、地委、县委、重要厂矿党委及军队的负责干部参加，共七千多人。这是中国共产党成立以来举行的规模最大的一次工作会议，人们习惯地称其为“七千人大会”。

关于七千人大会的话题，我酝酿了很久，看了不少材料，也采访了一些当事人。

七千人大会距今已经40多年。这40多年的变化令人眼花缭乱。40多年前人们关注的很多事情，在今天都已经不是问题了。

40多年前，党和国家的领导人，最着急、最头疼的事情之一，是6亿人民吃不饱饭。那时候，北京告急，上海、天津告急，全国不少省市都极其紧张。再有几天就要断粮了！这样的报告不断地送到周恩来、李先念等的办公桌上，急得周恩来寝食难安。堂堂一个大国总理，其主要精力应是考虑制定国家大政方针政策上，但是当时的总理，每次找人谈话，几乎谈的都是粮食问题，被人送了一个苦涩的雅号：“粮食调度总指挥。”直接管粮食的李先念更是火上房般的着急，急得他给各省市负责人抱拳作揖：“求求大家救救京、津、沪。”

如今的粮食状况早已今非昔比，人们不但已经告别了饥饿，告别了粗粮，吃上了细粮（现在的孩子已经不懂什么粗粮细粮了），而且还要讲究粗细搭配，讲究营养，讲究饮食结构。曾经长期因为粮食不足而愁苦的中国人，一下子温饱不愁了，吃不上饭的问题，已经变成了历史，渐渐地远去了。这恐怕是毛泽东未曾想到的。1965年，在一次中央工作会议上谈到粮食问题时，李先念说：据我看，粮食就是长期不大那么够。对此，毛泽东表示赞同。他说：哪一天一颗粮食也不需要进口了，我们这个共产党就算是这一方面共产主义化了。①

如今，中国人民不但解决了温饱问题，还达到了小康水平。毛泽东如果泉下有知，也可以感到欣慰了。

注释 ①中共中央工作会议记录，1965年10月12日。

②《毛泽东文集》第6卷，人民出版社1999年6月版，第329页。

变化，还远不止这些。那时候，棉花极缺，每人每年几尺布，人们穿的衣服缝了又缝，补了又补。如今，我们不但满足了13亿人的穿衣问题，还成了纺织品最大出口国。我们的纺织品销往世界各地，并引起以美国为首的一些政府的严重关注，采取了限制措施。

那时候，中央政府一心一意要加快工业发展速度，但是缺少煤。煤就像工业的“粮食”，没有煤一切都无从谈起，发不了电，采不了矿，炼不了钢。有了煤呢，又很难运出来，因为公路、铁路跟不上，运输的车辆也跟不上。如今我们的采煤技术先进、设备齐全，大量的煤正在源源不断地开采出来。

那时候，把炼钢看做是头等大事。钢铁就是工业的基础，没有钢，我们能干什么？毛泽东说：“能造桌子椅子，能造茶碗茶壶，能种粮食，还能磨成面粉，还能造纸。但是，一辆汽车、一架飞机、一辆坦克、一辆拖拉机都不能造。”②中国将永远停留在农耕时代。为了告别农业社会，为了实现工业化，人们的注意力盯在了炼钢上。只有钢的产量上去了，我们的工业才能迅速发展。因此，全国上下掀起了大炼钢铁的热潮。当时的人们为了找铁炼钢，把全国的各个角落翻了个底朝天，不少人甚至捐出了自家的锅。尽管如此，钢的产量很难超过1000万吨，其中很大一部分还是土钢，根本不能用，为此全国人民吃尽了苦头。而今的中国，钢的产量高达3亿多吨，居世界第一，早已实现了那个年代人们的梦想。

那时候中央开会，讨论的就是今年能生产粮食多少亿斤、棉花生产多少万担，能完成多少万吨钢的任务、多少亿吨煤的指标等等。今天的中央开会，经常讨论的则是如何找出新的经济增长点，如何使我们的产品卖出去，如何提高人们的购买力，也就是说，那个时候的中国缺少的是产品，要啥没啥，仓库几乎是空的。而今的中国，是买方市场，要啥有啥，怕的是你不买东西！

要啥没啥，那就是中国的过去。我们的前辈就奋斗在那个年代。为了祖国的强盛，他们用他们的生命和智慧甚至鲜血，来探索、建设着中国。这中间，有成功也有失误。成功，带来的是喜悦和辉煌；失误，带来的则是苦难与悲伤。成功和失误，他们是一对双生子，结伴而行，其中又有多少酸甜苦辣。

今天，当我们翻开40多年前的那一段历史时，有痛心疾首，也有些许的遗憾和无奈，更有许多感慨在心中回荡。今天是过去的延续，了解了过去，才能更好地面对未来。谁能保证过去的错误今天不再重复，又有谁能保证我们果真继承了过去一切好的东西！所以，我们需要回头看看——不断地总结经验教训！

在1962年初召开的七千人大会，就是在中共中央率领全国人民开展“大跃进”运动，试图用几年时间就改变中国贫困落后的面貌，就使中国成为经济强国，而发生重大失误的情况下召开的！这个大会是为总结“大跃进”的经验教训，是为使人们跌倒了再爬起来的一个大会，可以说是那个年代的一个缩影。透过这个大会，使我们可以了解那个年代的政治、经济和文化，了解那个年代人们的生活和精神状态！

从会议本身的情况来看，它有着许多的特点：

会议规模迄今为止是空前的，一下子在北京聚集了7000多人，前后持续28天；

它是中央领导人带头做自我批评，主动承担责任的大会；

它是让大家发牢骚、提意见、“出气”的大会；

它是努力面对现实，认真总结经验、纠正错误、开辟未来的大会；

它也是中共领袖在认识如何建设社会主义问题上，悄然产生分歧的一个大会；

它还是一个复杂的、至今仍有争议的大会。

总之，七千人大会在党的历史上有着重要的位置，凡是研究中华人民共和国成立以来这段历史的人，几乎都无法忽略这次大会。它对中国现代历史的走向有着如此重要的作用，深入地梳理，细致地研究，也就显得尤其重要。

当时人们对这个大会的评价是：

“这个会开得好。”（当时的毛泽东语）

“这次大会取得了非常大的胜利，不要估计低了。”[①]

“这次会非常好，接触到的一些同志反映都差不多。不是一般的好，而是非常的好，非常的重要。有人比方为‘七大’，在重要时期解决重要问题。而且解决得非常之好，其影响会极其深远。”[②]

注释

①《陈云文选》（1956—1985年），人民出版社1986年6月版，第178页。

②张劲夫在中国科学院司局长会议上的讲话记录，1962年2月9日。张劲夫，当时任中国科学院副院长。

③毛泽东同李雪峰等的谈话记录，1964年8月20日。

④薄一波《若干重大决策与事件的回顾》，人民出版社1997年12月版，（修订本）下卷，第1062页。

事隔两年七个月，毛泽东在北戴河又说："七千人大会有纲，也有目，把一些缺点错误讲得严重了一些。"③这里是既有肯定，也有批评了。

30年后，邓小平说："在我们党的历史上，像七千人大会这样，党的主要领导人带头做自我批评，主动承担失误的责任，这样广泛地发扬民主和开展党内批评，是从未有过的，所以它的意义和作用，在我们这些亲身经历过的人当中，永远不会忘怀，而且我相信会历时愈久，影响愈深。"④

建国后若干历史问题决议说：七千人大会"初步总结了'大跃进'中的经验教训，开展了批评和自我批评"。

最新出版的《中国共产党简史》写道："这次大会取得了在当时历史条件下所能取得的积极成果。会议对缺点错误的比较实事求是的态度，会议的民主精神和自我批评精神，给全党以鼓舞，使广大党员心情比较舒畅，在动员全党为战胜困难而团结奋斗方面起了积极作用。"

当然，除了对大会的积极评价，也有学者指出：大会仍然在原则上肯定了"三面红旗"，没有能从指导思想上纠正"大跃进"的错误；大会是毛泽东在社会主义建设问题上与刘少奇等人由思想分歧走上对立的重要关节；这次会议是后来历史悲剧的发端、是"文革"的起因等等。

我想仅从这些角度，便足够我们重视、研究和介绍七千人大会了。

总起来看，对七千人大会肯定多于批评。在肯定中有批评，在批评中有肯定。

我以为除前面谈到的七千人大会的特点和它的意义、功能之外，还有一个地方值得提出。

我的看法是：七千人大会比较相似于中共十一届三中全会前的中央工作会议。后者是对10年"文化大革命"的总结，七千人大会则是对3年"大跃进"运动和人民公社化运动的总结。两者都是对社会主义时期发生的重大曲折经历进行总结。从大会进行的情况来看，都是思想比较活跃，气氛比较民主。会上，新的想法、新的动议不断产生，许多中央领导的讲话都不是事先准备好的书面报告，而是即席发言。不同的是，十一届三中全会前的中央工作会议，思想更解放，对"文化大革命"的错误认识更深刻、更彻底，对以阶级斗争为纲的指导思想进行了批判，因此这次会议对党的历史产生的积极影响也就更深远。七千人大会则是在肯定"三面红旗"指导思想的情况下进行总结的，因而思想解放的程度就很难彻底。尽管如此，七千人大会还是突破了不少框框，与会者几乎是人人进行批评和自我批评，提出很多问题，讲了很多平时不敢讲的话，会后出现了思想解放，全方位探索如何建设社会主义的新气象。遗憾的是，也就是因为七千人大会该否定的东西没有否定，所以半年以后中国的历史又重新转向，遭受曲折。这也是历史留给后人的深刻教训!

深入观察七千人大会前后左右的情况，我们还可以发现一个很有意思的现象，这次大会的前4年是“大跃进”的开始，它的后4年是“文化大革命”的发端，这是偶然的巧合，还是有其历史的必然？它是一个转折点，还是发挥了承前启后的作用？至今还有很多的地方值得认真发掘材料，进行理性的梳理与研究。

当我千方百计想再现这次大会的历史情景时，感到还有相当的困难，非常重要的当事人已经作古，即使健在的老同志，回忆起来也有一定的难度。此外，在史料方面，也有待继续挖掘；在对事情的评论上，思想还有待解放。这大概也就是多少年来，很少有人详细介绍、展现七千人大会的原故吧!

尽管如此，我力求从史的角度尽其所能对大会作出客观的介绍和评价，既不以我们现在对“大跃进”的理解，对社会主义的认识，去检验当时的领袖和人们，也不回避问题，贬损或者拔高，而是刻意将它放在当时的历史环境中，实事求是地来考察这次大会的人和事。

当然，我所追求的只是我的主观愿望而已。凡是研究历史的人，都会在不经意间带出个人的情感，尽管他们力求客观，但还是会受这样那样的影响，这是没有办法的事情，只是有人不愿意承认罢了。

或许您并不满意我的叙述与观点，我愿意借此机会与大家相互讨论，听取批评意见，更大限度地来接近历史的真实。

张素华

2005年4月于北京

02

变局
——七千人大会始末

为什么要开一个规模如此巨大的会议？

召开一个七千多人的中央工作会议，规模之大，在党的历史上是空前的，至今也是没有过的。况且是在国家财政极端困难，人民生活极端困苦的情况下，召开这样一个大会，决不是一件轻易决定的事情。一般说来，极其特殊的现象，其背后必定有极不普通的原因。那么，七千人大会的背后是些什么情况呢？确实有着不少非常的因素。

关于会议的远因

我想，当我们追溯召开这次大会的远因时，一句话就可以概括：是1958年以来"大跃进"运动和农村人民公社化运动的失败。这个运动的失败，既是"牵动、影响随后20年间中国历史发展的一个关键性'链环'"[①]，又是召开七千人大会的一个最根本的原因。

1958年，毛泽东发动"大跃进"的初衷，是想尽快实现中国工业化，他一生最大的梦想，是"把中国变成一个伟大、强盛、繁荣、高尚的社会主义、共产主义国家"[②]，使古老的中华民族自立于世界民族之林，让贫苦的中国人过上平等、幸福的生活。

1958年8月，毛泽东对赫鲁晓夫说：1949年中国解放我是很高兴的，但是觉得中国问题还没有完全解决，因为中国很落后，很穷，一穷二白。以后对工商业的改造、抗美援朝的胜利，又愉快又不愉快。只有这次大跃进，我才完全愉快了！按照这个速度发展下去中国人民幸福生活完全有指望了！[③]毛泽东的这些话，向人们袒示了他的心迹，他的愉快与不愉快是和中国的强大、人民的幸福与否联系在一起的！所以，在中国的社会主义制度基本确立之后，他总是想把各项建设事业搞得快一点，总是想用最快的速度扭转中国经济落后、物质基础薄弱的被动局面，尤其在中国经济连续7年取得高速增长的情况下，毛泽东失去了冷静，轻率地发动了"大跃进"运动和人民公社化运动。

注释

①陈雪薇、李向前《"白天出气，晚上看戏"的大会》，辽宁人民出版社1997年1月版，第4页。

②《建国以来毛泽东文稿》，中央文献出版社1996年1月版，第9册，第40页。

③见陈毅1958年9月2日在广州干部大会上的讲话。转引自林蕴晖《论中国国情与马克思主义中国化》，2000年第1期《中共党史研究》，第92页。

20世纪60年代初，机关干部走出办公室，教师走出学校，学生走出课堂，科学家走出研究室，纷纷来到农村的田间地头，支援农业生产。图为《人民日报》刊载的1960年10月，上海干部、职工分批开赴农业第一线支援农业生产的场景。

中国从人口来说，是世界第一大国；从国土面积来说，是世界第三大国；从人均资源来说，是一个量少的国家；从经济实力判断，又是一个十分落后的农业国。用毛泽东的话说，还是“一张白纸”。面对人口这么众多，这么原始、落后的一个农业大国，试图通过发动全国人民靠日夜苦干，花几年、十几年的时间，就可以摘掉中国贫穷落后的帽子，就可以使主要工业品产量超英赶美，今天的人们已经知道，这是完全不可能的。

但是，当时的毛泽东并没有意识到这些。他认为事在人为。中国人民既然能够推倒三座大山，既然又能够在很短的时间内使全国的经济和文化建设有了飞跃的发展，那么就完全有理由相信，一定能够在不太长的时间内，实现中国的繁荣与富强。于是，一个由领袖发动，全国人民积极响应的“大跃进”运动，很短的时间内，便在全国各地迅速开展起来。

在农业生产中，为了提高粮食产量，农民不分男女老少纷纷走出家门，掀起了兴修水利、深翻土地、改良土壤、改变耕作方法，昼夜苦干的热潮，凡是认为能够使农作物增产的措施都被推广起来。为了迅速实现工业化，到处建立各种各样的工厂，尤其掀起了全民大炼钢铁的热潮。一时间，全国上下到处都是一派繁忙的“工地”。人们敢想敢干、大干苦干的精神无疑是值得热情称赞和充分肯定的，当时兴修的水利、改良的土壤、兴建的工厂，至今不少仍在造福子孙。问题是在你追我赶的过程中，不问客观条件，仅凭满腔热情，做了很多违背自然规律、经济规律的事情，尤其为了实现“跃进”的高指标，竞放卫星，浮夸风甚嚣尘上，各种“喜讯”不断地出现在报刊杂志上、出现在新闻广播里，出现在毛泽东及党中央领导人的办公桌上。

一时间，亩产千斤县、万斤田的奇迹到处都是，似乎粮食多得无处放；钢、铁、煤等重要工业产品的产量也是不断翻番，令党和国家领导人十分兴奋。中国人民终于告别了饥饿，解决了温饱，且大大地有了富裕，这是一种怎样让人欢欣鼓舞的情景啊！

据此，毛泽东和党中央将超英赶美的时间不断缩短。1958年初还说要用15年左右的时间，在主要工业产品产量方面赶上和超过英国；用20年到30年的时间赶上并且超过美国。不久，超过英国由15年缩短为10年，由10年又缩短为7年，再由7年缩短为5年，由5年又缩短为2至3年。仿佛中国的经济正在火箭式飞升！

在开展“大跃进”运动的同时，还伴随着农村人民公社化运动，仅几个月的时间，全国亿万农民就将所有的土地、牲畜、农具统统交公，加入人民公社，甚至有的地方把农民的房子、铁锅及生活用品也归了公，要向共产主义过渡。在农村刮起了严重的“共产风”，大大伤害了农民生产的积极性。

严重违背经济发展规律的事情怎能长久，仅仅一两年的时间，中国的经济形势不但没有出现人们预想的结果，反而变得严峻起来，或者说来了个南辕北辙。最让人难以承受的是，出现了全国性的大饥荒！曾几何时还在发愁粮食多了怎么办，现在人们的吃饭、穿衣、生产却发生了严重困难。那么多的粮食哪里去了呢，或者，根本就不曾有过？！毛泽东吃惊不小！

事实就是如此，这几年的农业生产，尽管干部群众出了不少力、流了不少汗，由于在农村迅速实现公社化，大搞“一平二调”、大搞劳民伤财的所谓“大办”工厂，加上乱改耕作制度和耕作技术等等，粮、棉、油不但没有增产，反而大幅减产。工业生产，由于摊子铺得太大，乱上项目；又以钢为纲，破坏了综合平衡，严重影响了其他产品的生产；还废除了不少规章制度，造成企业管理混乱，致使轻、重工业都受到严重破坏，不少产品产量直线下降。

惩罚是毫不留情乃至十分残酷的。被惊醒的人们开始思考：他们付出了如此艰辛的努力，收获的却是难以承受的困难局面。根本原因是什么？中国共产党自从遵义会议以来，第一次遭遇如此巨大的挫折。在挫折面前，不少人感到内疚、困惑与不安。

问题是，仅凭这种挫折感解决不了现实的困难，当务之急，是带领全国人民迅速摆脱困境，恢复国民经济。那么，如何走出谷底，必然会产生各种各样不同的认识，社会主义建设到底应该怎么搞，也同样困扰、纠缠着人们，成了挥之不去的问题。

大的挫折过后，必有经验教训的总结。七千人大会也就呼之欲出了！

会议的近因之一——在调整中困难重重，如何克服？

实践已经表明：“大跃进”是一场失败的运动。那么，毛泽东是什么时候开始发觉“大跃进”问题的呢？其实，也就是在毛泽东和赫鲁晓夫谈话后不久，便开始察觉“大跃进”出了问题，混淆了两个界限[①]，刮了“共产风”。于是他先后召开郑州会议、武昌会议、上海会议进行纠“左”。告诫各级干部要划清两个界限，要保留按劳分配制度，人民公社的商品生产和商品交换，不但不能取消，还必须有一个很大的发展。

为了尽快纠正“左”的错误，1959年夏，毛泽东又在庐山召开中央政治局扩大会议，继续纠“左”。但这个时候的毛泽东，还没有料到如不坚决纠正“左”的错误，将会带来极其严重的恶果。当彭德怀等对“大跃进”提出比较直率的批评时，因为一些历史上的恩恩怨怨以及赫鲁晓夫的背景，他便很难接受了，不但没有接受，还给彭德怀等戴上了“右倾机会主义”的帽子，打成了“反党集团”。彭德怀因此受到极不公正的待遇，而且“左”的错误不但没有纠正，反而重新泛滥起来。这次庐山会议，因此成了毛泽东再一次失足的地方。

1959年下半年至1960年上半年也因此成为中国经济灾难深重的一年。当时的人们深有感触地说：1958年刮了皮肉，1960年刮了骨头。“大跃进”的“左”，在1960年达到了最高峰。

也就在1960年8月，管计划工作的李富春，深感全面“大跃进”的态势再也难以为继，提出了“整顿、巩固、提高”的纠偏方针，后被周恩来改为“调整、巩固、充实、提高”，成为著名的八字纠偏方针。但是，由于人们对经济形势还缺乏深刻的认识，八字方针并没有得到贯彻落实。

不久，“信阳事件”爆发，使毛泽东等中央领导人真正感到形势十分严峻。“信阳事件”是一幅怎样的情景呢？当年的中南局第二书记王任重在讲话中说：“我到光山（信阳地区的一个县）去看过，房屋倒塌，家徒四壁，一贫如洗，人人戴孝，户户哭声，确实是这样，这不是什么右倾机会主义攻击我们，这是真的。”②1998年邓力群回忆说：“我的一位老朋友彭大章

注释

①指社会主义和共产主义的界限，集体所有和全民所有的界限。

②孙保定《“大跃进”期间的河南农村人民公社》，见1995年《党的文献》第4期。

③《话说毛泽东——知情者访谈录》，中央文献出版社2002年2月版，第339－340页。

④从1958年到1961年初，中央全会召开得特别频繁，短短两年多一点的时间，就召开了6次中央全会、1次全国代表大会。而八届十中全会（1962年9月）与八届十一中全会（1966年8月）之间，则整整相隔了4年。

⑤1965年7月26日周恩来的讲话。

⑥周恩来后来回忆这一段情况说，我们这些人真笨。

（中南海秘书室的负责人之一）从信阳调查回来，对我讲：老邓啊，问题真严重啊！说时神色惨然！后来先念同志也去了，回来讲，他去过的村庄，妇女没有一个不穿白鞋的。”③

就在毛泽东获知信阳情况的当天，他立刻召集中央政治局常委会议，以十万火急的方式请周恩来抓紧制定中央关于农村政策问题的紧急指示信（简称《十二条》），亲自审阅修改。11月3日，中央的紧急指示信下发全国，重申反对“共产风”，反对“一平二调”，强调要实行按劳分配的原则，允许农民保留小额自留地，经营小规模家庭副业，有领导有计划地恢复农村集市等。将过度集中的权限下放给个人一些，农民开始有了小的经营权和自主权。

这个文件的下达，是中央大幅度调整农村政策以战胜严重经济困难的开始。1960年底，毛泽东主持召开中央工作会议，再次大力纠“左”，1961年初又召开了中共八届九中全会深入纠“左”。④

毛泽东反思的结果认为，我们之所以做了违背经济规律的事，是因为脱离了实际。他提出1961年要搞一个调查研究年、实事求是年，试图开始进行全面调整，但“真正的调整，是从1961年下半年开始”的⑤。

这是怎么回事呢?

因为1961年初，决策者还是没有认识到1960年因为保“钢”，使全国的生产情况更加不平衡，还想在钢的问题上超英赶美，因而1961年钢的产量还是定在了1800万吨，同1960年基本持平，其他如煤炭、木材、粮食的指标也相对较高。

到了3月广州会议，虽然知道1、2月份的生产情况很不理想，但还是坚持要保1800万吨钢，没有提出应该退下来。

到了5月北京会议，国家库存的粮食越来越少，城市粮食供应的问题越来越突出，工业生产速度也大幅下降，再保1800万吨钢已不可能，如果再坚持下去，就会出乱子，就会出现“溃退”了。这样钢的指标才下调到1100万吨，其他指标也相应下调。不过，人们仍然存有幻想。

到了8、9月间的庐山会议，无论中央怎样努力，受原料、燃料的限制，全国工业生产形势仍呈下滑趋势，1100万吨钢也无论如何扛不下去了。⑥

这时的中央开始真正懂得，要想调整，就必须退够，否则不可能进行调整。在庐山会议上，钢的指标才第一次下调到850万吨，其他产品的指标也相应下调。应该说，这时的中央政策，才真正落了地，才有了进行全面调整的基础。

到1961年底，国民经济特别是农村形势开始显露出好转的苗头，但是，发展很不平衡，城市局势依然十分严峻，轻工业从1960年起，重工业从1961

年起急剧下降，1961年工业总产值比1960年下降40%多；[①]人民日用百货严重短缺，商店的货架上基本全是空的。这样的一个结果，是谁也不愿意看到的。但它却实实在在地摆在了全国人民的面前！

为扭转这样困难的局面，在调整上述各项生产指标的同时，中央还做出了一系列大的调整动作。

在农业方面，毛泽东通过调查研究，发现人民公社和生产大队的规模太大，仍然存在着队与队之间严重的平均主义问题，影响着农民生产的积极性，于是主持制定了《农业六十条》，将以公社为核算单位，改为以大队（当时称生产队）为核算单位；并将公社和大队的规模调小，变成公社以乡为单位，大队以自然村为单位。不久，又发现群众对公共食堂和供给制意见很大，因此在1961年5月的中央工作会议上，宣布解散公共食堂，基本废除供给制，解决人与人之间的平均主义倾向。1961年9月，毛泽东经过反复调查了解，认为生产权在小队，分配权却在大队，还是影响着农民的生产积极性，又将分配权下放到小队，解决了以生产小队为基本核算单位的问题。渐渐地，农民的积极性被调动起来，农村形势开始好转。

在工业方面，中央主持制定了《工业七十条》，改变了企业经营混乱无序的状况，使企业渐渐进入有章可循的运行轨道。手工业、商业、教育、科技等不少行业都进行了调整，制定了条例。与此同时，为了解决粮食危机问题，中央还做出一个令人惊叹的大动作，即大量精简城镇人口，1961年，共精简城镇人口1000万，这在我们今天看来，多少有些“天方夜谭”的味道，但当时却办到了。

各行各业的条例有了，各项工作渐渐地开始走向正轨。但中央感到全党各级干部面对如此大起大落、令人尴尬的局面，多少有些懊恼气馁情绪，用中央的话说就是人们的气不够壮！怎么办呢？为了克服气不够壮的畏难情绪，使大家重新鼓起对未来的希望，中央决定制定一个两年计划加一个7年计划。

注释

①参见《刘少奇选集》，人民出版社1985年12月版，下卷，第358页。

②后来又改为“10年长远规划（1963—1972年）”。

③邓小平在全军政治工作会议上的讲话记录，1961年11月1日。

④邓小平在中央工作会议上的讲话记录，1961年12月21日。

⑤参见中共中央书记处会议记录。

为什么要制定一个7年计划，而不是5年或10年计划呢？原来，中央设想1969年是中华人民共和国建国20周年，如果在20周年的时候，能够解决人民吃、穿、用的问题，就大有希望了。第二个5年计划在1962年结束，从1963年起到1969年是7年，所以就决定制定一个7年计划②。用邓小平的话说：把7年计划搞好，大家的气就可以壮起来了。3年调整壮不了气，7年计划总可以把气壮起来了嘛。按照一个目标来办事，看到一个兴旺的气象③，就不会灰溜溜的了。

制订计划，就可以鼓舞大家的士气？对此，邓小平进行了解释。他说：谈到有希望的问题，我感觉有这样一点，就是总要有个奋斗目标。毛主席的方法，过去他多次跟我们讲，我们在座的同志不晓得听过多少次了，就是要不断革命，一个任务完成了，要提出新的任务，要不然，灰溜溜的。打了一仗以后，要提出第二仗的任务，办完一件工作，也要提出新的任务。不断地引导前进，不断地引向胜利，不断地引到发展。这一个时期，都在低指标里面搞过来搞过去，圈到那个圈子里面出不来的，连低指标都发生问题了。所以，还是要有一个奋斗目标。④

为了制订7年计划，为了燃起大家的希望，中央书记处迅速行动起来，连续召开各部门会议，听取他们对“7年计划”的安排与设想，然而在落实各项生产指标时，却遇到了问题：中央的指示不那么灵了，地方开始强调本地区、本部门的利益，向中央讲策略、讲条件等等。邓小平感到这个问题大了，如果不解决，就会影响调整工作的进行，甚至影响党的前途。

关于这段历史，邓小平在中央书记处会议上的几次讲话，比较清楚地反映了中央的感受。1961年12月11日，邓小平在中央书记处会议上说：我们的干部要讲理想、讲全局，要向他们提出有没有志气的问题。这样的小天地，分散状况，等于全党没有志气了，没前途，翻不了身。口里讲有志气，假的，不愿吃点亏，斗争目标是中央。向中央讲策略，搞后手，好像中央是个大财主，集中目标攻击，这日子能过呀？现在有点被困难吓倒了，没有希望。⑤同一天，邓小平在听了农业部长廖鲁言汇报农业工作会议的情况后，又说：现在思想状况讲原则都通，讲具体就斤斤计较，缺乏一个理想，一个目标，对前途没有信心，最近召开的几个会议，农业会议和工业会议都一样，都给我这种感觉。我希望这种感觉是错误的，工业会议上一讲到木材和煤炭就上不去，农业上，一说到粮食征购就上不去了，不但明年上不去，长远也上不去。问题是不谈这些，就没有希望，不仅明年没希望，就是长远也没希望。讲觉悟，讲志气，讲整体，讲全局观念，我们党过去总的是好的，几年来，特别是今年，突出暴露了这个问题。[①]

在这个会议上，邓小平还说：我感觉国家和地方，整体和局部，全局和部分，集中地表现在中央和地方，现在是矛盾的，还相当突出，不能回避。大家口口声声都说拥护中央，这不算数。如果不解决这个问题，就要停滞多少年。矛盾怎样解决呢？解决的办法是：集中统一，全党讲全局观点，核心是全党服从中央，中央改，也比各自为政强。现在是各有各的打算，讲的数字不真实，困难也不真实，这样的日子怎么过？不解决这个问题，就没有希望，中央各种会议不能解决这个问题，等于没有开。他还说，只要中央和省的高级干部搞通了，再把县委搞通了，问题就解决了。现在不是工人、农民的问题，也不是普通党员的问题，弄虚作假，说假话，怕当老实人，主要是干部，包括省，也包括中央的部。

邓小平的话，掷地有声，讲得既严肃又厉害。在他看来，目前中央和地方的矛盾相当突出，很多县以上的干部，缺乏理想和大局观念，致使小天地太多，分散情况严重，这是当前的突出问题，如果不解决，中国的经济就没有办法。因而，他情绪上也比较激动。邓小平自己说，我好久没有讲这么厉害的话了。调整很费力，如果天天斤斤计较在细小的枝节上，永远解决不了问题。

可以看出，经济形势的困难，人民群众的埋怨，从中央到地方的各级干部都有一种灰溜溜的感觉，觉得做了对不起人民的事，这样的心绪，一方面使他们克服了盲目的作风，变得谨慎务实了；一方面也使他们失去了往日的朝气，产生了畏难情绪。其表现形式是：对中央上调的产品、下派的生产指标总是讨价还价，向中央讲困难多，要救济多，不坚决执行中央的统一政策，不严格执行国家的统一计划。

中央认为，地方开始出现了只顾局部利益，不顾整体利益，只顾眼前利益，不顾长远利益的首先为本地区、本部门着想的倾向，就是在我们的实际工作中间出现了“分散主义状况”，“本位主义观点”，不讲老实话的作风，缺乏朝

注释

①参见中共中央书记处会议记录。

②邓小平的讲话记录，1961年9月5日。

③《红旗》杂志1961年第19期社论《我国社会主义建设总路线万岁——庆祝伟大的中华人民共和国成立十二周年》。

④张劲夫1961年在中国科学院党组的讲话。

气，缩手缩脚的畏难情绪等等。换句话说，中央的指挥棒越来越不灵了。实际情况是，越在困难时刻，越是需要中央的集中指挥，安排生产和调配物资。而要顺利调整，就必须统一思想、必须加强集中统一、反对分散主义。加强集中统一，反对分散主义，因而成为召开七千人大会的最初主题。

会议的近因之二——中央要不要做自我批评？许多问题需要回答

在“大跃进”运动和人民公社化运动造成的极端困难形势面前，人们产生了各种各样的想法与认识，有些问题需要由中央作出回答，以解除人们心中的困惑；一些重大失误，则需要中央老老实实地向人民承认错误，进行自我批评。这些都关系到中国共产党的威信，关系到调整工作能否顺利进行，以致全党能否团结一致迅速克服困难、继续前进的大问题。

比如，1961年各地在讨论《农业六十条》时，在传达5月北京会议时，几级干部都提出一个十分尖锐的问题：究竟“三面红旗”对不对？这个问题提得相当突出。邓小平说：我们什么时候总是要回答这个问题的②。

与此同时，人们还关切地问：这几年到底是个什么经验教训，究竟是什么原因造成现在这个样子？为什么浮夸？为什么造假？希望有个水落石出。

还有人问：缺点错误究竟是什么性质？为什么有相当普遍的人不敢讲话？对于“共产风”，中央一再纠正，为什么纠正不了？

甚至有人针对“连续三年遭受严重的自然灾害”③是产生困难原因的说法提出质疑，问“天灾”和“人祸”到底哪一个是主要原因？

有人说：“社会主义是怎么一回事？如何搞社会主义？在我们来讲，并没有解决。中央同志说，对社会主义，我们现在处在初中程度。康生同志说，他是红领巾。我们连幼儿园也够不上。”④社会主义并不能什么问题都可以解决，过去是否强调主观能动性多了？

还有不少人在具体问题上提出自己的不解：比例究竟是否失调？说失调是不是反对总路线？计划问题，中央一直都是两条腿走路，现在的指标又在一股风似的减，是否都要如此。究竟什么是有计划按比例？如此等等。

这些问题既关系经济建设的指导思想，又涉及党犯错误的原因、性质以及对社会主义的认识，社会主义到底应该怎么搞，这都需要中央作出有说服力的回答，来统一人们的思想认识。

在人们向党提出种种困惑的同时，人民心中还产生了埋怨情绪。不少人认为"大跃进"以来的错误,中央是有责任的,越是高级干部,这样的想法越多。而几年来,只是地方在做自我批评,尤其是县以下处分了很多人,这是人们气不壮的原因之一。中央和毛泽东看到了这一点,毛泽东说:这几年各省只讲自己错,不讲中央错,这不符合事实。所以,在邓小平等提出召开一个地委书记会议,打通思想,解决粮食征购问题时,毛泽东立刻表示同意,并提出扩大到县委书记来参加会议,要在这个大会总结"大跃进"以来的经验,把问题讲清楚,中央做自我批评,向全党交心。有关这个决策过程,在有关会议的直接起因时还要详细谈到,这里不再赘述。

会议的近因之三——应对国际的压力和挑战

自1958年中苏交恶以来,中间经历了不少曲折。1960年下半年,中国的困难形势严重暴露出来,毛泽东等不得不将主要精力用在国内问题上。这时的苏联因为U—2飞机事件,同美国的关系也变得紧张起来,"势如水火"[①]。在这样一种情况下,中苏关系出现了缓和,1960年11月通过的《各国共产党和工人党代表会议声明》(简称《莫斯科声明》)就是苏中双方相互妥协、求同存异的产物。

1961年10月17日至31日,苏共中央在莫斯科举行第二十二次全国代表大会,中共派周恩来率代表团前往参加。公正地说,周恩来是带着强调团结,强调反帝的态度前往的,决不是去挑衅的。但此时的赫鲁晓夫受"猪湾事件"[②]胜利的鼓舞,正是他个人权力达到巅峰、忘乎所以的时候。他认为一方面他对资本主义的领头人美国很有办法,另一方面又可以指挥社会主义国家全面推行"和平共处"的国际路线。所以在苏共二十二次大会上,他决定"利用中国国内的局势,动摇毛泽东的地位。因为苏联人从秘密渠道得到情报说:中共内部对苏方针有分歧,毛的对内政策遭到失败,中央政治局产生了分裂,对毛的不

注释

①[俄]弗拉迪斯拉夫·祖博克、康斯坦丁·普列沙科夫《克里姆林宫秘史》,世界知识出版社2001年4月版,第325页。

②即"吉隆滩事件"。1961年4月17日,美国策划雇佣军在古巴猪湾登陆,企图颠覆古巴政府,失败未果。

③肖冬连等著《求索中国——文革前十年史》,红旗出版社1999年9月版,下册,第922－923页。

④周恩来在国家经委政治工作座谈会上的报告,1963年4月15日。

⑤《赫鲁晓夫回忆录》,东方出版社1997年2月版,第675页。

满在增长。”[3]在大会上向中国发难。

周恩来说：“七千人大会的时候，正面临着苏联的压力，就是说我们国内的情况有困难，修正主义利用这个，想把我们压下去。”[4]

赫鲁晓夫自己也说：“实际上，我们对他（指毛泽东。引者注）已经忍耐不住了。如果你读一读我在苏共二十二大上作的报告，你就会发现我有许多话都是针对中国讲的，只是没有点中国的名罢了。就在二十二大上，我们否定了毛泽东的立场中的主要教义。”[5]

赫鲁晓夫的举动，激怒了中国共产党，周恩来提前回国。

赫鲁晓夫的挑衅行为，无疑也更加激怒了毛泽东。毛泽东亲自到机场迎接周恩来，这在他的政治生涯中是比较少见的。他以率刘少奇、朱德、邓小平等党的主要领导人到机场热烈迎接周恩来的举动，向赫鲁晓夫表明中共领袖是团结一致的，以及中共对赫鲁晓夫的决不屈服态度。为了顶住赫鲁晓夫的压力，不被赫鲁晓夫利用、看扁，毛泽东和中央决心团结一致、战胜困难、迅速调整和恢复国民经济。

七千人大会会期28天，主要讨论国内问题。按通常情况，苏共二十二大刚刚开过，中苏关系再度紧张起来，中央召开工作会议，一定要由周恩来讲一讲国际问题。此前，中央的小型工作会议，曾用很长的时间谈苏共的二十二大，谈国际形势。七千人大会召开前，毛泽东也曾提出让周恩来在大会上讲讲苏共二十二大的情况，但后来周恩来没有向大会作这样的报告，整个大会都是专心致志地讨论国内工作。可见当时的毛泽东和中央是把对赫鲁晓夫的怒火强行压下，一心一意要把中国的事情处理好。如果中国同志团结一致，克服了困难，搞好了经济，不但可以顶住来自国际的压力，还可以战胜各种挑战。这也是毛泽东下决心要召开七千人大会的原因之一。

会议的直接起因——粮食征购发生了问题

中央决定制定7年计划，是为了鼓舞大家的士气，但对眼下，却是远水解不了近渴。尤其是火烧眉毛的粮食问题，必须即刻解决，容不得半点拖沓。

3年“大跃进”使全国粮食全面紧张，因为粮食不能满足城市的需要，中央才下大决心精减城市人口，虽然减掉了1000万人，国家手中的粮食还是很难满足城市的最低需求。加上国家手中的外汇不多，又无力去国际上购买很多粮食。以当时的国际环境，即使手中握有外汇，也担心一些国家不会卖粮食给中国。

因此，为了解决燃眉之急，不得不挖了库存。1961年9月8日，中央关于粮食问题的指示说："国家周转库存比去年更加薄弱。从国外进口粮食的计划已经打满，而又没有充分把握。城市工矿区的粮食供应十分紧张，有保不住最低需要的危险。"在1961年，城市已发生几起请愿事件，万一因为城市断粮，市民骚动起来，比农村的乱子还大，后果不堪设想。为此，中央心急如焚。

中央着急是一回事，而从各省市上调粮食供应津、京、沪能否实现是另一回事。相反，中央感觉自1960年河南、山东、甘肃问题爆发以来，省以下都在考虑如何使农民吃多点，农业恢复快点。对于城市，想得少了。或者说，强调自己的困难多了，全局意识差了，用李先念的话说，过去是以少报多，现在是以多报少，相当普遍。①因而中央在落实粮食征购、上调指标时深感困难重重。

1961年全国征购粮食720亿斤，中央上调60亿—70亿斤。9月庐山会议时，中央通过和各中央局协商，决定第四季度从各地上调粮食32亿斤。到了11月中旬，时间过半，可是各地上交中央的粮食只完成20%多一点。②京、津、沪三大城市粮食问题全面告急，断粮的危险时刻都有可能发生，情况十分紧急！

此外，1962年的征购任务也还没有落实下来。1961年国家用3亿5千万美金（合人民币14亿元）进口粮食，几乎将所有外汇全部用来购买粮食了。按这种情况进口粮食，就不能进口其他急需的工业物资，如机械设备、化肥、有色金属、橡胶等等。中国本来就是一个农业国家，还要靠进口粮食吃饭，怎么发展？永远也翻不了身。有鉴于此，中央一方面精简城镇人口，一方面计划向全国征购粮食820亿斤（其中上调150亿斤），比1961年多征100亿斤。用邓小平的话说，这也是一个大跃进。结果下边反映十分强烈，表示无论如何很难完成。怎么办？为此，中央曾召集各省市自治区负责粮食工作的同志开会，但没有解决问题。

无奈，1961年11月10日，中央在有各中央局第一书记参加的会议上，专门落实粮食征购及上调问题。

注释

①李先念1961年10月12日在各中央局书记会议上的讲话。

②1961年11月23日《中央关于抓紧完成第四季度粮食调出任务的紧急通知》。

会上，邓小平直通通地说粮食就是两个问题：第一，今年的数字无非60亿，搞得好70亿，主要是30天的工作，这30天抓住，就抓到了，这30天抓不到，就呜呼哀哉。

邓小平的话，如重锤一般，砸在了每一位与会者的心上。

他接着说：总想减，不努力完成任务，说不过去。这是这两年的一个思想状态，整风要首先整这一条。庐山会议确定的任务一定要完成，不能讲价钱。这个年度的任务，一句话，大家努力完成。

邓小平讲完1961年的情况，没等各中央局书记喘口气，连珠炮似的又讲到了1962年的任务。他说：1962年是个很大的政策问题。无非是120亿斤（指中央上调的数字）、150亿斤、180亿斤三个方案，120亿斤的方案，就得大量进口没有一点回旋余地，日子很难过，工业上不去，不能调整；如果是150亿斤，大体上日子勉强过得去，但也要进口不少粮食；180亿斤就可以不进口，也有点调剂余地。

邓小平讲完，刘少奇望着大家说：这三个数，怎样下决心？

下边是一片沉默。

各中央局书记其实也在心里叫苦，他们处在一个两难境地。论心情跟中央是一致的，若从本地区考虑，下面和他们也是斤斤计较，在中央把任务接了下来，回去怎么办？他们也要落实到省里。若是不接受，邓小平已经把话讲得这么重，不接受也很难过关。怎么办？

华东局第一书记柯庆施首先打破了沉默，他说：从华东各地反映的情况来看，今年的上调任务，除福建外，都保证完成。在粮食问题上，我深感进口粮食不是办法。

讲到这里，柯庆施又把话锋一转：但是现在大家的屁股都坐在农民方面，现在的问题是讲征购就抵触。

笔者相信，中央领导听了柯的这句话，心中的弦肯定绷了起来，第一炮就要卡壳。不过柯庆施接着讲的是：他赞成150亿斤，但是华东上调的数字太大，一下子完成那么多不可能。

看来柯庆施是抽象肯定，具体否定。他虽然赞成150亿斤，但却要求减少华东的上调数字，实际上这球又踢给了中央。但从中央来讲，不管怎么说，柯庆施总算接受了150亿斤的盘子，所以他们还是舒了一口气。

柯庆施开了头，其他中央局第一书记除宋任穷外，均按柯庆施的口径，表示今年的任务无论如何也要完成，明年拥护150亿斤，但又不敢打保票。一致强调大家的屁股都坐在农民方面，现在的问题是讲征购就抵触，表示回去以后还要做工作。

这时，华北局提出：下边有困难，若把形势讲透，把方针搞明确，把思想搞透，还是可以的。中南局第一书记陶铸提出一个建议，把全国的地委书记找到北京来，开个地委书记会议。明年1月开也可以，也可以考虑跟工作会议结合一块开，打通思想。

邓小平觉得这也是一个办法，可是来那么多人，吃饭怎么办？他顺口说了一句话，各人带猪肉，带青菜来。

这次会议，各中央局第一书记虽然在接受上调任务时，表现得有些畏难情绪，但毕竟接受了150亿斤的盘子。负责粮食工作的李先念如释重负，他高兴地说：讨论得很好。首先一条还是现在到明年6月怎么过的问题，搞得不好，城市里开不了饭。拜托各位把北京保一下，现在知识分子和干部病得很厉害。

会议的末尾，邓小平表示，下来向毛主席汇报一下情况，听听毛主席的意见，就算定下来了。[①]

过了两天，11月12日晚上，邓小平等将会议情况和陶铸的提议，向毛泽东作了汇报。毛泽东静静地听着，他突出的感觉是：空气有些沉闷，人们的气不壮。毛泽东认为大家提议打通思想，开地委书记会议有道理。那么这个思想如何打通呢，毛泽东的反应是，中央对“大跃进”以来的工作是应该总结一下了。干脆把县委书记都找来，要开就开个大会，开一个县委书记以上的五级干部会议。会议的开法是总结经验，鼓足干劲。总结经验是讲清道理，好坏经验都要讲清楚。这几年各省只讲自己错，不讲中央错，这不符合事实，要用这次大会讲清楚，不要怕鬼。几年来中央在工作上犯了什么错误，要讲。中央的账要交代清楚。我们交了心，才能要求他们交心。错误的责任，第一是中央，第二是省。中央第一是改，第二是检讨。对地方只要求改，可以不做检讨。会议搞10天，大会套小会。毛泽东还说，他准备在大会上讲话，中央各同志也讲一讲，把会议当做小整风，把大家的思想统一起来。[②]就这样，1962年初，中央要召开一个县委书记以上干部大会的事情，在毛泽东那里定下来了。

注释

①以上会议内容，均参见1961年11月10日各中央局第一书记会议记录。

②参见1961年11月13日中央书记处会议记录。

③参见1961年11月15日杨尚昆给邓小平的信。

会议之后，由杨尚昆负责大会通知的起草工作。在起草通知时，邓力群觉得人们对《工业七十条》的争议较大，尤其厂矿一级的党委书记有抵触情绪，认为“七十条”削减了他们的权力，这对贯彻“七十条”是个困难问题。为此他建议全国重要厂矿的厂长、党委书记也来参加大会。杨尚昆同意了，并写进了通知。

11月15日，杨尚昆报告邓小平，说通知写好了，其中增加了重要厂矿党委一项，是我们讨论增加的，请审阅。邓小平同意了这个建议，接着送毛泽东、周恩来、彭真传阅，他们也没有提出不同的意见，分别画了圈，通过了。[③]这样原本六千多人的大会，就变成了七千多人的规模。厂长、党委书记们由此有了和毛泽东等革命领袖共聚一堂，商讨国家大事的难得机会。

11月16日，中共中央关于召开扩大的中央工作会议的通知正式下发。通知说：

> 中央决定，1962年1月中旬，在北京召开一次有中央局、省委、市委、自治区党委、地委、县委和重要厂矿党委主要负责同志参加的扩大的中央工作会议。这次会议，主要是要讨论近几年的工作经验和端正工作作风问题；还要讨论我国经济建设的形势和规划。
>
> 从1958年以来，我们在各个工作战线上，都取得了很多成绩。这是首先应当肯定的。同时，在中央和地方的工作中间，也发生了一些缺点和错误，这也是不能忽视的。连续几年的自然灾害和工作中的问题，造成了我们经济上的困难。这种困难是暂时的，但是严重的。今年以来，我国的经济形势，特别是农业情况，部分地区已经有了显著的好转，但是困难还没有渡过。在我们的实际工作中间，还存在着一些不正确的观点和作风，例如：分散主义状况，本位主义观点，不讲老实话的作风，在执行国家收购农产品任务上不照顾大局，片面地只顾本地或者只顾农民一头，缺乏朝气，缩手缩脚的畏难情绪，等等。这些观点、作风，又妨碍着困难的克服。中央希望，经过这次会议，能够总结经验，统一认识，鼓足干劲，加强纪律性，全党团结一致，一心一德，积极地，不失时机地加强各方面的工作，使当前的困难得到较快的克服，使我国的社会主义建设得到顺利发展。
>
> 出席这次会议的，除了中央局书记以外，省委和自治区党委各四人（第一书记和工业、农业、财贸书记），地委三人（第一书记和工业、

财贸书记），县委二人（第一书记，第二书记或者其他书记），中等城市党委二人（第一书记和工业书记），重要厂矿党委二人（第一书记和厂长）。西藏、新疆等边远地区，由于交通不便，地县两级党委的出席人数，由自治区党委酌情确定。厂矿党委出席人员的名单，由国家计划委员会和国家经济委员会拟定后另行通知。各地区出席会议的名单，望在12月10日前报来。所有出席会议的同志，都于1962年1月8日前到达北京。

1961年11月16日

很显然，七千人大会是由于“大跃进”运动和农村人民公社化运动造成了严重的经济困难形势，中央在进行调整工作时又遇到了困难，干部群众的思想比较混乱，粮食问题又是火烧眉毛般的危急，再加上赫鲁晓夫的压力，是在这样一种情况下决定召开的。对此，邓小平在布置起草大会通知时，说得更加明白。他说：通知问题，要出题目……在困难情况下，小天地（太多），全局与局部有消极倾向，征购也拿不上来，全党主要领导同志，县委以上同志，对此，必须有清醒认识。发扬什么，克服什么，为此开会，他们就知道我们搞什么，就是搞集中统一，反分散，当老实人不吃亏。为了很快改变局面，迎接新的较快发展的长远规划，需要全党一心一德一盘棋，鼓足干劲。他们一看就知道，推动征购。①

说简单点，中央召开七千人大会的直接起因，是为了推动粮食征购，而实际情况是远近因素各方面交互作用产生的结果。大会的初始阶段，中央强调集中统一、反对分散主义。在与会地方同志提出异议之后，大会改为以总结经验为主。大会不但没有在粮食征购问题上大做文章，相反，决定把工业发展的速度再调低一些，把进口粮食的时间再延长一些，减少了征购任务。这使地方同志欢喜不已，认为中央的这一举动是百分之百的马列主义，是实事求是的作风得到真正贯彻落实的表现！

注释

①1961年11月13日邓小平在中央书记处会议上的讲话。

03

变局
——七千人大会始末

谁在筹备和保障大会顺利举行？

1961年11月16日，召开七千人大会的通知下发的当天，刘少奇乘火车赴广东省从化疗养。1961年，刘少奇63岁，这一年对他来讲，是很不平静的一年。这年3月，他曾在北京主持“三北会议”（有中共中央西北局、东北局、华北局负责人及其所属各省、市、自治区负责人参加的工作会议），后到广州和毛泽东主持的“三南会议”（有中南局、西南局、华东局及所属各省、市、自治区负责人参加的会议）合并开会；4—5月间，他深入湖南农村实地调查研究40多天。他的调查决不是前呼后拥浩浩荡荡地来了，象征性地到农民家里看看，开几个座谈会就走，而是实实在在地蹲在村里。尤其叫人感动的是，他住在了王家湾生产队养猪场的一间破旧空房里①。堂堂一位国家主席，为了不给农民添麻烦，住在脏兮兮的猪场进行社会调查，这恐怕是中国历史上绝无仅有的。这期间，他走村串户，查看农民的生活现状，了解发生困难的原因，研究解决问题的办法，这对他日后的思想认识产生巨大的影响。从湖南回来，5—6月间，同毛泽东一起在北京召开中央工作会议20多天，7—8月间又到东北林区调查研究。之后又上庐山，出席中央工作会议。一年来的上上下下，使这个63岁的老人颇感疲劳，精力不济，因此在11月到广东从化疗养。

11月底，毛泽东也离开北京南下到上海、杭州等地巡视。这一年是毛泽东自中共八大以来比较谦虚谨慎的一年，也是他进行调查研究比较多的年份之一。上半年，他通过调查，主持制定了《农业六十条》；下半年，又提出将基本核算单位下放到生产小队；5月，在北京主持中央工作会议取消了公共食堂、取消了供给制；9月，在庐山会议上又同意将工业高指标全线下调，1961年的钢产量调到850万吨，才真正落了地，得以使各项调整工作顺利进行。本来，再过20天，即12月20日，中央就要在北京召开有省委书记以上干部参加的工作会议，有很多事情需要处理，可是毛泽东还是抽出时间外出走一走，也许是他还有些问题没搞清楚，需要考察一下，做到心中有数吧，或许是别的什么原因。

注释 ①金冲及《刘少奇传》，中央文献出版社1998年10月版，下册，第862页。

刘少奇走了，毛泽东南下了，大会的筹备工作主要由邓小平来负责。具体的后勤工作安排，则由杨尚昆负责。这么多人来开会，吃喝拉撒睡不是一个小事情。为此，中央办公厅专门成立了大会筹备处。

大会的筹备工作，首要问题是大会报告的起草工作，这是一个重头戏。最初的七千人大会没有任何议程，主要任务就是讨论通过中央的一个报告，通过总结经验，统一大家的思想，反对分散主义，推动征购。所以报告写些什么不写什么，就是至关重要的事情了，起草报告也就成了一个最重要的工作。这个工作在刘少奇不在的情况下，主要由邓小平主持，具体负责组织起草工作的是陈伯达。

其次是筹备大会的具体工作。这项工作分为会议组、警卫组、生活组。会议组由叶子龙负责，警卫组由北京市公安局副局长吕展负责；生活组由北京市委副秘书长殷玉昆负责。这三人一时被大家戏称为“三巨头”。

会议组，主要负责落实参加大会的人员名单，大会的预算、接送、招待，还有一项比较重要的工作，就是搜集大会讨论的意见，组织撰写简报，向领导汇报大会的情况等。

警卫组，主要是负责大会的安全保卫工作。

生活组，是负责安排落实大会人员住宿的宾馆、一日三餐等。也就是吃喝拉撒睡，都属于生活组来安排。

为了弄清筹备会议的情况，我根据杨尚昆的日记寻找负责筹备会议的人员，遗憾的是，绝大多数都已经故去了，几经周折，才找到了会议组的李润民同志。李润民，今年78岁，身体还好，只是耳朵有点背，他热情地接待了我。他说：“已经是40年前的事情了，很多内容已经记不清楚了。”但当我们打开话匣子之后，他还是颇有感慨地回忆起那段日子。他说：

> 我一生负责筹备多少次会议已经记不清楚了，但印象最深的还是七千人大会。那时候，我们从未筹备过那么大规模的会议，最多如党的八大，也就是几百人的会，这一下子要筹备七千人的大会，没干过呀。再说何止是七千人呢，省委书记以上的领导都要带一个秘书吧，地委书记也得带个人，要不他召开会议谁去招呼？另外怎么也得带点工作人员吧，大的省份一来就是几百人，最少的西藏也有六七十人呢，不带点工作人员怎么行？所以就不止是七千人了，弄不好得有万把人吧！这么大的会议规模在中央来说，管招待的，管简报的，管保安的都得住在会上，这些人怎

么安排，也得统计在内呀！所以实际上决不止是七千人的规模了。

40年过去了，再也没有召开过如此大规模的会议！

李润民接着说：

而我们的会议组呢，那时还只是一个科，有五六个人。另外召开七千人大会是临时决定的，从决定召开大会到会议正式开始，不到两个月的时间，这就意味着我们只有一个多月的时间进行筹备，这时候你就可以想象当时是需要怎样的忙吧。夜里12点以前就没有睡过觉，有时候过了12点也睡不了觉。仅仅是参加会议人员的名单，就忙得我们晕头转向。各个省有多少同志参加，正式人员多少，随行人员多少，男同志多少，女同志多少，都得一一登记准确。那时候又不像现在，有传真，有电脑，有手机，操作起来很方便，甚至你吃着饭、走着路都可以通过手机办不少事情，那时候就靠手拨电话进行联系。关于与会人员的名单，当时近的地方如天津、北京是直接送来的，远一点的地方都是通过电报的形式，把名单报上来，机要室的译电员再一一翻译出来，然后送到我们手上，我们再进行统计，工序很多。

另外，光我们统计了还不能算数，得抓紧报到办公厅主任杨尚昆那里，让中央领导过目，点头同意。除了上报中央领导，我们还必须留出时间给北京市委，因为他们要按这个名单，落实与会人员的食宿；同时还需要给交通部门留出时间，让他们按人数、按地点调配车辆。这还不算完，然后还必须追着北京市委了解安排落实的情况，因为我们需要知道各个代表团的住处，以便日后联络。

当各省的名单确定之后，我们还得一一落实他们什么时候到

注释

①李润民访问记录，2002年5月。

②两个会议是：1962年3月在北京召开的全国人大二届三次会议和全国政协三届三次会议。

京，是乘飞机来，还是乘火车、汽车来，我们得派什么人去接，不然参加会的人来了，到哪儿去，住在哪儿都不知道就麻烦了！①

在杨尚昆的日记里，我曾看到李润民多次向杨尚昆汇报会议名单的有关记录。这是他担任的主要工作，所以印象比较深。其实会议组的工作还有很多，还要抽调各路人马，组成一个庞大的简报组，七千人大会的特色之一，就是简报多。对负责写简报的人员如何一一落实，并进行培训等等，因为没有找到这方面的有关人员，也就不得而知了，只能想象其工作的庞杂。

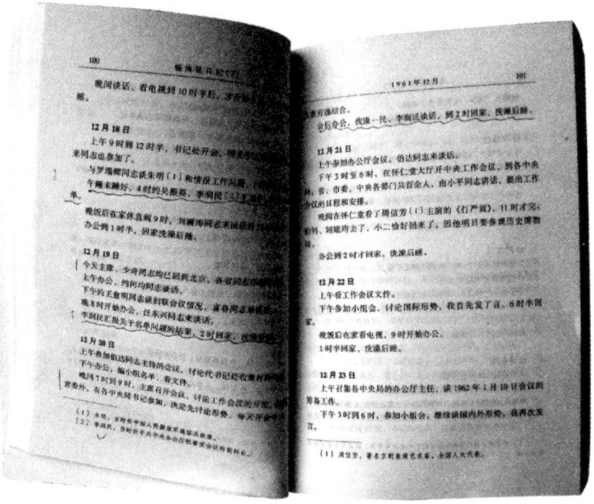
100 杨尚昆日记（下）

晚间谈话、看电视到10时半后，才开始

睡。

12月18日

上午9时到12时半，书记处开会，

来同志也参加了。

与罗瑞卿同志谈朱明〔1〕和情报工作问题，

午睡未睡好，4时约吴振英、李润民〔2〕汇报

单。

晚饭后在家休息到9时，刘澜涛同志来谈

办公到1时半，回家洗澡后睡。

12月19日

今天主席、少奇同志均已到达北京，各省同志

上午办公，约何均同志谈话。

下午约王燕明同志谈妇联会议情况，

晚8时开始办公，汪东兴同志来谈话。

李润民汇报关于名单问题的结果，2时回家，

12月20日

上午参加伯达同志主持的会议，讨论代书记处收集材料

下午办公，编小组名单，看文件。

晚间7时到9时，主席召开会议，讨论工作会议的开法，

常委外，有各中央局书记参加，决定先讨论形势，每天开会

〔1〕朱明，当时任中国人民解放军通信兵政委。

〔2〕李润民，当时任中共中央办公厅机要室会议科副科长。

1961年12月 101

意舒逸结合。

会后办公，找康一民、李润民谈话，到2时回家，洗澡后睡。

12月21日

上午参加办公厅会议。伯达同志来谈话。

下午3时至6时，在怀仁堂大厅开中央工作会议，到各中央局、省、市委、中央各部门共百余人，由小平同志讲话，提出工作会议的日程和安排。

晚间在怀仁堂看了周信芳〔1〕主演的《打严嵩》，11时才完。拍同、昭曦均去了，小二恰好回来了，因他明日要参观历史博物馆。

办公到2时才回家，洗澡后睡。

12月22日

上午看工作会议文件。

下午参加小组会，讨论国际形势，我首先发了言。6时半回家。

晚饭后在家看电视，9时开始办公。

1时半回家，洗澡后睡。

12月23日

上午召集各中央局的办公厅主任，谈1962年1月10日会议的筹备工作。

下午3时到6时，参加小组会，继续谈国内外形势，我再次发言。

〔1〕周信芳，著名京剧表演艺术家，全国人大代表。

杨尚昆日记中几次找李润民谈话的记载

有关七千人大会的安全保卫和生活住宿问题，我经人介绍，找到了原北京市公安局副局长张文奇同志。张老很负责任，他不但认真回忆那段历史，还为此专门跑了档案部门核对材料。他说：七千人大会之前，凡是党中央开会，或者是人大、政协开会，都是由中央方面牵头。只有七千人大会连带当时的另外两个会议②是由北京市牵头做保卫和生活保障工作的。至于为什么交给北京市搞，当时没有说。现在分析，可能是因为会议人数太多，具体的吃、喝、住、行都在北京市，若由中央牵头，一是中央不了解北京市的具体情况，二是困难时期，操办起来难度很大，所以干脆就让北京市牵头吧。

北京市接受这样一个任务，一定不轻松。张文奇说：

操办这么大规模的一个会议，即使是现在交通和通讯技术相当发达的情况下，也不是一件简单的事情，更何况当时的条件很差呢，所以北京市感到肩上的担子很重。比如我们警卫组，接受任务后，立刻进行分工，有负责会议保卫工作的，有负责会议代表外出活动安全的，有负责安全检查的，有负责交通的。单说安全检查，它既包括对人，也包括对物的检查。比如人，要事先进行审查，政治上是否可靠。如北京饭店有一位厨师，厨艺非常好，但觉得政治上有问题，就只好不用。再比如物，所有的房间、设备、电梯、汽车都要进行安全检查；吃饭，所有吃的东西从哪儿来的，谁运来的，放在什么地方都要一一核对清楚，叫做采购、运输、制作一条龙，也叫过五关吧。也就是说从人到物到活动，一层一层地都要做工作，任何一个环节都不能出错。

再说交通方面，因为县委书记、各大厂矿党委书记、厂长，他们中的大多数人没有来过北京，为使他们出行方便安全，北京市对不少模糊不清的交通标志牌都进行了更换。

总的来说，在大会召开之前，我们进行了方方面面的安全检查和准备工作，把该做的工作都认认真真地做了，叫做防患于未然吧！

的确，他们为了会议的召开和顺利进行，付出很多辛苦。虽然他们不是叱咤风云的人物，但历史也不应忘记他们。

因为新中国成立不久，又处在困难时期，北京市一下子要安排招待1万多人，宾馆情况怎么样，他们是怎么解决吃住问题的呢？张文奇说：

北京市一下子要来这么多人，真的有点招架不了。这么多的人一起开会，不要说北京市，就是中央也没有经验。准备的时间又非常短，也就是一个月的样子，当时紧张得不得了。你就说宾馆吧，哪有那么多的服务员啊！像友谊宾馆一下子要安排1600多人住宿，服务员缺很多呀！怎么办呢？从上海借了181人，在北京市内借了128人，然后再培训上岗，一时忙得不亦乐乎！

因为会议人数多，安排的驻地就有11个地点：北京饭店、前门饭店、北纬路旅馆、民族饭店、友谊宾馆、西颐宾馆、西苑大旅社（今西苑饭店）、虎坊公寓（主要住的是工作人员），还有军队系统代表住的宾馆：三座门招待所、西直门总政招待所、翠微路招待所。大小会场282个，因为各中央局、各省委、各地委开会，都要有会场，像中央局开会，还需要有能容纳近千人的大会场。有的饭店有大礼堂，有的没有，没有的就要为他们找会场。所有这些地方都要安排好，都要提前进行安全检查。

安排住宿，忙坏了北京市委，当年的与会者，却留下了美好印象。湖南的一位县委书记30多年后回忆说：

1961年12月下旬的一天，州里来了个电话通知，说要梁敏政同志和我安排收拾一下，准备去北京参加一个很重要的会议。赶到州里，各县市委书记和副书记陆续报到了。第二天，州委书记齐寿良同志和州长石帮智同志带领我们乘车前往省会长沙，与其他地区的同志会合在省委接待室，然后乘专列开赴北京。列车运行一天一夜，到达了北京站，几十辆大客车将我们转载到西郊友谊宾馆。友谊宾馆原是专门接待苏联专家的地方，建设风格很独特，服务设施也是堪称一流的。我们自建国前参加革命起，大多数都没有到过北京，更谈不上见过这么豪华的宾馆，那股高兴劲儿就甭提了。服务员领着我们龙山、桑植、永顺三县六名代表走向一个大套间，大家雄赳赳、气昂昂地紧跟在后面，走在打头的王建阁同志大大咧咧地刚迈步进入房间客厅的门，就摔了一个仰八叉。“他娘的，滑溜溜的，像溜冰一样！”大家愣了几秒钟，便捧腹大笑起来。原来是地上打了蜡，很光滑的。为了避免重蹈覆辙，我们后来者便小心翼翼

社論

从全局出发积极安排輕工业生产

现在，各地正在具体安排1962年的輕工业生产。在这个时候，回头看一看1961年輕工业生产有哪些好的經驗值得发揚，对于推动1962年輕工业的进一步发展，具有重要的意义。

一个行业一个行业、一項产品一項产品地作具体安排，是使輕工业生产穩步上升的一个重要条件。輕工业行业繁多，品种规格复杂，所需要的原料材料多种多样。来自工业的原料材料，就有化工、冶金、石油、煤炭等不同部門的，来自农业的原料，供应渠道也是多方面的。比較复杂的产品在生产过程中，往往需要好几个工厂，甚至几个行业协作配合。經过三年大跃进，許多地区的輕工业的生产面貌都起了很大的变化。原来沒有輕工业的地方，开始建立了自己的輕工业。原来的輕工业企业，其生产规模、产品品种等，也有了发展和变化。如果不是一个行业一个行业、一項产品一項产品地进行切实具体的安排，就不能保証輕工业生产的順利增长。所謂切实具体的安排不只是安排产品的数量和质量，而且对每一种产品的生产所需要的厂房、設备、工具、劳动力和原料材料，哪一个厂生产主件，哪一个厂生产配件等等，都要作具体安排。只有經过这样具体細致的安排以后，生产計划才是真正切实可靠、真正有物质技术条件作保証的。

在逐行、逐項安排輕工业生产的时候，必須从全局出发。在繁杂的輕工业产品中，有全国人民所普遍需要的，也有个别地方人民生活所特殊需要的。在輕工业生产所需要的原料材料和燃料中，有由国家統一調拨的，也有由地方就地解决的。在生产同类輕工业品的企业中，有的比較先进，它生产的产品质量好，物质消耗少，劳动生产率高。有的则比較落后，它生产的产品质量比較低，物质消耗比較高，劳动生产率比較低。我們必須根据这些具体情况从全局出发来安排輕工业生产。这就是說，每一个地方在安排生产任务的时候，应当首先安排全国所需要的，即国家計划規定的产品的生产，国家規定生产什么就生产什么，要生产多少就生产多少。其次才安排地方需要的产品的生产。原料、材料和燃料，不管是国家統一調拨的，还是地方自筹的，都应当首先用于国家規定的产品的生产，首先分給先进的工厂去生产，把它們的力量充分利用起来。有剩余才用于地方需要的产品的生产。社会主义經济是个統一的整体。在安排生产任务、分配物资、分配劳动力的时候，每一个部門、每一个地方、每一个企业都要严格遵守全国一盘棋的原则，自觉地把局部利益放在全局利益之下，首先安排和保証国家計划規定的产品和重点企业的需要，才能保証在国民經济中具有决定意义的地方打胜仗，才能保証国家在同等的原料材料和燃料的条件下，得到更多更好更便宜的輕工业品。

輕工业品，是城市和农村、国家和农民进行交换的重要物资。由于党的各項政策在农村的貫徹，去年农业在粮食生产上已有了一个較好的收成。农民用于同城市交换的农产品在逐步增加。现在广大的农村人民公社的社員，正在积极准备争取今年的农业丰收。因此，在增产农业的生产资料的同时，从全局出发，把輕工业生产安排好，力争多生产一些輕工业品，保証国家有必要的工业品同农民进行交换，才能进一步加强城市和农村的經济联系，进一步巩固工人阶級同农民阶級的联盟。这是党和国家对輕工业部門的要求，也是輕工业战綫上全体职工应当完成的光荣的政治任务。

逐行逐項地把生产安排好，只是做好工作的第一步。要按照规定的品种、规格、质量、成本和时間完成国家計划，企业和企业的主管机关还必須做許多工作，采取許多切实的措施。今年，由于农业曾經連續三年遭受严重的自然灾害，輕工业的原料材料仍然不能充分满足需要，这是必須认真地对付的。但是，任何企业都不应过分强調客观困难，而应当加强主观努力，采取各种措施，从内部发掘潜力。在一定的客观物质技术条件下，生产的好坏，就看人們的主观努力怎样。这是过去三年大跃进中为无数事实所証明了的一条真理。天津造紙总厂針对紙浆流失，扎扎实实地采取了十二項技术措施，加强了工艺管理，使紙浆流失减少了一半多。由于加强經济核算，天津市有三十一个輕工业工厂由賠錢变为盈余。所以，为了切实提高产品质量，扩大品种，降低物质消耗，提高劳动效率，必須充分发动群众，鼓足干劲，积极健全各种責任制度，加强技术管理和經济核算，提高技术水平。在这方面，凡是企业自己应該解决、也可以解决的問題，必須千方百計地去解决。这是目前輕工业战綫上的职工同志們的光荣的任务。

七千人大会对外是不宣传的，保密的。但报刊宣传却暗合着大会主题。这是《人民日报》在1962年1月12日，即七千人大会开幕第二天发表的社论“从全局出发积极安排轻工业生产”

地拖着小步进门，那副刘姥姥进大观园的神态，逗得服务员也忍俊不禁。

河南鲁山县委书记杨国殿2002年在接受我的电话采访时回忆，他们住在西颐宾馆，两个人一个房间，住得很宽敞，也对住宿条件表示满意。那么这次大会吃得怎么样呢？张文奇说：

当时的经济比较困难，会议吃饭也是一件大事。

吃饭是十人一桌，大锅菜。不管你是中央领导，还是一般工作人员，都一样。即使是少奇同志去安徽组开会，吃饭时也和大家一样，凭饭票吃饭。十人一桌坐满才上饭，坐不满不行，饭票丢了也不行。

像我们安全保卫组为了保证会议供电，保证食品安全，有时把供电局的工程师、负责人，还有供应食品的人找来开会，每到吃饭前就赶紧散会，不然没有办法管人家的饭。有的时候，实在不好意思，就把自己的饭票给人家，然后自己回家吃饭。就这样，特别严呀。

做保卫工作的，每个驻地警卫组也就一两个人属于在编人员，大会管吃管住，不在编的，大会不管饭。结果弄得内部同志也有意见，同做一样的工作，为什么你在编，我就不在编，就不能在会上吃饭呢。实在是编制有限呀，前门饭店来来回回的那么多车辆，就三个警察可以在会上吃饭，剩下的统统自己解决。大会规定的工作组就这么多人，超过是不行的！

每次吃饭，桌子上都吃得光光的，四菜一汤。为了节约，都是大锅菜，大家连菜带汤一起吃。就这样各个饭店都叫苦，要达到中央规定的标准，做不出来，还得往里贴钱，所以炖菜多，不过县委书记高兴，比他们在家里吃得好。

河南鲁山县委书记杨国殿回忆说：

毛主席说的两干一稀是，早晨是稀饭，有时也有干的；中午四

20世纪60年代的天安门广场和人民大会堂

菜一汤，晚上稍差一点，也属四菜一汤吧。但比我们在家里吃的好多了，可以吃上米饭、馒头，尽管我们是县委书记，在家里也填不饱肚子。当然我们是重灾区。你问能不能吃饱？能够吃饱，但每次吃完饭，桌子上是光光的，不论副食还是主食，都是光光的。开了近一个月的会，只是在春节那一天，中午吃顿饺子，每张桌子一瓶酒。其他没有了。你说平时能吃到肉吗？能够吃到一点，但不是很多。

七千人大会的特点是规模大、时间长，还对外保密，那么当时的保卫工作如何呢。关于对外保密的情况，张文奇说：

因为七千人大会对外是不宣传的，所以是一个内部会议。这么多人，时间又这么长，外国人还是感兴趣的。北京饭店是各个工作组的大本营，大区书记都住在北京饭店，大会的工作班子也住在北京饭店。另外北京饭店还有加纳、叙利亚、马里、阿尔及利亚4家外国使馆。

那时不大了解外国人如何搞情报，说人家拿一个大头针在电话线上一扎，就可以窃听。北京饭店呢，又是外国人经常出入的地方，他们吃饭、会客、理发……进进出出的不少人，你也不能因为开会，就不让人家来吃饭、理发吧。所以安全保卫工作比较艰巨。为了防止外国人搞窃听，我们还专门请了一些这方面的技术专家，看看会不会泄密。最后没有发生泄密的情况，据说还是有反映，外国知道这么多人在开会，但干什么他们不知道。友谊宾馆还有30多个外国专家，附近还有苏联的一所中学。但都没有出现什么泄密事件。

关于国内的情况，张文奇说：

当时是经济困难时期，人民群众埋怨我们这个党，因为浮肿、饥饿，心情不舒畅，所以保卫工作既要防止敌人的破坏，又要防止人民内部矛盾激化。好的方面是那时还没有现代化，没有搞什么恐怖活动的，虽然有不满情绪，矛盾也不像现在这样突出，老百姓还是听话的，北京市一动员，群众的积极性就很高。

所以保卫工作的特点是，当时并不担心敌人来搞什么破坏，主要是怕一些设备出问题。因为我们各方面的基础设施都不行，比如北京饭店，说是两路供电，其实线路的质量很差，其他饭店都是一路供电，惟恐哪一处线路短路，造成停电，影响会议的正常进行。再如吃饭，怕吃不好中毒，或者闹病什么的，使会议代表心里不高兴。要说七千人大会的保卫工作很紧张，是紧张极了，不过那个紧张，主要是紧张这些问题。

你每时每刻都要了解各个驻地的线路情况，供电问题，还有锅炉问题。像人民大会堂，下面很好看，但上面都是木质结构的，每次开会都有几个人在上面看着，怕被电烤热木头烧着了。这种情况一直到国庆35周年才得到改善，换成了钢的结构。

整个大会期间，没有发生断电情况，也没有用过蜡烛。在其他方面也没有出现什么事故，非常顺利。这次会议完了之后，公安部召开全国警卫工作会议时，就让北京市公安局代大会起草文件，要把北京的经验糅进去，要求全国都要向北京一样。所以中央也是满意的。

这次大会有七千多人，每次集会，都要动用很多车辆，与会者乘的是公共汽车，还是大客车。有那么多车吗？张文奇说：

大会组织得比较好，开大会时的用车高峰一次是800多辆。当时的北京有两家汽车运输公司，一个是首都汽车运输公司，一个是友谊汽车运输公司。大会的车主要租的是首汽的。

从乘车情况来说，省委书记以下都是坐大车，中央局以上的领导坐小车，个别身体不好的同志、领导找谈话赶不上坐大车的派小车。

开大会时，没有用过开道车。那时开会不像现在都是事先定好的，而是毛主席他老人家高兴什么时候开就什么时候开。那怎么才能做到既准时又安全地把上万人送到会场呢？我们编了一个顺口溜：时（间）不够分路（走）；（道）路不够分时（走）；路、时都不够，断一条路，也就是说让社会车辆暂时停一下，先把与会人员放过去。

为了交通安全，交通部门事先都把抽调来的车辆，包括在京的车，那些司机进行培训，怎么走，走哪条线，要注意哪些事情等等，一一交代清楚。这样做起来就比较有章法了。

大会结束后，停在大会堂前的车，中央要求20分钟之内必须疏散完毕，结果最长的时间我们才用了18分钟，也就是说没有超过18分钟的。为了做到这一点，事先总是同与会人员说好，原地上下车，这便于散会后找车。白天打一个牌子，上面写着中南局、西北局之类的字，各饭店派人接送，晚上打带灯的牌子。这是因为大多数代表没有来过北京，容易找不到车子。凡事都想在前面，工作做得很细致，因此也就完成得比较好。

北京市的交通工作曾两次受到表扬，一次是纠正违章时敬礼，受到毛主席的表扬；一次就是七千人大会受到周总理的表扬。开大会时基本没有影响社会车辆，也没有因为车辆调配不好耽误了什么事情，更没有影响会议的进行，除了几次小车剐蹭，没有出现大的交通事故。你们知道，那时候汽车的质量是很差的，但从未因此出现抛锚的情况。[①]

通过当事人的回忆，我们可以看到，七千人大会的筹备工作，虽然时间短、任务重，但是大家以极其认真负责的精神，安排得井然有序，非常到位。会议时间虽长、又处在困难时期，但是大家同心协力，克服了一切困难，以保障七千人大会的顺利进行，以当时极端匮乏的物质条件，不能说不是个奇迹。

注释

①访问张文奇谈话记录，2002年9月13日。

04

变局

——七千人大会始末

刘少奇、邓小平主持起草大会报告的经过

七千人大会召开之前，另一项筹备工作，就是为大会起草一个报告。

七千人大会有一个比较独特的地方，就是程序简单，没有很多的议题，中心问题就是讨论通过一个报告。报告的中心思想就是总结经验，鼓足干劲[①]；或者说是鼓足干劲，统一思想[②]；再详细点说，即：“总结经验，统一认识，加强团结，加强纪律，加强集中统一，鼓足干劲，做好工作，战胜困难。”[③]所谓总结经验，是对新中国成立12年来，特别是1958年以来4年的工作，进行总结，正确的错误的都要总结，说清楚这几年哪些是做对了，哪些是做错了，发生错误以及出现困难的原因。再有就是反对分散主义，加强中央领导。所谓统一认识，主要是对过去的工作统一认识，在反对分散主义问题上统一认识。报告还讲了党的问题，其实也主要是针对反对分散主义，要加强全局观念等问题来谈的。

报告肩负着这样一个任务，其重要性也就可想而知了。

那么报告是什么时候决定起草的呢？报告中心要讲些什么问题呢？起草过程是怎样一个情况呢？

关于这个问题，当时参加起草工作的吴冷西在《同家英共事的日子》里[④]有比较详尽的记述，但可能因为年代久远，记忆模糊，吴冷西无论是在时间还是在内容上，均有不少错讹之处。

比如，吴冷西回忆：1961年11月5日，刘少奇召开了中央政治局会议，宣布要为大会准备一个报告，少奇同志指定由陈伯达牵头，我和家英、胡绳[⑤]参加。11月6日，邓小平即来钓鱼台八楼召开会议，提出报告的框架为四部分：（一）形势和任务；（二）加强中央的集中统一领导；（三）改进党风；（四）基本经验教训。会议还进行了分工，其分工是：吴冷西负责第一、二部分，由梅行、杨波、马洪、廖季立、张沛协助；田家英负责

注释

①1961年11月13日，邓小平在中央书记处会议上说：要鼓气，总结经验，鼓足干劲，八个字。总结经验是讲清道理，好坏经验都搞。

②1961年12月21日，邓小平在中央工作会议上说，七千人大会总之八个字：鼓足干劲，统一思想。

③见1962年1月10日下发的大会报告稿。

④见《毛泽东和他的秘书田家英》，中央文献出版社1996年8月版，第136—144页。

⑤吴冷西在《同家英共事的日子》一文中说，参加报告起草工作的还有胡绳同志。1994年，我们访问胡绳同志时，胡绳拿出当年的日记说，他是1962年1月1日应陈伯达之邀，参加报告起草工作的，前一段的工作他没有参加。

第三部分，由赵汉、潘静远协助；胡绳负责第四部分。

在吴冷西这段叙述中，至少有三处错误。

第一，七千人大会是1961年11月12日才决定召开的，11月5日、6日，刘、邓不可能分别召开会议，因为那时还不存在召开七千人大会的问题。

第二，刘少奇指定由陈伯达牵头，田家英、吴冷西、胡绳参加，但根据胡绳的日记记载，胡绳是1962年1月1日才加入进来的。

第三，吴冷西说，11月6日，邓小平就定下来报告的框架是四部分，实际上，一直到12月21日，邓小平还说报告想讲三个问题，并不存在第四部分“基本经验教训”的问题；在1962年1月11日下发大会的报告稿中，也没有“关于基本经验教训”的内容。关于基本经验教训部分，实际情况是大会召开以后成立的二十一人报告起草委员会在讨论修改报告时才加写的。在大会之前起草的报告，既然没有“基本经验教训”的内容，胡绳又是1月1日才加入进来，所以说由胡绳负责起草第四部分“关于基本经验教训”的问题，也就很难成立了。

类似值得商榷的内容，还有一些。如吴冷西在回忆中提到，刘、邓在同起草班子谈到报告在分析产生困难的原因时，曾提出“要科学分析当前严重经济困难的原因，主要不是天灾，也不是赫鲁晓夫撕毁全部协议和合同，而是我们工作中的错误。这点报告中要讲清楚”。这个观点无疑是非常符合实际情况的，但在其他场合刘、邓的讲话中，从未发现类似这样的内容，起草出来的报告也看不出有这样一种观点。报告在谈到产生困难的原因时这样说：“在这几年里，在我们的工作中也发生了许多缺点和错误，再加上1959、1960、1961连续三年全国广大地区的严重自然灾害，就使我们遭到了许多困难。”“1959、1960年农业上的严重减产以及农村所发生的许多困难情况，一方面，是受了自然灾害的影响，另一方面，在很大程度上则是对于我们所犯的这些错误的一种惩罚。”从这个情况似可以得出结论，吴冷西的回忆有待商榷。

还有，吴冷西回忆：“12月21日，小平主持讨论第一稿，富春、先念、一波、谭震林、安子文等参加。会上讨论的意见主要是对第一、二、四这三部分的，认为对形势的估计不能助长过分乐观，要保留一点，因为目前情况还没完全摸透，尤其是工业、财贸；15年超英的口号是否仍提值得考虑”等等。

这里仅对一点提出质疑，即15年超英的问题。实际上在1962年1月11

日下发的报告中，还是保留了这一提法。报告说："这次会议，是一个为实现再经过10年左右时间在主要工业品总产量方面赶上或者超过英国的伟大号召而奋斗的会议，是为实现党关于10年长远规划的目标而奋斗的会议。"报告还说："毛泽东同志在1957年11月提出了15年左右在主要工业品的总产量方面赶上或超过英国的任务，就是说，从1949年起，我们要在20多年的时间内，完成或接近完成最老的资本主义国家——英国在一百几十年中做过的事。这个要求是我们经过努力可能实现的。"

此外，这个时候的报告，也没有起草出第一稿。有关这些情况下边还要谈到。

吴冷西讲得很具体，有月有日，还有刘、邓讲话的具体内容。但确实有不少内容同原始记录很难对上。下边根据现存的一些档案材料、胡绳的日记，及包括吴冷西等当事人的回忆将报告的起草情况记述如下：

1961年11月12日，邓小平等在毛泽东处决定召开县委书记以上干部参加的扩大的中央工作会议（简称七千人大会）之后，13日，邓小平就召开中央书记处会议传达了这个决定。邓小平介绍了毛泽东提议召开县委书记以上干部会议的情况，还谈到了会议搞10天，大会套小会，中央、大区同志都讲话。搞思想一致，解决小天地太多的问题。邓小平强调：集中统一问题，我们党从来没有这样分散，不讲真话，这两年搞成这样子，各人搞各人的小天地，目光如豆，要把这种空气转过来。然后邓小平说，请伯达把这几年的中央文件指示究竟有哪些不对，开个账单子，所谓这几年，是指从1958年北戴河会议决议以来。他还说：伯达的任务是查文件，搞清楚了。将，归你点；人，归你调。

从邓小平传达的毛泽东的讲话精神来看，毛泽东在提议召开大会时，没有谈到中央要起草一个报告，只说他准备讲话，大区同志讲，中央各同志也讲一讲。同时提出让陈伯达把从1958年夏北戴河会议以来的中央文件清理一下。但从毛泽东的讲话内容来看，大会要总结经验，中央要承担责任，要加强集中统一的基本精神是有了。

我在研究中发现，自邓小平11月13日中央书记处讲话之后，在文字档案中，很少看到有关筹备七千人大会的情况。一个月后，12月16日，邓小平在中央书

1961年9月毛泽东与身边工作人员合影。摄影：吕厚民

记处会议上主持讨论中央书记处给毛泽东并中央常委的报告时，谈到的一些情况，对我们了解七千人大会报告的准备情况多少有些帮助。

邓小平说：这个报告（中央书记处的报告）及一些编选的文件是根据主席指示搞的，以便对工作会议有所交代。这几年工作中有一些错误、缺点，其责任，第一是中央，第二是省委。为了检查，主席要伯达检查这几年中央文件，起草这个书记处的报告，并编了一批文件，总的说来，毛主席历次反映我们根本路线、政策的议论，是正确的，但我们有若干具体政策措施，与指导思想相违背。

这个中央书记处会议在讨论时，对这个报告提了一些意见。邓小平说：这个报告对缺点、错误是否概括为四点：

一是许多具体问题、具体政策违背了毛主席的指导思想，违背了总路线，现在需要调查研究，搞一套具体政策。

二是计划偏高、多变，打破了一切程序。

三是几个大办，而且限期完成，把实事求是的作风、因地制宜的工作方法搞掉了。

四是体制下放，造成很大混乱。

他还说，报告前面要加上中央总的方针政策是正确的，但关于上述四条，我们要负责的，影响到下面出毛病。

这时，周恩来说：不先这样说，下面看了报告，当面不说，背后不服。

在会议快结束时，邓小平说：七千人大会的讲话提纲，要在下月1、2日交中央小型工作会议通过，讲话中要着重讲党的问题，也是带总结性质的，大致一万四五千字，书记处责任也加进去。

从这个情况来看，在毛泽东提议召开有县委书记参加的七千人大会之后，首先做的工作是清理中央文件和起草中央书记处的报告。关于七千人大会的报告怎么写，写些什么其实还在酝酿当中。

从下面的一些材料，对报告的内容及起草情况就越来越清晰了。

11月12日，毛泽东提出召开七千人大会，11月底他离开北京，沿京沪线南下，沿途考察了天津及华东几个省市，12月18日回到北京；刘少奇11月16日南下广东从化疗养，12月19日回到北京。这里有一个插曲，当时刘少奇在党内的地位非同一般。不少人向毛泽东建议编辑出版他建国后的著作，毛泽东总以还不成熟为由，没有进行。但毛泽东一直主张编辑出版刘少奇的选集，尽管刘少奇也不断地拒绝，但还是成立了《刘少奇选集》编辑组。这个编辑组见刘少奇到从化疗养，也赶往从化，想在那里把文稿与刘少奇本人一起过一遍。结果他们赶到时，刘少奇已经走了，没有接上头。[①]刘少奇匆匆离开从化的原因，是为了参加12月20日召开的中央小型工作会议，当然也是为了筹备召开七千人大会。刘少奇对七千人大会的重视也是非同一般。

12月20日，有省委书记参加的中央小型工作会议开幕。晚上，毛泽东在他的住处——中南海颐年堂，召集有中央局第一书记参加的中央政治局常委扩大会议，听取邓小平、周恩来关于对小型中央工作会议安排情况的汇报并谈了自己的看法。

毛泽东对邓小平、周恩来提出会议准备先讨论形势的做法，表示满意。说有形势，才有气。他针对周恩来提出的需要集中统一的问题说，我起初是支持地方的，后来我看不对头，现在要支持集中啦。过去民主革命

注释

①邓力群《逝者和生者的欣慰——记〈刘少奇选集〉（上卷）的编辑出版》，见1982年1月15日《人民日报》。

②“四高”是高指标、高估产、高征购、高分配，几个大办是大办水利、大办交通、大办养猪场。

证明，集中统一才能打胜仗。当周恩来估计形势说，当前有四句话：形势好，成绩大，困难多，任务重。毛泽东说，任务有什么重呢？无非是农村多征购农产品给城市。形势是好的，错误都在改正，比去年好，在向好的方面走。我们12年，已经有了两方面的经验，这是很好的形势！这就更强了，不是更弱了。这是一。民主革命时还有一条经验，有了总路线，还必须有一整套完整的具体政策，不然，人家不相信，不能把事情办好。这是两条很重要的经验。谈到过去的错误时，毛泽东说是“四高”和几个“大办”②，另外还有供给制、食堂。毛泽东在天津同刘子厚等谈话时也说过，搞供给制，搞食堂，现在看来，这是很可笑的事。错误的后果，是做了有损于人民利益的事，为人民服了不好的务。毛泽东在这次谈话中，再次强调了，错误的责任首先由中央负责，然后是省委，然后，才是地委、县委。他说：他到下边，省委说错误主要由他们负，也说到中央，但是说中央总是正确的英明领导，这不符合事实嘛，这就不能真正得到经验教训。

毛泽东的这番讲话，实际上为当时召开的中央工作会议定了调，也为即将召开的七千人大会定了调，也等于为七千人大会的报告定了调。通观七千人大会的报告，的确也没有超出毛泽东谈话的精神。

12月21日，邓小平受大家之请在小型中央工作会议全体会议上讲话，他首先讲了会议的安排，说，从现在起，要搞到明年1月10日，连下次会议（即七千人大会），一直搞到明年1月20日。会议讨论的问题，一、国际形势；二、国内形势；三、明年计划的确定和长远计划的初步设想；四、商业问题；五、基本核算单位问题，这个问题比较成熟，花不了多少时间；六、党的问题，毛主席在无锡找华东几个省的同志谈了一下，回来也跟我们谈，明年要抓工、农、兵、学、商、政、党七个字，明年要大抓一年……所以建议这次会议议一议党的问题。这次会议实际重点是讨论形势、经济计划和党的问题。

邓小平在讲话中，又讲了中央书记处报告的情况。他说：关于这几年的具体教训，最近中央书记处给主席和政治局常委写了一个报告，概括了一下，究竟我们这几年在哪些问题上出了毛病，这是主席提出的，他要我们具体研究一下北戴河会议后这3年的文件和指示，看究竟问题在哪里。毛主席的出发点是这样：只讲过去我们错误的责任，应该是中央第一，省第二……各省去传达，就不肯讲中央有责任，自己担起来了，主席说，这不合实际，所以，主席要我们书记处专门研究一下这个时期的文件，系统看一看，究竟中央的责任在哪里，毛病出在哪里。研究的结果，编了两个本本，一本是毛主席在这个阶段的语录，这是确定我们党总路线和各项具体政策的指导思想。在这方面研究的结果，没有错误。这个本本，将来会印发的，因为这些东西过去没有拿出来过，常委还要先议，还要主席批准。一本是具体的中央指示，批转的文件，比如这个部门那个部门搞的东西，批转了，这个毛病就很多了。许多毛病是出在这上面……而这一部分，说到中央的责任，主要是中央书记处的责任。因为这些文件主要是经过中央书记处拿出去的。接着邓小平谈了中央书记处的错误，大体同他12月16日所讲的相同。

在谈到过去的错误时，邓小平还说：过去这几年的事情，毛病究竟出在哪里？是出在我们“三面红旗”的指导思想错了，还是出在我们的具体措施，具体政策？我们研究的结果，结论不是指导思想的毛病，因此，不是“三面红旗”总路线的问题，而是我们具体政策的问题，具体措施的问题，是执行总路线中的问题。

邓小平讲到这儿时，刘少奇插话说：我说，总路线是不错的，是执行中间的错误，广西有人驳我，说我这个话似乎有问题。我看基本上还是执行总路线中的问题，执行的结果，与总路线相反，中间有很多主观主义。

关于这次会议要谈的党的问题，邓小平列举了七个方面：一、要立志气。他说，我感觉，过去我们志气太大了，最近志气太小了，所以要立志气。二、要加强纪律性。三、要强调统一领导，克服小天地。四、要有全局观念。五、要提倡实事求是。六、要搞群众路线。七、要严格党的生活。

讲到最后，邓小平向大家通报了七千人大会的准备情况。他说：最后讲一讲，我们不是有七千人大会吗？这七千人的大会搞什么？中央发了通知，把大家搞来了，主要的就是八个字，鼓足干劲，统一思想。在统一思想的基础上，统一行动。准备在会议上作个报告。这个报告正在准备[①]，

注释

①邓小平在这个讲话的另一个地方说：此外，七千人的大会上提出什么问题，可能有一个报告提到这次会议上来议一下。这个文件，正在由伯达同志领班起草。

②据胡绳日记记载，还有在国家计委工作的赵家梁同志。为此，我们专门访问了赵家梁。他说：是李富春通知他向吴冷西报到的。他主要负责起草第一个问题的任务部分。

③2002年 6月19日访问赵家梁记录。

来得及的话，最好在我们的工作会议上来讨论一下这个报告。通过这个报告，再去讲。这个报告，由伯达同志主稿，想讲三部分的问题：第一，形势和任务，包括我们的奋斗目标，我们的规划要搞个什么样子，这样来鼓足干劲；第二，讲集中统一问题；第三，讲党的问题。党的问题讲些什么，刚才也提了一些。讲这样三个问题，太宽了恐怕也不行。总之，我们这个会实际上也就是为那个会做准备。

从上述情况可以看出，到12月21日，中央书记处的报告已经基本成型，中央文件也整理出两个本本，其中一个关于毛泽东在这一阶段的语录，后拟名为《毛泽东同志论社会主义建设的总路线和在两条战线上的斗争》（中央书记处编印），印8000份，下发七千人大会。另外一个不详，可能没有下发。

关于七千人大会的报告，到12月16日，邓小平还在说要有一个提纲，过了5天，他在中央工作会议上说，准备在会议上作一个报告，报告讲3个问题，这个报告正在由陈伯达领班起草等等。具体是什么时间决定起草大会报告的，起草班子是什么时候组建的，目前还不太清楚。可以肯定的是到12月21日已经在起草了，报告的内容也明确起来了。

关于参加起草报告的同志，如吴冷西所说，他负责起草第一、二部分，梅行、杨波、马洪、廖季立、张沛协助[②]，田家英负责起草第三部分，赵汉、潘静远协助。

起草班子成立后，参加起草工作的秀才们立即入住钓鱼台。上午，大家在一起扯。参加起草工作的赵家梁回忆说：陈伯达往那儿一坐，就说，我要死了，昨天又没有睡好觉，你们有什么想法先说说。有时候我们说一说，有时候陈伯达又说了，你们不说，我先说，他就谈开了。其实他早就心里有数了。我们改了一稿又一稿，当时的气氛很好。陈伯达的人品不好，但他对起草报告还是很认真的。我们上午扯完了，下午就写，晚上看电影或者看戏，然后再接着写，很紧张。[③]

报告的起草工作就是在这样一种气氛中进行的。

12月31日，报告开始有了点眉目，陈伯达将第一部分分送邓小平和刘少奇。陈伯达在给邓小平送报告时附信说：

小平同志：

这是大家议出的报告初稿的前言和第一部分（形势和任务），文字还很粗糙。现在送上六份，请斟酌决定，是否分送常委同志，并请您提示意见，以便修改。

少奇同志处，我也送了一份，因为他问过我起草的情况。

第二部分（关于集中统一），今晚可以搞完，明天可以送上。

敬礼！

伯达

12月31日上午

陈伯达在给刘少奇送报告的第一部分时附信说：

少奇同志：

这是大家议出的报告初稿的前言和第一部分（形势和任务），还很粗糙，现在送上一份，请提示意见，以便改正。

第二部分（关于集中统一），今晚可以搞完，明天可以送上。

敬礼！

伯达

12月31日

1962年的1月1日和4日，陈伯达又先后把报告的第二、第三部分送给刘少奇审阅。并附信说：

少奇同志：

这是报告草稿第二部分，请审阅。 伯达 1日

少奇同志：

送上报告草稿第三部分，请审阅。 伯达 4日

从后来陈伯达送报告的情况，未见给邓小平的信。这其中的情况不甚清楚。刘、邓看了报告的第一部分是什么反应，没有文字记载。有一段比

注释 ①见吴冷西《同家英共事的日子》，载《党的文献》1996年第5期。

较著名的是吴冷西的回忆。

吴冷西说：12月22日，刘少奇看完第一稿专门到钓鱼台找陈伯达、吴冷西、田家英和胡绳谈话。他“劈头就说，报告的起草，还是1959年庐山会议上讲的那两句话，一是成绩讲够，二是缺点讲透。具体意见主要有：（一）过去4年的缺点、错误要摆开讲，有多少讲多少，放开手讲，不要吞吞吐吐，重病要用猛药，要使人出一身大汗，这才能接受教训。（二）这几年的错误，中央负主要责任，要在报告中代表政治局做自我批评，否则下面不服。一年来中央逐步改正错误，要求各地、各部门也改正错误，不能自行其是。（三）关于分散主义要列举表现事实，每个省、每个部都要有例子，一个也不能缺，这种现象太多，太普遍了。（四）这几年的错误，同党内过火斗争，特别是1959年庐山会议只反右不反‘左’、后半段否定前半段、会后又在党内普遍进行反右倾斗争，有很大关系，党内民主不够，使许多错误不能及时改正。少奇同志特别嘱咐我们：秀才们不要怕这怕那，束手束脚，要敢讲老实话，讲过头了也没有关系，反正是草稿，中央政治局还要讨论，错了政治局负责。”①

刘少奇的这段话，我们在访问赵家梁时，得到一些印证，他对刘少奇讲的秀才们不要怕这怕那，错了由政治局负责的话印象很深，说有这回事。

从这段话可以看出，刘少奇认为报告稿在总结过去几年的工作方面，关于中央的缺点错误讲得还不够，还有点吞吞吐吐，没有放开，因此主张要放开讲，要讲够。关于反对分散主义问题，他认为列举的事例还不到位，因此每个省、每个部都要有例子。

1955年刘少奇与少数民族代表基木古（中）、雷春国（右）谈话。摄影：吕厚民

在党的问题上，他特别强调了这几年党内反右倾的问题。其实这是中央犯错误的重要原因之一，刘少奇抓到了点子上。

但刘少奇是不是讲了这个话，什么时候讲的，还有待进一步考证。因为12月31日才起草出报告第一稿的第一部分，而吴冷西说刘少奇是12月22日看了报告的第一稿讲的，首先在时间上就不相吻合。

从胡绳的日记和回忆来说很可能是这样一种情况：

1962年1月1日晚饭时，陈伯达找到胡绳，邀请他加盟文件的起草工作。在这之前的1961年12月31日，陈伯达已将报告的第一部分送给了刘、邓，之所以次日晚饭时陈伯达找胡绳参加起草工作，其中一个原因很可能是刘少奇对第一部分提出了不少意见，修改的任务比较大，所以陈伯达赶紧加强力量，请胡绳加入进来。

1月2日，刘少奇、邓小平来到钓鱼台谈对报告的修改意见，因为任务急，胡绳抱病前往。具体刘、邓讲了什么，胡绳的日记里没有记载。会不会就是吴冷西回忆的刘少奇那一段慷慨激昂的话呢？显然，刘少奇的那段话，是针对整个报告讲的。但其实到1月2日，刘少奇还没有看到报告的第三部分，吴冷西既然把具体的时间搞错了，也很可能把刘分几次讲话的内容记忆成了一次。或许是另一种情况，刘少奇在报告初稿没有出来以前，找秀才们谈谈报告的写法和内容，这也是有可能的。但从吴冷西的回忆本身来判断，又显然说是刘少奇看了报告稿以后提的意见。至少刘少奇讲话的第四点内容，从刘少奇在七千人大会起草委员会的那个讲话来看，还没有如此大胆。总之，吴冷西的这段回忆也有待推敲。

从1月2日起，胡绳负责修改报告的第一部分“形势和任务”。

三天之后，1月6日上午，邓小平来到钓鱼台审看改后的第一部分，边读边议边改，直到14时通过。邓小平走了，刘少奇随后就到了。有意思的是，邓小平通过的第一部分，在刘少奇那里没有通过。胡绳回忆：

> 下午，少奇又来看，看后他找到我，问：你看下面县委书记一级的同志们对形势的估计会满意吗？我说差不多了吧。他举了下面的一些情况，说了有些县委书记的意见。意思就是说，我们把当时困难的经济形势估计得太轻了，讲得不够。好像对前两年工作的检

讨也提出了意见。总的感觉，少奇没有通过，表示不满意，于是大动干戈，一直改到凌晨3点钟才大体完成。好像也不只是内容不行，还包括逻辑上的问题。

通过胡绳的回忆，可以看出，刘少奇坚持要把困难的形势讲透，那么吴冷西的有关回忆可能也是确实的。最后下发大会的报告稿，基本体现了刘少奇所讲的精神。比如，报告在谈到国内形势时说："应当承认，在我国国民经济中出现的不协调现象是严重的。1961年国家的财政收入锐减，通货发行过多，市场供应紧张，人民的吃、穿、用都感不足。""一方面，我们的社会主义建设是有成绩的，而且成绩很大；另一方面，我们又遇到了困难，而且困难相当严重。"

1月7日，邓小平来钓鱼台审看报告的第二部分，没费太大的周折便通过了，对第一部分的修改也表示同意。邓小平走后，刘少奇又来了，通读第一、二部分，这次刘少奇没有提出大改的意见，较顺利地就通过了。晚上，胡绳又帮助田家英突击第三部分，胡绳写了这个部分的"帽子"，虽只千余字，胡绳说搞得好辛苦，也搞到夜里3点钟。搞完如释重负，倒头便睡，那里吴冷西、田家英还在统改第三部分。睡梦中，吴冷西、田家英曾两次催促他起来和他们一起审改第三部分，但无论如何，胡绳也赶不走睡魔，"已不能读稿了"。

1月8日，邓小平上午9时就来到钓鱼台，审读报告的第三部分，比较顺利，通过了。之后，刘少奇也来审读第三部分，未提大的意见，基本通过。

通过上面胡绳日记的记述及回忆，也可以印证吴冷西讲田家英的第三部分改动不大，通过得比较顺利一事。

在刘、邓审改第三部分的同时，为了抓紧时间，听取参加小型中央工作会议的同志对报告的意见，刘、邓吩咐将报告的第一、第二部分先发到与会者手上进行讨论。参加小型工作会议的同志是8日和9日上午看稿子，9日下午进行了讨论，议论甚多。

刘少奇在钓鱼台同起草班子一同改好稿子之后，还不放心，又将稿子带回家中继续琢磨。8日夜12时他在报告的第一部分上批示：

胡绳同志：

此件我又把前面几段看了一遍，有一点修改。国内形势部分还有些地方是别扭的，请你们明天好好再改一遍。

1月9日，起草班子在钓鱼台将全稿重读一遍，进行文字修改。他们本以为半天就可以完成，结果因为刘少奇对第一部分还不满意，他们一直弄到深夜才将稿子全部改完。这一天刘少奇再次来到钓鱼台定稿，邓小平没有来。

通过以上情况，可以看出，七千人大会报告的内容是逐渐清晰起来的，报告的基调是按毛泽东的想法来定的，起草工作则是在刘少奇和邓小平的亲自主持下搞的。1961年12月31日以前的起草工作，主要是邓小平抓的，从1962年1月1日起，主要是刘少奇主持。尤其是刘少奇，将他自己对过去几年工作的体会，对形势的感受大胆地写进了报告。报告也因此在大会上产生了很大的反响。

05

变局

——七千人大会始末

一个接一个出人意料的决定，

改变着大会进程

1962年1月8日上午，七千人大会报告稿的第一、第二部分在发给小型中央工作会议的同时，邓小平嘱杨尚昆送毛泽东审阅。报告的第三部分则于9日晨送给了毛泽东。有关这一情况，1月9日10时，杨尚昆给毛泽东的信中，有着明确的记载。杨尚昆写道：

主席：

小平同志嘱向你报告两件事：一、在中央扩大的工作会议上的报告（初稿），共三部分，前两部分已于昨日送上（已同时发工作会议，今天各组即将讨论），第三部分今晨已送出，这个稿子是少奇同志主持修改的，报告也即由少奇同志作。小平同志希望你审阅。二、书记处向常委的报告和几个附件，应如何处理，请示。出席扩大工作会议的同志们，昨天基本上已到齐，近几天他们都在参观。

前面谈到，1月9日起草班子开始对报告稿进行统改，本来想一上午就可以改完的，结果一直忙到深夜才弄完。这一天，刘少奇为了使毛泽东尽快看到统改的稿子，又把先统改好的第一、第二部分请毛泽东的机要秘书徐业夫送毛泽东审看。徐业夫1月9日23时给毛泽东的信中说：

主席：

这个报告，今天又做了修改。少奇同志指示，把这个报告在今天晚上送给主席一阅。这个报告的第三部分，再过几个小时就送来。请主席看这个修改稿。[①]

从杨尚昆和徐业夫的信中我们可以看到，毛泽东于1月8日和9日晨收到报告第一稿，9日23时收到报告第二稿（第一、第二统改部分）。

注释

①《建国以来毛泽东文稿》，中央文献出版社1996年8月版，第10册，第8页。

②指省委书记以上在中央参加小型工作会议的同志。

③《建国以来毛泽东文稿》，中央文献出版社1996年8月版，第10册，第5页。

11日就将举行大会，下午刘少奇就要代表中央作大会报告。毛泽东9日23时才收到报告第二稿，而且还缺第三部分。这时，距开会的时间只有一天，这对毛泽东来说，显然是太紧张了。

毛泽东一夜未眠，在10日上午10时看完了报告的前两部分，他作了批示，说：

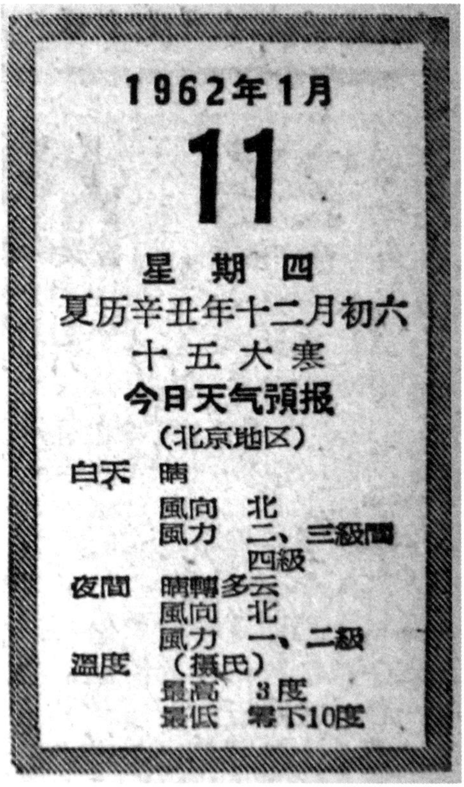

1962年1月11日，是七千人大会开幕的日子。对北京市民来说，这是一个普通的冬日，但对七千多与会者来说，对中华人民共和国的历史来说，却是一个重要的、难忘的日子

> 田家英同志，告少奇、小平、伯达同志：
>
> 此两部分已经看过一遍，觉得好，但还没有细想，提不出不同意见，须要看第二遍，才有可能想一下。第三部分还没有看。其他一百多同志[②]，可能也是这样。因此建议：推迟3天作报告。在此3天内（1月11，12，13），扩大工作会议的同志们，先分组讨论农村基本核算单位那个问题及别的问题（例如总理报告的二十二大问题）。请考虑一下是否适当？
>
> 毛泽东
>
> 1月10日上午10时[③]

毛泽东提出刘少奇推迟3天作报告，大会先讨论农村基本核算单位问题和由周恩来报告苏共二十二大的问题。本来，这也是毛泽东非常关注的两个重大问题，也是大会程序中已经安排要进行的问题。

但大会日程安排并非如此。

1月11日，大会如期举行了。但与会者并没有讨论有关农村基本核算单位的文件，也没有听取周恩来的报告，而是以省为片，以地区为单位，阅读和讨论报告。

这是怎么回事？原来在毛泽东决定推迟3天讨论报告的当天上午，也就是说在毛泽东刚刚写了上述给田家英、刘少奇等的批示后，很快又改变了主意。他把邓小平、陈伯达、田家英等[①]召来他的住处说，报告的第三部分他不看了，整个报告就不要先开政治局会议讨论了，立刻印发大会，分组讨论3天，请大家评论，提意见，准许各种意见的发表，根据大家意见再做修改，然后提交政治局通过后正式作报告。[②]

于是，按照毛泽东的这个意见，报告稿连夜赶印出来，1月11日及时发到参加大会的同志手中。

大会也没有举行开幕式。

七千多人的全体与会者拿到文件以后，在11日利用一天的时间阅读文件，12日起，分组进行讨论，广泛征求意见。

这个改变是出人意料的。

首先，刘少奇、邓小平、周恩来没有想到。按照一般的做法，党中央向代表大会或重要会议提出的工作报告，应为中央政治局讨论通过的文件，而这个文件所表达的思想观点、提出的工作任务应该说已有很大的权威性，一般不会再做重大的更改。特别是工作会议，并不履行中央全会或全国代表大会的职权，因此完全可以就中央提出的报告形成决议或一致意见，而不必再在大的范围内进行如此广泛深入的

注释

①似还应有刘少奇，但因缺少第一手的材料，不能确认。

②参见《杨尚昆日记》（下）第110页；《建国以来毛泽东文稿》，中央文献出版社1996年8月版，第10册，第16－17页；1962年中央工作大事记。

③参见《缅怀刘少奇》，中央文献出版社1988年版，第319页。

④1994年7月21日，访问汪东兴记录。

⑤1994年8月4日，访问胡绳记录。

⑥王若水《智慧的痛苦》，三联书店1989年5月版，第245页。

⑦《建国以来毛泽东文稿》第10册，第8页。

讨论。所以，按照原来的设想，大会是以反对分散主义，加强集中统一为中心内容，开会10天，统一了大家的思想就达到了开会的目的。况且，报告是由刘少奇、邓小平亲自主持定稿的，难道这里面还会有什么问题吗？

第二，参加报告起草工作的同志也没有想到。按照通常习惯，他们将报告起草出来之后，交给中央由报告人在大会报告，根据大会提出的意见进行斟酌修改就通过了。而报告稿不交政治局讨论，就直接发到大会讨论，这在党的历史上比较少见，非同寻常。他们的感觉是：报告的事情还没有完。为了这个报告，他们日夜苦干了不少时日，眼看可以脱手了，结果直接发给大会讨论，这表明后面的工作还很多，还得接着干。

那么，毛泽东为什么作出了这样的决定呢？对于这个决定，目前有着不同的看法。当时参加报告起草工作的吴冷西说："毛泽东提出这个不同于往常的开会方法，可能是考虑到大会要解决的问题关系重大，有必要充分发扬民主，听取各种不同意见。"③

也有人说，毛泽东不赞成报告的内容，"就是嫌太空了。他因此提出让县委书记去讨论、充实，看看是不是符合他们那里的实际"④。

还有人认为，毛泽东不赞成报告的内容，是因为报告的调子太低了，对"大跃进"的成绩肯定得不够，对"三面红旗"肯定得不够。他"是要大区书记出来讲话，不是少奇的话就是最高指示了"⑤。

甚至有人说，毛泽东把报告直接发给大会讨论，采取三不主义，表面看是充分发扬民主，实际是"钓鱼"⑥。

关于这个问题，毛泽东自己也有一个说法。他在1月30日的大会讲话时说：

> 在这次会议开始的时候，刘少奇同志和别的几位同志，准备了一个报告稿子。这个稿子，还没有经过中央政治局讨论，我就向他们建议，不要先开中央政治局会议讨论了，立即发给参加大会的同志们，请大家评论，提意见。同志们，你们有各方面的人、各地方的人，有各个省委、地委、县委的人，有企业党委的人，有中央各部门的人，你们当中的多数人是比较接近下层的，你们应当比我们中央常委、中央政治局和中央书记处的同志更加了解情况和问题。还有，你们站在各种不同的岗位，可以从各种角度提出问题。因此，要请你们提意见。⑦

各种说法，究竟哪一种更符合实际情况，笔者准备在下一节进行专门的分析讨论，以求教于各位读者。但这里有一点是应当肯定的，毛泽东从这一刻起，开始密切关注大会的动态以及会议的情况，并不断提出新建议，改变着会议的进程。

自毛泽东作出将报告直接发给大会进行讨论，听取各种不同意见的决定之后，1月11日，杨尚昆同徐子荣商量决定，由中央办公厅组织35个人派往各个组收集意见，以将会议动态迅速反映给中央常委各同志。

1月12日，大会开始讨论报告。正如毛泽东所预料的，大会对报告的反应十分强烈，“果然议论纷纷”，提出了很多不同的意见。晚上，刘少奇亲自听取各组讨论报告的情况汇报，从20时30分一直持续到零点30分，整整4个小时，可见内容很多。杨尚昆感到“倦极”，[①]当年的杨尚昆是55岁，已感疲惫不堪，64岁的刘少奇是否劳累，就可想而知了。

关于大会讨论的情况，不用说，很快地就报告了毛泽东。鉴于大会的纷纷议论，1月13日上午，毛泽东向杨尚昆又提出一个新建议，延长会议的时间，以小组讨论为主，对报告进行充分的讨论；报告经大会讨论定稿之后，直接发给大会，少奇同志在大会作报告时，不念报告稿，只是对报告稿涉及的一些问题，另作发挥和说明。[②]

注释

①参见《杨尚昆日记》，中央文献出版社2001年9月版，第111页。

②关于这一历史情况，吴冷西在《缅怀刘少奇》一书中说：“少奇同志的报告稿在1月27日中央政治局常委会议上通过以后，毛主席建议，这个报告几易其稿，多次讨论，大家都很熟悉，不必再照本宣科了，可作为书面报告印发，另由少奇同志在大会上作补充说明和解释。少奇同志当天亲自通宵草拟了一个讲话提纲。第二天（1月28日）大会在人民大会堂开始前，中央政治局常委聚在后台休息室（原北京厅），少奇同志把讲话提纲交给毛主席看，毛主席看后就一页一页地传给其他常委看。提纲一共有十几页，因为字写得很大，很快就传看完了。”中央文献出版社出版的《刘少奇传》说：“按照原定计划，报告由刘少奇同志在1月27日的大会上宣读。开会前一天，毛泽东提议：既然报告已经印发，在大会上就不必念了，请少奇同志根据报告的精神在大会上讲一讲。第二天在大会开始前，刘少奇在会场休息室里把提纲送给毛泽东和其他中央常委传阅。经常委同意后，他在大会上作了长篇讲话，对报告作补充说明。”事实是，早在1月13日就做出了刘少奇不念报告稿只作口头说明的决定，而不是在刘少奇作口头报告的前一天才决定的。

③关于让刘少奇不作书面报告，只作口头报告的问题，这里没有谈到是谁提出来的。我在本文的前面谈到是毛泽东提议的，自觉证据并不很充分，我的依据主要是根据这封信判断的。考虑这样一个较大的动作，似只有毛泽东才能决定，但也不能完全排除出自刘、邓的意见。这个问题还有待进一步考证。

毛泽东提出这个建议后，杨尚昆立即向刘少奇和邓小平作了汇报。当天下午，刘少奇、邓小平、李富春、李先念、薄一波等，用了两个半小时，在钓鱼台根据毛泽东的意见对会议日程作了重新调整和安排。

1月14日，田家英将上述安排写成书面材料报告了毛泽东。田家英在报告中说：

主席：

昨天上午主席对会议进程的意见，尚昆同志已向少奇同志和小平同志报告。他们都说，同意主席的意见，对会议进程作了如下的布置。

14日（星期日）休息。

15日（星期一）继续开小组会，讨论少奇同志报告初稿。

16日（星期二）继续开小组会，讨论少奇同志报告初稿。

17日（星期三）小组讨论农村基本核算单位下放问题。起草小组修改出少奇同志报告的第二稿。

18日（星期四）小组继续讨论核算单位问题，或者读文件。少奇、小平同志通读和修改第二稿。

19日（星期五）第二稿发到各同志手里，阅读一天。

20日（星期六）少奇在大会作报告，不念报告稿，对报告稿中涉及的一些问题，另作发挥和说明。③

21日（星期日）休息。

22日（星期一）周恩来同志讲话，主要讲经济计划、进口粮食，对外的欠账和援助，精简机构等问题。小平同志讲话主要讲党的问题。

22日以后，各小组开小组会，又交叉开一些政治局常委同志讲话的大会。会期准备延长至28日。26日修改出少奇同志报告的第三稿，即作为最后定稿。

以上布置，小平同志要我报告主席，并问主席还有何指示。

田家英　1月14日

毛泽东看了田家英的报告，没有表示异议。大会即开始按这一安排进行。很快，又有一个新决定，再使大会改变了会议主题。

正当大会按照中央的安排进行的时候，1月15日，杨尚昆从各小组的简报中，看出一个比较大的动向，地方上一些同志不同意中央反对分散主义的意见，这实际上是对大会的主题提出了挑战。

杨尚昆说：从“各小组的简报可以看出：实际上有一种不同意反对分散主义的意见存在，而主要是存在于省级干部中间。他们的意见是：工业中有分散主义，农村中则是集中过多，不是分散主义。而工业中的分散主义又有各种理由，似乎非此不可，否则就会恢复到1957年以前，不能鼓气，而是泄气了！”晚间“开汇报会议，听了各组的意见。前面所说的感觉更加证实。湖北省委就提出究竟有无分散主义来讨论，而王任重的发言是否定的！①”

了解了这个情况，杨尚昆不敢怠慢，于次日（16日）上午立刻将自己的看法向邓小平作了汇报，邓小平也觉得问题重大，指示杨尚昆即刻向刘少奇汇报。下午，刘少奇在听取杨尚昆的汇报后，说：“问题有不同看法，主要是一些同志接受教训不够，还没有充分认识，现在不说通，将来还会犯错误。此情况应向主席反映，由主席决定会议如何开法。”②

随即，刘少奇带着杨尚昆一起来到邓小平家，与邓小平共同商量，决定将这一情况报告毛泽东。杨尚昆将刘、邓二人的意见告诉了田家英，请田向毛泽东转报。

毛泽东得知这一情况后，也觉得问题重大，召开七千人大会的直接起因，就是为了反对分散主义，现在地方同志有意见，这不是从根本上动摇大会的基础吗？当天晚上，毛泽东走出了中南海，来到钓鱼台，在12楼召集刘少奇、邓小平、陈伯达、田家英等开会，讨论大会如何进行的问题。

在这个关键时刻，毛泽东提出当前的主要矛盾是什么，报告是否抓住了主要矛盾？中央认为地方的同志严重存在着本位主义，不顾大局的情况，中央很难集中调整、指挥；而地方的同志显然有不同意见。

注释

①《杨尚昆日记》，中央文献出版社2001年9月版，下册，第110页。

②《杨尚昆日记》，中央文献出版社2001年9月版，下册，第110页。

在这种情况下，毛泽东和中央没有采取堵的方法，他们顺应会议的潮流，决定充分听取地方同志的意见，于是一个新的决定产生了：即吸收各中央局第一书记和中央的一些同志参加，重新组织报告起草委员会，先谈谈当前的主要矛盾是什么，对于报告不论是文字问题，还是原则问题，都可以讨论。报告中不合理的，不是真理的都可以推翻，甚至全部推翻，但是正确的不能推翻，统一思想之后再写稿子。毛泽东还说，重新写好的稿子拿出去以后再推翻也不要紧，不过，最好不推翻。

当晚，就组成了一个有21人参加的报告起草委员会。

至此，大会的主题开始发生重要变化，由反对分散主义为主，一转而改为以总结经验为主。

过去有不少人认为，大会之所以重新成立报告起草委员会，主要是毛泽东对报告不满意。本来刘少奇主持起草的报告，经大会讨论通过就行了，为什么还要重新起草？除了毛泽东的不满意，似乎不会再有别的解释。但上述情况应该说已经澄清了这个问题。

1月16日晚上决定成立报告起草委员会，1月17日，委员们就走马上任，每天下午，齐集中南海怀仁堂的一间会议室里，对报告进行讨论修改，直到24日才告结束。

因为大会议论纷纷，也因为又组织了起草委员会，还因为毛泽东吸取了1958年和1959年两次郑州会议的经验。他多次讲，那两次会议干吗那么匆匆忙忙就结束了呢？如果开得时间长一些，让大家充分发表意见，后来的事情就会好一些。所以，这次七千人大会，毛泽东决心让大家把意见全部讲出来，决不匆匆忙忙地结束会议，决不再留什么遗憾，所以大会一再顺延，一直到1月27日，刘少奇才作大会报告。

按照原来的会议安排，刘少奇报告完毕，大会讨论通过，会议就算结束了。结果，一个出人意料的决定又出现了。

1月29日，毛泽东向大会宣布，大家在北京过春节，开出气会。由此，会议又掀起一个高潮。关于这个情况，下面还要涉及，这里暂不详述。

直到2月7日，大会才告结束。

一个接着一个的出人意料的决定，把个七千人大会搞得波澜迭起，高潮不断，既总结了经验，又开展了批评和自我批评，团结了全党，振奋了精神，七千人大会获得相当成功也就是情理之中的事情了。

06

变局
——七千人大会始末

毛泽东究竟对报告怎么看?

由刘少奇、邓小平主持起草的报告，未经中央政治局讨论通过，毛泽东就直接发给大会进行讨论，收到了很好的会议效果。这原本不是什么太大的问题，相反，做法上很有创意，但为什么会引起此后人们各种各样的议论呢？问题就在4年后开始的“文化大革命”，刘少奇被作为隐藏在毛泽东身边的“中国的赫鲁晓夫”、“最大的走资派”而被开除出党的命运。

这使问题就变得复杂起来。人们在探讨毛、刘分歧的起源时，不少人将目光投向了七千人大会。

那么，究竟哪一种情况更符合毛泽东当时的实际想法？对此自然是仁者见仁，智者见智。以当时的情况分析，我以为，毛泽东有对报告稿不满的一面，调子低了；也有感觉问题重大，需要共同总结经验的一面；同时也很难排除他有想听一听大家到底有些什么意见的想法。这几种考虑在毛泽东胸中交织在一起，就做出了这一许多人看来意味深长的举动。

在探讨这个问题之前，有一个话题可以先谈一谈，这对了解毛泽东当时的想法或许有些帮助。这个话题是：毛泽东在拿到报告稿之前，对报告的起草工作并未给予太多的关注。报告是由刘少奇、邓小平主持起草的。他们不断地召开会议，反复地讨论报告内容，亲自审读，并亲自动手修改。这一段时间，刘、邓的精力无疑都用在主持中央工作会议和起草报告上了。但从目前留下来的材料和参加起草工作的人员回忆来看，却找不到毛泽东的“踪影”，他没有参与主持对报告的起草工作，甚至没有同秀才们直接见面，谈过对报告的设想。

1961年12月16日，邓小平在讨论中央书记处给中央常委的报告时曾说，“这个报告改出后，等主席回来再议”。毛泽东于12月19日回到北京，可是一直等到1962年1月9日，邓小平还在让杨尚昆请示毛泽东，中央书记处的报告如何处理。可见，毛泽东在12月中旬由外地回到北京以后，对中央书记处的报告并没有表示过意见。

透过这一情况，再看七千人大会的报告起草工作，毛泽东是否出面指导过？我曾反复向参加起草报告的梅行请教，在起草报告过程中，毛泽东有什么要求没有。梅行说：没有听到毛主席有什么指示，或许陈伯达会和毛主席联系，但陈伯达没有传达过。我们从吴冷西的回忆里，也找不到毛泽东对起草工作有什么意见的说法。同样在胡绳的日记和他的回忆里，也没有发现毛泽东发表意见的内容。从毛泽东本人现存的档案里，照样没有发现他对报告有过只言片语。

以毛泽东的习惯来说，每当中央举行重大会议，要通过一个什么报告或者纪要等等的东西，他都要亲自过问、修改，甚至还要亲自拟写提纲之类的东西。但这一次他表现得有点特别。

从毛泽东这一段的活动来考察，他似乎比较超脱，除了没有对报告花费很多时间之外，在整个小型中央工作会议期间也没有露面，只是在12月20日晚上召开一次有各中央局第一书记参加的会议，在12月26日晚上召开一次范围很小的会议，大概是中央常委扩大会议。前一个会议的内容前面已经介绍过，后一个会议的内容，只是谈了苏联问题。他的兴奋点似乎在赫鲁晓夫身上。

这些情况表明，当时的毛泽东很可能没有对七千人大会投放太多的精力。12月21日，邓小平在谈到毛泽东时说：他现在的心情很好。或许这一段毛泽东比较放松，因为从1960年下半年以来，国内爆发的困难形势，使他的精神高度紧张，一直处在纠“左”的前线，身心倍感疲倦。到了1961年底，在他看来，其困难形势进入谷底后，已经在逐渐好转，中央制定的各项具体政策都开始见效，只要在各行各业把具体政策一一制定出来，落实下去，再有两三年，中国的经济就可以恢复了。中央召开了小型工作会议，再召开一个七千人大会，把过去的工作总结一下，承担一下责任，告诫大家要听中央指挥，实现今后10年的奋斗目标是不成问题的。从这个意义上讲，国内的经济工作就没有什么太让他着急的事情了，交给刘、邓去办就可以了。他在那里集中考虑反修的问题。

12月27日，毛泽东向参加工作会议的同志推荐了他的新作《卜算子·咏梅》：

风雨送春归，飞雪迎春到。
已是悬崖百丈冰，犹有花枝俏。
俏也不争春，只把春来报。
待到山花烂漫时，她在丛中笑。

诗言志。从诗中可以看出毛泽东对反修、对当时的国内工作都充满了信心，并将他愉快的心情及坚定的信念，让与会同志和他一道分享。当时郭沫若说：“主席写出了这首词来鼓励大家，首先是在党内传阅的，意思就是希望党员同志们要擎得住，首先成为毫不动摇、毫不害怕寒冷的梅花，为中国人民做出好榜样。”①我以为郭沫若的这一解说是有道理的。

12月29日，毛泽东又向会议推荐了教育家吴研因、民革中央常委钱昌照在《光明日报》上发表的几首诗。钱昌照的两首诗对当时农村的形势进行了赞美。他的《芦台农场》写道：

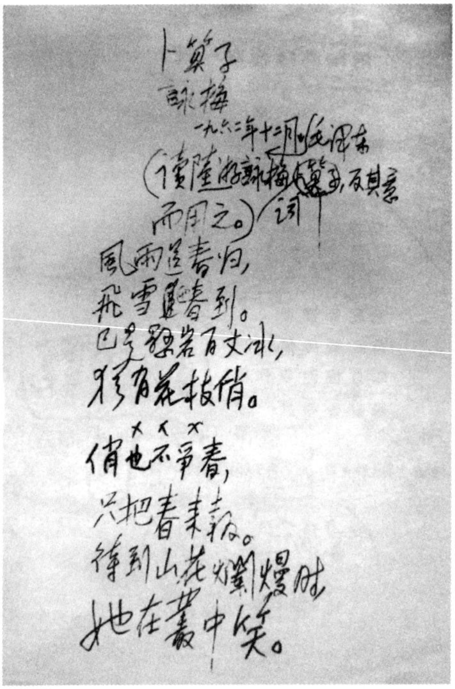

毛泽东的《卜算子·咏梅》，创作于1961年12月。这份手迹是1962年12月手书的

麦苗肥壮谷登场，
谁信当年一片荒？
排灌齐全轮作好，
芦台今日是粮仓。

《藁城农村》写道：

薯曝墙头菜挂檐，
棉田片片麦无边。
农村活跃歌声里，
绿女红男夕照前。

毛泽东称这几首诗写得好。

我想毛泽东对这几首诗的称赞，主要还是欣赏其对农村形势的美好描

注释

①1964年3月15日《人民日报》。

②我以为，从程序上讲，在刘、邓起草出报告初稿后，应该先送给毛泽东看，然后再拿到工作会议上去征求意见。刘、邓为什么没有先让毛泽东过目呢，大体可以有三条解释，一是时间太紧，来不及了；二是刘、邓认为没有必要给毛泽东看；三是毛泽东曾表示如果时间太紧就不要提前给他看了。从党的组织原则上讲，从刘、邓的一贯表现上讲，从对毛泽东的态度上讲，第二条理由是不太可能存在的。一、三条的可能性大一些。对这个问题我拿不太准，曾专门打电话请教参加起草报告工作的赵家梁同志。赵老说，这个比较好理解，因为这个报告是为七千人大会起草的，不是为中央小型工作会议起草的，拿到中央小型工作会议上听取意见，目的是为了七千人大会。这就像中央的一些重要文件，在起草小组写出之后，先拿到各地方征求意见，然后再定稿一样，这期间并不一定先要中央的第一把手看过点头，是比较正常的。

述。因为毛泽东是这样的一种心态，所以这次报告的起草工作，就没有形成像起草中共八大的政治报告那样，报告由起草小组写出以后，刘少奇改了，送给毛泽东改，毛泽东改了又送给刘少奇，他们相互商量，相互补充，整个一个流水作业。这次没有形成这样一种局面。也没有像先前的庐山会议那样，他亲自提问题，亲自拉提纲；像1961年3月的广州会议、5月的北京会议那样，亲自主持会议总结工作，亲自主持制定《农业六十条》等等。我们所看到的是毛泽东和在京参加中央小型工作会议的与会者几乎同时收到了大会的报告稿，[②]而这时距离大会开幕，也就一两天的时间了。

除上述情况，似还有一种可能，七千人大会比较侧重的是经济工作，经过“大跃进”运动的失误，毛泽东自觉在经济问题上，他不如第一线的其他领导同志内行，因而有意让一线同志去做。这恐怕也是其中的原因之一。

既然毛泽东对报告的起草工作采取了比较超脱的态度，是否就可以理解为，当他看了报告稿以后，继续采取一种超脱的态度，看也不要看完，干脆就让大会去讨论好了呢？从他1962年1月10日写给刘少奇、邓小平等的批示来看，显然不是这种情况。

应该说，报告的内容有些出乎他的意料！

这可以从以下几个方面来看：

首先，毛泽东审阅报告稿后的第一个反应就是：“推迟3天作报告。”从这一点不难判断，他对报告是有保留的。很明显，想要修改一下，再在大会上宣讲。而这个修改的时间，至少需要3天。3天的时间，就不仅仅是文字性的修改了，应该说是要有较大的修改。

第二，毛泽东对报告的批示，第一句话就是“觉得好”。那么是否就能说毛泽东对报告持赞同意见呢？很难那么讲。因为他在批示中很快又说，“还没有细想，提不出不同意见，须要看第二遍”，还说出席中央小型工作会议的100多人，对报告的感觉和他恐怕也是一样的，因此建议推迟3天作报告。

从这里不难看出，“觉得好”是客气话，不太满意才是实情。既然好，干吗还要推迟3天作报告？这意味着毛泽东内心对报告还有些想法，也就是说报告的有些地方还不太符合他的心思，或者说他的一些想法在报告中没有得到充分体现。看看毛泽东在1月30日发表的大会讲话就可以得到注解，他说：“这个报告草稿是少奇、小平、陈伯达、胡绳、吴冷西、田家英几位的主张。”把毛泽东的这段话，理解为刘、邓等主持起草的报告的精神并不完全代表他毛泽东的观点，我想是不过分的。

那么毛泽东对报告不满意的地方，是什么呢？从目前现存的文字和知情者回忆的情况来看，毛泽东对报告没有提出过不同的意见。所以我们只能依据比较可靠的材料进行判断。通过杨尚昆的日记分析，毛泽东在作出将报告稿直接发给大会讨论的决定之前，对报告稿的第二部分“加强集中统一，反对分散主义”，曾认为不能变，也就是说他是坚持反对分散主义的。第三部分他还没有看，不存在满意与不满意的问题，所以毛泽东对报告稿不太满意的地方，也就是第一部分“关于目前的形势和任务”了。

这第一部分的主要内容是，对当时的国际形势和国内形势进行了判断，对新中国成立12年来、特别是“大跃进”4年以来的工作进行了总结，对1962年的工作任务和1963年至1972年的工作计划进行了部署。

20世纪60年代初毛泽东在书房读书。摄影：吕厚民

问题恐怕就出在这里。尽管报告的框架结构和基本精神是按毛泽东的思路来搞的，但问题是对过去几年的工作怎么总结？讲到什么程度？这中间肯定要涉及成绩和错误、错误的责任和原因，涉及对当时形势的估计等等。如果将刘少奇、邓小平主持起草的报告稿同后来修改的报告稿进行一番比较的话，就会发现，前稿在讲成绩和错误方面，是将新中国成立以来12年的成绩放在一起混着讲的，哪些成绩是“大跃进”以来取得的，没有单独讲，而讲的缺点错误，几乎都

注释 ①1962年1月9日，胡绳日记。

是“大跃进”以来的。所以在大会上有人抓住这一点说，缺点错误讲得过分了，一片黑暗，越看越没劲。修改后的稿子，重点总结“大跃进”以来的成绩是12条，缺点错误4条，并增加了基本经验教训16条。此外，毛泽东曾多次讲过，最困难的时期已经过去了，但在前稿上，却没有这样的判断。

我们联系毛泽东对当下形势的乐观估计，对过去工作的较多肯定，可以猜测到或许他当时认为，这样的报告对“大跃进”以来的工作肯定不够，否定太多，要达到为大家鼓劲的效果，恐怕很难成功！同时也难免会有一些莫名的郁闷在心头！

显然，毛泽东心里对报告不很满意。但从他的批示来看，开始并没有决定把报告直接发到大会讨论，而是提出推迟3天作报告，这表明他想修改。至于怎么改，也就是说报告应该怎么写，毛泽东肯定有一套自己的想法。

恰在这时，发生了一件事情，此事对毛泽东作出把报告直接发给大会的决定似乎有着直接的影响。前面谈到，1月8日，在刘少奇指示把报告的第一、第二部分送给毛泽东审阅的同时，也发给中央小型工作会议进行阅读讨论。小型工作会议的安排是8日阅读一天，9日讨论。结果是“议论甚多”①，或者说“莫衷一是”。这种情况的出现，可能对毛泽东产生了一定的影响，使他感觉到，对报告有着不同看法并不是他一个人的问题了。

毛泽东可能还会想到，这个报告既然在一百多人的中央工作会议上就遭遇到“议论甚多”，那么拿到七千人的大会上该是怎样呢？对于“大跃进”的失败，对于当前形势等的认识，他和刘少奇等存在着不同的看法，一百多人的会上就已“议论甚多”，表明全国省委书记以上的领导干部对此存在着意见不一致，那么更多的县委、地委书记们会怎么议论呢？由于地区不同，工作性质各异，肯定也会有着各种各样的看法。面对这样一种情况，怎么办？还能够强行按着自己的意志统一全党的思想吗？这个问题，毛泽东应该是反复思考的。1959年的庐山会议，彭德怀等对“大跃进”运动提出批评，被打压下去的结果，不但中断了纠“左”，而且带来的后果是1960年的巨大反弹，致使国民经济遭到更加惨重的损失，所呈现的是更加困难的局面。这一严重的教训，毛泽东不能不考虑。

再者，1962年的情况同1959年已经有了很大差别。1959年，虽然已经发现“大跃进”的一些错误，发现了一些地方出现的困难局势，但全国性的危机还没有爆发。到了1962年，“大跃进”运动已经造成重大损失，全国人民吃尽了苦头，经过1961年的全面调整才稍有好转。在这样 种形势下，总结经验已不可避免，人们的纷纷议论也当在预料之中。

回顾过去的错误，面对大家七嘴八舌的议论，应该说毛泽东的压力是很大的，一方面感到内疚，一方面是下边同志的质询、批评和抱怨。在这种情况下，决策者可以有很多的选择：1957年反右是一种选择；1959年庐山会议是一种选择；发扬民主，让大家充分表达自己的心声，并主动做自我批评也是一种选择。

后来的情况表明，这一次，毛泽东选择了后者。这便是：把中央对大会的报告，披头散发地发下去，告诉大家这只是一个初稿，尚未经中央政治局讨论通过，以求充分听取意见。毛泽东对大会说，实行“三不”主义，不打棍子，不抓辫子，不扣帽子。他对中央领导同志说：不要怕鬼，天不会塌下来。

毛泽东这样做的结果，一下子就争取了战略上的主动权。第一，他使与会者看到了中央主动承担责任的姿态，又感受了民主气氛，不少同志积压在心上的不快和意见讲出来了，其困惑、不满的情绪缓解了；第二，他了解了人们到底有些什么想法，当然这也是他很想知道的，换句话说，他由此掌握了人们的思想动态；第三，因为中央的报告是通过全体同志讨论修改形成的，那么这个最终要达到统一人们思想的文件，便具有了更广泛的代表性和权威性。

从以上一系列的情况分析中，便可以看清毛泽东对报告的态度以及对报告所采取的不寻常举动的来龙去脉。从此还可以感受到毛泽东的领袖风范，既十分善于统一大家的思想，又擅长于关键时刻以四两之力拨千斤来化解危机。

事实表明，毛泽东将刘少奇主持起草的大会报告不经政治局讨论通过，就直接发给大会讨论的做法是很高明的。

1月28日，杨尚昆在日记中说：大家“特别满意会议的开法”。

2月9日，张劲夫在中国科学院传达七千人大会的会议精神时说：“这次会非常好。接触到的一些同志反映都差不多。不是一般的好，而是非常的好，非常的重要。有人比方为‘七大’，在重要时期解决重要问题。而且解决得非常之好。其影响会极其深远。”①

注释

①中国科学院1962年2月9日党组会议记录。

07

变局

——七千人大会始末

七千人果然议论纷纷

1962年的1月，北京处在严冬季节，时逢困难时期，人们更加觉得寒冷难挨。此时此刻，没有人知道，一次不对外宣传的、与会人数达七千人之多的大会正在北京举行，全中国高、中级官员云集一堂，谋划着国家走出危局、恢复民生的大事。

当时的中共中央，下设六个中央局（也称大区）：华北、西北、西南、东北、华东、中南。中央局下设省、地、县。所有与会人员，除中央局书记外，每个省、市、自治区党委来4个书记，每个地委来3个书记，每个县委来2个书记，全国各大厂矿来1个书记和1个厂长，中央各部委的党组成员是全部参加。

刘少奇、邓小平主持起草的大会报告稿，按照毛泽东的意见发到大会以后，第一天为阅读时间，第二天起，各省以地区为单位，国务院系统分小组[①]，中共中央直属机关分4个组（一组、二组和文教组、外事组）进行讨论。

经过“大跃进”的挫折，遭遇了前所未有的经济困难，付出千万生命的代价，已经使绝大多数人变得冷静起来，开始实事求是地考虑问题了。

柯庆施，中共中央华东局第一书记，“大跃进”运动重要的积极倡导者、配合发动者之一，到1961年也冷静下来了。袁宝华回忆：1960年，我到国家经委工作，被派到上海蹲点。有一次柯庆施找我谈话，就问我，究竟怎么样，现在的粮食够不够吃？工人、农民和咱们不一样，咱们吃多少菜，不吃多少粮食，工人、农民没肉吃，全靠吃粮食啊。柯庆施也感到心里没底了。[②]

毛泽东也冷静下来了。他不断做自我批评，承认自己和中央犯了错误，并带头纠“左”。

实际上，自1960年冬以来，人们就开始反思“大跃进”和人民公社化运动的经验教训了，在各种层次的会议上已经发了不少这样、那样的议论了！但这些意见都是在一些讨论具体问题的小型会议上讲的。这一次则

注释

①具体几个组尚未弄清楚，有待继续考证。

②访问袁宝华记录，1996年5月16日。

不同了，中央召开了县委书记以上干部参加的五级干部大会，七千多人在北京聚集一堂，一起回顾总结“大跃进”运动以来的经验教训，就显得非同寻常。报告一发下来，立刻引起与会者的严重关注。所有与会者，他们既是“大跃进”运动的参与者，又是不同层面上的领导者，对报告所谈的情况非常熟悉。其中的绝大多数人，想想“大跃进”，遭遇这么巨大的挫折，这是他们始料未及的。他们为此感到困惑不解，感到有许多话要说，有许多问题要问。

由于大会采取三不主义——不抓辫子、不打棍子、不扣帽子的方针，甚至中央的报告稿，未经中央政治局扩大会议讨论通过，便直接发给大会听取意见，因而使人们的思想更加活跃起来。

当会议组织讨论时，不少来自各个阶层的官员抑制不住心中的激动，纷纷发表意见，谈出自己的想法和意见。

可以说，“双百方针”在这次大会得到了较好的体现。大会议论最多的，是对当前国内形势的认识，对出现困难局面的分析，对错误的表现、错误的性质、错误的责任、错误的原因的探讨以及对“三面红旗”和反对分散主义的看法。

当时，新中国的经济建设还只有12年的历史，人们对社会主义建设的认识不可能达到像今天这样的深入。历史的局限，加上要在肯定指导思想的前提下总结经验，使大会不太可能取得理论上的创新和实践上的突破。但尽管如此，还是有不少意见触到了深层次问题和一些比较敏感的领域。

为什么会犯错误？

这几年为什么会出现如此料想不到的困难局面？我们到底犯了哪些错误？为什么会犯错误？这几乎是所有与会者非常关心的话题。

对于这些问题，刘少奇在报告中说：

> 这3年里，在我们的工作中也发生了许多缺点和错误，再加上1959、1960、1961连续3年全国广大地区的严重自然灾害，就使我们遭到了许多困难。
>
> 在1958年以后的农村工作中，我们曾犯了高指标、高估产、高征购的错误，犯了刮“共产风”和其他平均主义的错误，在生产上犯了瞎指挥的错误。1959、1960年农业上的严重减产，以

及农村所发生的许多困难情况，一方面，是受了自然灾害的影响，另一方面，在很大程度上则是对于我们所犯的这些错误的一种惩罚。

在工业工作上我们也犯了要求过急过猛、计划指标过高的错误和在企业管理工作上的一些错误……

在国民经济其他各部门也发生了类似的问题。

…………

中央在研究了这几年的工作以后，认为，这几年有一部分的建设工作的缺点错误的产生是由于中央还缺乏经验，未能及时制定各方面所必需的具体政策，或者有些政策规定得不完全恰当的原故。有些正确的政策，在规定以后，中央没有严格实行检查督促，因而贯彻不力。中央在这几年来还规定过一些过高的国家计划指标，不恰当地提倡过一些引起不良后果的事情，例如几个“大办”，在调整国家体制方面，把管理权力下放过多，等等。中央许多同志常常是依靠汇报来了解情况，并且轻易地相信了那些不符合实际或者不完全符合实际的汇报，没有密切地接触实际，认真地去进行调查研究，有一个时期对于形势的估计过于乐观，因而对工作不能作出正确的判断。

报告还讲到庐山会议中断反“左”也是犯错误的一个原因。

从以上内容可以看出，在中央看来，这几年工作上的错误主要表现在“三高”、“一刮”、瞎指挥、几个“大办”以及实行平均主义和管理权力下放过多等方面，犯错误的原因一方面是中央还缺乏经验，未能及时制定各方面所必需的具体政策，一方面是没有密切地接触实际，认真地去进行调查研究，因而作出了一些错误的决策。

大会讨论时，对于“大跃进”期间表现出来的错误，大家的分歧不大，但若追究这些错误是怎么来的，为什么会犯错误，错误的根源是什么这样一些深层次问题的时候，大家的认识就不一致了。他们各抒己见，看法很多，有些意见很快就突破了中央报告的认识范围。如果说报告谈得比较抽象、笼统，那么大会的讨论则相当具体、深入、广泛，其中不乏远见

貝氏小轉爐示意圖

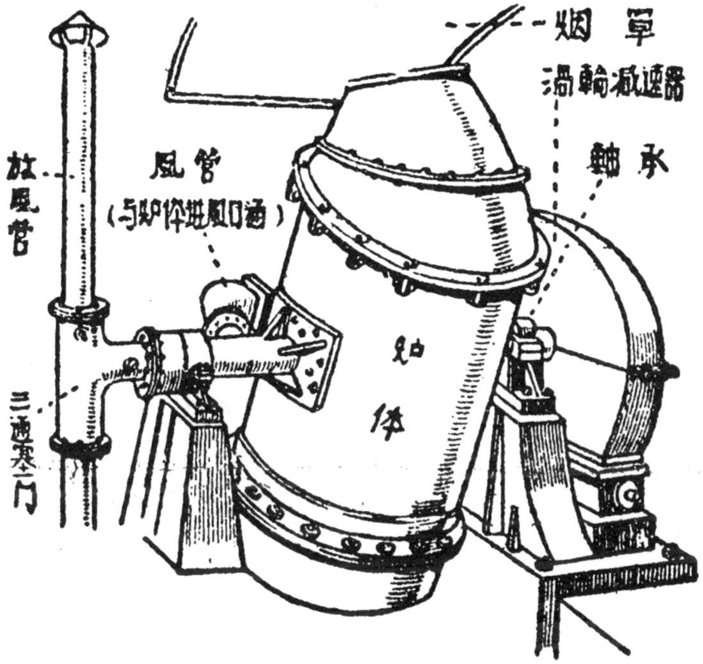

这是1958年6月发表在《人民日报》上的“贝氏小转炉示意图”，它是专门为一篇文章《炼钢不神秘，小炉显神通》配发的，这篇文章报道说，福建炼出了第一炉钢

卓识与真知灼见，即使今天看来，也令人为之击掌！综合起来，大体有以下一些意见：

一是认为过去几年之所以犯错误，确实存在着缺乏经验的问题，但不能把什么问题都归结为缺乏经验。

这里先举两个例子，似可对上述观点有所说明。1958年9月，刘少奇到江苏视察，在常熟县和平人民公社参观中稻丰产实验田时，他问公社党委书记：亩产可以打多少斤？回答说可以打1万斤。刘少奇说："1万斤，还能再多吗？你们这里条件好，再搞一搞深翻，还能多打些。"[①]可见就连原来主张反冒进且出身农家的刘少奇，也弄不清农业生产的一些基本情况，缺乏经验是一种普遍现象。

不过，下一个例子就很难完全归结为缺乏经验了。1958年，广西在放钢铁日产量卫星的时候，自治区党委书记亲自去现场考察，发现高炉用的是国民党遗留下来的碉堡；没有炼铁的煤，人们把树砍了做燃料，认为只要把矿石烧黑，就是铁了。书记问身边的技术人员是不是铁，技术人员明明知道这不是铁，却不敢说，结果书记信以为真。这与没有经验、不懂技术常识有着直接的关系。更重要的是人们不敢讲真话，这就不能归结为没有经验，而是缺乏民主的气氛，结果闹出很多悲剧。

所以有人就单刀直入地问：犯错误的主要原因如果是缺乏经验，为什么单在这几年发生这么大的问题？说假话总不能说是没有经验，党的优良传统为什么这么短时间就丢掉了？还有人说：没有经验这是对的，一切归咎于没有经验，不能说服人。

有人说，为什么会产生高指标，大家当时为什么相信它、接受它呢？有几种情况：一种是深信不疑；一种是将信将疑；一种是认为指标高一点，可以鼓干劲，动员群众，结果适得其反。这三种情况均可以归结为经验不足。除这三种情况之外，还有两种情况，一种是虽然心里认为完不成，但是不敢说；一种是明知不行，硬说能完成，为的是迎合领导，投其

注释

①《少奇同志视察江苏城乡——对工业、农业、教育和劳动制度等工作提出重要意见》，见《人民日报》，1958年9月30日。

所好。这两种就不是缺乏经验的问题了，而是属于思想问题。

显然，这触及到了问题的深处，党内政治生活缺乏民主气氛，是“大跃进”失败更深层次的原因！因为没有经验，可以从别人的意见中得到启发；头脑发热，可以在别人的劝谏下冷却清醒。但遗憾的是，人们不敢讲真话，结果一错再错，乃至祸及全国，造成无可挽回的巨大损失。

从这些发言来看，不少人认为中央强调缺乏经验多了，因而提出了比较尖锐的意见。

二是认为犯错误的关键原因是在反倾向斗争问题上，或者说是因为党内斗争过火。一些人说：几年来的经验教训，光是从反右考虑问题，把党内一些不同的意见，也作为两条道路的问题斗争了，根本问题在这里，光说没有经验是不行的。言之无罪到言者有罪，各级党的组织不能推之无经验。还有人说，党内斗争过火，时间过长，挫伤了一些同志，也使党外一些干部存了戒心。光说脑子发热，不能真正地吸取教训。

有人举例说：在干部中开展一个拔白旗、插红旗运动，强调“把一切窃据在领导岗位上的白旗拔光，不管他们的功劳多大，历史多长，地位多高，只要他们是白旗都把他们拔下来”，致使许多干部不敢真讲话，担心被当做白旗拔掉！

甘肃、青海两省有些人还针对1960年冬的整风整社工作提出意见。他们问：信阳经验是否正确？如果不正确，在甘肃推广是否适当？

信阳是“大跃进”的重灾区。在追查信阳问题时，中央认为重要的原因之一是民主革命不彻底，是坏人掌权，因此在全国开展了整风整社运动。对此质疑的人，也包括湖南的同志。他们问：“整风整社运动究竟哪些对哪些不对？要请省委加以说明。信阳经验究竟是不是成功的经验？要请创造人作个报告。”

可以看出，这些意见也很尖锐，抓住了问题的要害。几年来，上边听不得下边的不同意见，动不动就上纲为思想路线问题，就定性为右；对于出现的问题，总是简单地以阶级斗争的观点去分析和处理，使党内政治生活不正常，没有了不同声音。也就是说，主要在于不断地用思想路线划线，在于党内的斗争过火。中央的报告稿在这个问题上，没有明确具体的阐述。

三是认为犯错误的原因是主观主义造成的。他们说：这几年我们的主要问题不是分散主义，也不是高指标，而是主观主义以及命令主义的工作方法，惩办主义的组织手段。高指标、命令主义、惩办主义都是由主观主义产生的。很显然，这是犯错误的思想根源。中央的报告稿强调“没有密切地接触实际，认真地去进行调查研究”，实际上也意味着犯了主观主义的错误。

四是认为这几年的主要错误，是生产关系变化太快。广东有人说：农村中的错误是否仅限于“三高”“一刮”？这些固然是原因，但所有制改变过急，生产关系的变革没有和生产力的发展相适应，违反了客观规律，是很重要的一个方面。在商业、手工业中，所有制也变动得过快。还有人说：农业方面的“三高”不是实质问题，而是所有制、分配制度、生活集体化的问题。中南局有人提出：农业问题，根子是所有制；工业问题，根子是颠倒了农、轻、重的关系。这几年的主要错误，是生产关系变化太快，政策、体制、任务、干部太不稳定。这几年党的政策是坐船照镜子，摇摇晃晃。从思想认识上讲，是忽略了社会主义建设的长期性和艰巨性，在强调不断革命的时候，忽略了革命发展的阶段论。

有关这些问题的议论，至今给人留下了深刻印象。与会人员注意从所有制、从生产关系同生产力相适应，从国情出发，从社会主义建设的长期性，从关注农民的积极性等来考察问题所在，十分可贵。在后来经过修改的中央报告将这些思想都融入了报告里。

五是认为在经济建设上综合平衡不够，是根本问题之一，实际工作中，违背主席农、轻、重关系的指示，是出毛病的重要根源。有关这一点，相对高层的负责干部谈得较多。

六是认为产生缺点、错误的主要原因，是对主席的思想体会不深，对主席的历次指示重视不够。他们说：我们犯错误的原因，其中主要一条是主席的指示没有全面地、正确地下达，下面的情况没有如实地反映到主席和中央这边来。建议八项要求中，加上学习毛泽东思想的内容。还有人说：大家读了《毛泽东论社会主义建设的总路线和在两条路线上的斗争》以后，更加感到毛主席的英明伟大和正确。如同在革命问题上一样，在社会主义建设中，毛主席总是看得最远，想得最深，对问题发觉得最早，只要我们完全按照毛主席的指示办事，实际工作中的缺点和错误，就可能避免或迅速克服。一些人在回顾了这几年的工作以后提出，需要接受的经验教训很多，其中最为深刻的就是：必须听毛主席的话，过去有些工作所以

发表在1958年8月21日《人民日报》上的漫画《银河曲》，表现牛郎牵着铁牛拖拉机在银河与织女团圆的场景，据说当时白族有一首新民谣，道：“跃进山歌飞上天，山歌飞到银河边；请得牛郎下凡来，看看铁牛在犁田。”漫画创作者在此处反其意而用之，不是让牛郎下凡看铁牛犁田，而是让牛郎牵上铁牛上了银河，不仅团圆，更来劳动。为此漫画配有诗道：“牛郎牵上铁牛，和织女来团圆；银河里有泉水，在天上来种田。机器在空中响，卫星在天上飞；总路线的红旗，扛到天宫前。”

做不好，出问题，就是没有按照毛主席的指示办事。

从大会讨论的现有材料看，持这种意见的人并不在少数，还相当多。说起来，这个问题比较复杂，人们为什么会产生这样的认识，这与党内对毛泽东的个人崇拜有关，也与陈伯达编辑的材料[①]及中央的导向有关；与各级领导主动承担责任的心态有关，也与当时的思想认识水平有关。比如会上有人举例说：当毛主席提出核算单位下放到生产队时，不少人在思想上有很大的震动，认为核算单位下放到生产队“退得过多了”，“公社的优越性没有了”，“红旗不红了”。这些看法表明了当时一些干部思想水平的真实层面。哪怕是传统社会主义的基本原则，他们也并不清楚。为此，1961年9、10月间，中央曾下发文件，举办干部培训班，其中就有要弄明白什么是社会主义的问题。

七是对于出现困难形势的原因，有人针对自然灾害和主观错误的关系发表了一些看法，即天灾和人灾（祸）哪一个是主要原因的问题。大会下发的报告稿没有谈两者之间的关系。从当时的公开报道来看，也主要强调是连续遭受自然灾害的结果。大会议论到这个问题时，看法很不一致。

安徽、西藏、山西等省区有不少人认为：人祸是主要的。他们说，1959年5月以前没有天灾，市场已经开始紧张，家畜、家禽已经减少了。1961年是连续遭灾的第三年，由于贯彻了《农业六十条》，农村形势开始好转了。还有人认为，“整个说来，人为的灾害是主要的”，“自然灾害固然很大，但人为灾害却很严重”。在山西省的小组会上，有人提出：“这几年山西农村工作中的问题，主要是人灾造成的。”“农村工作中，人灾是第一位的”。但也有不少人提出，就全局来说，灾害是主要的。还有很多人认为，要分别情况，不能一概而论。有的地方出了问题，主要是工作没有做好，有的主要是自然灾害造成的。另外，还有一些地区几年来工作发展比较健康，连年增产，也需指出。

除了上面谈到的七个方面之外，也有人专门针对农村问题提出自己的看法，而且认识比较到位。湖南有人说：一、对待农民，是政治上压服，不是说

注释

①即陈伯达主持编辑的《毛泽东论社会主义建设的总路线和在两条路线上的斗争》，这是专门为这次大会编辑的材料，主要选编了一些毛泽东比较正确的论述。

服，剥夺了农民的自由权；二、经济上刮“共产风”，剥夺了农民的所有权；三、生产上瞎指挥，侵犯了农民的自主权。此外还有“四高”，严重地伤害了农民的积极性。

广西有人说，农村工作产生这么多问题，从思想上讲有三：一、把建设我们这样大一个国家看得过于简单，因此片面强调高速度，只看到“一穷二白”“人多好办事”有利的一面，而没有看到困难复杂的一面。二、过高地估计了我们的生产经验和农民觉悟程度。那时候，愿怎么干就怎么干，认为农民风格高，比鞍钢工人老大哥的风格还高。三、从本身来说，也是对自己估计过高，认为有权，有经验，有群众，党又有威信。这样一来，头脑自然发热，主席的话也就听不进去了。

这就是大会上议论出来的各种意见。虽然并非都那么全面，但基本抓住了问题的要害。从发言的尖锐程度，也可以看出在这次大会上不少人是敢于讲话的，大会气氛也比较民主，中央采取了充分听取大家的意见的态度。

谁来承担责任？

刘少奇在报告中说：

> 中央觉得，有必要在这一次大会上指出，对于这几年来的工作中的缺点、错误，首先要负责的是中央。最近，中央书记处检查了这几年发出的中央文件，向毛主席和中央常委提出了一个报告，说明了中央工作中的主要缺点错误和中央书记处所应负的责任。报告中说到的有些事情是经过中央政治局的，中央政治局当然要负责，这里所说的中央首先负责，当然也包括中央各部门和国务院及其所属各部门。
>
> 对于工作中的缺点错误，其次要负责的是省一级领导机关，因为这几年来，省在许多工作上负了很大的责任。当然这并不是说，省以下的各级负责同志在具体政策的执行上，在工作作风上就没有责任了。

揣摩报告的意思，简单地说，要负责的首先是中央。但这个中央，主要是指中央书记处，中央政治局也有责任，但没有着重强调中央政治局常委的责任，倒是谈到了中央和国务院的各个部。我们今天反复品味其中的行文，感觉中央的检讨，是很掌握分寸的。

在讨论时，大多数人比较温和，更多的是做自我批评，但也有些语言比较激烈。

西北地区有人提出："左"的错误时间这样长，这样严重，为什么这样难于纠正，原因何在？应该说清楚。浮夸风为什么这样大，这样普遍？不和政治上、组织上联系起来是不可能的。还有人问：不实事求是的作风，为什么成为全党性的？

在讨论中，甚至有人对错误的性质提出质疑，华北地区有人提出：说缺点错误不是路线性的，是执行中的问题，为什么全国都推行错了?这几年造成的损失，不次于3次"左"倾路线造成的损失。①

有人问，全国到底非正常死亡了多少人，死了多少牲口，这笔账应算清楚。过去提公共食堂是社会主义的阵地，社会主义的心脏，两条路线斗争的焦点。现在食堂虽然大部分解散了，但这些提法究竟对不对？是中央错了，还是地方错了，应讲清楚。

湖北省委书记、省长张体学提出：死官僚在中央、省、地三级，不要在下边找。1961年中央提出反对死官僚时，挨整的往往是县以下的干部，包括县委书记。湖北的同志对此表示不满。

对于这样的问题，有人讲得更明确一些。他们说：这几年许多问题的产生，根子在上边，但历次政治运动，却常常是整下不整上，所以许多毛病是一犯再犯，越来越严重。

这样的议论，其矛头显然是直指中央，希望中央多担责任。

中南局第一书记陶铸讲了几句让人咋舌的话。他说：中央、地方责任是三七开，这种说法就不能服人。他认为，错误的责任主要在上边，中央各部门负责人不在大会上做检讨，也应做书面检讨，中央书记处的检讨，是不深刻的。

在从现存报告稿中，找不到"中央、地方责任三七开"这样的话，但以

注释

①韩钢《60年代前期党内对社会主义的新认识》，见1989年第1期《党史文汇》。

②卢跃钢《大国寡民》，中国电影出版社1998年3月版。

陶铸的身份似不会随便说话，应该是有来由的，只是至今我们还没有发现。陶铸身为地方大员，对中央政策的来龙去脉，应比一般的省委书记要清楚。他在这里强调错误的责任主要在上边，又说中央书记处的检讨不深刻，可谓是这次会上的大胆之言。不过他所追究的“上边”，看来也就到书记处为止了，并没有超出书面报告的范围，但他强调“错误的责任主要在上边”，也属难能可贵。

西北有人提出：毛主席在1958年让试办公社，后来下边一下就干起来了。郑州会议时，才提出公社三级所有制，1958年北戴河会议并未这样提出，责任究竟在哪里？

这样提问题的，言下之意，是说毛泽东当时提倡办人民公社时带有很大的盲目性，具体政策没跟上，因而带来了很多问题。实际上，当时认为毛泽东犯了错误的还是大有人在的。在陕西，对1958年造成的严重后果，当时有的私下讲，有的则公开说，焦点在毛主席身上。若干年后何金铭曾回忆：“我就说过：‘这么大的问题，毛主席要负责任。’反右倾的时候，成了很严重的问题。”②

为承担责任，国家计委主动检讨说：高指标是计委提出的，应当由计委负责，过去我们编计划，没有进行调查研究，没有做好综合平衡，往往是匆匆忙忙地将计划提交中央，强迫中央签字。犯错误的原因，主要是我们思想上有主观片面性，对主席的思想和指示没有好好学习，领会不深。如1959年钢的生产指标，主席在1958年曾提出1500万吨，如果当时按主席指示布置工作，基本建设的摊子就不会铺得那么大，浪费了人力和物力。长期计划也是如此。我们的计划工作搞了四年多，翻来覆去，现在的长期规划还是2000万吨钢，可见还是主席英明正确。

对在编制生产计划时出现的高指标，计委确实有不可推卸的责任。计委的责任，一方面表现为缺乏经验，脑子跟着发热；一方面也表现为没有自己的主张，而是迎合领导的意思报计划，当然也有迎合不准的时候。有几次，毛泽东想把钢的指标降下来，可是计委告诉他可以完成。这大概也是毛泽东后来总是不满计委的工作，“鸡蛋里挑骨头”的原因之一。

国务院系统工交组提意见说，政治局和书记处担负责任的字句，应该从报告中去掉。如果中央一定要担负责任，最好把各部门的责任也写上去，或者由工业交通口的代表在会上讲一下各部应该承担的责任。

从上述情况来看，大会上的议论，既有认为中央承担责任不够的，也有做自我批评的，还有要求对一些责任问题定性，或者要分清责任的。国务院一些部门主动要求在大会做检讨，也折射出在错误面前，大家不是互相推诿，而是积极承担责任的良好风尚。大会讨论时，还有一些人对领导机关提出了建议，他们希望提倡说老实话的同时，要提倡听老实话；反对报喜不报忧的同时，要反对听喜不听忧。对中央提倡的“三不主义”、“五不怕”精神，有人说这不是解决畅所欲言的关键，关键是上面对待批评的态度。

这些意见显然都比较大胆、尖锐，刘少奇在作大会口头报告时，大多对此作了解释和说明。

“三面红旗”举还是不举？

“三面红旗”，是一个十分重大而敏感、复杂的问题。1959年庐山会议的时候，彭德怀在很大程度上就是以“反对总路线、反对大跃进、反对人民公社”的反“三面红旗”被批判的。庐山会议之前，“总路线”、“大跃进”、“人民公社”并不是并列的，“总路线”被认为是统帅一切的指导方针，“大跃进”和“人民公社”是“总路线”的产物。因为批判彭德怀的缘故，这三者的地位发生变化，被并列在一起成为社会主义建设事业的光荣旗帜，开始大树特树。不久，又称为“三大万岁”。到1960年初，《人民日报》社论更是将此誉为毛泽东在社会主义建设时期找到的“三大法宝”，与民主革命时期的“三大法宝”相提并论，成为中国进行社会主义建设的指导思想。1961年起，大概觉得“三大法宝”的提法太超越实际情况了，而改称“三面红旗”。

现在来看，中国共产党进行社会主义建设距那时也只有10年左右的时间，就以为找到了党的基本路线，确实有点过于自信。问题是，1959年反对彭德怀时，毛泽东提出将来他“拟写文宣传人民公社的优越性。一个百花齐放，一个人民公社，一个大跃进……这三件要向全世界作战，包括党内大批反对派和怀疑派”。[①]结果仅时隔一年，“大跃进”和人民公社化

注释

① 《建国以来毛泽东文稿》，第8册，第391页，中央文献出版社1993年1月版。

运动便遭遇重大挫折，毛泽东和中央不得不为此进行调整，而在调整过程中，如何解说“三面红旗”就成了一件令人关注的大事。毛泽东认为指导思想没有错，只是缺乏一套完整的具体政策。七千人大会下发的中央书面报告稿，也基本是按照这一基调来阐述的。报告说：

> 三面红旗是在我国具体条件下用多快好省的方法进行社会主义建设的一个空前大试验……
>
> ……几年来，我们工作的伟大成就证明了三面红旗的基本方向和主要原则是站得住的……
>
> 总路线、大跃进、人民公社是引导我国人民建设一个富强的社会主义国家，并且在将来由社会主义逐渐过渡到共产主义的旗帜。对于三面红旗的意义，应该从我们建设社会主义的整个历史时代的工作来估量，而不能只从一个局部或一段短时间的工作来估量。这三面红旗当然还要在今后的实践中经受考验，但是，我们认为，过去这几年的经验使我们更有把握地说：这三面红旗是正确的，是符合于我国实际需要的。

但大会在讨论时，并没有因为“三面红旗”的敏感而不敢触及，相反，这是大会的热点之一。

绝大多数人表示同意报告对“三面红旗”的估量，认为应该以整个历史时期的工作来估量，而不应该只从局部或者从短暂时间的工作来估量它。还有的说，“三面红旗”虽然出现一些问题，但党中央和毛主席在一系列根本问题上，逐步地规定了一套具体的方针政策。例如《农业六十条》，《中央关于改变农村人民公社基本核算单位的指示》等等，这些具体政策的逐步制定和形成，不仅进一步巩固了人民公社，调动了全体农民群众的积极性，同时也促发了总路线的无限生命力。这是会议的主流看法。

对于这种主流看法如何理解，笔者带着疑问曾在访问十多位参加会议的同志时，反复地追问他们：当时您是否认为“三面红旗”是正确的？大多数人回答说，没有怀疑过它的正确性。这其中包括被认为思想比较解放的杜润生，当时他也认为“三面红旗”是正确的。这是什么道理呢，有的回答，毛主席和党中央说是正确的，我们也就不怀疑了。是真心真意地认为“三面红旗”是正确的。[①]杜润生说：“‘三面红旗’正确与否，我们当时看不清楚，是事后诸葛亮。”[②]这至少说明两个问题：一是相信毛主席和党中央的判断，二是受理论和时空的局限。

除此之外，也有一些人认为报告对“三面红旗”肯定的还不够。他们说：“三面红旗”的“提出和形成是经过一个发展过程的，具有深刻的科学根据”。建议将报告“证明三面红旗的基本方向和主要原则是站得住的”一句，改为“证明三面红旗……是完全正确的”。还有人说：报告中几个地方对“三面红旗”的提法不一致，如分别有“站得住的”、“正确的”、“基本上正确的”等等，应该统一用“完全正确的”。甚至有人说，在“三面红旗”的光辉照耀下，中国人民的建设事业已经取得了史无前例的伟大成绩。说这些话的人虽然不多，但在当时是相当有分量的。

不过，大会对于“三面红旗”的讨论，还是出现了各种各样的声音。有一些人出于国际因素的考虑，看出了“三面红旗”有问题，但提出还是要坚持。他们说：“大跃进”、“人民公社”虽有问题，不尽符合国家需要，可是为了反修，必须争一口气，把“三面红旗”高高举起。基于这样一种心态，有人建议，报告要把“总路线”的理论基础、“人民公社”的历史必然性和它的优越性、“大跃进”是社会主义建设的客观规律阐述得更充分些，更有说服力些。

明明知道“三面红旗”有问题，不符合国家需要，还是要坚持，这口气能不能争？毛泽东说：“不合历史要求的东西，一定垮掉，人为地维持不垮是不可能的。合乎历史要求的东西，一定垮不了，人为地解散也是办不到的。这是历史唯物主义的大道理。”③事到临头，也就忘记了这样的大道理。

也有置个人得失于不顾，大胆地就“三面红旗”提出质疑的，这在当时来

注释

①访问李瑞山记录，1995年3月29日。

②访问杜润生记录，2002年5月20日。

③《建国以来毛泽东文稿》，第8册，第390页。1993年中央文献出版社出版。

④陈雪薇、李向前在《“白天出气，晚上看戏”的大会》一书中说：“在河北、内蒙古以及华东各省的发言记录里”，有相当一部分同志对“三面红旗”也提出了意见。“从发言者所代表的省份看，我们也可以肯定，他们的观点是具有普遍性的”。

⑤胡开明于1960年初辞去河北副省长职务，任张家口地委第一书记。他到了张家口，跑了不少县、社、队，亲眼目睹农民饥饿的情景，亲耳听到农民的心声和愿望，积极采取有效措施，调整农村经济。其中，将核算单位下放到生产小队的经验，被毛泽东推广全国参照执行。1962年，他又写信给毛泽东，建议在全国推行“三包”到组。这一次，毛泽东没有接受。胡开明因此遭遇命运的曲折。

⑥贾文平《真理与命运——胡开明传略》，人民出版社1995年版，第146页。

讲，不是一件简单的事情，需要相当的勇气和胆识。他们分散在各个地区[4]，有的意见提得比较婉转，有的则相当坦率。

西北、中南有人提出：“三面红旗”是否正确，原则好讲，具体难说；丰收地区好讲，灾区不好讲；工业好讲，农业不好讲；“总路线”、“大跃进”好讲，“人民公社”不好讲。还有人说，“大跃进”这面红旗要不要都可以。人民公社的方向是正确的，但搞早了，搞快了，高级社时的生产关系并没有束缚生产力的发展，不一定非办公社不可。

这显然是从工作出发，将实际情况同理论相对照而得出的认识。从这些意见推测，提意见的人可能来自地、县一级，他们天天在第一线工作，“三面红旗”好不好，他们的感受最深切、最直接，所以他们有抽象好讲、具体情况不好讲的肺腑之言。当时任河北省委常委、副省长的胡开明[5]后来回忆，如果他“不去张家口主持一个地方的工作，也是不会发现基层和百姓中的真情的”。[6]所以真理的声音往往来自基层，来自实践！

这里值得一提的是西北地区。西北地区在这次大会上表现比较特别，他们围绕“三面红旗”，居然提了8个问题：

> 什么是“三面红旗”的主要方向和基本原则？为什么说“三面红旗”没有错？
>
> 怎样把“三面红旗”的正确性和实际工作中的缺点、错误解释清楚？
>
> 总路线的实质是高速度抑或是多快好省？
>
> 过去对什么叫跃进、大跃进、特大跃进，分别规定了标准，这次少奇同志的报告，又说大跃进主要是指社会主义能够也应该比资本主义创造更高的生产力，以及15年赶上英国而言，两者有无矛盾？究竟对大跃进的含义又作何理解？
>
> 这几年农业减产，是否能说是大跃进？
>
> 能不能说人民公社现在还是一大二公？
>
> 能不能说公社和高级社不同之点，主要的是在于政社合一？
>
> 成立人民公社是对的，从理论上讲也是正确的，但是不是办快了一点。为什么很多问题都出现在公社化以后？人民公社与高级社的区别，优越性表现在哪里？

看得出来，这8个问题都是紧贴实际而讲的，既表达了他们对现实的困惑与不解，也对“三面红旗”用提问题的方式提出了批评，每个问题都问到了关键处。在一片拥护“三面红旗”的气氛中，西北地区的质疑与困惑，坦率与勇敢，的确显得非常突出。西北局第一书记刘澜涛在二十一人报告起草委员会上，也说：有些同志讲“三面红旗”像念经的一样。这大概也是与刘澜涛的态度有关。

无独有偶，1962年春，陕西的3个农民党员①联名写了《当前形势怀感》一文（杨伟名执笔），送给直至中央的各级党组织，陈述他们对当时形势的看法。他们说：“目前我们已经承认‘困难是十分严重的’。而‘严重’的程度究竟如何呢？就农村而言，如果拿了合作化前和现在比，使人感到民怨沸腾代替了遍野歌颂，生产凋零代替了五谷丰登，饥饿代替了丰衣足食，濒于破产的农村经济面貌代替了昔日的景象繁荣。同是在党和人民政府英明领导下，何今暗而昨明？这种情况，已经是一望而知的事实，用不着连篇累牍地再行分析了。”文中还说，这篇怀感“其所道所说系实践事实与亲身体验，真实程度，颇堪自信！”②这种敢于直言，大胆反映真实情况的事件，也发生在西北。他们的命运也因此遭遇了曲折！

指标低了还是高了？

刘少奇的报告说：“毛泽东同志经常教导我们，越是在遇到困难的时候，越是要有雄心壮志，要看到光明前途。在目前情况下，中央提出拟定10年的长远规划，在全党全民面前，树立一个共同奋斗的远大目标，是十分必要的。”

报告提出10年（1963—1972年）的远景规划是：

一、争取到1967年，基本上解决我国人民的吃、穿、用的问题。

注释

①指陕西户县城关镇七一大队会计杨伟名、大队支部书记贾生财、大队长赵振离。

②《一叶知秋——杨伟名文存》，社会科学文献出版社2004年2月版，第2页。

二、争取到1972年，基本上建成一个独立的完整的经济体系，使我国在主要工业品的总产量方面赶上英国，在科学技术方面接近世界先进水平。

为实现上述目标，计划1967年粮食产量达到4000亿斤，1972年达到4500亿斤；1967年棉花达到3500万担，1972年达到4500万担；1967年钢达到2000万吨左右，1972年达到3000万吨左右；1967年煤达到3亿8000万吨左右，1972年达到4亿5000万吨左右。

在讨论时，华东地区的同志普遍反映：指标定低了。他们问，以后还增产不增产？信心怎么办？10年计划的水平，比第一个5年计划还低。这怎么能说是把“三面红旗”举得更高？有些人还说，这些指标完不成呢？实事求是和能够做的事如何结合起来？困难，本来就是困难，不困难，还革命？指标越低越好，不是小苗头。1962年的粮食指标是3200亿斤，1952年是3100亿斤，现在农业生产的条件同1952年比较，到底怎样？10年后，还只有4300亿斤（这是又调低后的数字，下同），怎么解释这个计划是宏伟的？有的人说：到1967年，只有3800亿斤，对于能否基本解决吃、穿、用的问题，能否适应年产2000万吨钢的需要，表示怀疑。

国务院的农村组，也提出粮、棉指标似乎低了，建议作重新考虑。

华北也有人提出10年指标太低，鼓干劲不够。

还有人说，老问题和新情况的界限不清楚。“三高”主要是1958年和1959年。现在的情况是指标太低了，低了也不接受，越低越好。高指标问题已经过去，现在是低收购，过去手太长了，现在是应收未收。过去是瞎指挥，现在是不敢指挥。要适当讲一讲。

1月25日，在中央政治局扩大会议讨论通过修改后的报告时，一向被认为务实的邓子恢，也提出指标低了。

刘少奇对这个问题进行了解答。他说：邓老提出的意见，粮食1967年3800亿斤少了，应该4000亿斤，至于这个报告上面是不是改成4000亿斤，问题是我又怕搞高指标，写了又达不到。写少一点，我写3800亿斤，你们能搞4000亿斤，我就是保守主义者了。写了达不到，陷于被动。指标低一点，少一点，不会陷于被动。而指标低一点，是不是干劲就少呢？我看也不是。指标高一点，不见得人民的干劲就高一点，好几次都是低指标的时候人民的干劲就起来了，而有好几次，在高指标的口号下，人民的干劲落下来了。所以，不要把指标的高低跟人民的干劲联系得那么密切，鼓舞人心，外国人看了不好看。不管外国人，让他们轻视我们一下好，让他们说我们

人民日報
REN MIN RI BAO

千方百計爭取今年农业生产超过去年

哪怕春旱秋涝去年艰苦努力多收一倍粮食
任凭冰封雪冻今年再接再厉夺取更好收成
邢燕子带領社員勤奋备耕

早备春耕夏收农具
江西垦殖場生产多种工具 永济县抽出农具支援外地
揚州专区赶造十四种主要农具共六十万件

1962年1月11日大会开幕当天的《人民日报》，通篇都是要求安排好春耕以增加粮食生产的内容

不行吧。[①]

看来，中央是被过去几年的高指标搞怕了，作计划充分留有余地，惟恐不能实现计划，而造成工作的被动。

后来的情况是：1967年全国的粮食产量达到4356亿斤，1972年达到4800多亿斤。1971年全国粮食产量曾达到5100亿斤。大大超过了原来的设想。

1967年棉花产量达到4700万担，1972年达到3900万担。棉花的产量1967年就达到了1972年的水平，而1972年却下降800万担，这可能与搞“文化大革命”有关，只抓粮食，不搞其他生产。

1967年钢的产量达到1029万吨，1972年达到2338万吨。1966年钢的产量曾达到1532万吨，由于“文化大革命”，1967年下跌20%多，到1972年照3000万吨左右的计划指标还相差甚远。

1967年煤的产量达到2亿零600万吨，1972年达到4亿1000万吨，也没有实现计划指标。[②]

从上述四大类产品生产的结果来看，粮食指标估低了一些，其他产品则比较适中。当然，如果正常发展，不搞“文化大革命”，所有指标都可能超额完成。

注释
①刘少奇在中央政治局扩大会议上的讲话，1962年1月25日。
②冯登岗、刘鲁风主编《当代中国大事记》（1949—1992），山东人民出版社出版。

总的感觉是，中央牢牢记取了“大跃进”的经验教训，小心谨慎地制定着今后的生产计划，要实实在在地发展生产，决不再盲目冒进，因为他们付出了血的代价。因此，也受到一些同志对指标的质疑。

反不反分散主义？

刘少奇的报告一共讲了3个问题，其中第二个问题是“关于集中统一”。这个问题的中心是要加强中央的集中统一，反对分散主义。这也是这次“七千人大会”所要解决的主要矛盾。报告说，这是“需要解决的一个关键问题”。

分散主义是怎么来的呢？“大跃进”期间，中央看到了苏联“计划即法律”的弊端所在，只发挥了中央部门的积极性，而限制了地方的积极性。中央领导层决心突破苏联的框框，走自己的路，充分发挥中央和地方的两个积极性，即实行两条腿走路的方针。1958年6月，国务院下发文件，要求在近期内将原中央管辖的轻工业企业下放98.5%，重工业下放96%。中央的出发点是好的，苏联经济的缺点也确实存在。问题是计划经济本身就有其弊端，如果不改变计划经济体制本身，只将权力下放，是很难解决问题的。况且，中央只是把权力下放给地方政府，从来没有下放给企业，所以中国经济在实行市场经济之前，总是存在一个怪圈：一放就乱，一乱就收，一收就死，死了再放。收了放，放了收，循环往复，多少年也没能超出这个怪圈。

1958年的放，其规模之大、速度之快、工作之粗糙是空前的。下放后的管理体系缺乏相应的配套机构和措施，因而陷入混乱。再加上当时整个经济运行的态势是追求超高速的高指标，使本来就缺乏经验又无充足准备的地方政府，不顾自身的财力、物力、人力条件，乱投资、乱上项目、乱搞计划外生产，经济工作秩序一塌糊涂。中央与地方分权的结果，最终演化成为分散主义。一旦遭遇大的经济困难，急需中央集权调控的时候，偏偏指挥困难，调控费力，严重干扰中央调整国民经济方针的贯彻落实。因而，中央决策层突出地感到，分散主义已成为统一思想、统一计划、统一指挥、统一行动的严重障碍。

刘少奇的书面报告在谈到分散主义问题时说：

> 经济工作方面的分散主义，使国家的生产计划被搅乱了，使国家的基本建设计划被搅乱了，使国家的物资分配计划被搅乱了，使

国家的商业计划被搅乱了，使国家的劳动计划被搅乱了，使国家的财政计划被搅乱了。

一连6个被搅乱了，透露出中央对解决分散主义问题的急迫心情。反对分散主义，提倡顾全大局自然成了这次大会的主题。但是在讨论这个问题时，大会对此却议论纷纷，发出了不同的声音，有的认为抓住了主要矛盾，有的则认为没有抓到。

赞成反对分散主义的人认为：在工业生产方面，分散主义表现为层层加码，有些产品计划外的产量大增，而隐瞒或压低计划内某些产品的产量。在基本建设方面，也是层层加码，国家计划外的投资增大，计划内投资也被大量挪用或突破；随意改变建设规模；楼、堂、馆、所建设过度，标准过高。在劳动力方面，则表现为随意增加职工数量等等。

为了分析分散主义的严重危害性，有的人还试图挖出它的根源。指出，分散主义的错误，主要是由经济上的高指标，造成基本建设的乱上马，搞得战线过长等等。有的人还给分散主义列了“八大罪状”：

1.各自为政，目无中央；2.乱提口号，擅作主张；3.破坏计划，不顾国法；4.谎报封锁，风头至上；5.监守自盗，以邻为壑；6.生活特殊，像个国王；7.欺上压下，独断专行；8.资本复辟，亡党亡国。

“八大罪状”反映出当时人们对分散主义的不满，以及要求克服分散主义的迫切心情。但仔细分析这“八大罪状”，很难说都是分散主义的表现，尤其是第八项，更是上纲上线，将分散主义与资本主义等同起来。更有甚者，有人提出要从国内阶级动向在党内的反映来挖分散主义的根源，这就让不少人更难于接受了。

注释

① 薄一波《若干重大决策与事件的回顾》，人民出版社1997年12月版，下卷，第1072页。

但分散主义的确存在。为说明反对分散主义的必要性，有些人联系本部门的实际情况指出：邮电部有40个“癞痢头”工程，如能集中力量可以建成10个，但因分散主义作怪，材料和设备调不动，结果还是“癞痢头”。由此可见分散主义的危害性！

化工部检查：1958年以来国家给化工部的基建投资45亿元，半拉子工程占去了19亿，其中报废的工程占去6亿6千万！如果这个数字属实的话，的确令人震惊！不良投资、浪费几乎占总投资额的二分之一，效率之低实属少见。

水电部说：1960年蓄水1亿立方米以上的水库全国上马300多个，结果不仅浪费了国家的财力、物力，而且还挤了农村大量的劳力，影响了农业生产，也造成近年来防汛工作很紧张。

这3个部的情况，只是全国的一个缩影，若把类似情况全部罗列出来，该是怎样的一个情景呢！

几十年后，薄一波说：“今天回过头去看，当时把分散主义作为纠正错误的一个问题来抓，还是必要的。由于头脑发热，盲目追求速度、数量，各地有令不行，有禁不止，自行其是，各搞一套，重复建设，浪费惊人。”①

如此，七千人大会反对分散主义是有必要的。但作为主要矛盾来抓，是不是抓住了问题的根本，对此大会则存在较大的分歧。

有相当多的人对反对分散主义抵触情绪很大，在他们看来，分散主义不是主要矛盾。那么，什么是主要矛盾呢？

一种意见认为是主观主义。湖北省委书记、省长张体学说：几年来，发生的问题是高指标，“左”倾蛮干，是主观主义。问题是出在主观主义上，不是分散主义。反分散主义，不反主观主义，分散主义也反不了。计划大，指标高，还能不出分散主义？ 有人因此提出，国家机关的简报，列出分散主义的“八大罪状”，也应该列出主观主义的“八大罪状”，高指标的“八大罪状”！

也有的人认为，当前的矛盾主要是“三面红旗”问题。广东有人说，当前主要问题不是分散主义，而是对“三面红旗”的理解问题。如果说有分散主义，主要在中央各部，不在下边。这次会议，把“三面红旗”讲清楚，就算开好了。

对于中央提出的反对分散主义，一些人甚至感到委屈。一位县委书记在会上感慨地说，这几年工作想想真亏心，1958年、1959年心里憋着一口气，要人给人，要粮给粮，不晓得会出问题；1960年出了问题不敢讲，怕人说攻击“三面红旗”，又怕自己担责任，到揭盖子时做检讨、挨批评，这是应该的，但从此产生了一种不正常的心理，好像给蛇咬了一口，见草也害怕。1961年就生怕出问题，做工作胆战心惊，关照群众多了一些，现在又要检讨本位主义、分散主义。可见基层干部很有些怨气！

不少省委书记其实也存在这样的想法，过去几年好多政策是中央定的，自己有不同意见也不便说，跟着中央走，现在出现了困难形势，又要反对分散主义。华东的省委书记们，对反对分散主义意见很大。他们纷纷提问：什么叫分散主义？上海，国家安排的只有45%，协作的55%。以后协作究竟行不行？怎么办？什么都靠计划不可能。集中统一还要照顾另一方面，地方上能千方百计地弄一弄，不要搞得谨小慎微。

鉴于这些情况，不少同志提出，反分散主义不要反到县以下去。他们说：在计划方面产生分散主义，主要的责任应由中央的部、委和省、市负责，把这一级干部教育好了，克服分散主义就有了保证。庐山会议以后，先纠“左”，后反右，才出了问题。现在反分散主义，可不要反到县以下去。还有人提出，反分散主义，要视各地具体情况决定。

大家意见纷纷，显然各有各的道理。从中央角度来说，分散主义必须反，否则调整工作不能顺利进行；从地方角度讲，中央计划不能太死，地方需要一定的自主权，即使要反也不要反到县以下去。会上提出主观主义是主要矛盾的人，他们的角度，是针对过去几年的情况讲的。从这个意义上说来，他们的意见是对的，分散主义只是一种派生的现象，是一种具体的错误。具体的错误固然应该纠正，但不在根上找原因，只在枝叶上找毛病，最后的结果还是解决不了根本问题。至于有人提出，“三面红旗”才是这次会议应该解决的主要问题，这真是一针见血，尽管这种意见不可能被采纳，但各抒己见的讨论氛围，对上下之间的沟通和彼此的理解，还是有相当的促进作用。

在反对分散主义问题上，二十一人报告起草委员会内部也有着比较激烈的争论，刘少奇在作大会讲话时，就吸收了不少大会的意见。比如他说：“在一般党员中间，在不脱离生产的干部中间，不要去进行反对分散主义的斗争，

注释

① 《刘少奇选集》，人民出版社1985年12月版，下卷，第438页。

只进行一般的教育。”毛泽东这时也插话：“不存在分散主义的地方也不要进行斗争。”[①]这对全党统一思想，团结一致调整经济的确起了很好的作用。

质疑1959年庐山会议？

刘少奇的书面报告谈到庐山会议时说：

> 1959年7、8月中央召开的庐山会议，本来是为了继续郑州会议已经开始的工作，克服当时在实际工作中仍未消除的“左”的倾向，会议的这个方向是完全正确的及时的。会议进行了十多天，已经有了初步的结果。但是在会议中间突然出现了以彭德怀同志为首的右倾机会主义反党集团的进攻，使会议不能不转而打退这种进攻。庐山会议反对右倾机会主义的进攻，是完全必要的。但是把当时反对实际工作中“左”的错误的斗争完全丢开，则是不正确的。在这次会议后，又不适当地把反右的斗争一直传达到支部，在人民群众中掀起了反对右倾的浪潮，在许多地区使反右倾斗争扩大化，使实际工作中的“左”的错误大大滋长起来，而且在党内一时造成了是非不明、党内生活不正常的情况。

很明确，报告对庐山会议批判彭德怀所持的态度是：完全必要的，但把纠“左”的工作完全丢开，则是不正确的，会后把反右的斗争传达到县以下是不适当的。

在这个问题上，七千人大会也有不少议论，有些意见还相当尖锐，超出了报告的尺度。比如东北的同志说：庐山会议以后，因为当时实际工作中主要倾向是“左”，所以不仅在县以下不应该反右，就是在县以上各级领导机关中也不应该反右，而应该反“左”。这种认识显然是超出了报告认识的范畴。

许多人认为：这几年来所犯的错误，应该划分为两段，即庐山会议反右倾之前和以后。之前可以说是由于建设经验不足，之后则不能说是经验不足，而主要源于党内民主生活和干部精神状态不正常。庐山会议前，任务虽重，压力也大，但人家干得很起劲。但庐山会议反右倾以后，情况大为改变，干群心情沉重，昧着良心看领导眼色说假话，见风使舵，一味摸上级的底，而不是按党的政策办事。

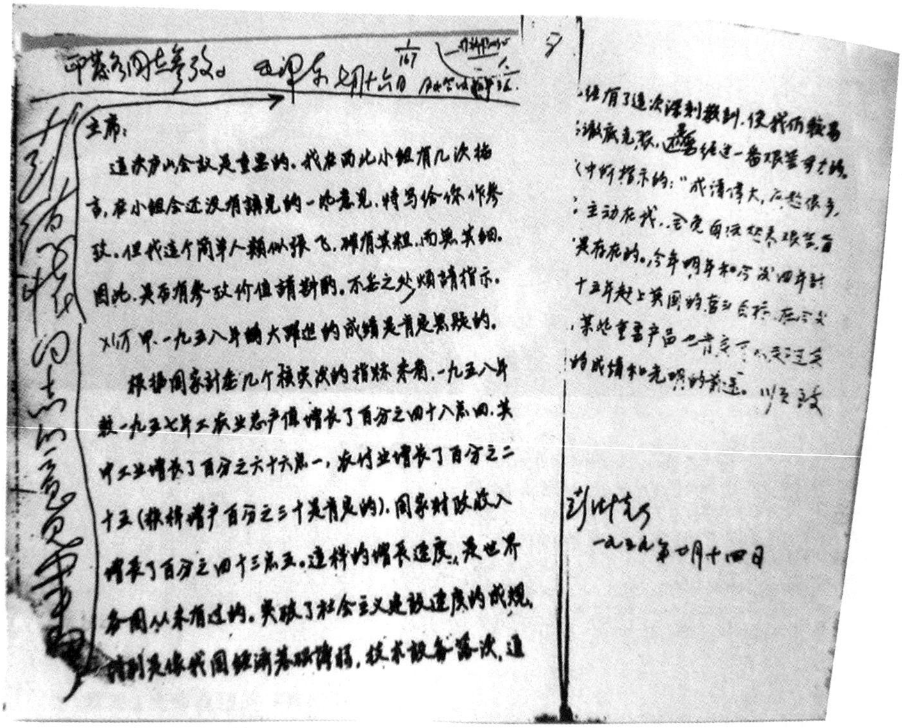
印发各同志参考。毛泽东 七月十六日

彭德怀同志的意见书

主席：

这次庐山会议是重要的。我在西北小组有几次插言，在小组会还没有讲完的一些意见，特写给你作参考。但我这个简单人类似张飞，确有其粗，而无其细。因此，是否有参考价值请斟酌。不妥之处，烦请指示。

甲、一九五八年大跃进的成绩是肯定无疑的。

根据国家计委几个核实后的指标来看，一九五八年较一九五七年工农业总产值增长了百分之四十八点四，其中工业增长了百分之六十六点一，农付业增长了百分之二十五（粮棉增产百分之三十是肯定的），国家财政收入增长了百分之四十三点五。这样的增长速度，是世界各国从未有过的，突破了社会主义建设速度的成规，特别是像我国经济基础薄弱，技术设备落后，通

……以上是否……

彭德怀

一九五九年七月十四日

这是1959年庐山会议上彭德怀给毛泽东的信，以及毛泽东写在上面的批示和为该信拟写的标题

煤炭部说：对这几年煤炭生产方面的估价，可以分为三个阶段。从1958年8月到1959年上半年，生产迅速增长，虽然也过了头，可以说成绩伟大，缺点不多；从1959年9月到1960年底，生产能力遭受严重的破坏，产量下降，因而这段工作是“得不偿失”的；去年一年做了很多调整工作，很有成绩，但是也走了一些弯路。言外之意，庐山会议所产生的负面影响是非常之大的！

福建有人说：1958年刮“共产风”，是刮了农民的皮肉，1960年刮“共产风”就刮了农民的骨头。

国家机关有人说：因为反右倾的扩大化，在党内出现了“四不讲”现象：报上没发表的不讲，中央没讲的不讲，文件没规定的不讲，顶头上司没讲的不讲。

广西还有人由庐山会议联系到整个社会主义建设时期主要危险是“左”是右的问题，对此提出质疑。他们说：1959年庐山会议以后，有种说法，说在社会主义革命和建设时期右倾危险是主要的，这种说法是否妥当，应当澄清。对两条战线的斗争经验要很好地总结……今后应从实际出发，有右反右，有“左”反“左”。显然，持这种意见的人不同意社会主义的主要危险是右的判断。他们希望：过去没有受过处分，但是受过重点批判的，被口头戴过帽子的，在“空气压力”下写了自我检讨的，也应该进行甄别，搞错了的，都应该恢复名誉，把档案中的批判材料、书面检讨等退还本人。

但会上有另一种意见和上述意见却截然相反，他们认为，报告对庐山会议写得还不够。庐山会议反右，对保卫“三面红旗”和社会主义建设有重大作用，不仅对县以上干部教育很大，而且对一般干部的教育也很深。因此，有人提出，对庐山会议反右的必要性及其重大意义（包括县以下的反右斗争）应作充分估计。

若说庐山会议反右，对“保卫三面红旗有重大作用”，倒真是符合实际情况，但若说“对社会主义建设有重大作用”，现在看来未必。但当时，这种意见占了主导地位，修改后的报告稿就加进了这样的内容。报告说：“这个斗争的胜利，对于保卫党的总路线，保卫党的团结，具有重大的历史意义。”报告还加了一句话，说彭德怀在庐山会议的“进攻”，是“利用当时工作中的一些缺点、错误，来达到他蓄谋已久的篡党目的”。当然，报告也并没有加上“对保卫社会主义建设有重大作用”，说明还是留有分寸的，这也是当时的实情。

怎么评价过去几年的工作？

在讨论报告时，还有一个重要问题：对过去几年的工作如何评价？这件事表面看来，并不复杂，经济形势出现严重困难，很明显党犯了错误。问题是，有没有成绩？成绩和错误哪一个是主要的？讲到什么程度？如何认识？这直接关系到对决策人的评价问题，甚至还可能引发一系列更深层次的思考。人们讨论的意见不尽一致。概括起来，大致分4种情况：

第一，对报告是满意的。认为报告关于过去几年的工作成绩和错误讲的是适当的。持这种态度的占相当的多数，应该说是会议的主流。

第二，对报告不满意，认为报告把缺点错误讲得过分了，成绩讲得不够。一些人说：报告把形势讲得漆黑一团，到底有什么困难？成绩要讲够。第一干，第二分散，不能无代价。还有的说：这个报告看起来没有多少好东西。正面的成绩、经验讲得很少，缺点错误讲得多。不要搞成漆黑一团，要多讲发愤图强。还有人说：总结经验，吸取教训，这对我们没有问题，问题是对过去几年的缺点、错误讲得过分了，以后怎么办？难道过去完全错了吗？不经过那个道路行吗？我想不通。报告最后应当讲一讲，不经过困难，不吃些苦头，不能把国家建设好。不然就只是工作搞坏了，站不起来。我看还是要发扬1958年以来的那种干劲，快一点建设起来，过去是这样，永远是这样。

有人举例说：特别是1958年以来的工作，成绩讲得少，缺点讲得多，容易引起错觉。

这个错觉是什么呢？他没有说。但从国家机关的一些发言里可以找到答案。其中说：报告中讲的十条变化①是12年（1949—1961年）的，而批评的缺点和错误是1958年以来的，这样会给人一种割断12年历史联系的印象。1958年以前不是没有缺点，1958年以后也不是缺点多，10年不平凡，3年更不平凡。报告这样讲，容易使人产生误解，好像缺点和错误都发生在1958年以后，这对那些原来有观潮思想、算账思想的同志没有帮助。

持这种观点的，实际上是不愿意强调“大跃进”的错误，直到七千人大会，有些人还不愿意承认持所谓有“观潮思想、算账思想的同志”，恰恰是头脑比较冷静、实事求是的人。可见要正确地认清形势，认识自己，正确地总结

注释

①报告总结建国以来12年的成绩是：第一，原来我们是一个落后的农业国，现在已经有了比较发达的工业。第二，我们过去基本上没有重工业，现在建立了基础比较强大、部门比较全的重工业。第三，我们过去基本上没有机器制造业，现在建立了一系列的机器制造业。例如：包括大型和精密的机床制造业，重型机械制造业，拖拉机制造业，汽车制造业，船舶制造业，飞机制造业，等等。第四，我国原有的一些工业，偏集在沿海少数城市，现在在内地建立了一批新的工业基地，各个省、区都建立了不同规模的现代工业。第五，过去，我国许多省、区没有铁路，现在，除了西藏以外，各省、区都有了铁路。第六，我国的农业，过去是分散的个体的小农经济，现在已经改造成为集体经济，5亿多农民已经组织在5万多个人民公社中。第七，农田基本建设，特别是在水利建设方面，有很大的成绩。过去农业机械极少，现在已经有了相当的数量。第八，在旧中国，工程技术人员只有几万人，现在，已经培养出一支拥有几十万人的强大的技术队伍。这支队伍，能够独立地设计和建设许多技术比较复杂的现代化企业。例如：年产二三百万吨钢的联合企业，年产一百多万吨煤的矿井，发电能力为一百万千瓦左右的水电站。第九，在旧中国，科学研究事业很薄弱，现在，许多重要方面都开展了研究工作，某些研究成果达到了世界先进水平。第十，旧中国的教育事业很落后，现在，我们的小学教育，中等教育，特别是高等教育，都有了巨大的发展。每年从高等学校毕业的学生，在解放前不到一万人，现在超过10万人。

经验是一件多么不容易的事情。由此也可以看出，毛泽东要求大家主动做自我批评决不是无的放矢。

山东省委联系本省的情况指出：华东局对山东处理的办法好，是多讲成绩，引导大家向前看，这个体会很深。写这个报告要考虑这点。言外之意，也是报告讲缺点太多了，应该多讲成绩往前看！因此有人担心，经验是要总结，可是信心怎么办？更有甚者，有些人认为：3年“大跃进”是一次大演习，类似这样的演习，历史上曾有过许多次。如：巴黎公社、俄国1905年革命，广州、上海、南昌的演习。他们说：3年大演习，多数经验是成功的，不成功的只是少数；物质基础更强了，而不是更弱了；有些代价，大演习不付，将来也还要付。有些人只从局部出发，被吓破了胆，杞人忧天。

这种比喻显然是十分荒唐的。提出如此观点的人，如果今天还健在的话，不知道会作何感想?!

第三，与上述意见相反，认为不是成绩讲得不够，而是缺点讲得不够。有人说，实际工作中的缺点比报告讲的要严重得多。报告对成绩、缺点分析得不够具体。还有人说，从全国看这几年的路线是正确的，成绩是主要的，缺点是次要的，但具体到一省一地一县，是否也都做这样的估计？3年来究竟非正常死亡了多少人？我们国大人多顶得住，其他还有几个国家能顶住。但是，相对而言，这种声音比较微弱。

第四，认为成绩讲得不够，缺点讲得也不够。修改后的报告，则对这两个方面都作了调整补充。

总之，比较而言，认为缺点错误讲得过分了的呼声较高，担心报告讲缺点错误太多，会影响人们的信心。这种考虑，其心情可以理解，但挖其思想根源还是没有勇气直面“大跃进”的错误，尤其过分强调错误不可避免，就会导致领导者的任何决策和工作指导上的错误，都可以归结为不可避免而不加以追究，不利于正确总结经验。此外，那些害怕“观潮派”、“秋后算账”的人，考虑更多的恐怕是个人的面子；而那些只许讲“大跃进”的成绩，不能讲“大跃进”错误的，要么是脱离实际，要么是出于利益的考虑。由此可见，全党要对“大跃进”和人民公社化运动作出正确评估决不是一件容易的事情，要实现真正的思想统一也有相当的难度。

大会对刘少奇书面报告的讨论，有一些意见不太好分类归纳，但比较重要的一些看法，这里还应该提到。如有人建议，报告中谈到“尊重科学技术”，应加上“党派到企业工作的干部，应该钻研业务，使自己成为内行”；要求政治挂帅与物质刺激相结合的经验，应总结进去。这些意见，间接地告诉人们一个信息，中央的报告虽然谈到要尊重科学技术，但显然还是政治第一，不过党内确实存在着一种要求政治与技术并重，或者技术第一的呼声。

与此相反的一种呼声是，有人提出：阶级斗争的经验应写一条。他们认为报告关于国内的阶级动向讲得少了些，建议对当前国内各阶层，特别是农民、知识分子、工商界的政治动向和国内生活中的一些现象，进行阶级分析；对党内的一些思想倾向，也应该放在国内外阶级斗争的背景上进行分析。由此可见党内一些人阶级斗争之弦绷得很紧，毛泽东的阶级斗争理论之所以能被全党接受，说明自有其土壤所在。

七千人大会的气氛，可以用四个字来表达："议论纷纷"。一方面表明，对于"大跃进"和人民公社化运动，人们有着各种各样的认识需要统一思想；一方面也表明，大会民主气氛好，人们敢于讲话，这在那个以思想路线划线的年代是难能可贵的。[①]这次大会，中央本来计划开10天左右，由于意见很多，一再延长，结果开了28天。大会以让人讲话，中央带头做自我批评，给全党干部留下了深刻印象。这也是至今史学界给予七千人大会以较高评价的原因所在。

注释

①1962年1月30日晚上，刘少奇在安徽组说：现在中央的总路线可以讨论嘛，三面红旗可以讨论嘛，还有什么问题不能讨论？

1958年，农村壁画运动中的“大跃进”

插图page1

1958年，伴随着“大跃进”运动，以此为主题的壁画创作之风，从农村吹向城市，从局部吹向全国，成为一种群众性壁画运动，不仅把壁画推向了一个时代高峰，更使这种美术形式得到史无前例的普及。大批美术工作者进入农村，不仅学习群众美术和民间文化，也辅导乡村壁画创作和墙报绘制。此画题为《一种树四种果》，画的是一种树上结出了四种果实，分别是桃、苹果、梨、杏，稚拙而富有情趣。上面的字写着：火箭二营，李维朴画

插图page2

此画出自江苏省新沂红旗人民公社。题为《大麦穗，大玉米，运到北京去见毛主席》。以丰收为主要题材的农村壁画，都以变形夸张的手法表现丰收的景象。蒋朝玲作，1958年

1958年，农村壁画运动中的“大跃进”

插图page3

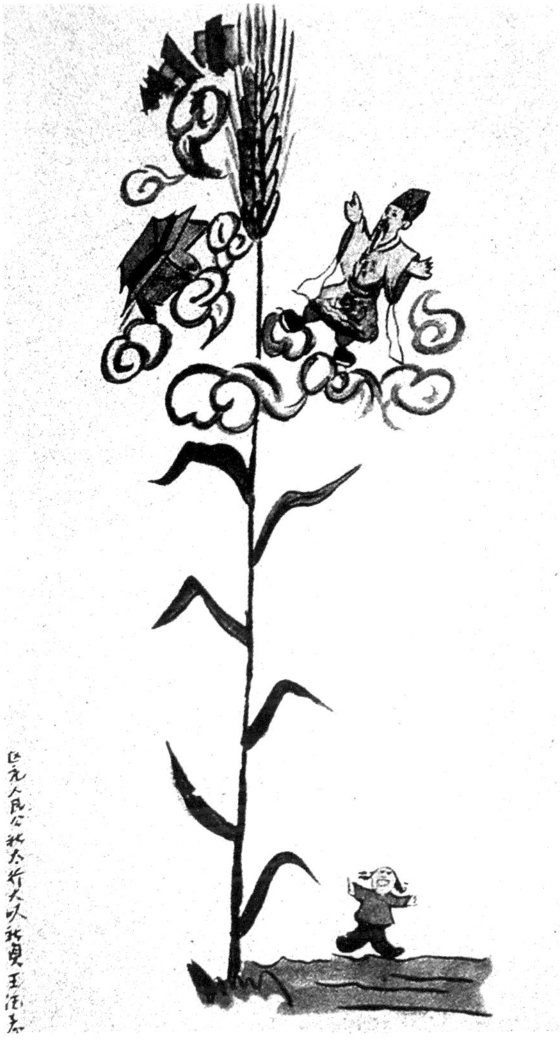

这是出自江苏赵庄人民公社太行大队的作品，题为《俺社麦子强》，并配诗曰：“俺社麦子强，天下能称王。戳塌灵霄殿，吓坏老玉皇。”王德志作，1958年

江苏邳县是农民画的重要产地，也是1958年最早实现“壁画县”的地方之一。据称，到1958年11月，全县已有200万幅壁画，仅7月就有2万幅之多，平均每村创作10幅以上。壁画在内容上除以农业大丰收为主题，也宣传大炼钢铁和人民公社好等内容。此幅画题为《产量大翻身》，佚名，1958年

1958年，农村壁画运动中的“大跃进”

插图page5

这幅画题为《刻舟称瓜》，它利用人们熟知的“曹冲称象”的成语故事，来表现丰收的南瓜之大，构思巧妙。佚名，1958年

1958年，农村壁画运动中的“大跃进”

插图page6

这幅画题为《这个冬瓜实在大》，左上方配诗曰：“这个冬瓜实在大，产量足够一千八。没有大刀将它切，只有使锯二人拉。”诗画配合是1958年壁画运动中常见的形式，也很符合农民直观的审美习惯。夸张变形的处理手法，是此时期农村壁画的共同特点。史余信作，1958年

插图page7

这幅画题为《拾棉花》，出自江苏邳县官湖镇。当时，一些乡村为激发农民参与创作壁画的积极性，甚至会举行专门的“赛画会”，墙上、路边到处都能见到这样的壁画。佚名，1958年

1958年，农村壁画运动中的“大跃进”

插图page8

这是一幅洋溢着浪漫主义风格的壁画，题为《南天门》，配诗曰：“稻子玉米搭彩门，悟空说是南天门。社员高坐哈哈笑，这是俺社幸福门。”绘画是特定时代的反映，“大跃进”的浮夸给以后的中国经济带来巨大损害，却在艺术领域激发了人们的想象力。这些当时司空见惯的壁画作品，如今成了那段历史的见证。宋兴民作，1958年

08

变局

——七千人大会始末

二十一人报告
起草委员会也起波澜

在七千人大会对刘少奇、邓小平主持起草的报告稿进行广泛讨论的同时，大会又组成了“二十一人报告起草委员会”，对报告稿进行重新讨论修改。这项工作，仍由刘少奇主持，与大会的讨论同步进行。

从会议记录来看，委员会21人中，共有16人在会上发了言。他们是：

刘少奇，64岁，中共中央副主席、政治局常委、国家主席。

周恩来，64岁，中共中央副主席、政治局常委、国务院总理。

陈　云，57岁，中共中央副主席、政治局常委、国务院副总理。

邓小平，58岁，中共中央总书记、政治局常委、中央书记处书记、国务院副总理。

彭　真，60岁，中共中央政治局委员、中央书记处书记、全国人大常委会副委员长。

李富春，62岁，中共中央政治局委员、中央书记处书记、国务院副总理兼国家计划委员会主任。

李先念，53岁，中共中央政治局委员、中央书记处书记、国务院副总理兼财政部部长、国务院财贸办公室主任。

薄一波，54岁，中共中央政治局候补委员、国务院副总理兼国家经济委员会主任、国务院工业交通办公室主任。

陈伯达，58岁，中共中央政治局候补委员、中共中央政治研究室主任、毛泽东的秘书。

柯庆施，60岁，中共中央政治局委员、中共中央华东局第一书记、中共上海市委第一书记和上海市市长。

李井泉，53岁，中共中央政治局委员、中共中央西南局第一书记、中

注释

①作为华北局第一书记的李雪峰因病住院未能出席此次会议。

②关于参加报告起草委员会的人数，笔者有另一种考虑，似是以下一种组成方式：他们是中央政治局常委：毛泽东、刘少奇、周恩来、朱德、陈云、林彪、邓小平（毛、朱、林没有参加会议）；中央一些分管经济工作的同志：彭真、李富春、李先念、薄一波；各中央局第一书记：柯庆施、李井泉、陶铸、乌兰夫（代李雪峰）、刘澜涛、宋任穷，王任重；具体负责报告起草工作的陈伯达；再加上田家英、吴冷西。这样算来正好是21人。值得指出的是，当时分管农业工作的谭震林没有参加，不是中央局第一书记的王任重参加了讨论。

③这里所反映的讨论情况是1962年1月17—21日的情况，从现存资料看，尚缺22—24日3天的讨论内容。

共四川省委第一书记。

宋任穷，53岁，中共中央委员、中共中央东北局第一书记。

乌兰夫，56岁，中共中央政治局候补委员、国务院副总理兼民族事务委员会主任、中共中央华北局常务书记[①]、中共内蒙古自治区委员会第一书记和自治区主席。

陶　铸，54岁，中共中央委员、中共中央中南局第一书记、中共广东省委第一书记。

刘澜涛，52岁，中共中央书记处候补书记、中共中央西北局第一书记。

王任重，45岁，中共中央候补委员、中共湖北省委第一书记。

21人中，还有5人没有发言。具体这5人是谁？现在还很难确定。大概有参加报告起草工作的秀才田家英、吴冷西。如果去掉田、吴两人，还有3人身份不详。[②]

看得出来，这个起草委员会的成员，都是当时中央和地方的主要负责人。他们年富力强，最大的64岁，最小的45岁，一般是50多岁。毛泽东对他们寄予了厚望，大会上的七千精英也在看着他们。他们对问题的讨论和认识结果，显然对七千人大会是非常重要的。

会议从17日开始，每天下午讨论，一直到24日，整整讨论了8个半天。所涉及的问题同大会一样，都是当时人们所关注的热点、难点问题。从会议的讨论情况看，发言比较热烈，谈出不少自己真实的想法，基本反映了他们在当时的困难形势下，对各种问题的探索和见解。同大会的讨论相比较，他们所关注的问题和大会基本一致，但有着自己的特色。

把这个起草委员会讨论的情形重现出来，对今天我们了解那一段困难的历史，了解老一辈革命家的思想历程，以及观察今天的经济建设，恐怕是一件很有意义的事情。讨论是围绕着5个方面来进行的。[③]

讨论之一：“报告稿”要不要推翻？

在起草委员会开讨论会的第一天，刘少奇首先介绍了他们到毛泽东处谈修改报告稿的情况，以及成立这个起草委员会的原因和任务，起草委员会讨论报告稿的原则等等。他大致讲了四个方面的内容：

第一，现在对稿子显然有不同意见，不同看法，所以毛主席主张成立这个起草委员会。

第二，这个稿子有些不是文字问题，而是原则问题。草稿中不好的都可以推翻，可以全部推翻。但是，正确的不能推翻。主席说，第二稿拿出去，再推翻也不要紧。不过最好不推翻。

第三，讨论的原则，凡是在问题没有决定的时候，有意见可以自由发表，问题决定之后就要遵守。主席说，委员会内充分讨论。有意见都可以提，各种议论都可以发，贯彻三不主义。现在是发表意见的时候，我们实行这个原则。大会也实行这个原则。

第四，时间问题，从今天起讨论到星期天，到下星期一要拿出稿子来。

实际上，他们的讨论一直延续到下周三才拿出了稿子，是星期四（1月25日）才拿到中央政治局扩大会议上讨论通过的。

刘少奇最后向大家说，我们首先要讨论一个总的问题，就是这第一个本子，基本上可以还是不可以？反分散主义是不是主要问题？国内形势要不要重新估计？任务要不要重新提？也就是基本上推翻不推翻的问题。

刘少奇讲完，邓小平又介绍了毛泽东同他们谈修改稿时所讲的话。邓小平说，主席谈了每个阶段的党的任务，提出要善于找出主要矛盾，找出了主要矛盾，次要矛盾就能找到，就能解决得好。还讲了到陕北后，国内的主要矛盾从阶级矛盾转为民族矛盾，现在我们也要找主要矛盾。

从邓小平的介绍中，我们可以体会毛泽东的意思是：这次大会主要应该解决什么问题，要抓准了。主要矛盾抓准了，解决了，其他问题也就迎刃而解了。

参加讨论报告的诸位，神情专注严肃。他们知道这些问题非同一般，十分重大。会上，大家基本是围绕刘少奇最后说的几个问题进行了讨论，讨论的情况应该说是畅所欲言的。人们把要说的话，把自己的观点亮在了桌面上。但是，因为各人所处地位不同，看问题的角度不一样，产生的看法也就自然不同，甚至有些意见截然相反。但从讨论的情况来看，基本上还是达到了统一思想的目的。

对报告可以不可以，要不要推翻的问题，与会者发表了自己的意见。绝大多数人说，文件写得合乎情况，我们赞成，不是推翻。个别人则提出报告写得很没劲，存在很多问题。在赞成报告的人中，也存在着赞成的程度不同的差异。

具体到6位中央局书记中，华北、东北、西南的态度比较明确：华北认为报告很好，很满意；东北表示报告写得好；西南说，报告写得合乎实际情况，我们赞成。西北、中南，则采取了稍有保留的态度：西北说，报告关于党的部分，写得特别好，是整个报告的高潮。言外之意，赞成报告的第一部分即关于目前的形势和任务，第二部分关于集中统一，还是有些问题的；中南说，省、市、地委的同志对报告都满意，不是推翻，但接着表示了对反对分散主义有着不同的看法。这两个大区，虽然有不同看法，但可以说对报告整体上还是拥护的，不是推翻的态度。但华东，却表示了与此相反的态度，柯庆施明确表示：这个报告越看越没劲。在以后的讨论中，刘少奇等对柯庆施等的意见表示了否定的态度，下边还要谈到。

在中央工作的同志也各自发表了自己的意见。陈云说：我认为这是个很好的报告，鼓得起劲。陈云一向不轻易表示自己的观点，但在讨论这个报告的时候，态度十分鲜明。在他看来，这个报告成绩和缺点讲得是适当的，抓反对分散主义也是抓在了点子上，这符合毛泽东为这次大会定的调，要开一个鼓劲的大会，也符合当前人们的思想状况，是鼓得起劲的。李先念也发表了自己的意见，谈了他那个财政系统对报告讨论的情况，说大家对报告的精神、方针一致赞成。周恩来比较系统地发表了自己的意见，表示同意报告的方针，强调第二、第三部分写得好。同时对报告的第一部分如何修改，谈了自己的想法。

就这样，第一个问题定了下来，报告稿不用推翻重来，在此基础上进行修改便可以了。

讨论之二：反对分散主义是不是抓住了主要矛盾？

反对分散主义的问题，是报告稿要解决的关键问题，也是七千人大会原定的开会的目标所在。但正如前面所述，恰恰在反对分散主义问题上，来自地方的意见很大，同中央明显存在相当的分歧。在中央看来，这是一个带有颠覆性的意见，因此毛、刘、邓十分重视，才决定立即成立有21人参加的起草委员会，充分听取意见。因此，在起草委员会讨论到这个问题时，自然颇费周折。

在中央工作的同志认为，抓集中统一是对的，是抓住了要害。现在确实存在着严重的分散主义，上下都有，如果不反，当前的许多问题无法解决。

陈云说：什么叫计划经济，就是要集中统一。半计划就是无计划。

周恩来说：因此必须加强集中统一，反对分散主义，鼓实劲而不是鼓虚劲，报告就是这个精神。在周恩来看来，这次大会讲这讲那，如果不反掉分散主义，鼓了半天劲，也没有鼓到实处，是不起作用的。

李先念显得更为激动，他说：集中统一非常同意，要讲北京话，讲标准话。

李富春说：中心问题就是集中统一，什么叫集中统一？统一思想，统一方针政策，统一行动。

刘少奇、邓小平更是把反对分散主义提到一定的高度来强调。刘少奇说：我们现在有些现象，类似南斯拉夫的企业所有制，自已搞原料。企业所有制，侵害了全民所有制。阎锡山搞过村公有。这种社会主义，资产阶级也能接受。请大家考虑一下，我们不反，修正主义来得快，搞不好也要出修正主义。刘少奇还说：满天飞商业，全国最少一百万人，是国营企业，社会主义商业，半社会主义商业，还是南斯拉夫？什么叫全民所有，省、市、企业、部门的商业是什么性质，如何管？这里面有个南斯拉夫性质的问题。在刘少奇看来，分散主义不反掉，会出修正主义。“问题可谓严重之极！”

邓小平还说：是道德品质有了问题，走黑路。社会主义国家存在两条道路斗争，存在资本主义复辟可能，是个理论问题，有现实意义。不要认为苏联现象只有苏联有。前8年，后4年，社会风气不同。看来，邓小平对分散主义也是深恶痛绝的。

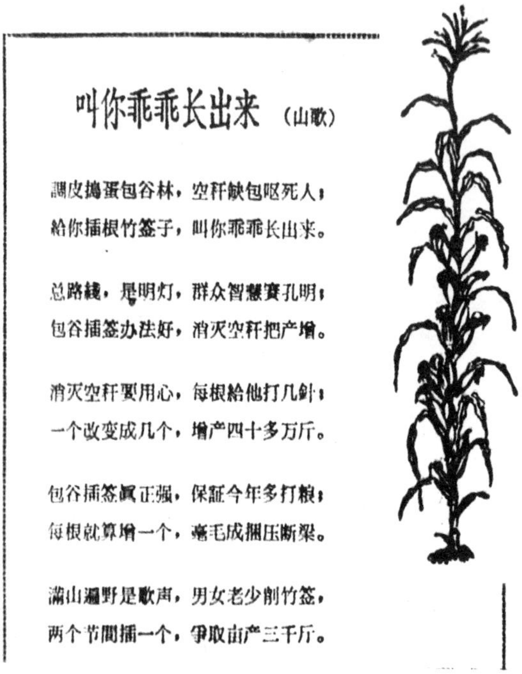
叫你乖乖长出来（山歌）

調皮搗蛋包谷林，空秆缺包呕死人；
給你插根竹簽子，叫你乖乖长出来。

总路綫，是明灯，群众智慧賽孔明；
包谷插簽办法好，消灭空秆把产增。

消灭空秆要用心，每根給他打几針；
一个改变成几个，增产四十多万斤。

包谷插簽劲正强，保証今年多打粮；
每根就算增一个，毫毛成捆压断梁。

滿山遍野是歌声，男女老少削竹簽，
两个节間插一个，爭取亩产三千斤。

1958年夏天《人民日报》发表的赞扬徐水人民公社玉米亩产3000斤的山歌《叫你乖乖长出来》

他还说：是1958年以前中央领导更集中，还是1958年以后？我脑袋里是1958年后分散，不是整体。真正的集中是少而精。最集中时，最民主，最能发挥积极性……在邓小平看来，分散主义不反掉，资本主义就会复辟！

遗憾的是中央和地方的同志在这个问题的理解上，都有些误解。中央把反对分散主义作为当前的主要矛盾来解决，是因为眼下的经济太困难了，这样一来，却忽视了地方同志的感受。报告稿给人的感觉好像过去几年的错误，主要是由地方的分散主义造成的，而不是中央的重大失误造成的。致使与会的地方的同志比较激动，心里很是不服。

在讨论时，柯庆施就说，现在考虑当前主要矛盾是什么？我想是1957年以后，群众积极性发动起来了，和盲目性存在矛盾。他接着说：就是要集中统一，可是写法如何写？言外之意，中央就是强调集中统一，也不要从反对分散主义入手，因为那不是主要矛盾。报告稿中，在反对分散主义方面，举了上海的例子，所以柯庆施又说：上海的例子，我不赞成改，就是后面改一句话，东西不都是上海用了。明显的，柯庆施很有情绪。

陶铸则婉转地表示，集中的原则没有问题，问题是分散主义怎样产生的，是下面搞的，还是个结果？分散主义如何反？陶铸的话虽然婉转，但仔细分析，他是要让大家想一想产生分散主义的根源，弦外之音是，中央反对分散主义并没有反在根子上。他的意见同柯庆施不太相同，但也有相通的地方，即认为中央强调集中没有问题，反对分散主义也可以，但分散主义不是主要矛盾，所以如何反是个问题。

王任重不是大区第一书记，但他也参加了起草委员会的工作。王任重是当时全国最年轻的省委第一书记之一（另一位是山西省委第一书记陶鲁笳，也是45岁），很受毛泽东等中央领导的器重，因此是惟一一位以省委第一书记资格参加起草委员会的成员。但他在会上，并没有因为“位卑”而少言寡语，相反，说起话来还很有些火药味。他说：在湖北对反对分散主义的反映比较强烈。

王任重讲的是实话。湖北省省长张体学曾明确表示，当前主要矛盾不是分散主义，是主观主义。几年来，发生的问题，是高指标，“左”倾蛮干。问题是出在主观主义上，不是分散主义。反分散主义，不反主观主义，分散主义也反不了。计划大，指标高，还能不出分散主义？现在反分散主义，可不要反到县以下去。客观地说，张体学的意见很有些道理。王任重大概受本省同志的影响，或者说从本省的情况出发，提出：湖北对过分集中和分散谁是主要的，意见不一致。要办供给制，一下都办。对1959年毛主

1958年9月王任重（右三)陪同毛泽东视察武钢。摄影：侯波

席的六条指示①是地方反对，还是庐山会议吹掉了？过去几年的缺点错误，是省委负主要责任，还是下面负主要责任？地委同志不赞成把反对分散主义搞到县以下。

王任重在讲了湖北同志的意见后，又讲到他自己的态度，他说，我个人赞成全党加强集中统一，尤其在目前困难时期是十分必要的。对报告总的讲满意，但相互关系，经验教训是什么，好像和集中统一不大衔接。分散主义是不是

注释

①即1959年4月29日毛泽东给省、地、县、社、队、小队的同志们的一封信中讲的六个问题：一、包产问题；二、密植问题；三、节约粮食问题；四、播种面积要多的问题；五、机械化问题；六、讲真话问题。

②报告说："分散主义，实质上是资产阶级思想在我们党内的反映。闹分散主义的人，目无中央和上级，只顾局部不顾整体，只顾自己不顾别人，这也就是资产阶级的自私自利、损人利己的思想的表现。分散主义的泛滥，也就是资产阶级思想的泛滥。分散主义也是资产阶级实用主义思想的一种表现。闹分散主义的人，贪图眼前的局部的利益，忘记长远的根本的利益，使自己成了目光短浅、市侩习气的政治庸人。"

工作不好的原因？是一个错误，是一个重要原因，但不是主要原因。

王任重绕了一个圈，其实还是在强调，分散主义不是主要矛盾。在这个问题上，他是比较直接表明自己不同意中央意见的。

鉴于地方的抵触情绪，邓小平解释说，反分散主义是向全党提问题，一定要这样抓。下面只看到小天地，这不怪他们。我们要用正确的思想去引导他们。内蒙古乌兰察布盟和辽宁的例子，说明加强全局观念的教育，不会伤害农民和基层的积极性。群众自动检讨，有什么不好？群众是战略家。长征时，伙夫关心的是向南走还是向北走。前一阶段，把群众觉悟估计得过高，现在是否估计过低了，要在群众中树立全局观点，整体观点，要让他们看到长远目标，光明前途，这些很重要。

彭真从另外一个角度对反对分散主义提出了意见。因为报告在提出反对分散主义的问题时，也举例批评了北京市存在的分散主义，北京市委就写了一个报告给中央，表示了不同的看法。彭真当时兼任北京市委第一书记，所以他有更多的机会较详细地听到北京市委书记刘仁等的意见。居于这样一种身份，所以彭真对反对分散主义的问题就有了另外的一种角度。他说，分散主义首先是中央，不是地方。各部门逼得中央签字。中央各部门有各式各样的分散主义。第二才是省、市委。他还针对报告将分散主义归结为资产阶级思想的问题[②]

周恩来、彭真、杨尚昆和陈云在七千人大会上（从右至左）。摄影：吕厚民

说，分散主义，不能通通地归结为资产阶级思想。北京市的来料加工，有的是给中央各部干的，有的是给天津干的，有的是给军委干的，这都是资产阶级思想？计划缺口很大，只给三分之一的材料，这能叫无产阶级思想？我们给人家的材料就是不够，你叫马列主义，他叫资产阶级思想，叫目光短浅，市侩习气，政治庸人！你那么马列主义呀！照报告里说的这些内容，势必要把这里这些人的责任都搞清楚。

柯庆施这时在一旁插话：如果这样讲，我们就要求中央审查，看我们这些人是不是这样的人。

听到这里，邓小平说：这一段可以改一下（指分散主义一段），改为：分散主义助长了资产阶级思想的发展，助长了资产阶级实用主义的滋长，说明分散主义给那些坏分子以可乘之机。

刘少奇补充说：要承认这几年老实人是吃了一点亏。

薄一波插话说：报告稿中，可以不写“鉴于张国焘向党闹分裂、严重地破坏党的纪律的历史教训”这几句。

彭真接着说：这样写，似乎现在这些人都变成张国焘了。不论他是什么人，话说过了头，是说不服人的。我们这些人辛辛苦苦千方百计多生产一些，是资产阶级思想，是目光短浅，市侩习气的政治庸人！那些吃了饭打扑克、看戏、逛大街的，倒是马列主义者？加工订货，来料加工不能搞了，以后搞什么？

柯庆施也说：主席、中央历来是主张发挥地方积极性的。

刘少奇表示：中央的集中统一，不要影响发挥地方、部门的积极性，而是要更好地、实事求是地发挥他们的积极性。有些规章制度，过去搞得好的，要坚持执行，不恰当的，要修订。这方面，地方也要提意见。

彭真因此建议：可以加一段，说明要千方百计完成国家计划，也要完成地方计划。企业完成了任务，七凑八凑再搞一些，应该是可以的。产品分配集中了怎样搞，要研究，像机器就很复杂，有这样的，有那样的，是否都能管得了，企业成分问题也需要具体研究，他们分了材料，允许干什么？还有，这个问题要搞清，不论是南斯拉夫办法，还是分散主义，要从制度上考虑。我不是因为兼北京市委第一书记，推卸责任，也不是犯了错误不承认。所有不同看法，要弄清楚。再有，集中和分级管理是矛盾的统一，要很好处理这个矛盾。不要说下放，什么都下放，说集中，什么都集中。1958年下放时如果规定几条什么不能下放，这几年的毛病可能少一些。现在集中也要具体规定杠子，哪些集中，哪些不集中。地方的合理的积极性留下了，更便于集中统一。

彭真的话说得十分坦率，就像竹筒倒豆子，将自己的真实想法很少保留地全部倾吐出来，明确表示产生分散主义的责任在中央，而不在地方，对分散主义更不能归结为什么资产阶级思想，关键在于中央要有一个合理的制度，要从制度上解决问题。

听了彭真的话，中央领导纷纷发表意见。被称为经济专家的陈云非常具体地说：集中统一，要有个办法，把劳动、物价、物资、钞票管起来。物资分为工业物资和商业物资，如果没有物资的统一就谈不上集中统一。物资怎样管？有老口径可以管起来。所有物资统统都要列入计划。1957年我搞的地方财政分成，企业分成，利润分成，适不适当？这几年口子散大了，中财委有个物资局，1958年后，聋子放炮——散了。收回下放的工厂是第一步，第二步是你的产品归我管。把物资分配都列入计划，老一套章程，并不困难。再一个清仓，要把通用的东西，通通拿出来。

人民日報

REN MIN RI BAO

1948年6月15日创刊 第4939号

今日要目

第一版

湖北广东福建农民踊跃出售油料

中阿经济会谈新闻公报

我国工会领导人和首都各产业职工代表集会，严厉声讨肯尼迪政府反共暴行，支持美共反对迫害的正义斗争

第二版

陕西农业劳动模范和科学工作者座谈小麦当前增产关键

江西浙江湖北力争夏粮高产多收

发扬爱国主义精神，識大体，顾全局

湖北广东福建农民踊跃出售油料

新华社武汉电 湖北省农民在完成油脂出售任务后，仍继续把多余的油脂卖给国家。据钟祥、天門、安陆、宜城等三十七个县的統計，多售的油脂达七百九十多万斤。

湖北省去年油料收成較好。在油料收获以后，广大农民充分发揚爱国主义精神，积极向国家出售油脂。到1961年12月中旬，即已完成全年油脂出售任务。集中产区安陆县，在两个半月前就超額完成了任务。

有关部門本着先省外后省內的精神，把大量油脂調往广州、天津等地。到目前止，全省1961年7月至1962年6月油脂外調計划，已經完成50%以上。

新华社广州电 据到去年12月25日为止的統計，广东省各地农民已超額12%完成1961年向国家出售油料任务。

去年广东省不少地区鼓励各公社、生产队和社員个人发展油料生产。仅澄海县去年种植的花生即达三万二千多亩，比国家計划多11%。在开展油料收购工作时，广东各地向农民宣传了工农联盟、城乡互助的道理。广大社員踊跃把油料卖給国家。湛江市郊区民安公社西山大队原定出售任务是二万三千八百斤，但农民說，他們的花生增了产，一定要多卖花生給国家，以实际行动支援城市。最后超額70%多完成全年的出售任务。同时他們还表示今年要继续发展油料生产，争取把更多的油料卖給国家。

新华社福州电 福建省油料产区的广大农民踊跃向国家出售油料。到去年年底止，不少油料产区已經超額完成国家規定的花生出售任务。

去年，福建省的主要油料作物——花生，連續遭受旱、風、水、虫等严重自然灾害的袭击，产区农民依靠人民公社的强大威力，頑强地战胜自然灾害的袭击，不少地区仍然获得較好收成。油料产区农民看到在受灾的情况下，油料作物能有这样好收成，都很感激国家和工人老大哥的大力支援，因而出售油料的热情很高。盛产花生的福清县农民边收获边出售，在短短的期間內，全县入库油料就达七百三十六万多斤，超額三十六万多斤完成交售任务。

在收购油料的过程中，各油料产区有关領导部門认真貫徹收购政策，根据城乡兼顾、国家、集体和个人利益兼顾的原則，合理确定了农民留用和国家收购数量。

据新华社貴阳15日电 貴州省产烟地区按国家計划及早安排烤烟生产。目前，許多人民公社和生产队已开始整理土地，育烟苗，做好种子、肥料等物資准备工作。貴州老烟区之一的遵义县南白区，已有一百多个生产队完成第一批烤烟育苗計划。

烤烟是貴州省主要的經济作物。今年，全省烤烟的种植計划比去年扩大很多。为了迅速落实烤烟种植計划，力争今

1962年1月16日《人民日报》头版发表文章，要求人们发扬爱国主义精神，识大体，顾大局，向国家出售油料

陈云还说：中央集中统一，产品统一分配，是指主要物资，即过去所说的统配、部管物资。至于茶杯、茶碗一类的东西，不可能由中央统一管。这类东西的生产，如一年生产多少万元的茶杯、茶碗有总数（多少钱）就行。机器的分配也要有具体办法，规定哪些统一分配，哪些不统一分配。这个问题还相当复杂，要有许多具体规定。

邓小平提出，加强地方计划机关，要有一个书记专管计划工作，使他真正

成为党委的助手，成为财政经济工作的综合机构。陈云马上表示赞成。于是刘少奇拍板，从中央到地方，各级都要建立强有力的计委，统一领导经济工作。

在陈云谈到，集中统一要确保地方必需几个方面的财政，投资、物资，中央和地方两家互不侵犯时，邓小平插话：把前门开大一些，后门堵死。陈云说，开前门，只到省、市。集中些，下面不开，由省考虑。中央、地方不要互相打对方的“主意”，事情就好办。总之，要走天安门大街，不走绒线胡同，大家都硬碰硬，可能出点毛病，出了，再改。

周恩来提出：中央集权和地方分权的问题，要很好解决，经验教训中要写这一条。

刘少奇说：矛盾怎样统一？中央多照顾一些地方，地方也要多照顾一些中央。对下，留有余地，多给一点；对上，也要多给一点，必须统一，应该统一起来。

李先念插话：应该同心同德，不要策略，不办外交，大家走前门。

在李先念向大家交底说，去年挖了20亿库存，发了30亿票子，调用了黄金、白银，实际上赤字是60多亿时，与会者纷纷表示：统一集中，克服困难，把小仓库打开。

这时会上出现了极为感人的场面，刘少奇说，首先从杨尚昆开始，把中南海的小仓库打开，把库存的毛巾减少一半，留下一半准备招待外宾。

当时的中南海几乎和老百姓一样的贫穷匮乏。在他们的仓库里，只能拿出些毛巾来救急了。

讨论之三：指标是低了，还是高了？

报告稿在第一个问题“关于目前的形势和任务”中，分析了当前的形势，布置了1962年的工作任务，提出了10年（1963—1972年）的远景计划。报告说：

对于我国从1963年到1972年国民经济的发展，中央有一个初步的设想。这个设想的主要目标是：

一、 争取到1967年，基本上解决我国人民的吃、穿、用的问题。

二、 争取到1972年，基本上建成一个独立的完整的经济体系，使我国在主要工业品的总产量方面赶上英国，在科学技术方面接近世界先进水平。

为了实现上述目标，计划1967年粮食产量达到4000亿斤，1972年达到4500亿斤；1967年棉花达到3500万担，1972年达到4500万担；1967年钢达到2000万吨左右，1972年达到3000万吨左右；1967年煤达到3亿8000万吨左右，1972年达到4亿5000万吨左右。

对这样一个指标，是高了，还是低了？讨论会的第一天，柯庆施就说：4年（1958—1961年）分两段写，还是统一写？1961年，错误改了（刘少奇插话：错误大部分已经改了），这里看不出哪些已经改了，哪些改得彻底，不清楚。问个问题："四十条"要不要？多少年解决吃穿用？15年赶上英国要不要？干劲还要不要？用什么方法鼓干劲？不然，越看越没有劲。对产粮指标，柯庆施说，农业说少了，以后究竟怎么干？6000亿斤不行，5000亿斤总可以。这个问题，包括我在内也搞不清楚。

在指标问题上，其教训是刻骨铭心的，这几年出现困难的原因之一，就是因为全党片面地追求高指标，所以没有充分把握，宁可订得低一些，也不愿意订高了。在四川省，直到大会召开的时候，还有不少人没有摆脱饥饿的威胁，死亡人数在全国来说也是名列前茅的。所以西南局第一书记兼四川省委第一书记李井泉马上说：农业指标还说低了？要达到不是轻而易举的事情。鼓干劲，还要解决具体问题。

陈云算了一笔账，他说：钢的指标，到1967年实现2000万吨，看起来低，可是不简单，要过六道关：一、煤，即使每年增加2000万吨煤，到1967年才能炼钢1700万吨，可见任务艰巨；二、钢铁工业本身要解决选矿、烧结、轧钢等一系列问题才行；三、要解决有色金属（镍、铬）的问题；四、要解决木材问题；五、要解决机械制造问题；六、要解决投资问题，另外还有运输问题。很不简单。不是曾经达到过1800万吨钢吗？那是用挤掉其他的办法达到的。现在再也不可能用这个办法了，不按比例是不行的。1967年2000万吨钢究竟能不能达到？我看有三种可能：一是达到或者超过；二是差一点；三是差得相当远。第三种可能性要估计进去。

这时刘少奇插话问，王鹤寿不是说可以达到2500万吨吗？

陈云说，这个问题上，王鹤寿和我历来有分歧。有些人到书记处找干劲，到总理那儿讲困难。关于工业指标，10年规划，特别是头5年，过渡不可能快，再一个10年会快些，因为农业要恢复。报告中的指标不要改了。我们要和帝国主义、修正主义争气，但争的方法，不在数字，而是在按比例、配套，踏踏实实前进。让他们笑好了，只追求数字，靠不住。

事实上，报告中谈到的各项指标是被迫下降的，也是被迫调整的结果。周恩来回顾前两年的情况时说，早两年，是否能很好地调整？很难。因为还不认识，对错误的东西还没有彻底批判，就无法彻底调整。1959年庐山会议调整了指标，还是浮夸。一听到粮食收9000多亿斤，棉花收了3500万担，四大指标又上去了，高速度变成追数字，完全不按比例。我也讲过15%、25%，也是浮夸。当时不认识，现在比较清楚了。现在的情况如少奇同志所说，是被迫下降，我们的工业是60年代、70年代水平的工业，如果真是把品种质量搞上去，1967年到不了2000万吨钢，也是好的。我们是一步一步退，被迫调整。另外，许多超阶段的东西没有批判，也不能很好调整。一个国家搞几个独立的体系，理论上站不住。指标下放、独立体系，我要负责。现在要批判。

刘少奇毫不客气地说，现在还有人不当事后诸葛亮。有这样一种观念，指标高就有干劲，这种干劲靠不住。现在的许多积极性，是解散公共食堂，实行《农业六十条》，基本核算单位下放调动起来的，并不是高指标调动起来的。

讨论之四：犯错误的原因？错误的责任？

一涉及犯错误的原因、错误的责任等，每个人的心头都不会感到轻松。整个“七千人大会”对这些问题的讨论，也是人们议论的焦点。敏感，却又无法回避。起草委员会讨论起来，更是感慨万千！

首先，哪一段是犯错误的关键时期？

关于这个问题，大家的说法不太一致。一种意见认为关键在1959年的庐山会议，另一种认为关键在1960年。

李井泉说，毛病比较大，是在庐山会议以后，反映了一种不正常情绪，给农村带来严重创伤。感到最苦的就是1959年冬到1960年春。

陶铸说，郑州会议反“左”的指示，我们开始有抵触，后来真正贯彻了。可是庐山会议一来，一下就吹了。如果郑州会议的指示一直贯彻下去，情况会完全不一样。郑州会议反“左”的精神贯彻不彻底，庐山会议后，全面反右，不反“左”，事情就坏了，广东、湖南情况稍好一点。形势变化，我们掌握不住。陶铸又补充说，反倾向斗争，主要是庐山会议以后。

彭真说，1960年是高指标、高估产、高征购、大出口，基本建设也是1960年搞得最多。1960年的毛病出在没有调查研究，首先是我们书记处。小平带头，没有调查研究。在杭州，提出“瓜菜代”，但对1959年灾情估计不足，对城市人口增加估计不足，农业养不活这么多的城市人口。农业上又有浮夸。1960年提出“八字方针”是句空话。先进部队走得很远，后续部队跟不上，没有措施，指标不下来，调整不了。真正调整，是去年北戴河会议（有人说：是去年的庐山会议），提出以调整为中心迟了一年，三年灾害不可低估，关键是1960年。

刘少奇插话说，关键是1959年庐山会议。

实际上大家在这个问题上的意见基本一致，分歧不大。陶铸、刘少奇等强调主要缘于庐山会议是符合实际情况的。彭真等强调1960年的问题，也是正确的，因为1960年的错误是庐山会议反右倾的结果。如果没有庐山会议，1960年的情况会好得多。

关于犯错误的原因，不少人谈到了是没有经验。陶铸说，水利问题，主席在武昌会议说，这样搞法，中国人要死一半，最少也死十分之一，5000万。可是我们还是大搞。搞水利是可以不死人的，结果还是死人了。所以不搞了。哪里想到搞多快好省会死人呢？没有那个经验。不是不拥护主席指示。把主席、中央同志的思想变为全党的思想要有个过程。

陶铸说的确是实情。当时全党搞建设，确实没有经验。但从另一方面考虑问题，如果不那么盲目上马，多做些科学论证，慎重一些，这种现象还是可以避免的。问题是，当时大家的脑子都热！

有的发言，涉及对社会主义的认识问题。王任重说，在速度问题上，过分乐观，还搞平均主义，以为供给制没有问题，现在明确了，50年才能建成社会主义。也不懂得按比例搞综合平衡，犯错误就在这里。

刘少奇也涉及认识建设社会主义的长期性问题。事实上，中央决策层对这个问题认识上的偏差，正是建国以来不断发生“左”倾错误的最基本的原因。刘少奇说，国民党叛变后，李立三说打倒国民党只要两三年，结果整了十年没有整倒，才知道长期性。对于社会主义建设的长期性问题，真进了北京，还有点不大信。看来时间准备长些就快，准备短了反而慢了。

刘澜涛在会上，强调这几年犯错误的原因，是党的生活受到了严重的损害，人们不敢讲真话了，这几年忠臣受到迫害，对立物是“风马牛”，即看风使舵、拍马吹牛。这是一个十分严重的问题，很多错误都是因为这种情况造成的。

看来，刘澜涛试图从政治上寻找犯错误的原因。他的讲话同大会上不少人的看法一致，认为只强调缺少经验很难服人，关键是党的政治生活不正常，斗争过火，缺乏民主气氛。

但起草委员会的讨论在这一方面并没有展开。

至于产生困难的原因，陶铸说，困难来自三方面，错误、灾害、修正主义。彭真插话说，三年灾害不可低估。刘少奇说，有个人主义，有反革命，加重了困难。邓小平说，有些人就是想办坏事的。陶铸则说，坏人不能过分强调。

在这个话题上，起草委员会也没有展开讨论。问题涉及了，但没有深入下去。以当时的情况，也很难深入下去！

在讨论错误的责任这个问题时，起草委员会上掀起了一个高潮。这个高潮是由彭真掀起的。他说：我们的错误，首先是中央书记处负责，包括主席、少奇和中央常委的同志，该包括就包括，有多少错误就是多少错误。毛主席也不是什么错误都没有，三五年过渡、食堂都是毛主席批的。我们对毛主席不是花岗岩，也是水成岩。毛主席的威信不是珠穆朗玛峰也是泰山，拿走几吨土，还是那么高。现在党内有一种倾向，不敢提意见，不敢检讨错误，一检讨就垮台。如果毛主席的百分之一、千分之一的错误不检讨，将给我们党留下恶劣影响。省、市要不要把责任担起来？担起来对下面没有好处，得不到教训。从毛主席直到支部书记，各有各的账。书记处最大的错误是没有调查研究。

彭真的这段慷慨陈词，成了七千人大会最引人注目的亮点之一，他是惟一一位在大会上指名提出毛泽东犯了超越阶段，办公共食堂的错误（当然，毛泽东不仅仅是这些错误，但即使是这一些错误，当时也无人敢具体指出），并且应该进行检讨的人。彭真的这个讲话，成了日后中共历史上的一段经典发言，不断被人们所称赞。

彭真讲完之后，邓小平婉转地说，我们到主席那儿去，主席说，你们的报告，把我写成圣人，圣人是没有的，缺点错误都有，只是占多少的问题。不怕讲我的缺点，革命不是陈独秀、王明搞的，是我和大家一起搞的。邓小平的意思很清楚，即毛主席也是有错误的，也是可以批评的。实际上，他是支持了彭真的意见。当然，邓小平也谨慎地谈到，主席的指导思想是对的。相比之下，还是彭真更勇敢、大胆一些。

刘少奇从另外一个角度，说明了错误的责任，他说，有些地方不承认天灾，或者只承认三分，七分是人祸，像河南、甘肃。 西北有些县的同志，说这几年发生的问题，中央应首先负责，第二是省级，再是他们。我看，这个话许多人心里有，只是没有讲，现在他们讲出来，就是提高了。

刘少奇的这番讲话也是意味深长的，无疑，他同意彭真的讲话。

其实彭真的这个话，的确不少人心里都有，只是不像彭真这么坦率而已。前面谈到，陶铸说“形势变化，我们掌握不住”。那么这个形势是由谁来变化的？是毛泽东。是因为毛泽东使庐山会议变化了形势，因而出现了1960年的严重困难。很自然，其中的不少责任也就应该由毛泽东来负。

周恩来大概在担心着什么。他很快发言，从另外一个角度表示：在讲责任方面，要从我们自己身上找原因。他说，在目前困难时期，要顶住，承担责任，全世界都指望我们。主观上的错误，要着重讲违反毛泽东思想，个别问题是我们供给材料、情况有问题，应由我们负责，不能叫毛主席负责。如果不违反“三面红旗”的思想、毛泽东思想，的确成绩会大些。调查工作进行后，情况正在好转，但不能过分乐观。经验现在还

彭真和毛泽东1958年11月在武汉东湖散步。摄影：侯波

不能完全总结，还是初步总结。主席讲过，不经过反复，不能取得教训。现在不是弱了，而是强了。过去几年是浮肿，幸亏主席纠正得早，否则栽得跟头更大，要中风。现在的问题是要争取时机，不怨天，不尤人，发愤图强，埋头苦干。不吹，不务虚名，要谦虚谨慎，骄傲总是危险。主席早发现问题，早有准备，是我们犯错误，他一人无法挽住狂澜。现在要全党一心一德，加强集中统一，听“梢公”的话，听中央的话。中央听毛主席的话。这是当前工作中的主要问题，不解决，寸步难行。如粮食上交130亿斤到150亿斤，就很难。1959年认识钢材，1960年认识煤炭，1961年认识木材，我们这些人真笨。不一心一德，集中统一，就不能解决问题。如果这一点思想不通，辩论三天三夜也可以。

周恩来显然有一种担忧，仿佛彭真有点顶不住了，他担心别人也会这样，因此告诫在座的同志，都要积极地承担责任，换句话说让大家把责任都承担起来，不要去追究毛泽东的责任。在他看来，现在实行中央集权本来就遇到了问题，你再去讲毛泽东的错，会带来什么后果？也许周恩来的担心自有他的道理。但现在看来，周恩来这样讲，未必利大于弊。

周恩来讲话不久，陈伯达开始向彭真发难。他说，我们不要做乱七八糟的事情。我也胡说八道过，要检查。我们还是要根据毛主席的指导思想办事。我编辑主席的语录有很大收获。他告诉我们，如何管理中国。要根据主席的指导思想来检查自己的工作，是不是符合主席的思想。彭真同志昨天关于主席的话，值得研究。我们做了许多乱七八糟的事情，是不是要主席负责？是不是要检查主席的工作？现在的根本问题是中央不能集权。农民是相信中央，相信毛主席的。乱搞一气，不是主席的政策。

彭真的意思完全被扭曲了。彭真前一天坦率直言掀起的高潮，就此发

注释

①1962年1月11日中央书记处召开会议，邓小平传达毛泽东对中央报告的意见时说：毛主席说：你们的报告，把我写成圣人，圣人是没有的，缺点错误都有，只是占多少的问题。不要怕讲我的缺点。彭真在这次书记处会议上发言说：总结经验教训时，要把中央和政治局有些常委包括进去，中央的责任第一是书记处，第二是部分常委，书记处的责任比常委多的多，但各有各的责任。我同意毛主席的意见，他的责任也不要回避。因为有些事他们知道，他们参与，但检讨中不包括他们，第一不符合事实，第二会造成错觉，凡是中央领导都没有错误。我们都承认实事求是，领导人如有缺点错误，也要实事求是，不讲不足为训，讲了不会动摇我们对他们的信仰，反而会更加提高他们的威信。从这段发言，可以看出彭真提出不能回避毛泽东的错误的根本想法。

生了微妙的逆转。其实彭真的讲话并不过分，但陈伯达居然说彭真要检查毛泽东的工作，许多乱七八糟的事情要毛主席负责。这个话真是只有陈伯达才能讲得出口！

彭真听了陈伯达的话，感觉问题严重了，不得不赶紧解释。他说：关于毛主席的问题，要说清楚。似乎彭真讲毛主席可以批评，是不得人心的。我的意思是不要给人一个印象，别人都可以批评，就是毛主席不能批评，这不好。

彭真的意思是，上从毛泽东下到地方，都应该做一些实实在在的自我批评，这不但无损党和毛泽东的威信，相反会大大提高，①大会的效果也会更好一些。看来，他是老革命遇到了新问题，太天真了。

刘少奇说，主席历来提倡多谋善断。有些话是在酝酿中对我们说的，但是有些人把话传得太宽。说到这里，刘少奇说：散会，明天讨论第二稿。

是谁把话传得太宽？刘少奇没有具体说，讨论便戛然而止。这是1月18日—19日的事情。

讨论之五："三面红旗"究竟怎么讲？

七千人大会在讨论中对"三面红旗"提出了不少疑问和批评。仅西北地区就提出八个问题，需要中央作出解释和回答。刘少奇、邓小平主持起草的书面报告稿，虽然对"三面红旗"进行了评价，但显然并没有解决当时人们心中的疑问。这些问题怎么看，如何解释？这是起草委员会不能回避的。

事实上，中央领导层如刘少奇、邓小平、陈云、周恩来等对"三面红旗"是有所考虑的，从以下的意见可以看出，他们对"三面红旗"持有某种程度上的保留态度，可是在报告中，既不能违背毛泽东的意图，又要把"三面红旗"谈清楚，让全党干部口服心服，多少让他们感到有些为难。

比如："三面红旗"究竟怎么讲？刘少奇说："比较难说的'三面红旗'问题"。

陈云虽然在大会上没有讲话，但是在起草委员会上却相当活跃，谈了不少自己的观点，他说：有些问题，只能在原则上肯定，有些人认为不具体，还有怀疑，我说公开讲，过几年再说，如人民公社，有怀疑的人，容许他怀疑几年。

1月25日，刘少奇在中央政治局扩大会议讨论通过这个报告时，接受了陈云的意见，强调允许怀疑。在后来公开发表的刘少奇在大会上的口头报告中，谈到“三面红旗”时，他是这样说的：“‘三面红旗’，我们现在都不取消，都继续保持，继续为‘三面红旗’而奋斗。现在，有些问题还看得不那么清楚，但是再经过5年、10年以后，我们再来总结经验，那时候就可以更进一步地作出结论。”[①]这一段经典性的话，后来被人们广泛引用，很明显，刘少奇对 “三面红旗”持有一定的保留态度。

关于人民公社，周恩来的想法是，报告中有关人民公社的优越性，要多说几句。

邓小平说，人民公社如果经过试点更好。既然早产了就应当好好爱护他，对早产的孩子有四种态度，一是不要，这是右派；二是对付对付，不认真；三是拔苗助长多给猪肉吃，多运动。这三种态度都不对。主席的态度是重视它爱护它，想办法解决问题。四种态度跟哪一种走？当然跟主席走，一定有希望。

刘少奇说，人民公社还是有点一大二公，将来会看出来，现在难讲。

柯庆施说，十条成绩，人民公社讲少了，至少抗灾有作用。三个口号取消了也不行。讲缺点、错误和“三面红旗”的关系，如何说？前面解释不够。三个方面：一个经验，一个思想，一个工作，同样条件，工作好的，情况就好一点。看来，柯庆施是充分肯定“三面红旗”的。

刘澜涛说，有些同志讲“三面红旗”，像念经的一样，宣传上形式主义很厉害。刘澜涛显然同柯庆施的意见不一样。

关于“大跃进”这面红旗，在大会上人们提出了种种疑问，有人说总路线好解释，“大跃进”不好解释。也有人说，这几年农业减产，是否能说是跃进？在邓小平看来这种说法是有道理的，可是不提“大跃进”，“三面红旗”就少了一面。刘少奇说，“三面红旗”少一面不好，还是要提跃进。那么怎么向七千人解释清楚呢？起草委员会经过讨论，给“大跃

注释

①见《刘少奇选集》下卷，第426页。

进”作了以下的解释，其实这也是毛泽东曾经表示过的意见，只是比较详细具体了。

一是从长时期来看，可以说是跃进。速度是波浪式的。二是同资本主义国家比，同苏联比，就一个时期说，还是跃进。三是跃进不能总是以钢作标准，要全面地看，无数小的跃进，可以组成大的跃进。今后几年产量下来了，品种、质量上去，也是跃进。也就是说品种齐全了，质量提高了，也是跃进。今后几年内，我们要在品种、质量、技术方面来个跃进。

邓小平对此总结说，十年任务中可以写：“在科学技术和工业产品的品种、质量方面实现大跃进。”修改后的报告稿，其完整的表述则是：

“在科学技术和工业产品的品种、质量方面实现大跃进，接近现代工业大国的水平。”

总的来看，起草委员会是在坚持维护“三面红旗”，但从中也流露出一些对“三面红旗”的不同认识。

除了上述5个问题，起草委员会在讨论修改报告稿时，还涉及了其他一些问题，如彭真提出，把成绩讲足，把错误讲透，错误有多严重讲多严重，这样才能轻装前进等等。会议的讨论是民主的，发言是热烈的。综合起来看，讨论后的报告稿较前做了如下的修改：

一、报告保持了原来的框架结构，三个问题没有变，也就是说原来的报告没有推翻再重新起草。对第一个问题“关于目前的形势和任务”，做了较大的调整。原来的报告，在讲成绩和错误方面，是与新中国成立以来12年的成绩一起混着讲的，哪些成绩是“大跃进”以来取得的没有单独讲，讲的缺点错误几乎都是“大跃进”以来的。所以在大会上有人抓住这一点说，缺点错误讲得过分了。修改后的稿子，则重点总结“大跃进”以来的成绩是12条，缺点错误4条，并增加了基本经验教训16条。这16条教训，重点强调了进行社会主义建设应该注意的问题。总的说来，修改后的稿子比原来的稿子较突出地讲了“大跃进”以来的成绩，缺点错误也讲得集中系统了一些，加上经验教训16条，显得条理清楚、翔实了许多。

二、在反对分散主义问题上，因为一些地方同志提出了不同意见，所以去掉了一些不适当的提法。如去掉了“分散主义，实质上是资产阶级思想在我们党内的反映”，“闹分散主义的人……使自己成了目光短浅、市侩习气的政治庸人”等。但是，从中央的角度来看，仍然认为反对分散主义是当时的主要矛盾。大会后，刘少奇对报告进行再修改时说：“在各级

毛泽东和乌兰夫、李先念、李富春（从右至左）在一起。摄影：吕厚民

讨论我那个报告的时候，就反映出来了，但是我们起草委员会没有接受这个意见。他们说分散主义不是主要问题，我们说分散主义是主要问题，和他们对起来了，而没有从另一方面考虑他们为什么提出这个问题。”这一次，刘少奇根据大会的反映，也根据毛泽东关于加强民主集中制的讲话，修改报告时，在反对分散主义前面加写了加强民主集中制的内容。将第二个问题“关于集中统一”，改题为：“加强民主集中制，加强集中统一”，将原来报告比较片面的地方，讲得比较全面了，并对不少因分散主义被点名批评的单位，隐去了姓名，改得使大家更容易接受了。

三、关于指标问题。在起草委员会除了个别同志，大家都吸取了追求高速度、高指标带来的严重教训，强调要实事求是地安排生产计划，在增加产品的品种和提高质量方面下工夫。对原来报告提出的一些指标，又进行了反复斟酌。如：原来的报告提出：争取到1972年，使我国在主要工业品的总产量方面赶上英国，修改后的报告采取了审慎的态度，去掉了这一提法。实际上是放弃了“超英赶美”的口号。原来的报告还提到要继续贯彻“农业发展纲要四十条”，起草委员会认为“四十条”提出的亩产400斤、500斤、800斤的指标太高了，一时很难实现，因此将这一条也拿下了。原来的报告提出：争取到1967年，基本上解决我国人民吃、穿、用的问题；修改后的报告将这一时间目标改为1972年。较前稿延长了5年。当然，现在看来，就是1972年也还是冒进了一些。此外，对粮食、棉花、钢铁、煤炭四大指标，照原来的报告均调低了5%左右。值得一提的是，这年的1月27日，当刘少奇在大会上作口头报告谈到指标不高时，毛泽东插话："有一种可能是还达不到。"这说明，对指标问题，毛泽东也同样表现了十分审慎的态度。不仅如此，在以后的工作中，不论在哪种情况下，毛泽东总是有意地压低指标，可以说，在他的有生之年，再也没有在指标上再冒进过。可见急躁情绪的高指标，确实给毛泽东和中央领导留下了极深的教训。通过七千人大会及后来的实践，决策层在安排生产和管理经济方面越来越采取接近实际的态度了。

四、关于产生三年困难的原因及所犯错误的性质，在起草委员会内部没有引起全面的讨论，或者说在这个问题上争论不大。报告基本保持了原来的意思：一方面是受自然灾害的影响；另一方面，在很大程度上是由于上述错误（高指标、高估产、共产风、高速度、权力下放过多等等）所引起的，还有缺少经验等原因；所犯错误的性质，不是路线性质的错误，而是具体执行中的问题。

至于大会有建议要将报告中关于"三面红旗"是"站得住的"、"正确的"、"基本上正确的"的提法，改为"完全正确的"，起草委员会接受了部分意见，将"站得住的"改为"正确的"。在错误的责任这个问题上，如所前述，彭真大胆讲了几句话，一方面受到了善意的劝告，一方面也遭到了恶意责难。这个问题也没有展开讨论。不过修改后的报告在叙述毛泽东对纠正错误所做贡献的时候，加写了以下的内容：

> 如果我们许多同志更好地领会毛泽东思想，善于运用毛泽东同志一向提倡的实事求是、调查研究的方法，并且认真执行毛泽东同志在每个关键时刻提出的指导意见，那么，这几年工作中的有些错误是可以避免的，或者可以大大减轻，或者在发生之后可以更快地纠正。

这段话显然有为毛泽东开脱的意思。实事求是地说，当时在毛泽东肯定"三面红旗"是正确的情况下，以及还有不少人和毛泽东的认识相一致，再加上当时的主要任务是克服困难、渡过难关的形势下，对上述问题要深入地展开讨论，彻底地总结经验，显然是不太现实的事情。但是也可以看出，起草委员会的同志为尽量正确地总结经验，统一全党的思想认识，为开好七千人大会，为团结全党，恢复国民经济，做出了十分积极的努力。

09

变局
——七千人大会始末

刘少奇在中央政治局扩大会议上的解释和说明

大会经过13天、二十一人报告起草委员会经过8天的讨论，1月24日，书面报告的第二稿终于完成了。

1月25日下午，刘少奇在中南海怀仁堂正厅，主持召开有各省市委第一书记及中央各部长参加的中央政治局扩大会议，对报告第二稿进行讨论表决。根据大会的议程，中央政治局扩大会议通过后，再提交大会通过，然后七千人大会就结束了。

中央政治局扩大会议进行了3个多小时，毛泽东没有出席，朱德、董必武等老同志出席了会议。在这之前，改好的报告稿曾送给毛泽东看，毛泽东没有看完，但表示赞成“这个方向”。[①]

说来有点话长，书面报告的第一稿送给毛泽东审阅时，他没有看完，就提出不交政治局审议通过，直接发给大会进行讨论。这第二稿，他还是没有看完。那么，这到底是为什么呢？开始，笔者推想：如果说，第一稿没有看完是因为时间太紧来不及了，但第二稿应该不存在这样一个问题了，他仍然没有看完。真是有点耐人寻味了！经过笔者反复核查发现：原来报告的三个部分，是分3天在起草委员会讨论通过的，通过一部分，就送毛泽东看一部分，待最后一部分通过之后，刘少奇等立刻到毛泽东处听取他的意见，所以，他仍然没有看完。由此也就解除了人们心中的疑问。

会上，刘少奇没有多说报告的具体内容，就是请大家提意见，什么意见都可以提，甚至推翻都可以。他表示：从1958年以来，我们发生了这样多问题，一方面很有成绩，另一方面有很多缺点错误，到底如何认识，这是一个大问题。（大会）这样多人，要统一认识、统一思想，以至以后还要统一计划、统一行动，这是我们党内目前的关键时期的一个关键问题，所以这个大会开得时间很长。议论又这样多，有许多不同意见，这是完全自然的、允许的，方针是总结经验。刘少奇还说：事后诸葛亮也很有必要。

刘少奇的意思很明确，我们处在关键时期，又遇到了关键问题，事情十分重大，希望大家积极发表意见，不要怕当事后诸葛亮，我们要在充分交换意

注释

①刘少奇在中央政治局扩大会议上的讲话记录，1962年1月25日。

②边彦军《毛泽东和1958年“大跃进”》，见《党的文献》1994年第4期。

见的情况下，实现大家的思想统一。

参加会议的人员，对刘少奇的讲话给予了一定的回应，朱德、董必武、陈毅、邓子恢、谢觉哉、王震、邓颖超、张鼎丞等不少人先后发言。刘少奇总结发言时，针对与会者提出的问题以及报告中涉及的焦点问题向会议作了解释和说明。

关于15年赶超英国的问题，刘少奇说：15年赶上英国、超过英国，这个报告上没有讲。我们起草委员会讨论过这个问题，头一次是写上去了，第二次说还是不写好。15年赶上英国，原来是这样提的：15年或者更多一点时间，在主要工业产品的产量方面赶上或者超过英国。现在这个口号用不着去改，用不着取消，我们做得好，到15年的时候赶上了，就赶上了，没有赶上，也没有那么不得了。提个口号，为什么不得了呢？更多一点时间，多几年就是了。

刘少奇讲得比较婉转。他没有说这个口号是怎么来的，也没有说这个口号在“大跃进”当中起了怎样的作用，只说没有把这个口号写到报告里面去。即使如此，与会者心里恐怕也很清楚，这个口号曾起了很负面的作用，所以不便再提了。

“15年赶上英国”，是毛泽东在1957年11月莫斯科会议上最先提出来的。当时赫鲁晓夫提出苏联要在15年内赶上或超过美国，毛泽东受其鼓舞，提出15年后中国要赶上或者超过英国。他还说：“到那个时候，我们就无敌于天下了，没有人敢同我们打了，世界也就可以得到持久和平了。”②

此后，毛泽东带着莫斯科会议的东风，带着这一美好的愿望回到中国。“15年赶超英国”的口号，便成了中国人民的头等大事，也成了“大跃进”运动发动的助推器。

在这个15年赶超英国口号的实施过程中，在“大跃进”浪潮中，各地各部门又层层加码，竞相施放“卫星”，毛泽东等中央领导则信以为真，又将15年的赶超时间变为10年。在“大跃进”的高潮阶段，毛泽东又兴奋地降之为7年，再后来竟降到2至3年。这种忽略中国经济落后、忽略经济发展规律的错误决策，最终导致中国经济危机如山洪般暴发。而直到此时，人们才如梦方醒。

如果说“大跃进”运动的一个突出错误，是高指标，那么赶超英国的口号，应该说是最大的高指标。但人们对它有清醒的认识，则相对较晚。这是因为它有较长的时间性，也就是说要15年后才能见分晓；又是毛泽东提出来的；还是叫得最响亮的口号之一，有很大的号召力；仔细揣摩其中的心理，大概还有一种不甘心，所以中央先后放弃了2年、3年、7年赶上英国的口号，放弃了一些具体的高指标，但一直没有放弃10年、15年赶上英国这个口号，最能说明问题的是，书面报告的第一稿，还写进了这一口号。

书面报告的第一稿开头就说："这次会议，是一个为实现再经过10年左右时间在主要工业品总产量方面赶上或者超过英国的伟大号召而奋斗的会议……"报告还说："毛泽东同志在1957年11月提出了15年左右在主要工业品的总产量方面赶上或超过英国的任务，就是说，从1949年起，我们要在20多年的时间内完成或接近完成最老的资本主义国家——英国在一百几十年中做过的事。这个要求是我们经过努力可能实现的。"

这表明，中央在指导思想上还没有彻底转变过来，还想追求那个高指标，还想跃进，所以一直到七千人大会前，也还存在着不切实际的想法。

直到七千人大会二十一人报告起草委员会再次讨论修改书面报告时，对这一战略思想，才开始提出质疑。"经过算账"，结论是10到15年内，我们很难赶上英国，更谈不上超过英国的问题。

那么，这一口号在书面报告中还提不提呢？现在还没有找到这个具体算账、讨论决定的过程材料，所看到的是，刘少奇在政治局扩大会议上宣布，15年赶超英国的口号在书面报告里不提了。

当然，仔细分析，刘少奇对这一问题采取的是个折中方案，他没有说这个口号是错误的，给我们过去的工作造成了很大损失，我们应该坚决地放弃它。说的是不提了，也不取消。从当时和以后的情况来看，实际是放弃了。

1月27日，刘少奇向大会作口头报告时，再次谈到了这一问题，毛泽东在一旁插话，说：少一些时间是不行的，多一些时间是可以的。看来毛泽东也意识到15年赶超英国的战略构想已是空中楼阁。

15年赶超英国的口号，是毛泽东在莫斯科会议上当面向各国共产党宣布的，是"大跃进"运动以来中国政府一直在大力提倡的，现在不得不放弃，的确是一件很痛苦的事情，是被迫放弃。尤其是毛泽东，恐怕更有一番滋味在心头！

注释

①《纲要》提出，到1967年全国在三种不同地区，分别达到粮食亩产400斤、500斤和800斤。谭震林说，这是四十条纲要的中心。

这一放弃，意味着中国开始正视国家的落后状况，开始注意从实际出发，立足保持经济的平衡发展，老老实实地进行经济建设。

毛泽东吸取“大跃进”运动的教训，在他有生之年，再也没有在经济上冒进过！

关于《农业发展纲要》问题，刘少奇提出在书面报告里不提了。这在当时也是一件大事。

刘少奇说：在书面报告中，《农业发展纲要四十条》也没有讲。《农业发展纲要四十条》，特别是四、五、八[①]，照现在这样算起来，到1967年达不到四十条那样的标准。四、五、八，恐怕原来提出的时候调查研究也不是那么充分，所有的土地都达到亩产400斤、500斤、800斤，这个问题，还需要再去进行调查研究。《农业发展纲要四十条》，我们现在不提，但是不取消。12年做不到，加几年就是了。

《农业发展纲要》一直被视作发展中国农业的纲领性文件，农民的指路明灯。其全称为《1956年到1967年全国农业发展纲要》，共40条。它是1955年11月间由毛泽东亲自主持制定的。如果说，提出15年赶超英国的战略，是缺乏调查研究的话，这个《纲要》，毛泽东是花了很多心血的，一直非常钟爱。

《纲要》从制定到正式公布实施，期间经历了几上几下，应该说“充分征求”了方方面面的意见，先后用了4年多的时间，其过程是：

1955年11月，毛泽东主持起草这个《纲要》时，中国正处在农业合作化的高潮阶段，在毛泽东看来，农村合作化了，农民的生活有了保障，下一步怎么办？应该制定一个发展农业的长期奋斗目标、描绘一个“繁荣幸福的明天”，如此农民才会有所奔头，干劲倍增。于是，毛泽东先后同14个省的省委书记就全国农业发展问题交换意见，共同商量了一个“十七条”。

1956年1月，毛泽东又征求各省、市、自治区的负责人意见之后，将“十七条”扩充为四十条，拟出了一个《纲要》（草案）初稿，然后向全国多达1375人的各界人士征求意见。1月23日，拿到中央政治局讨论通过。1月25日，提请最高国务会议讨论通过，然后下发全国各地征求意见。

经过近两年的实践后，于1957年9月又将这个《纲要》拿到中共八届三中全会上讨论，会议对这个纲要（草案）做了一些修改和补充，产生了《纲要》（修正草案），然后再次提交农民和全国人民征求意见，为的是比较符合中国的实际情况。

这期间曾出现一个插曲。在1956年下半年和1957年春季，周恩来、陈云等进行“反冒进”的时候，《纲要》受到了一些怀疑。毛泽东在批评“反冒进”的时候就说，他们扫掉了多快好省，扫掉了《农业发展纲要》，扫掉了促进委员会，使6亿人民泄了气。还说，“反冒进”离右派只有50米远，给周恩来、陈云等造成很大的压力。由此看出，毛泽东是很看重《纲要》的。从另一个侧面说，也有不少人对《纲要》有些想法，但被毛泽东压下了。

1958年初，在《纲要》（修正草案）的基础上，又形成了《纲要》第二次修正草案，于1958年5月拿到中共八大二次会议上讨论，讨论的结果是，予以基本通过，再委托中央委员会根据当年的实行情况做必要的修改。

又经过近两年的实践，1960年4月，全国人大二届二次会议最终讨论通过了《纲要》（修正草案），开始以正式文件《1956年到1967年全国农业发展纲要》向全国公布。当时谭震林[①]向大会作报告时还说《纲要》留有了余地，提出要动员一切力量提前实现《农业发展纲要》。

从制定到实施，无疑是反复征求了意见，并通过4年的试行才正式通过实施。从制定《纲要》的出发点来看，是好的。它从方方面面对农民的生产、生活进行了规划，想得很周到，规划的前景也令人向往。1956年1月，农业部长廖鲁言对《纲要》进行说明时强调：“农民发展了生产，增加了收入，得到饱食暖衣之后，他们就要求修房子，盖新屋，改善居住条件；要求读书识字，提高文化；也要求治疾病，讲卫生，‘人财两旺’。”《纲要》“就是以发展农业合作化和发展农业生产为中心”而制定的。这些内容在我们今天看来也是好的，是符合农民切身要求的。为使广大农民了解《纲要》，中央开动一切宣传机器对《纲要》进行了大力的宣传。《纲要》一直被认为“对于动员全国人民的积极性，对于加速农业生产以至整个社会主义建设事业的发展，起了伟大的作用”，“是高速度发展我国社会主义农业生产和建设社会主义新农村的伟大纲领”[②]，是农民的指路明灯。当年有一首诗对此进行了形象的描述：

注释

①谭震林，当时任中共中央政治局委员、中央书记处书记、国务院副总理，分管农业工作。

②见1960年4月12日《人民日报》社论。

③见1958年5月27日《人民日报》。

树上喜鹊喳喳地叫，
老汉咧嘴忍不住地笑。
农业发展纲要四十条，
好比四十颗太阳当头照。
太阳也比不上它温暖，
处处地方它都照到。
放近耳朵听一听，
莫不是毛主席的说话声？
回头胸上贴一贴，
句句话它暖人心，
没闭住嘴巴笑出了声，
咱社员有了指路的大明灯。③

对于这样一个反复征求意见，又经过4年试行才正式实施的《纲要》，刘少奇在这次会上竟说书面报告不提了，还说提出的时候调查得不充分。究竟为什么呢?

我想，基本原因主要还是刘少奇讲的，《纲要》提出的四、五、八很难实现。此外，从《纲要》诞生的那一刻起，因其指导思想是偏快，就同反“反冒进”、“大跃进”搅在了一起，并且在执行过程中，对“大跃进”运动起了推波助澜的作用。尽管《纲要》进行过反复修订，又拿到中央全会、全党的代表大会，还有全国人民代表大会讨论通过，因其是在头脑发热的年代产生的，各项指标偏高，所发挥的指导作用是负面的，如果再将它作为发展农业的纲领性文件，很难收到较好效果。所以，刘少奇向大家宣布，《农业纲要》不提了。虽然刘少奇还有一句“也不取消”，但实际上，“不提”了，也就弱化了《纲要》作为农业发展的纲领性文件的地位。对于这一决策，柯庆施在二十一人报告起草委员会上就曾质问，《农业发展纲要》还要不要？可见当时，并不是所有的人都同意不提《纲要》的。

我们翻开当年的《人民日报》，从1962—1963年，基本没有再提《纲要》的话题，从1964年起，经济已经恢复，《人民日报》对《纲要》又开始有所报道，但已经不再强调是“伟大纲领”了，只说是某地在某方面实现了《纲要》等等。当然，“文化大革命”期间又是另一番情形了。

关于人民公社“一大二公”问题，刘少奇在会上说：人民公社“一大二公”，这个报告里头也没有讲。有的同志提出，人民公社“一大二公”到底如何呀？现在基本核算单位搞到小队去了。又“一大二公”，基本核算单位越来越小，这个现象似矛盾。现在情况是这样的，这个问题，现在还解释不清楚，但是等到将来人民公社发展起来以后，还是“一大二公”。所以，这个口号也不取消，但是也不着重讲。

人民公社是毛泽东倡导起来的，“一大二公”的提法也是毛泽东讲的。在毛泽东看来，公有制是富裕的根源，个体经济是没有出路的。1958年8月，毛泽东在北戴河会议上说：人民公社的特点，就是一曰大，二曰公，主要是便于搞工、农、兵、学、商与农、林、牧、副、渔这一套，便于综合经营。农林牧副渔，是农业合作社就有的，工农商学兵，是人民公社才有的，这些就是大。大，这个东西可了不起，人多势众，办不到的事情就可以办到。公，就比合作社更要社会主义，把资本主义残余，比如自留地、自养牲口都逐步搞掉。

在毛泽东这一思想指导下，中共八届六中全会作出决议说：“这种一大二公的公社有极大的优越性……如果对于这样一个根本问题发生怀疑，那就是完全错误的，那就是右倾机会主义的。”

既然“一大二公”的人民公社有极大的优越性，全国很快就掀起了人民公社化高潮。1958年下半年全国的70多万个农业合作社一下子合并为2万多个人民公社。虽然也发现一些问题，但毛泽东认为有问题是正常的，只要改了就好了。他针对国内外对公社的批评，曾“准备写一篇万言长序”痛驳全世界“对于人民公社的攻击”。①然而，凭着美好理想构建出来的这种“一大二公”的模式，虽然大家想千方百计地坚持下去，但在中国农村很快就遭遇到严重挫折。其表现形式是：伴随着公社化的过程，是一切财产公有化，政府和公社可以无偿调用农民的土地、物资和劳动，在公社范围内实行部分供给制，也就是说，在中国农村普遍刮起了严重的“共产风”、“平调风”、命令风，大大挫伤了农民的生产积极性，其带来的后果，不但工农商学兵、农林牧副渔兴旺发达的景象没有露出任何端倪，相反，各项农作物严重减产，引发了巨大的

注释

①《建国以来毛泽东文稿》，中央文献出版社1993年1月版，第8册，第463—464页。

粮食危机。

危机的爆发，警示了毛泽东，他一面批评各地混淆了两个所有制的界限，混淆了社会主义和共产主义的界限，不懂得价值规律和价值法则，不懂得按劳分配等等，一面对人民公社进行整顿，缩小公社的规模，将人民公社的数量由原来的2万多个增加到近6万个，将经济核算单位由大队变为小队。采取这些措施，实际是对“一大二公”进行了调整。1961年4月，毛泽东在整顿人民公社时，谈到“一大二公”问题时说：将来定个比例，“一大二公”，公就表现在社队有点积累。这同以前的构想有了很大区别！

刘少奇在解释书面报告涉及“一大二公”时，表示看不清楚，报告里面也没有提。事实上，从1961年起，在党的文件和报刊上就很少提“一大二公”了，刘少奇在书面报告中不提“一大二公”也并不太出人意料，但他在大会上还要就这个问题专门谈一谈，表明这个问题非常重大：一方面有人对“一大二公”提出质疑，一方面也有人还要坚持，说不定哪一天，一旦条件、气候合适，又刮起了“一大二公”的“共产风”、“平调风”。这都是很难说的事情，所以，这个问题必须在全党面前有个交代，以引起全党的重视。虽然刘少奇强调人民公社发展起来以后，还是要“一大二公”，但这不过是一个美好的愿望，关键是在实践中碰了壁，现在只好不提了。

不提“15年赶超英国”，不提“农业发展纲要四十条”，不提“人民公社一大二公”，在1月25日召开的中央政治局扩大会议上刘少奇的这三个“不提”，反映的是中央决策层在这些重大问题上的转变，以及在实现这些转变上所采取的策略态度。

在这次会议上，刘少奇还谈到毛泽东提倡的城市人民公社问题，不但报告里没有提，连二十一人起草委员会也没有讨论，以后要经过调查再说；他还谈到所谓“左”比右好的问题；谈到关于成绩和错误，报告没有提一个指头与九个指头的问题，等等。这些比较敏感重大的问题，后来刘少奇1月27日在七千人大会上作口头报告时，也都谈到了，有些谈的比政治局扩大会议上稍委婉一些，有些则比政治局扩大会议上还要深刻，如两个“三七开”，刘少奇在政治局扩大会议上没有涉及，但在七千人大会上却展开了。

在中央政治局扩大会议上，刘少奇针对董必武提出的“任务和政策如何统一”的问题，谈了他有关完成粮食征购任务和党的政策的关系的看法。

召开七千人大会的直接起因，是粮食问题。中央的政策是要安排好人民的生活，中央给各地下发了“数额较大”的粮食征购任务，但农民不愿意拿出这么多。如果强调完成任务，就不能执行政策；如果强调政策，就不能完成国家的任务。所以政策和任务在这个事情上有矛盾。刘少奇苦口婆心、语重心长地讲了很长一段话，中心是说800亿斤的征购任务必须完成，政策也必须执行。他强调国家的粮食困难，要好好向农民说清楚，告诉农民，如果拿不出这么多的粮食，城里人没有饭吃，工业搞不好，国防搞不好，反过来也影响农业，农业也搞不好，要使他们顾全大局少吃一点，把粮食卖给国家。当然，国家虽然没有很多的外汇去购买粮食，但也要千方百计地去买一些，来解决粮食问题。总之，这需要高超的工作艺术，要争这个上游。刘少奇还说，过去只争"黑夜当白天"、"苦战几昼夜"，那个上游是容易争的，而争这个上游，却真要有点本事，真要有一点马克思主义，要走群众路线，要实事求是，要对党负责，又要对人民负责。这样地争上游，是应该受奖励的。他还苦涩地说，过去，农民是把粮食交给地主、富农，现在是交给了国家！

1961年，毛泽东在一次中央工作会议上曾沉痛地说，这几年我们掠夺农民比国民党还厉害！①毛泽东的话意在自责，刘少奇的话则更多表达了无奈。看得出来，中央一面为粮食困难忧心如焚，一面又拿不出更好的解决办法，除了向农民征收，和发挥集体经济的力量之外，至于如何调动一切积极因素，如何真正把经济搞活，则很少他想。也是在这次大会上，曾希圣提倡的包产到户却受到了批评。可见，要找到一条适合中国农业生产发展的运行机制，还需要一个相当的认知过程。

在这次政治局扩大会议上，刘少奇还就反对分散主义，加强中央的集中统一讲了不少内容。如果说刘少奇提出放弃"15年赶超英国的口号"、放弃《农业发展纲要四十条》的高指标，不再提倡"一大二公"，具有十分积极的意义的话，那么下面的一些话，则反映了刘少奇，也包括毛泽东、周恩来、邓小平等这一代新中国开创者都存在的局限性。那么刘少奇是怎样说的呢？

前面已反复介绍，七千人大会所要解决的主要问题是分散主义。所谓分散主义的主要问题，就是国家计划外的有很多生产和经济活动，中央指挥调配起来很困难，所以中央强调要加强集中统一，反对分散主义。为了使参加政治

注释

①引自中国科学院会议记录。

局扩大会议的同志明了这个问题，刘少奇举了两个例子。

第一个例子是告诉大家，什么叫全民所有制，强调要把地方的产品纳入国家计划。他说：中央认为，搞社会主义计划经济，地方存在和中央一条心、两条心、半条心的问题，强调要一条心，要做老实人，要把自己的计划纳入国家计划之中。全民所有制，就是财产属于全民，属于整个社会，产品归国家支配……有的同志提出这样的例子：有的县，辛辛苦苦，七弄八弄，弄了一点钱，办了一个工厂，在国家调他的产品时，他说，这是我这个县的，我辛辛苦苦，七弄八弄，办了这样一个工厂，结果是你的，不是我的。恐怕这样的工厂，这样的事情相当多。你七弄八弄，弄出这样一个工厂，是属于全民的，还是属于你这个县的？你七弄八弄，办下一个工厂，有功劳，对全民所有制，对社会主义有贡献，但是财产还是属于全民的。中央要大家统一搞，那叫你们有贡献。你辛辛苦苦搞了，就是你的，就是你这个县的，这样就错了，就犯了错误，对于全民所有制就有所歪曲，有所破坏。

用我们今天的眼光来看，刘少奇所述这种"共产"的方法，肯定会削弱地方同志的积极性，因为干和不干一个样。但当时大家就是这样一个认识水平。

刘少奇还举了一个例子。他说：听说福建有个连江县，那个地方出海带，他拿了一批海带，就跟十几个省建立了关系，有到四川的，有到山西的。一个县可以跟十几个省发生关系。这种情况，几千个县恐怕都有，公社也有，工厂也有。因此，满天飞的人员有几百万。这叫什么商业？中央管不到，你们省里边管到管不到，部里面管到管不到，都管不到。这恐怕是全民所有制的自由市场，现在不要他去搞又不行，让他去搞，他就乱搞，纳入不了计划，这是个问题。是不是把这个东西搞成合法的，纳入国家商业系统，并成立一个商业部都可以。为各工厂服务，解决物资问题。我们全民所有制的经济内部，发生了这种现象。这种现象，有点像南斯拉夫的苗头。南斯拉夫的企业，是可以自己搞供、产、销的，产品不是国家占有的，他可以在国内销，也可以在国外销，原材料他自己找，价格他自己定。我看，在目前这种困难的时候，某些类似南斯拉夫的这些现象，在开始发生时，我们就去注意，恐怕很有必要。如我们现在不整顿这类事情，再发展下去，那就可能出南斯拉夫的修正主义，因为有它的经济基础。

像连江县不要国家一分钱，自己把经济搞活，本来是一件值得大力提倡的事情，顺着这样的思路下去，或许可以从根本上走出经济困难的泥潭，走出一条符合中国情况的经济发展之路。但这是我们在获得了今天这样的视野之后，才看到的。对这一段历史，对这一段历史中的人，却不能如此苛求。所以连江县的做法，受到批评，甚至被冠以修正主义苗头的帽子，也是可以理解的。从这个层面上来说，以反分散主义的方法来解决中国当时面临的巨大经济困难，是有一定道理的。中央把供、产、销的所有权力统统收上来，以“收”对“放”，以“统一”反“分散”。这一收一放，一字之差，确实是实实在在地反映了当时的一种思路，一种如何发展经济的根本大计。“收”紧了，经济死了，又“放”；“放”多了，经济又乱了，再收。这种现象随后又延续了许多年。一直到我们实行社会主义市场经济，才渐渐走出了这种尴尬的局面。

10

变局
——七千人大会始末

最是大节见真知
——刘少奇在大会上的讲话

人民大会堂中容纳万人的大礼堂，就是七千人大会全会的会场。摄影：杜修贤

1962年1月27日，这一天是星期六，天气凛冽，最低气温零下9度，最高气温2度，刮着3—5级的西北风。①人们一走出宾馆、招待所，就觉得寒风扑面。那时候与会者乘坐的汽车，没有暖气，人们穿的是棉袄棉裤而不是现在的羽绒服，但大家的心是热的，尤其是县、厂矿一级的官员，他们跟党革命几十年，大多数都是第一次参加由毛泽东主持的会议，心中多少有些激动与期待。来京已近20天，天天都想亲眼见毛主席一面，今天终于如愿以偿，心里怎能不高兴呢！

七千人大会会场。右起：邓小平、陈云、周恩来、毛泽东、刘少奇、朱德、林彪

注释

①1962年1月27日《人民日报》。

②《邓小平文选》，人民出版社1994年10月版，第1卷，第301页。

③李剑主编《关键会议亲历实录》，中共中央党校出版社1998年3月版，上册，第511页。

他们忘却了寒冷，忘却了忧虑。

对党忠心耿耿，对领袖无限热爱；尽管遭遇了重大挫折，心里有着这样那样的困惑，但他们对社会主义建设事业仍充满热情，对未来充满信心与希望，这就是20世纪60年代的特点。20年后，当邓小平想到这一幕时，还感慨不已。他说："这样的人民，是很好的人民。"②毛泽东在他们心中是明灯、是灯塔，他们不知道社会主义怎么搞，全靠毛泽东指路。

刘少奇和七千人大会与会者握手

天安门广场人民大会堂前，一辆辆大轿车停放在天安门广场，还有数十辆苏式小卧车。路过的北京市民从未见过这么多车，他们驻足观看，不知道发生了什么事情。这一天的《人民日报》同往常一样，没有什么特别的信息，都是一些增产啦、积肥啦，准备春播、夏播的种子啦，还有一些理论文章，报道的外事活动等等。关于七千人大会，则一个字也没有披露。

大会其实自1月11日已经开始，但没有开幕式，会议内容也是学习文件与分组讨论为主。1月27日，是大会第一次召开全体大会。下午2时，大会开始。当毛泽东、刘少奇、周恩来、朱德、陈云、林彪、邓小平等中央领导人出现在主席台上时，大会响起极其热烈的掌声，时间长达15分钟。每个人的心情都很激动。

刘少奇是国家主席、党内第二号人物、未来的党的接班人。1961年，英国的蒙哥马利同毛泽东谈起中共的接班人问题时，毛泽东曾直言不讳地说：是刘少奇。

这天由刘少奇代表中央作报告。

刘少奇用他的湖南乡音向大会宣布，他的书面讲话，已经发给大家，就不在会上宣读了，他准备在报告的基础上再讲几个问题。

这多少使与会者感到意外。几十年后，当时亲历会议的一位广州军区政治部副秘书长回忆：

"刘少奇同志讲话，按照我的经验，准是宣读定了稿的报告，那会发文件的，我做不做记录关系不大。不料刘少奇同志没念稿子，而是阐明报告的精神实质。他的湖南口音，我一时适应不了，终于适应了，才奋笔疾书起来。"③

可见，与会者对此毫无思想准备，手中没有材料，尤其刘少奇讲的很多

刘少奇和陈云、邓小平一起步入七千人大会会场时

注释 ①引自七千人大会记录。

都是书面报告以外的话，又充满感情，回答的都是大家关心的热点问题，所以人们个个全神贯注，生怕漏掉一点内容，全场一片肃静。

刘少奇的口头讲话，是真正的现场发挥，只有十多页的讲话提纲，其他什么也没有拿。

本来，早在14天以前（1月13日）就已决定，刘少奇的书面报告不在大会讲了，由他代表中央对报告稿中涉及的一些问题，另作发挥和说明。大概是一直忙于书面报告的讨论修改工作，顾不上准备口头报告的内容，或者说书面报告不写出来，口头报告也不那么好谈，所以一直到1月25日中央政治局扩大会议讨论通过了书面报告以后，26日下午，毛泽东才在钓鱼台召开中央政治局常委会议讨论刘少奇口头报告的内容，并决定27日下午4时开大会，由刘少奇作口头报告。

27日上午，毛泽东又突然决定，大会从下午2时开始。

刘少奇争分夺秒连夜赶写了讲话提纲，在27日下午大会开始前，刘少奇拿出提纲，送给毛泽东等审阅。据在场的吴冷西回忆：大会在人民大会堂开始前，中央政治局常委都聚在后台休息室（原北京厅），少奇同志把讲话提纲交给毛主席看，毛主席看后就一页一页地传给其他常委看。提纲一共有十几页，因为字写得很大，很快就传看完了。吴冷西没有说毛泽东对提纲的态度。从当时的情景来看，毛泽东没有提出不同的意见，可能一方面这个提纲的调子是昨天常委会定的，另一方面有不同意见也来不及提了，前面等着讲呢！

1月27日，是大会第一次全体大会，由毛泽东主持会议。面对这么多的中共高级官员，又是在这样特殊的情况下，为什么要召开规模如此巨大的一次会议，为什么又采取这样独特的开会方式，毛泽东一句也没有解释，几乎没有开场白，他单刀直入地就说："同志们：扩大的中央工作会议全体大会，今天开幕。请少奇同志报告。"①

刘少奇也没有客套，甩开了

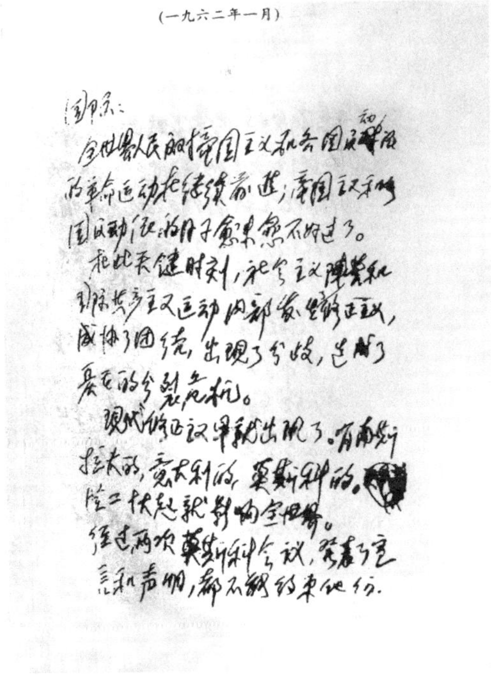

刘少奇在七千人大会上的讲话提纲

湖南腔，便讲了起来。

于是，一篇在中国历史上产生重大影响的《刘少奇在扩大的中央工作会议上的讲话》（通称口头报告）诞生了。

虽然刘少奇只带了一个讲话提纲，这个提纲的内容又是中央常委昨天下午才定下来的，但是，刘少奇的即席讲话，滔滔不绝，一口气就讲了3个小时。由此看来，刘少奇对自己所要讲的内容，已经成竹在胸。

刘少奇按照书面报告顺序，对书面报告涉及的问题，尤其对大会所关心的热点问题，一一进行了补充和说明。

当时困扰人们的问题之一，全国的经济形势到底怎么样？这是一个大问题，因为对形势的判断准确与否，直接关系人们对过去工作的认识，乃至对中央的决策能否认同。所以，刘少奇在口头报告中首先向大会对形势进行了估计，他说：

关于目前的国内形势，实事求是地说，我们在经济方面是有相当大的困难的。我们应该承认这一点。当前的困难表现在：人民吃的粮食不够，副食品不够，肉、油等东西不够；穿的也不够，布太少了；用的也不那么够。就是说，人民的吃、穿、用都不足。为什么不足？这是因为1959年、1960年、1961年这三年，我们的农业不是增产，而是减产了。减产的数量不是很小，而是相当大。工业生产在1961年也减产了，据统计，减产了40%，或者还多一点。1962年的工业生产也难于上升。这就是说，去年和今年的工业生产都是减产的。由于农业生产、工业生产都是减产，所以各方面的需要都感到不够。这种形势，对于许多同志来说，是出乎意料的。两三年以前，我们原来以为，在农业和工业方面，这几年都会有大跃进。在过去几年中，的确有一段时间是

注释

①《邓小平文选》，人民出版社1989年5月版，第2卷，第217页。

②鲁彤、冯来刚《刘少奇在建国后的20年》，辽宁人民出版社2001年2月版，第271页。

大跃进的。可是，现在不仅没有进，反而退了许多，出现了一个大的马鞍形。这种情况是不是应该承认呢？我想，要实事求是，应该承认事实就是这样。

可以看出，刘少奇的讲话对全国糟糕的经济形势没有掩饰，承认出现了一个后退，大的马鞍形，实实在在地给大家透了底。

事实上，来自全国各地、各个层次的官员，表面看来他们只了解本地的情况，对整个中国的情况并不十分了解，其实他们通过各种渠道的交流、了解大体上都有着自己的看法：形势是严峻的。问题是，他们有着自己的看法是一回事，能不能从中央的口中得到实事求是的评估，则是另一回事。刘少奇的讲话没有令大家失望，表明中央不虚伪、不粉饰，而敢于正视现实，敢于向全党承认因为工作失误造成的困难形势。这种实事求是的工作作风感动了全场与会官员，不但没有使他们泄气，反而增强了他们的凝聚力，增强了战胜困难的勇气。

若干年后邓小平回忆说：那一次调整国民经济进行得比较顺利，是什么原因呢？一个重要方面，就是因为“党把困难摆到人民面前，对群众讲清道理”。[①]这个话得到了历史的检验！

困扰人们的问题之二：农业和工业生产都减产，是什么原因造成的呢？这是每一位与会者都在反复追问，中央必须作出回答的又一重要问题。

1961年春，刘少奇曾到湖南家乡调查44天，从那里了解的情况和他从汇报中得到的情况完全是两回事。他从汇报中听到的所谓“万头猪场”，进去一看，只有几十头皮包骨头、无精打采的猪；被誉为先进的“红旗大队”，原来是连年减产。在他的家乡，虚报浮夸、弄虚作假全都存在，人民的生活很困难，不少人饿得浮肿，都给他留下了强烈印象。他极其焦虑地说：“再这样下去，不得了呀！再也不能这样下去了！是该回头总结一下的时候了！”[②]

湖南之行，使刘少奇对“大跃进”的失误有了切身的感受。刘少奇口头报告中说：

这种困难的形势是怎样出现的呢？为什么没有增产，吃、穿、用没有增加，而且减少了呢？原因在哪里？原因不外乎两条：一条是天灾。连续三年的自然灾害，使我们的农业和工业减产了。还有一条，就是从1958年以来，我们工作中的缺点和错误。这两个原因，哪一个是主要的呢？到底天灾是主要原因呢？还是工作中的缺点、错误是主要原因呢，各个地方的情况不一样。应该根据各个地方的具体情况，实事求是地向群众加以说明。有些地方的农业和工业减产，主要的原因是天灾。有些地方，减产的主要原因不是天灾，而是工作中的缺点和错误。去年我回到湖南一个地方去，那里也发生了很大的困难。我问农民：你们的困难是由于什么原因？有没有天灾？他们说：天灾有，但是小，产生困难的原因是“三分天灾，七分人祸”。后来我调查了一下。那地方有几个水塘，我问他们：1960年这个水塘干了没有？他们说：没有干，塘里的水没有干。塘里有水，可见那里天灾的确不是那么严重。就全国总的情况来说，我在书面报告中是这样讲的：我们所以发生相当大的困难，一方面是连续三年的自然灾害的影响，另一方面，在很大的程度上，是由于我们工作上和作风上的缺点和错误所引起的。至于某一个省、某一个地区、县究竟怎么样，你们可以根据情况，讨论一下，实事求是地作出判断。

“三分天灾，七分人祸”的说法，这在当时是比较尖锐的判断，比较有倾向性地指出了出现困难的原因：更多的是“人祸”。1961年5月，刘少奇在小范围的中央工作会议上就曾提出这个观点，这次七千人大会上，他又一次重申了这个观点，可谓一针见血。可以肯定地说，刘少奇这样判断产生困难的原因，是运足了勇气讲的。至今我们不了解刘少奇向大会作口头报告之

注释

①张维兹，当时任福建三明地委书记。他对七千人大会的回忆，见本书附录。

②薄一波说：“在当时‘左’的思想还根深蒂固的情况下，在多数同志对1958年‘大跃进’严重失误的原因还没有根本认识的情况下，少奇同志敢于根据一些群众和一些省市负责干部的反映，提出‘三分天灾，七分人祸’的估计，指出在分析错误和成绩时，不能‘一个指头和九个指头的关系’‘到处这样套’，应该说是难能可贵的。没有大无畏的革命勇气，不可能提出这种实事求是的意见来。”见薄一波《若干重大决策与事件的回顾》，人民出版社1997年12月版，下卷，第1024—1025页。

③参见吴冷西《实事求是的榜样——回忆七千人大会中少奇同志的作风》。1988年11月29日《经济日报》。

④《金凤自述——命运》，人民日报出版社2000年5月版，第256—257页。

前是一种怎样的心情，是否也是心潮起伏、辗转反侧呢？讲什么，不讲什么；怎样讲，讲到什么程度，肯定也是作了不少思想斗争！最近，参加七千人大会的张维兹[①]回忆，在出气会上，讲不讲真话，他是心潮起伏，彻夜难眠啊！张维兹的思想活动，应该说不是个别的现象。所以，薄一波对刘少奇的表现，评价是具有“大无畏的革命勇气”；[②]吴冷西的评价是具有“非常的胆略”。[③]如果不是顶着很大的压力，还需要什么“勇气”和“胆略”！大会上不少人表示：少奇同志的讲话，使人真正心悦诚服。《人民日报》记者金凤说，当时《人民日报》农村部17级以上干部正在“十八所”轮训，人们对产生困难的原因是有争论的，而且分歧很大。安岗回来传达刘少奇在七千人大会上的讲话，当他们听到刘少奇讲“三分天灾，七分人祸”那一句话时，大家出现了“异乎寻常的热烈反应。起先，大家一下子仿佛怔住了，接着，便爆发出经久不息的响亮的掌声。那掌声大约响了有5分钟，不，10分钟吧，连服务员都跑进屋里来了，以为出了什么大事”。[④]可见刘少奇真的说出了人们的心里话。金凤说，把不少共产党员的心拨热了！

需要回答的问题之三，出现巨大困难的原因，有“天灾”，有“人祸”，那么全党上下拼命苦干了几年有没有成绩呢？成绩与错误又是一个什么样的关系呢？同样，这也是人们十分关注同时又有争论的一个热点问题。

在中央说来，如果将成绩讲多了，出现的那么多困难无法解释；成绩讲少了，又担心人们会感到灰溜溜的。在这个问题上，究竟如何把握呢？这对刘少奇来说，也是一个十分棘手的事。只听刘少奇说：

> 我们有困难，有缺点、错误，但是我们还有成绩。那么，成绩和缺点哪样是主要的呢？恐怕各地方的情况也不完全一样。每一个省委、每一个地委、每一个县委，都可以自己进行讨论，都应该根据那里的情况，实事求是地加以判断，加以说明。
>
> 总的来说，从1958年以来，我们的成绩还是主要的，是第一位的。缺点和错误是次要的，是第二位的。……是不是可以三七开，七分成绩，三分缺点和错误。是不是可以这样讲呢？书面报告上是没有这样讲的，那里只说成绩是第一位的，缺点、错误是第二位的。到底是多少，比重怎么样，书面报告上没有作判断。
>
> 过去我们经常把缺点、错误和成绩，比之于一个指头和九个

1961年刘少奇在家乡湖南宁乡做调查研究时的两个场景

指头的关系。现在恐怕不能到处这样套。有一部分地区还可以这样讲。在那些地方虽然也有缺点和错误，可能只是一个指头，而成绩是九个指头。可是，全国总起来讲，缺点和成绩的关系，就不能说是一个指头和九个指头的关系，恐怕是三个指头和七个指头的关系。还有些地区，缺点和错误不止是三个指头。如果说这些地方的缺点和错误只是三个指头，成绩还有七个指头，这是不符合实际情况的，是不能说服人的。我到湖南的一个地方，农民说是“三分天灾，七分人祸”。你不承认，人家就不服。全国有一部分地区可以说缺点和错误是主要的，成绩不是主要的。这个问题，可以由各省委、各地委、各县委，实事求是地讨论一下，作一个初步的判断。第二年还可以再讨论一下，又作出一个判断。第三年、第四年、第五年，还可以再讨论、再判断。

比较明显的是，刘少奇在分析成绩和错误的关系时，没有讲“天灾”和“人祸”问题那么干脆透底，他讲得比较婉转，说1958年以来的成绩是第一位的，缺点和错误是第二位的，显然这不是实事求是的，但在当时的情况下他也只能这样讲。这里既有对社会主义建设道路的认识，也考虑到全党和毛泽东的威信，甚至心理承受程度，所以不论刘少奇还是毛泽东，都强调七千人大会对过去经验的总结只是初步的。

尽管如此，刘少奇在这里又讲了一个“三七开”（七分成绩，三分缺点和错误），这是书面报告上所没有的，也是毛泽东没有讲过的。

更重要的是，他在大会上公开宣布不能再用“一个指头和九个指头的关系”到处那样套。这之前还没有人这样公开宣布过。所以，薄一波评价，这也是一种“大无畏的革命勇气”，是“难能可贵的”。还有，刘少奇在强调就全国来说是七分成绩、三分错误的同时，他又说各地要根据自己的情况进行实事求是的判断，有些地方缺点和错误是主要的，成绩不是主要的。可以想象，按照这一思路判断的结果，必然会使不少地方在总结工作时，一些有识之士或者敢于实事求是的同志作出错误是主要的，成绩是次要的判断。他们尽可以把本地划在“有些地方”之列。从这些情况来看，刘少奇的讲话是极其大胆，又比较实事求是的。这无疑起到了解放人们思想的作用。所以会上不少人反映，少奇同志说出了他们想说又不太敢说的心里话。

当然，在重大挫折面前，人们的认识并不会就此止步，还会不断地

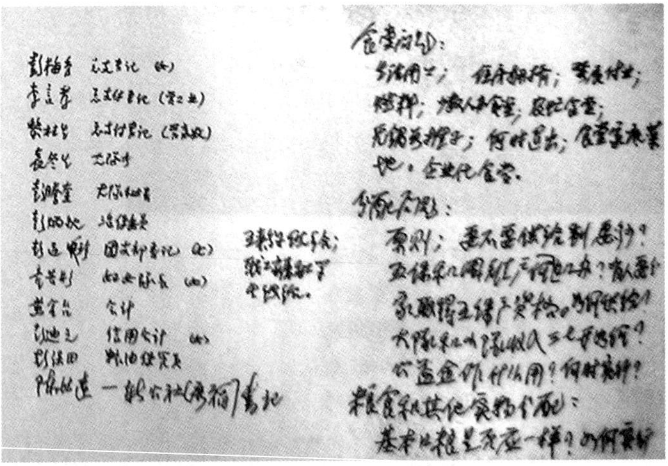

1961年4、5月间刘少奇在湖南长沙、宁乡调查时的笔记

追问下一个问题（需要回答的问题之四）：目前出现的经济困难，既然有“人祸”，那么“人祸”是怎么发生的呢？这个“人祸”的“人”，又是谁呢？刘少奇说：

> 首先要负责任的是中央，……所谓中央负责，包括中央各部门，包括国务院和国务院所属的各部门。

至于这个“人祸”是怎么发生的，为什么会发生这样严重的错误，为什么某些错误拖延相当长的时间还不能改正？刘少奇说：

> 这在书面报告中也有了说明。原因之一，是因为我们在建设工作中的经验还不够。……另一方面，我们不少领导同志又不够谦虚谨慎，有了骄傲自满情绪，违反了实事求是和群众路线的传统作风，在不同程度上削弱了党内生活、国家生活和群众组织生活中的民主集中制原则。……
>
> 为什么这样说？因为我们这几年提出的过高的工农业生产计

注释

①邓小平的讲话记录，1961年9月5日。

划指标和基本建设指标，进行一些不适当的“大办”，要在全国建立许多完整的经济体系，在农村中违反按劳分配、等价交换的原则，刮“共产风”，以及城市人口增加过多等等，发生这些严重错误的根本原因是由于上面确定的任务过高，要求又过急，就使下面感受很大的压力，于是，他们就完全依靠命令办事，进行瞎指挥。

同时，在党内和群众中，又进行了错误的过火的斗争，使群众和干部不敢讲话，不敢讲真话，也不让讲真话。这样，就严重地损害了党的生活、国家生活和群众组织生活中的民主集中制，使上下不能通气，使我们在工作中的许多错误长期不能发现，长期拖延不能改正。

刘少奇的这个表述应该说是中肯的，犯错误的原因，除了经验不够，主要在于盲目地追求高指标，刮“共产风”，再加上党内开展过火的斗争，使人不敢讲话，也不能讲真话等等；犯错误的人，主要是中央。也就是说，他代表中央向大会作了自我批评，承担了责任。这一点也受到了与会者的欢迎。

需要回答的问题之五：在指出一系列具体性的错误之后，其指导思想是不是也错了呢？近年来，人们对“三面红旗”的质疑从来就没有间断过，随着困难形势的出现，质疑的人越来越多，即使在这次大会上，质疑的声音也是各省都有。无疑，这个问题也是不能回避的，必须给以回答。邓小平说：我们什么时候总是要回答这个问题的。[①]

刘少奇在大会上说：

总路线是完全正确的。但几年来在执行中有偏差，主要是更多地注意了多快，注意好省不够。

对大跃进的解释也有一些片面性，比如说，产量每年翻一番……要从一个历史时期来看。

人民公社，一大二公还看不那么清楚，不那么明显……人民公社可以增加积累……将来要实行机械化，这些一大二公的好处，要再过若干年，才能比较明显地表现出来……对于人民公社一大二公的特点，不能只根据现在的情况去断定，而应该看它将来的发展前途……人民公社是有前途的。我们说，人民公社是建设社会主义的旗帜，将来向共产主义过渡，也会采取这种组织形式……现在看来，人民公社还是应该办的，问题是不要一下子全面铺开，不要搞得太急。应该经过典型试验……分期分批地逐步推广……我们办人民公社的主要经验教训，也就在这里。

三面红旗，我们现在都不取消，都继续保持，继续为三面红旗而奋斗。现在，有些问题还看得不那么清楚，但是再经过5年、10年以后，我们再来总结经验，那时候就可以更进一步地作出结论。①

看得出来，刘少奇在回答这个问题时，是在尽力维护“三面红旗”。但比较他在二十一人报告起草委员会上的发言，则可以判断他的内心是比较矛盾的。他在二十一人的会议上曾袒露心扉，认为“三面红旗”比较难说。②应该说，这是一句真心话。从刘少奇在七千人大会的全部讲话来看，他当时的认识基本是这样的：总路线，还好说一些，所以是“完全正确的”；大跃进，带来的是跃退，所以强调“要从一个历史时期来看”；人民公社，从理论上来讲是符合社会主义原则的，从实践来看，造成了农业生产的严重减产，当然，经过调整有所好转，所以“人民公社还是应该办的，问题是……搞得太急”。不难看出，刘少奇在现实中看到了问题，有些是碍于毛泽东的坚持，一定程度上，也有理论上难以解决的困惑，所以当毛泽东坚持“三面红旗”的时候，他便有了上述矛盾态度。

现在不少人强调刘少奇在大会上批评了“三面红旗”，事实上他没有批评。他所强调的“有些问题还看不那么清楚”，从上下文来看，看不清楚的问题主要是指人民公社的“一大二公”，而不是指“三面红旗”。但不排除他对“三面红旗”是有些个人看法的。

注释

①刘少奇在七千人大会上的讲话记录，1962年1月27日。

②刘少奇的原话是：“比较难说的三面红旗问题。”引自二十一人报告起草委员会会议记录，1962年1月20日。

刘少奇的口头报告同书面报告相比，除了上述情况，还对一些相当尖锐和比较重要的问题也作了一些回答，比如，这么严重的错误是什么性质的呢？刘少奇根据中央精神回答："不是路线性质的错误，而是在执行总路线中的问题。"再比如，会上有人提出，彭德怀在庐山会议信上讲的，不正是我们现在要解决的问题吗？刘少奇回答：从那封信的表面来看，信中所说到的一些具体事情不少还是符合事实的，一个政治局委员向中央的主席写一封信，即使信中有些意见是不对的，也并不算犯错误。彭德怀的问题是由于长期以来在党内有一个小集团，同某些外国人在中国搞颠覆活动有关。对这后一个问题的回答，刘少奇不但没有为彭德怀平反，还给他留下一个里通外国的罪名。刘少奇为什么这样讲？恐怕也不是他个人的意见。不过从另一个角度理解，彭德怀对"三面红旗"的意见实际上也就无所谓反党了。

这里还有些内容值得一提，刘少奇在解释分散主义问题时，他针对地方意见很大，认为过去几年的主要矛盾不是分散主义，对分散主义不能到处反的情况，提出哪里有就哪里反，有多少就反多少的原则。实际上，他代表中央接受了地方的意见，这样一来，也就消除了地方同志的顾虑。

刘少奇在口头报告中，还批评了"左"比右好的说法。他说："有的同志说，犯'左'倾错误是方法问题，犯右倾错误是立场问题。我看这种说法，也是不正确的，是错误的。右不比'左'好，'左'也不比右好。……我们在党内的具体斗争中，应该有什么反什么。有什么反什么，就是有'左'就反'左'，有右就反右，既没有'左'，也没有右，就什么也不要反。这就是说，我们要实事求是地进行党内斗争。"

在清理口号问题上，他建议要把几年来中央和各个地方在群众中提过的一些口号，认真地清理一次，对此，毛泽东插话说：中央书记处已经清理了一次，但是还没有清理完毕。《人民日报》、新华社、《红旗》杂志、广播事业局，究竟还说了哪一些对人民不利的话?要清理一下。

刘少奇举例批评了"人有多大胆，地有多大产"的口号，说这一口号是《人民日报》用大字标题发表了的。各省的报纸也发表了，因此对许多地方有影响。这个口号是错误的，应该取消。要向干部、党员和群众说明白。

刘少奇这篇充满激情、生动有力的讲话，于下午5时结束。毛泽东未加任何评论，他讲了讲以后几天的安排，然后说："好，同志们，今天就结束，散会。"

刘少奇的话讲完了，会也散了，但很多同志的心还在激动着，反响非常强烈，认为讲得好。时任中央党校副校长的杨献珍高兴地对人说，刘少奇的报告“把问题讲透了”。[①]

在党的重大失误面前，刘少奇能够顶着很大压力发表一篇勇于面对现实、贯穿实事求是精神的讲话，的确难能可贵。几十年过去了，每当人们谈到刘少奇的历史功绩时，都要提到他的这次讲话。这一刻，也就成了刘少奇人生精彩的瞬间！

刘少奇的人格魅力由此显现。遗憾的是，他此后人生的坎坷也由此埋下了伏笔！

注释

①见1971年1月9日《人民日报》刊登的《哲学战线上的一场严重斗争》。

11

变局
——七千人大会始末

林彪临时决定抛开事先准备的讲话稿

1955年被授予元帅军衔的林彪

1月29日上午，是七千人大会开幕19天以来的第二次全体大会，由林彪讲话。

林彪是中共中央五位副主席之一、中央政治局七大常委之一（1958年5月中共八届五中全会增选）。十大元帅当中，其名次仅次于朱德、彭德怀，排在第三位。林彪还兼任国防部长，负责军队工作。可见林彪在中共党内地位之高，在军内也享有极高的威望。大会上，在座的不少官员都曾是他的属下，今天亲聆老首长讲话，大家自有一种企盼的心情。

然而，人们未必想到，今日的林彪已非昔日驰骋疆场的英明统帅，他已蜕变为不讲原则而工于心计之人。他现在所关心的不是如何尽快使国民经济走出困境，如何总结经验教训，找出社会主义建设的规律，使国家繁荣富强，而是想办法要抓住和利用一切机会，来获得党和国家的最高权力。

从后来搜缴出来的林彪、叶群的"笔记"上看，上述判断并不是我们强加于人，而是有所根据的。这一时期的林彪，对如何迎合毛泽东确实下了很大的工夫。在他的笔记里，凡提到毛泽东时，都用"一号"、"姨毫"、"老东"等字样代替。林彪对自己，也用"一零一"、"老巴"之类的代称。在叶群记录的林彪谈话中曾这样记载："黑格尔说：何谓伟大人物？伟大人物就是公众利益的代表者。一零一说：何谓当代伟大人物？一号利益的代表者（应声虫）。"

注释 ①参见胡哲峰、于化民《毛泽东与林彪》，广西人民出版社1998年11月版，第476页。

如果读者觉得这一则笔记还不能说明问题，那么在另一则笔记中，就可以看到林彪的真面目了，他说：“要把大拥、大顺作为总诀，要仿恩（格斯）之于马（克思），斯（大林）之于列（宁），蒋（介石）之于孙（中山），跟着转，乃大窍门所在。要亦步亦趋，得一人而得天下。”①

林彪也学习理论，也很注意总结历史经验，但他钻研的，是“登龙术”（作者注：林彪自己的话），是如何成为“当代伟大人物”，并且大有收获：即处处要顺着毛泽东讲话，同时说话做事还要处处维护和代表毛泽东的“利益”。至于人民的利益、国家的利益则通通不在考虑之列。

林彪悟到了“真经”。现在，机会来了，林彪的表现果然不凡。

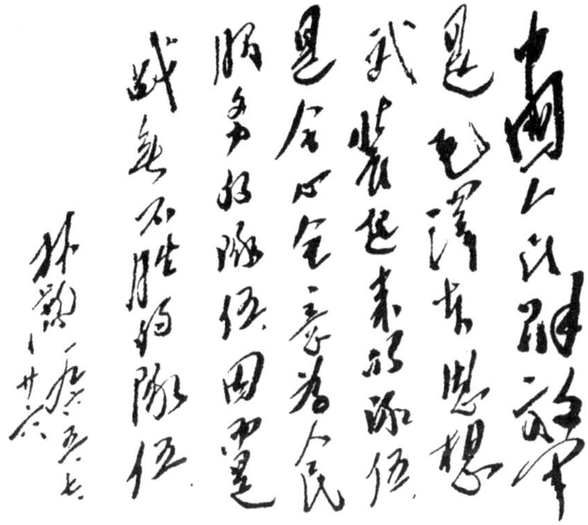

1965年7月26日林彪为邮电部门发行中国人民解放军特种邮票的题词手迹

1月29日，林彪在七千人大会上的讲话是做了充分准备的。当林彪被告知，毛泽东让中央常委都在会上讲一讲时，他就吩咐中央军委办公厅专门组织了一个班子，为他起草讲话稿。

从林彪在大会的表现来看，他并没有积极参与刘少奇书面报告的起草工作。书面报告第一稿出来后，曾在一定范围内征求意见，其中毛泽东、周恩来、邓小平、彭真都提出了自己的修改意见，未见林彪有什么说法。此外中央重新成立的二十一人起草报告委员会，从人员的构成来看，应该有林彪参加，但始终未见林彪的踪影，更谈不上他发表什么意见了。

表面看来，林彪超然于事外，但看他的讲话，却并非如此。人虽然没有参加起草报告委员会会议，但每天都在密切关注着大会的动向，每天通过会议简报及其部下的汇报来了解会议动态，侦察着毛泽东的一举一动。

1月27日，刘少奇在大会讲话。林彪坐在主席台上，倾听着刘少奇那坦诚尖锐的讲话，外表上虽不露声色，内心里正在揣摩自己的应该怎么讲。这些天，大会围绕“三面红旗”，围绕党犯错误的原因，围绕对过去工作的评价，与会者提了很多意见，刘少奇的讲话虽然只字未提毛泽东的错误，但显然对“三面红旗”也没有给予理直气壮的、充分的肯定，他讲的两个“三七开”，更暗含着追究党的责任、毛泽东的责任的意思。林彪知道，“大跃进”运动是毛泽东发动起来的，会上批评的不少错误的决策都是毛泽东提出或支持的，毛泽东的内心深处一定很不好过。这个时候，倘若有人站出来为他说话，一定会得到毛泽东的青睐，或许还会被视为知己。有了这样的考虑，林彪胸有成竹，就知道自己应该讲些什么内容了。于是林彪作出个决定，把写作班子为他准备好的现成的讲话稿也丢在一边，根据他最新的观察、体会，自己“拉条子”，写提纲，在大会上即兴发表讲话。他原来准备的讲话稿是些什么内容，我们不得而知，但从他在大会上的即兴讲话可以看出，林彪要讲的话，确实是无人能够事先为他起草的，因为那完全是一个别有用心的讲话。

林彪在大会上，一共讲了两个问题，一个是党的问题，一个是军事问题。按常规，他并不负责党的工作，这一部分内容应该由邓小平来讲，林彪只需主讲他负责的军事工作就可以了，但他恰恰在党的问题上大做文章，讲了不少很有“创新”的内容，一些提法之“新”，即使在今天看来，也让人为之震惊不已。

首先他对会上议论较多的热点“三面红旗”问题，十分坚决地、充分地予以肯定。他说：

我们党所提出的总路线、大跃进、人民公社这三面红旗，是正确的，是中国革命发展中的创造，人民的创造，党的创造。（林彪在这里有意回避了是毛泽东的创造——引者）……鼓足干劲、力争上游、多快好省地建设社会主义这条总路线，毫无疑问是正确的。我们应该采取这条路线，应该采取这种做法。我们建设社会主义是需要多、需要快、需要好、需要省的，是能够多、能够快、能够好、能够省的。我们需要鼓足干劲，能够鼓足干劲；需要力争上游，能够力争上游。我们不能有相反的做法，不鼓足干劲的做法，不争上游的做法，少慢差费的做法。……总路线本身是一个统一的整体，各个组成部分是缺一不可的，如果我们抓到一个方面，丢掉了其他方面，那就不好了。这几年我们工作中产生的一些缺点，不是总路线本身的问题，而是执行中间的毛病。

关于大跃进，事实证明，我国社会主义建设是可以大跃进、应当大跃进的。所谓大跃进，是从比较来说的。我们不能以一种主观的过高的指标来衡量我们是不是大跃进，而是要根据现实的可能，同我国的历史状况来比，同世界各国的发展状况来比。从这种实事求是的观点来看，即使目前这几年的指标低一点，作为整个历史阶段来看，我们还是大跃进，这一条是无疑的。大跃进是正确的。

人民公社，具有很多优越性。在开始阶段，我们还没有完整的经验，这是很自然的事情。人民公社这种制度，把过去初级化、高级化的优点都集中起来了，同时又增加了新的特点，毫无疑问，这种组织，在今后会越来越显示出它的优越性。它将随着实践的经验更加证明是正确的，是能够使我们的社会主义建设事业更快、更好地发展的。我们的的确确找到了一条建设社会主义的道路，从社会主义向共产主义过渡的道路。

如果有一点实事求是的精神，就不能不正视几年来国民经济遭受的重大挫折与“三面红旗”的关系。比如“总路线”，一直强调“速度”是灵魂，只强调“快”，忽视了好和省。“大跃进”，顾名思义也是强调高速发展，因为中央下达的指标过高，下边就开始浮夸，浮夸上来的数字，又被中央接受，在虚幻的高数字下构造经济计划，反过来又指导地方工作，以致恶性循环，最后导致经济全面崩盘，农业上使人没有饭吃，工业上劳民伤财，明眼人一看就知道，这哪里是“大跃进”，大跃退还差不多。至于“人民公社”，更是出现了很多问题，所以，刘少奇、邓小平等认为，“大跃进”这面旗子不太好讲，“人民公社”的“一大二公”看得还不是那么清楚。因此在他们主持起草的书面报告第一稿中，只说“三面红旗”基本上是正确的，当然也因此受到了一些人的批评。

实际上，就连毛泽东本人，虽然一直没有松口，坚守“三面红旗”

是正确的，但自1961年以来，或者说自出现极端困难的局面以来，他一直没有对“三面红旗”给予比较充分的正面的阐释。从这一点来看，毛泽东多少也显得不那么理直气壮。而林彪抢先亮出了态度，对“三面红旗”给予极高的评价，说它“是中国革命发展中的创造，人民的创造，党的创造”。

林彪在七千人大会上大声地为“三面红旗”辩护，并理直气壮地进行了论述。这样的话，对毛泽东来说，从他人的口里讲出来，自然比他自己说要受用得多，这使他多少产生了一丝患难逢知己的感觉。关键时刻是林彪支持了他，是林彪力排众议，站出来为他讲了话。

林彪接下来，还有惊人之语。他说：

> 两、三年以来，我们国家在某些方面发生了一些困难。这种困难，是多方面造成的。特大的自然灾害，连续的自然灾害，有些地方遭受到毁灭性的自然灾害，这给了我们不可逃避的困难。我们工作上也有一些错误。可是这只是工作上的错误，而不是路线上的错误。

在刘少奇的讲话中，在中央所有同志的讲话中，没有一个人把自然灾害提到像林彪这么不适当的程度，从1959年到1961年确实发生了一些自然灾害，但绝没有林彪讲的什么特大的、毁灭性的自然灾害。竭力夸大自然灾害的程度，也是林彪的一大用心。林彪还说：

> 我们在物质方面，工业生产、农业生产方面，减少了一些收入，可是我们在精神上却得到了很大的收入。我们有失的一方面，也有得的一方面。这种失的方面的作用，暂时还看不清楚，我们应该相信，我们所得到的经验，将要发挥很大很大的作用……就像小学生付学费一样，学出来以后作用就很大了。一个小孩子，从上小学起，一直到上大学毕业，十七八年的时间，他什么也没有生产出来，相反地，净吃、净穿。但是他学了以后，就会起很大的作用。如果没有付出那一点物质和时间，不让他学那

么一下，他就不行。

我们的军队现在不打仗，也经常要打枪、打炮，打了不少的炮弹、子弹，飞机、坦克、兵舰上花了不少的汽油。人就在那里练，而且弄得很疲劳，半夜起来练，练了之后还不是那个人？一点物质都没有增加，相反还消耗了很多物质。付了学费，学到了本事，本事就能够转化为物质，不是转化为原来所消耗的那个相等的物质，而是几倍、几十倍、几百倍增加了的物质。所以，我们要看到，我们付出一点学费是值得的。

“付学费”的说法，虽然不是林彪的发明，却被无限放大到如此极致！一年多来，困难形势压得人喘不过气来，给人一种灰溜溜的感觉，包括毛泽东也承认自己犯了错误，对于全国出现的困难形势，认为有不可推卸的责任，所以他不断地做自我批评，当然他也不断地向党的高级干部们说，因为我们还缺乏经验。今天，林彪居然提出一个连毛泽东也难以启齿的说法——“付学费”，使毛泽东多少增加了些底气。孰知，在“付学费”的名义下，任何主观上的失误，任何决策和工作指导上的错误，就都是不可避免，都是可以原谅，而不必加以追究的了。显然，用“付学费”的说法，是不能正确总结经验教训的，也是对党的工作的不负责任。

在这天的讲话里，林彪还莫名其妙地讲了一些要加强团结的话。他说：

在困难的时候，我们更应该加强党的团结。我想，事情千千万万，项目多得很，而最大的、首要的，是党的团结。

在困难的时候，我们应该更加依靠、更加相信党的领导，中央的领导，毛主席的领导，这样，我们才更容易克服困难。

林彪为什么在这个时候讲这番话，难道有人破坏了党内的团结吗？而且是最首要的问题。肖冬连谈到这个问题时说：“林彪抓住一个‘团结’的题目做文章，这足以使全党缄口，的确，党的团结是党的生命，它甚至比路线斗争更重要。谁怀疑‘三面红旗’，谁怀疑毛泽东的正确领导，就是破坏党的团结，罪莫大矣！……三年前庐山会议上，许多人心中赞同彭德怀的意见，因为怕党分裂，转而支持毛泽东，甚至噙着眼泪劝彭德怀低头。林彪的这一番讲话，没有点任何人的名，语气也比较平和，都是正面阐述。然而林彪惯于拨弄弦外之音，谁敢承担破坏团结的责任，谁不愿跟毛泽东走？”①

除了肖冬连所说，我以为林彪的用意，还在他达到了另一个目的，他实际上是影射攻击了认为毛泽东也有责任的人，攻击了那些没有为毛泽东积极辩护的人，其用心可谓良苦。

接着，林彪开始颠倒是非。会上不少人认为，对党犯错误的责任，毛泽东也是有份的。林彪却说毛主席的思想总是正确的，总是八九不离十的，我们所以犯错误，是因为毛主席的思想受到了“左”的干扰。他说：

> 事实证明，这些困难，在某些方面，在某种程度上，恰恰是由于我们没有照着毛主席的指示、毛主席的警告、毛主席的思想去做。如果听毛主席的话，体会毛主席的精神，那么，弯路会少走得多，今天的困难会要小得多。
>
> 我感觉到，我们同志对待许多问题，实际上经常出现三种思想：一种是毛主席的思想，一种是“左”的思想，一种是右的思想。当时和事后都证明，毛主席的思想总是正确的。可是我们有些同志，不能够很好地体会毛主席的思想，把问题总是向“左”边拉，向“左”边偏，说是执行毛主席的指示，实际上是走了样。
>
> 我个人几十年来体会到，毛主席最突出的优点是实际。他总比较人家实际一些，总是八九不离十的。他总是在实际的周围，围绕着实际，不脱离实际……我深深感觉到，我们的工作搞得好一些的时候，是毛主席的思想能够顺利贯彻的时候，毛主席思想

注释

①肖冬连等《求索中国——文革前十年史》，红旗出版社1999年9月版，下册，第815页。

②逄先知、金冲及《毛泽东传（1949—1976）》下册，中央文献出版社2003年12月版，第1197页。

③《建国以来毛泽东文稿》，中央文献出版社1996年8月版，第10册，第62页。

④同上。

⑤1964年8月30日下午，毛泽东在同李井泉、陶铸、李雪峰、刘澜涛、王任重、谭启龙谈话时说：1959年元月会议，是我提议召开的。我感到2000万吨钢完不成，希望修改一下，可是开了几天会，也不跟我商量。当时我希望陈云在会上讲一讲，他不但没有讲（计划指标太高），反倒做了自我批评。散会了，我一夜睡不着，……关于59年计划，事先毫无准备，富春不讲，由薄一波作报告，头一天说计划可以完成，第二天就垮了，我说你坚持两天，三天也好么。王任重说产量没有那么多，很多人反对你（指王任重。引者注），说你面无人色，干劲不大，我同情你，我也没办法……

不受干扰的时候。如果毛主席的意见受不到尊重，或者受到很大的干扰的时候，事情就要出毛病。我们党几十年来的历史，就是这么一个历史。

按照林彪的说法，“大跃进”和“人民公社化”运动的“左”倾错误，不是全党实践毛泽东盲目跃进的超高速发展战略和空想的社会目标的结果，而是人们从“左”的方面理解贯彻毛泽东的主张和思想的结果。

很明显，林彪是有意在维护毛泽东，再一次打造毛泽东一贯正确的形象，踩着别人的肩膀，一心要往上爬。

前面谈到，林彪应该主要讲军事问题，结果他一开场就先讲了上述这么一大篇，也算他的个人表态吧。

林彪讲话时，是毛泽东主持大会，他当时就对林彪的讲话给予了充分肯定，说：“林彪同志讲了一篇很好的讲话，关于党的路线，关于党的军事方针。我希望把它整理一下。给你一个星期、半个月搞出来。”[②]

这次大会上，其他在大会讲话的人，毛泽东都没有给予评论，唯一称赞的，就是说林彪讲得“很好”。

的确，林彪的讲话，毛泽东是非常满意的。1962年3月20日，毛泽东再一次看了林彪的讲话之后，批示田家英、罗瑞卿：

“此件通看了一遍，是一篇很好、很有分量的文章，看了很高兴。”[③]

当时中央办公厅在下发毛泽东、刘少奇、周恩来、林彪、邓小平在七千人大会上的讲话时，曾有一种意见考虑，林彪主要讲的是军事问题，里面有些机密内容，似不宜下发。毛泽东批示：“此件没有什么特殊秘密，可以和别的同志的讲话一同下发。”[④]谈到林彪的这一讲话，毛泽东还教导罗瑞卿要向林彪学习。

现在看来，林彪的这个讲话，对毛泽东产生的影响是相当负面的。他首先增强了毛泽东继续坚持“三面红旗”的决心，并进一步对持批评态度的同志产生了不满；林彪对“付学费”的理论阐述，影响了毛泽东进一步深刻反省自己的失误，使他更有理由原谅自己，因而把一场可能在决策层面上对中国经济建设的深层检讨，化作了轻飘飘的一句话：因为没有经验，因为这是付学费，而这个学费还是必须要付的；林彪强调毛泽东总是正确的，是下边的和尚念歪了经，使毛泽东本来就有的埋怨下边不能正确理解他的意图，适时调整指标的气更大了，他的这种情绪，在以后的工作中也不断地流露出来。[⑤]

从大会对林彪讲话的反映来看，在中央的高层，如刘少奇、周恩来、邓小平、李富春、薄一波等，心里一定蒙上了一层阴影。当年参加起草刘少奇书面报告的胡绳事后回忆：刘少奇在台上讲，毛泽东不断插话，我就担心毛主席是否能够接受。[①]但是对不明情况的大部分同志却起了相反的作用，他们认为林彪的讲话非常之好。

东北有人说：听林彪的讲话，大家反映是上了一次毛泽东思想的课，特别是对林彪所讲的3年“大跃进”的得失问题，付学费问题和坚决跟毛主席走的问题，大家认为讲得十分深刻透彻，是马列主义的实事求是的分析，很有说服力。可见对其评价之高。

会上还有不少人反映，对林总提出的“跟着毛主席走永远不会犯错误”感受很深。还有人说，林总的报告，是一个根据毛泽东思想，从实际出发，具体地解决各项实际问题的范例。[②]

看到此处说林彪是从实际出发的范例，我很纳闷，闹不懂这个结论是怎么得出来的。恐怕答案只有两个：要么是发言者在那里胡乱表态，要么就是林彪的讲话的确蒙蔽了许多人。

会上还有人说：听了林总的报告，感受很深，使大家更进一步认识到1959年庐山会议反对右倾机会主义斗争的必要性和正确性。这就是林彪讲话的副作用了。这种说法，以当时的情况尚可理解。

在“大跃进”期间被定性为“右倾”的人，心里却有着不同的看法。当时以河南鲁山县县委书记身份出席会议的杨国殿说：林彪讲话是袒护毛主席的，什么交学费了，毛泽东离正确总是八九不离十了，我心里清楚，有很多错误的东西是毛主席提出来的嘛！林彪在那里讲得天花乱坠，不实事求是呀！

听了杨国殿的话，我多少有些意外，他一个县委书记，当时对事物就有这么尖锐的判断？因此，我反复追问这是不是他当时的想法。杨回答：是的，印象很深。接着他告诉我，他在“大跃进”期间曾被当做右倾撤职

注释

①访问胡绳记录，1994年8月4日。

②七千人大会简报。

③2002年5月15日，电话采访杨国殿记录。

④七千人大会简报。

降级，他是落实政策后才官复原职的。[3]哦，原来如此。

再细看大会的材料，确实有一些人对林彪的讲话婉转地表达了不同的意见。有人说：这几年批右的时候，有名有姓，问题明显。但是，这几年主要是“左”的错误，到底是什么人“左”了，是什么思想，都看不到。拿人命做学费是不好的。[4]很显然这是批驳了林彪“付学费”的观点，而且一针见血！

总之，林彪的这番讲话，有些人看出了其用心，更有相当多的人还看不出来，历史表明，林彪起了很负面的作用。他不仅干扰了全党对前几年经验教训的正确总结，实施了错误的导向，而且还进一步加剧了中央领导内部的分歧与裂痕。

林彪的良苦用心没有白费，像毛泽东那么伟大的人，在犯了严重错误的时候，也很难完全正视自己的过失，相反给了别有用心的人以可乘之机。

毫无疑问，此后林彪在毛泽东心中的分量加重了，中共最高权力的天平开始向林彪倾斜。当毛泽东重提阶级斗争，对刘少奇等越来越不信任的时候，林彪更是加快了脚步，在军队中大肆宣传、贯彻毛泽东的一些“左”的错误，并大搞造神运动。

1963年，林彪主持制定的解放军政治工作条例中说：“毛泽东同志是当代伟大的马克思列宁主义者。毛泽东思想是在帝国主义走向崩溃、社会主义走向胜利的时代，在中国革命的具体实践中，在党和人民的集体奋斗中，应用马克思列宁主义的普遍真理，创造性地发展了马克思列宁主义。毛泽东思想是反对帝国主义的强大的思想武器，是反对现代修正主义和教条主义的强大的思想武器。”

1962年1月1日《解放军报》为元旦社论《鼓足干劲，为继续创造四好连队而奋斗》配的照片

这段话，把毛泽东抬到了不适当的高度，在“文化大革

解放军报

1963年4月29日　星期一　第2106号

越南成立刘主席訪問接待委員会

印度尼西亚共产党代表团到北京

中共中央颁布《中国人民解放军政治工作条例》

这个条例鮮明地体现了毛泽东思想，总結了几十年来軍队政治工作的丰富經驗，闡明了軍队政治工作的重大原則，继承和发扬了我軍的优良传統。它是我軍政治工作的法规和行动的准則。

新华社28日讯　中国共产党中央委員会于3月27日颁布《中国人民解放軍政治工作条例》，要全軍遵照执行。这个条例鮮明地体现了毛泽东思想，总結了几十年来軍队政治工作的丰富經驗，闡明了軍队政治工作的重大原則，继承和发扬了人民解放軍的优良传統。它是我軍政治工作的法规和行动的准則。

《中国人民解放軍政治工作条例》包括总則，总政治部工作条例，中国共产党軍队委員会工作条例，政治委員工作条例，軍区政治部工作条例，軍、师政治部工作条例，团政治处工作条例，营政治教导員工作条例，連队政治指导員工作条例，中国共产党連队支部工作条例，中国共产主义青年团連队支部工作条例，連队革命軍人委員会工作条例，舰、艇政治工作条例，飞行大队政治工作条例，省軍区、軍分区政治部工作条例，县（市）人民武装部政治工作条例，学校政治部（处）工作条例，医院政治部（处）工作条例，政治协理員工作条例。

中国人民解放軍建軍之初，党和毛主席就在軍队建立了革命的政治工作。毛主席亲手起草的古田会議决議，为我軍的政治工作奠定了基础，在我軍发展的各个时期都制訂有政治工作条例。这次颁布的条例，就是在中共中央和中央軍委1954年颁布的中国人民解放軍政治工作条例草案的基础上修改而成的。这个条例貫彻了以毛泽东思想为指針，根据近几年党中央和毛主席的有关指示、党的第八次全国代表大会通过的党章、中央軍委扩大会議关于加强軍队政治思想工作的决議，以及我軍政治工作新的經驗，經过各部队广泛討論，在今年2月的全軍政治工作会議上通过，报請中共中央审定并正式颁布的。这个条例，是我軍政治工作經驗的結晶，是一部輝煌的集体創作。

1963年4月29日公布的《中国人民解放军政治工作条例》

命”前，尤其是经历了三年困难时期之后，除了军队，对毛泽东还没有过类似这样高的评价。林彪的这个政治工作条例，送毛泽东审阅了。以往，毛泽东见到不适当的抬高他的词句，常常要勾掉，不过这一次，却放行了。

林彪在竭尽所能奉承迎合毛泽东的同时，1964年5月又率先在军队“创造性”地出版了《毛主席语录》，说毛泽东思想是一切工作的灵魂，是一切工作的动力，要“带着问题学，活学活用，学用结合，急用先学，立竿见影”。一时间，军队里掀起了学习毛主席语录的高潮。一些出于公心的同志，如邓小平、罗荣桓、谭政等，对林彪这种学习毛泽东著作的方法，纷纷提出疑问，包括刘少奇也表示，学习毛主席著作要学习精神实质。但箭已在弦上，形势难以回转了。

如果说这以前，毛泽东认为《毛选》四卷，已经是些历史资料，对在社

注释　①毛泽东同安徽省委负责人的谈话记录，1965年11月15日。

会主义建设时期，未能写出新的带有指导性的理论著作多少有些遗憾的话，林彪的这些动作使毛泽东忘却了遗憾，飘飘然起来，他对林彪给予了支持。

1965年11月15日，毛泽东在蚌埠同安徽省委同志谈话时，找人拿出一本《毛主席语录》给大家看，说，这个本子不错。这本书共有23章，够了，比孔夫子的著作还多，老子的文章也只有5000字，还没有这个本子这么多。马恩列斯文章太长，我主张写短文章。当安徽的同志表示群众很欢迎这本书，最好一个生产队发一本时，毛泽东说，好嘛，向中央办公厅要，提不通，到下次中央工作会议上再提。[①]可见，毛泽东对林彪主持出版的《毛主席语录》是非常欣赏的。

林彪是对毛泽东大搞造神运动的第一人。林彪殚精竭虑地投机钻营，使他一步步地顺利高升，并最终取刘少奇而代之，成为中共的第二号人物。谁说权力不是一把双刃剑呢？也正因为林彪太看重权力，最后他的真面目还是被毛泽东所识破。1971年，林彪乘飞机外逃，随着一声巨响瞬间化为尘

1966年8月12日林彪主持中共八届十一中全会闭幕式，刘少奇排名从第二位下降到第八位，林彪成为毛泽东的接班人

埃。毛泽东看错了人，心里很不是滋味。早在延安、在西柏坡毛泽东就曾告诫丁玲，真正看一个人，要用几十年的时间，当时的丁玲印象不深，后来她挨了整，想起了毛泽东的这句话，才觉得颇有道理！

几十年看一个人，未免太残酷了。但集各种权力于一身的毛泽东，高处不胜寒，看人确实有着相当的难度，把出于公心的人看成是“赫鲁晓夫”，把投机的人看成知己，这样的教训实在是太多。

林彪在七千人大会上的讲话，无疑是增加他在毛泽东心中的砝码，并奠定他以后地位的关键一环！

12

变局
——七千人大会始末

春节，毛泽东“放了一把火”，要开“出气会”

2月3日，周恩来在福建全体与会者会议上，提到了要开“出气会”的事，他说：大家心情舒畅了，才能把少奇同志报告的精神贯彻到实际工作中去，否则省委有省委的想法，地委有地委的想法，县委有县委的想法，各有各的想法，他还说：有些地、县委很担心，是不是会把帽子带回去，又形成一个运动，一股压力。如果这样，这次会议中央提出来的精神就贯彻不下去，达不到目的。主席看到了这一点，所以，大会上主席第一天提议，第二天讲话，四天开“出气会”。

周恩来的这番话，是在向人们解释毛泽东为什么要开“出气会”。那么事情的原委到底是怎么回事呢？

1月27日下午，刘少奇讲话之后，毛泽东随即向大家宣布：大会准备在30日结束，至迟31日结束，从28日到30日，3天的时间，拿出一天到一天半来，由中央的领导同志在大会上讲一讲，其他时间分组讨论。

结果，到29日，林彪讲话之后，毛泽东又提出一个令与会者意想不到的建议，要让会议延长几天，开一个“出气会”。

这个“出气会”一开，就意味着大家不能回家过春节了。

1962年的春节是2月5日。

春节，是中国人一年当中最为看重的节日，是合家团聚的日子。每当这一时刻，人们只要条件允许，无论身在何方都要赶回家过年。尤其在困难年代，一年到头人们很难吃上一次稍好的饭菜，老老少少都在盼望这一天能够全家团聚在一起，热闹一下，放松片刻。但是，毛泽东要开“出气会”，对与会的七千高、中级干部来说，无疑他们就要在北京过一个前所未有的特殊的春节了。毛泽东说：

> 为什么一定要回到你们家里过春节才算舒服？（笑声）我们在北京七千人一道过一个春节不好？（全场热烈鼓掌）我看，春节不关大局，不关什么农业、工业、商业、学、兵、政、党，过也好，不过也好，我主张集体在北京过一个春节，有什么不好啊？（全场热烈鼓掌）

毛泽东的春节观，完全是从工作上考虑的。但是，细心的读者从上面这段会议记录能够注意到，毛泽东的这个提议，不但没有引起与会者的不快，反而受到了热烈欢迎。他这百把字的讲话中，出现一次“笑声”，两次“全场热烈鼓掌”。阅读这些文字，可以感受到当时台上台下的热烈气氛。七千人的身心，此刻都沉浸在大会特殊的气氛中。

那么，毛泽东为什么又突然要延长会议时间呢？毛泽东自己说，是为了让大家出气。出些什么气呢？这个气有多大？这个气为什么非出不可呢？毛泽东为何如此重视出气？他说：

> 现在，要解决的一个中心问题是，有些同志的一些话没有讲出来，觉得不大好讲。这就不那么好了。要让人家讲话，要给人家机会批评自己。你自己不批评自己，也可以，得让人家批评你。最好的办法还是自己来批评自己。有许多地方的同志是做了准备的，而且有的做检讨做了几年了。有好几个省，从1959年就做自我批评，不止一次，两次、三次、四次，而是五次、六次。自我批评的结果，人家就不爱听了，说：请你不要再讲了，老讲那一套。这个时候你就可以不讲了，这才取得了主动。我看是不是在这次会议上就解决这个问题，县、地、省都有同志在这里，不要等回去了再解决。不过这样有个问题：你们都急于回去过春节。这是个矛盾。还有几个同志准备讲话，恩来同志，小平同志，朱德同志。我也想讲几句话。（热烈鼓掌）我们可以一面开小会，一面开大会，每天大会不超过三个钟头。这可能违反大多数同志的意愿。……
>
> 我相信能够解决上下通气的问题。有一个省的办法是：白天出气，晚上看戏，两干一稀，大家满意。（全场活跃，鼓掌）我建议让人家出气。不出气，统一不起来。没有民主，就不可能有集中。因为气都没有出嘛，积极性怎么调动起来？到中央开会，还不敢讲话，回到地方就更不敢讲话了。我们几个常委商量了一下，希望解决出气的问题。有什么气出什么气，有多少气出多少气，不管是正确之气、错误之气，不挂账，不打击、不报复。你骂了我，我整你一下，这是不许可的。要建立民主集中制。讲了几十年马克思主义，我们党内生活的民主集中制没有很好建立起来。民主集中制的思想在有些同志脑筋里

面没有产生，没有民主。①

一如既往的风格，毛泽东的话讲得诙谐生动，大会情绪十分热烈。毛泽东也讲得很明确，是因为地方同志的气还没有出够，上下还没有沟通好，所以为了调动大家的积极性，决定在中央的大会上解决出气的问题。同时，他宣布了出气规则是有什么气出什么气，无论正确或错误，不挂账，不打击、不报复。

毛泽东根据什么认为大家的气还没有出够呢？

一般研究者认为，是在毛泽东讲话之前，接到几封信，表示话还没有说完，还憋着一肚子气。有的地方，如安徽省在分组讨论时，本来讨论得很热烈，结果省委书记曾希圣一到，全场顿时鸦雀无声，非常沉闷。其他的省，也有类似情况。这一现象，引起了毛泽东等的关注，因而作出了开“出气会”的决定 。

这些原因无疑是存在的。但还有一些重要因素，比如，还在大会讨论报告期间，就已经反映出不少与会者，尤其地委、县委书记，对这几年开展的反右倾、拔白旗、整风整社、民主革命补课等运动意见很大。他们认为，这些运动的展开，严重地破坏了党内的民主生活，动不动就给人戴上右倾主义者、死官僚主义者等等的帽子，使不少同志有话不敢说，上下级关系不融洽，下边因此对中央各部及省市委有着相当大的怨气。

如有的地方反映，省委自我批评不够。他们说：省委从来没有做过认真的自我批评，只说“我有责任，我有官僚主义”就过去了。若是下边犯了错误，就会追问动机、目的、思想、立场等，领导同志能这样轻描淡写就完了吗？明明有问题，还以动机好，干劲大自慰，不进行认真检查。意思是省委过去几年推行了不少错误的政策，应该做严肃的、认真的检讨。

客观地说，过去几年的错误，主要责任应由中央来负，是中央追求高速度、高指标，是中央提出的几个大办等，省委是贯彻中央指示的。毛泽东召

注释

①逄先知、金冲及《毛泽东传（1949—1976）》下册，中央文献出版社2003年12月版，第1198—1199页。

开七千人大会的动因之一，就是想向全党精英表明，责任全由省委担起来是不公平的。过去几年主要是中央犯了错误。但有些地、县的同志强调，说假话、刮“五风”、搞特殊化等等，不能算在中央的头上，哪样不是省、市负责同志开的头？

再进一步分析，中央的政策好，对省市可以起到好的指导作用，即使省市一级原来有些偏差，在中央正确方针指导下，也可以得到及时的纠正。相反，省市一级即使原来是正确的，在中央错误方针指导下，也可以走上错误的方向。这是不言而喻的事情。但是，同样是执行中央的政策，有的省就搞得好一些，有的省就差一些，这又怎么解释呢？由此说来，省委一级还是要负相当责任的。又因为，对地县两级，同他们直接打交道的是省委，他们所看到或感受最深的是省委的工作方法、工作作风和工作态度。所以他们的气，首先针对的就是省委。

因此有人提出，对中央各部部长、省委第一书记，应该发动地、县同志提意见，两头挤。

还有人说，这几年中央决议、主席指示不大灵，主要是“中梗”——有些中央部门、省市委不大听话，上情不能下达。如青海、甘肃、山东、河南、安徽都是这样。

在谈到这几年党内的民主生活时，一些人更是牢骚满腹、怨气很多。他们说：这几年来在党内不敢讲真话，“守口如瓶”，“话到口边留半句”，连知心的老战友在一块儿也不说知心话；工作提心吊胆，党内上下级之间，同志之间关系不够正常；思想有疙瘩，心情不舒畅。

有一位发言时还流了泪，对党内生活表现出极大的困惑。他说：我第一天入党就把党当做家了，但这几年有话不敢说，实在叫人留恋抗战时期的那个党。我曾一度怀疑党现在是否变质了，在党的会议上，有些人居然净说些外交场合的话。过去生人变熟人，现在是熟人变生人。党内形成这种状态，究竟是什么原因，直到现在我也不了解。

这些切身感受，都源于各种各样的运动。会上有人说，据中南局统计，中南区在反右派时，党内处理了几万人，反右倾、反瞒产、拔白旗三个运动，共处分了32万人；民主革命补课，河南处分了23万人，湖南处分了2.1万人，至今中南区平反的只有7万人。全部算在一起，被平反的还不足八分之一，可以想象地县两级干部意见之大，心中有气，就不足为怪了。

在讨论中，湖南有人谈到1960年冬和1961年初开展的整风整社运动时说：湖南全省80来个县，有30来个县委第一书记被撤换。没挨整的也被吓坏

1962年1月14日，七千人大会期间，《人民日报》刊出的难得一见的一则广告。百雀羚，首创于1940年的上海香脂类产品，至今人们还能在商店买到这款香脂，甚至它小圆铁盒上的图案也和过去一样。1962年，中国轻工业生产正在努力恢复中。在物质匮乏的1962年，这则百雀羚广告给那个年代增添了一点温润感，一点奢侈感

了，成天提心吊胆，他们说：取了经是唐僧的，闯了祸是孙悟空的。反右倾是整了说老实话的，整风整社是整了坚决执行上级指示的。

由这些牢骚可以看出，在一种错误路线的指导下，说老实话不行，坚决执行上级的指示也不行，下边的干部的确很有难处！

河北有人形象地说：整社是三类队一脚蹬，二类队不敢吭，一类队吓得不轻。下面干部不是兢兢业业，而是战战兢兢。

广东、云南、内蒙古有人说：一搞运动就对干部排队，在干部中震动很大，也很伤感情。几年来，每次搞运动，上面规定的控制比例，实际上起了促进扩大的作用。

更有用对联的形式反映县级干部的处境，说：有一个县委干部在过年时写了一副对联：上联：群众过年欢天喜地。下联：干部过年整换过关。横批：年年如此。

这是一个苦涩的幽默，尽管有点夸张，但表达了县级干部当时的心情和处境。

在这样的情况下，毛泽东和中央常委作出不回家过春节，在北京开“出气会”的决定就不足为怪了，受到与会者的热烈欢迎也就可想而知了。

情况已经清楚地表明，中央不检讨过去几年的错误，中央各部、省、市委不主动检讨自己的工作，地县两级干部的气就很难理顺。气还没有顺，大会就这样散去，难免会像周恩来说的“省委有省委的想法，地委有地委的想法，县委有县委的想法，各有各的想法”，怀着期待而来，带着失望而归，大会就没有达到目的，“中央提出来的精神就贯彻不下去”。所以，毛泽东才有了趁热打铁，再拿出几天时间，给地方干部出出气，让他们把“气”都留在北京，轻轻松松回去的决定。事实表明，这个决定非常及时、英明。

这里还有一个问题必须说明，是不是任凭下边干部给中央各部和省市委提意见，毛泽东的心里就踏实了呢？显然不是。

1月30日下午，毛泽东在大会上讲话，将一些省委书记狂轰滥炸了一番，表示要坚决摸他们的“老虎屁股”。晚上，毛泽东就将各中央局第一书记找到他的住处，讲了一些比他在大会上的讲话温和许多、多少带有一些安抚性质的话。因为，毛泽东心里清楚，很多事情是省委代中央受过。由此，颇可以看出毛泽东的心境以及他高超的领导艺术。

他说：省委要检讨，检讨不在多，态度要老实诚恳，要抓住本质，简明扼要，关键性的东西讲一个小时就够了，讲长了反而有坏处。讲的东西，有

“左”讲“左”，有右讲右，有多少讲多少，即使人家讲的不对，也不要忙于解释。如果你检讨的时候，说你负责，回头又说，你当时不在，这就不诚恳嘛。如果你只有十条错误，人家讲你二十条，你实际上还是只有十条嘛。

毛泽东以罗炳辉为例说：人家告罗炳辉两条，我告诉罗炳辉两条：一条是人家对你有意见就应该听，准备听十年八年，让人家讲够，讲够了他就不讲了；第二条，你自己讲，你讲了，人家就不讲了，或者讲的就少了。总之，不听不讲是不行的。当然不是错的不要承认，对敌人不要承认，对同志也不要承认，也不要为了过关，对自己乱戴帽子。对检讨自己错误的人，不要勉强，检讨不彻底的人也不要勉强，因为检讨总要觉悟到了才行，能检讨多少就检讨多少。过去我们对犯错误的同志，一犯了错误就过不了关，总说是不彻底，没有彻底的。不要怕开除党籍，不要怕当民主人士，只要你对，你就不要怕，我就曾经三次被迫离开过红军，结果还不是回来了。对在会上讲话的人，不管错误和正确，一律不许追究；凡是犯了错误的，只要是能改正的一律要使用。

毛泽东还讲了秦穆公的故事，他说：秦攻郑国，被晋国抄了后路，秦国军队全军覆没。晋国俘虏了3个将军，这3个将军在晋国有私人关系，晋国的人把这3个人放走了。晋王发觉后就派人追，没有追上。3个将军跑回秦国，秦穆公穿着孝衣去迎接他们，并且说打了败仗不怪你们，这是我的责任。秦穆公仍然重用这3位将军。3年以后，秦国攻打晋国，晋国全军覆没。[①]毛泽东用这个例子说明，对打了败仗的人，不能歧视，只要能够认识错误一定要使用，就像秦穆公那样。

毛泽东的这番话，很是耐人寻味，第二天各中央局书记就将毛泽东的讲话传达到省委书记和中央各部部长。这些正坐在火炉上被煎被烤的部长和书记们听了以后，心里有了底。原来毛主席是理解他们的，自然也就心甘情愿地主动承担责任。

什么叫领导艺术？毛泽东的工作方法，叫人不能不服。

七千人大会由此转入第二个高潮，“出气”的高潮……

注释

①访问陶鲁笳记录，1996年5月9日。

13

变局
——七千人大会始末

毛泽东的讲话把大会推向第二个高潮

1月30日下午，是大会第三次全体集中开会，当毛泽东、刘少奇、周恩来、朱德、陈云、林彪、邓小平等出现在主席台时，照例受到与会者的热烈欢迎。

今天由毛泽东讲话。他没有讲话稿，甚至连一个真正的提纲也没有①。他要讲些什么内容，与会者只能在心里猜测并期待着。

从目前掌握的材料来看，毛泽东在大会上讲些什么，没有在中央政治局常委会上专门讨论过，这从刘少奇在七千人大会结束后的讲话可以得到印证。刘少奇讲话的大意是：在各级讨论我那个报告的时候，他们说分散主义不是主要问题，我们说是主要问题，和他们对起来了，在毛主席大会讲话之后，才开始意识到应该加进“加强民主集中制”的内容。所以毛泽东在大会的讲话，是根据

毛泽东在七千人大会上讲话。摄影：吕厚民

注释

①据有的与会者回忆，毛泽东在讲话时，手里拿着提纲，但在毛泽东现存的档案中，却至今没有发现。所以笔者采取一种折中的说法。

②访问赵家梁记录，2002年6月19日。

③《知情者访谈录——话说毛泽东》第345页，2000年2月中央文献出版社出版。

大会的情况以及几年来的深刻体会有感而发的。从这个意义上说来，毛泽东的讲话也是一个口头报告。后来中央下发的他的讲话稿，就是依据记录稿整理的。

当时的情况是，与会者对毛泽东的讲话寄予很大希望。

虽然，刘少奇在1月27日对书面报告的解释和说明，是整个大会的重头戏，受到大会的热烈欢迎，解决人们不少的思想问题。但是，在这个关键时刻，他们更想知道最伟大的领袖毛泽东是怎么想的。在战争年代，每当中国革命遇到困难，或者人们感到困惑、迷茫的时候，毛泽东都能高屋建瓴，及时指明方向，带领全党变被动为主动。他的许多理论名篇如《中国革命战争的战略问题》、《论新阶段》、《论持久战》、《新民主主义论》、《论联合政府》等等，都是这样产生的。如今已成为执政党的中国共产党，在社会主义建设时期遭遇重大挫折，人们有着这样那样的迷茫与困惑的时候，七千多名中共高、中级干部屏声静气地翘首以待，期待他再一次拨开云雾！

1月30日下午的大会，只安排了一个议程，就是毛泽东讲话。大会由毛泽东自己主持，自己讲话。

毛泽东没有开场白，上来就说，要讲几个问题：这次会议的开法；民主集中制；我们应当联合哪一些阶级，改造哪一些阶级；关于认识世界的问题；关于国际形势的看法。

毛泽东的题目一亮出，使不少人感到意外，觉得毛泽东要讲的同他们所期待的不太一样。

有的亲历者回忆，当时觉得毛主席应该多谈一谈过去几年的经验教训，因为死了那么多的人嘛，谈一谈社会主义的经济建设到底应该怎么搞。

还有人说："希望他讲讲我们不敢讲的，讲得比刘少奇再深入、再进一步。"②

邓力群也说："毛泽东的讲话当时听了不过瘾，觉得很一般。"当然他们也谈到，毛泽东讲的民主集中制问题也很重要，确实收到了很好的效果。还是邓力群，他说："但事过几十年后，感觉他的讲话确实是讲得深刻，经得起时间、实践的考验。"③

毛泽东为什么没有在大会发表一篇针对性更强的讲话？为什么没有正面回应与会者所关注和期待的一些热点问题？他是在回避作出具体的判断吗？分析起来，大体有以下原因：

从客观上说，毛泽东对于经济工作，正像他自己在大会上所说，没有经验，对于社会主义建设的认识，还没有进入自由王国。他在会上介绍的一件事，基本反映了这一事实。他说：有一个美国人叫斯诺，1960年我同他谈过一次话。我说：至于社会主义建设，过去没有干过，虽然已经干了11年了，可是还缺乏知识，还缺乏经验，就算开始有了一点，也还不多。“斯诺要我讲讲中国建设的长期计划。我说：‘不晓得。’他说：‘你讲话太谨慎。’我说：‘不是什么谨慎不谨慎，我就是不晓得呀，就是没有经验呀。’同志们，也真是不晓得，我们确实还缺少经验，确实还没有这样一个长期计划。”①缺乏经验，应该是毛泽东讲的真心话。

对于战争的规律、朝代的兴亡交替，毛泽东早在青年时代就表现出浓厚兴趣，以后他在战争第一线摸爬滚打几十年，积累了丰富的战争经验，并注意进行理论总结，摸清了中国革命战争的规律，加上当年党内民主气氛好，言路比较畅通，再加上毛泽东本人也谦虚谨慎，兢兢业业，便带领中国共产党从一个胜利走向另一个胜利。

而社会主义经济建设，对毛泽东来说是一个全新的领域。这个时候的他，与民主革命时期不同，最大的不同是很难深入基层调查研究，更不可能有丰富的实际工作经验，尽管他很强调要把马列主义同中国的具体实际相结合，反对照搬苏联的经验，但结果还是基本按照苏联模式来指导了中国的社会主义建设。他比较关注通过改变生产关系、改变所有制结构来建设社会主义。与苏联有所不同的是，苏联更强调计划经济的精确性，毛泽东则比较强调要注意发挥地方的积极性；苏联更强调专家治厂，毛泽东则比较强调调动群众的积极性。②当群众性的“大跃进”运动出现问题之后，他的第一个反应是向书本求教，向苏联和斯大林的经济教科书求教，却没有意识到首先应当弄清中国社会的基本情况是什么。在向书本求教没有解决问题的情况下，1961年他开始提倡调查研究，到实践中发现并寻找解决问题的答案。尽管如此，他对于中国的社会主义建设到底应该怎么搞仍觉

注释

①《毛泽东文集》，人民出版社1999年6月版，第8卷，第301页。

② 后来，毛泽东又提出以农业为基础，工业为主导的经济建设方针，这也是与苏联不同的一个方面。

不很摸底。他在讲话中强调这次大会总结经验还是初步的，这是什么意思呢？也就是说有些事情还待实践来检验。所以，在大会上，人们期待毛泽东像建国前那样高屋建瓴，讲出一套如何建设社会主义的方案来，的确有些不太现实。

自“大跃进”出现问题以来，毛泽东一直在第一线纠“左”。他将“大跃进”失误的根本原因，归结为中央只有一条“总路线”，而没有一套具体的政策。在一般意义上说来，有了一条“总路线”，的确需要一套具体的政策相配套。问题是，他没有意识到甚至不愿意去想这条“总路线”本身就值得商榷，“总路线”有问题，具体政策又从何谈起？在他领导下，自1960年起，从中央到各部门制定了一系列具体的条例，这些条例的制定，从各地反馈回来的信息看，确实发挥了作用，不少问题都在解决中。对此，毛泽东可能感觉也没有太多的话好讲了，就按刘少奇的报告去做就行了。他一贯的高屋建瓴，一贯的大气磅礴，一贯的一针见血，未能重现在七千人大会上，也就比较容易理解了。

对于当时形势的看法，对于过去几年工作的认识，毛泽东和刘少奇显然也有不太一致的地方。况且刘少奇刚刚在大会讲过，他不便又讲，也不太好讲。在一个大会上出现两个主席的不同声音，这毕竟更容易引起大家的思想混乱。

那么毛泽东的讲话是不是就没有什么分量呢？他所谈到的是不是属于当时的重大问题？又该不该在大会上讲呢？客观地说，以毛泽东的敏锐，他还是抓到了当时急需解决的重大问题，以他的身份和理论素养不仅解决了党内的一些思想问题，并把会议推向第二个高潮。所以尽管当时不少人觉得听着不过瘾，但不能否认他的讲话还是很有意义的，对于团结全党，解放思想，调整经济发挥了很大作用，也是建国以来，毛泽东为数不多的比较有分量的一篇讲话。

比如，关于民主集中制问题，便是当时急需解决的一个大问题。

“大跃进”运动期间，民主集中制受到严重损害，各级党委的一些领导人听不得不同意见，自以为是，主观主义泛滥成灾，动不动就给人扣上右倾的帽子，拔人家的“白旗”，使人不能讲话，也不敢讲真话，所以命令风、瞎指挥风、浮夸风等“五风”盛行，成为“大跃进”和人民公社化运动“左”倾错误产生和发展的重要原因之一，也是“左”倾错误难以纠正的重要原因之一。尤其在纠正这些错误期间，有些领导同志不愿做自我批评，更不允许他人提意见，就是在这次大会上，不让人讲话的专断作风在有些部门依然存在。而那些受过委屈的同志则心中不快，这必将影响上下级之间、同志之间的团结，影响党的战斗力，毛泽东因此提出延长会期，开“出气会”，今天，他又就这个问题从坚持民主集中制原则的高度开始了他的讲话。他说：

看起来，我们有些同志，对于马克思、列宁所说的民主集中制，还不理解。有些同志已经是老革命了，“三八式”的，或者别的什么式的，总之已经做了几十年的共产党员，但是他们还不懂得这个问题。他们怕群众，怕群众讲话，怕群众批评。哪有马克思列宁主义者怕群众的道理呢？有了错误，自己不讲，又怕群众讲。越怕，就越有鬼。

我们现在不是有许多困难吗？……如果不向群众和干部说明情况，不向群众和干部交心，不让他们说出自己的意见，他们还对你感到害怕，不敢讲话，就不可能发动他们的积极性……克服困难，没有民主也不行，没有集中更不行。但是，没有民主就没有集中，所以，没有民主，不能克服困难。现在不是强调集中吗？强调集中，首先要建立在民主基础上。

党委的领导，是集体领导，不是第一书记个人独断。在党委会内部只应当实行民主集中制。第一书记同其他书记和委员之间的关系是少数服从多数……听说现在有一些省委、地委、县委，有这样的情况：一切事情，第一书记一个人说了就算数。这是很错误的……凡是个人说了算的第一书记，就是一人称霸，就叫“霸王”，不是民主集中制的“班长”。

毛泽东举例说，从前有个项羽，叫做西楚霸王，他就不爱听别人的不同意见。在同刘邦争夺天下时，最后垮台了。他强调，我们这些同志如果不改，最后也是要垮台的，难免有一天像项羽一样，“别姬”就是了。他针对有人不能批评的情况说：“你老虎屁股真是摸不得吗？偏要摸！”

毛泽东还语重心长地说，有了错误，一定要做自我批评，要让人家讲话，让人批评。对于工作中的缺点错误，就要担起责任。不负责任，怕负责任，不许人讲话，老虎屁股摸不得，凡是采取这种态度的人，10个就有10个要失败。人家总是要讲的。

在申明利害关系的同时，毛泽东还从巩固政权的高度来阐明坚持民主集中制的重要性。他说：

> 没有广泛的人民民主，无产阶级专政不能巩固，政权会不稳。
>
> 没有高度的民主，不可能有高度的集中，而没有高度的集中，就不可能建立社会主义经济。

刘少奇的讲话比较侧重强调反对分散主义，加强集中统一；毛泽东在这里强调要让人讲话，要通过发扬民主来实现集中，所以他们两人的讲话起到了相辅相成的作用。假若不是从健全民主集中制开始，调整国民经济、纠正“左”倾错误也就缺乏起码的基础。由此可见毛泽东抓住民主集中制问题专门来讲，是有的放矢，非常重要的。

毛泽东在讲话中，还强调要认识社会主义的客观规律，认识社会主义的长期性和艰巨性，这对扭转人们对社会主义的盲目性，也起到一定的积极作用；同时为全党对社会主义进行再认识提供了理论依据。

在毛泽东的一生中，想把中国建设成为一个能够自立于世界民族之林的强大国家的决心是一以贯之的。

少年毛泽东，曾辍学在家，就是因为看到中国“其将亡矣”，才重新回到的学校，青年毛泽东，现存的每一封信件，每一篇作文，都充满着忧国忧民、修学储能准备拯救祖国于水火，变中国为富强的激情。也是一种极大的使命感和责任感，使他走上了革命道路。这中间，无论遇到什么艰难曲折，他从未后悔。出生入死几十年，他终于如愿以偿，夺取了中国革命的胜利。

中国革命的胜利，给了他大展宏图、实现心中理想的舞台。1949年10月，新中国成立后，仅用3年时间便使千疮百孔的国民经济迅速恢复。从1953年起，中国开始实施第一个5年计划，并进展顺利。要用多长时间中国才可以追上或超过世界上最强大的资本主义国家？毛泽东不断地思考、预测着这一目标的实现。开始，他比较冷静。从1954年到1955年3月，他提出大约需要50年的时间，[1]不久又提出大约需要50年到75年。[2]1956年9月，他将时间表又延长一些，说要50年至100年的时光。[3]1957年11月，受国内外政治经济各种复杂因素的影响，他开始提出用15年左右，在钢铁和主要工业产品的产量方面赶上英国。到1958年，一种急于摆脱中国贫穷落后面貌、迅速实现现代化的心情越来越迫切，将不久前还一直在讲15年或更多一点的时间赶上英国的时间表，变成“10年或稍多一点时间”，又增加了一个“20年或稍多一点时间赶上美国”。赶超英美的时间表不断被提前。不久，更提出用7年、8年的时间赶超英国的口号，头脑最热的时候，竟说只要2—3年。但事实并没有按照毛泽东的愿望出现。“大跃进”的曲折，使毛泽东冷静下来，他开始感到经济建设并不像原来想象的那样容易，同战争一样，有着自身的发展规律，而这个规律又十分复杂，弄不好照样跌跤子，照样死人。使毛泽东不安的是，过去几年他忽视了这一点。

由此，毛泽东变得谨慎起来。他开始重新审视社会主义建设的问题，是不是可以分为两个阶段，“第一阶段是不发达的社会主义，第二阶段是比较发达的社会主义”。[4]应该说，毛泽东的这个思路，已经触到中国社会的实际，遗憾的是，他没有继续思考下去，比如什么是不发达的社会主义阶段，什么是比较发达的社会主义阶段，两个阶段各自有哪些特点以及如何过渡，等等，当然也就没有将此思考付诸实践。不过他有一个重要的收获，即认识到社会主义建设的复杂性、长期性和艰巨性。1961年9月，他同英国的蒙哥马利说：“至于建设强大的社会主义经济，在中国，50年不行，会要100年，或者更多的时间。”[5]50年甚至100年的判断又回来了。

基于这样一种思想转折，毛泽东在七千人大会上，向中共各级官员说：

> 对于社会主义建设，我们还缺乏经验。……
> 在社会主义建设上，我们还有很大的盲目性。社会主义经

注释

① 《毛泽东文集》第6卷，第329、390页。
② 《毛泽东选集》第5卷，人民出版社1977年版，第216页。
③ 毛泽东接见南斯拉夫共产主义者联盟代表团的谈话记录。
④ 《毛泽东文集》第8卷，第116页。
⑤ 《毛泽东文集》第8卷，第301页。

济，对于我们来说，还有许多未被认识的必然王国……

所谓必然，就是客观存在的规律性，在没有认识它以前，我们的行动总是不自觉的，带着盲目性的。这时候我们是一些蠢人。最近几年我们不是干过许多蠢事吗？

我讲我们中国共产党人在民主革命时期艰难地但是成功地认识中国革命规律这一段历史情况的目的，是想引导同志们理解这样一件事：对于建设社会主义的规律的认识，必须有一个过程。必须从实践出发，从没有经验到有经验，从有较少的经验，到有较多的经验，从建设社会主义这个未被认识的必然王国，到逐步地克服盲目性、认识客观规律，从而获得自由，在认识上出现一个飞跃，到达自由王国。

毛泽东强调：

要使中国强大起来，将是一个长期的任务，性急是解决不了问题的。

中国的人口多，底子薄，经济落后，要使生产力很大地发展起来，要赶上和超过世界最先进的资本主义国家，没有一百多年的时间，我看是不行的。

这是毛泽东从挫折中总结出来的重要经验。

他的这个经验总结，表明他开始放弃短期内超英赶美的战略设想。1958年，他面对中国的贫穷落后，曾充满豪气地放言，一穷二白，可写最新最美的图画。如今的他已经不再那么认为了，开始认识到中国的贫穷落后，是一个不利因素，赶上先进的资本主义国家需要很长的时间。毛泽东的这一观点，在七千人大会上表达出来，对全党认识和探索社会主义经济发展的客观规律有着很好的指导意义。

"大跃进"遭遇重大挫折，毛泽东是很内疚的。每当他到地方视察工作，看到地方同志做自我批评时，心中多少有些不安，所以他多次进行自我批评。

1959年初，他在第二次郑州会议上开始承认对于搞经济建设还是小孩子，从1958年9月起，有一个很大的冒进主义错误，他表示要为错误承担责任。[①]

1959年6月12日，他在中央政治局扩大会议上说："看来，我第一次抓工业，像我1927年搞秋收起义时那样，第一仗打了败仗。"[②]

1959年7月，毛泽东在庐山会议上对杨尚昆说："去年犯了错误，每个人都有责任，首先是我。"[③]

1960年6月18日，毛泽东说："我本人也有过许多错误，有些是和当事人一同犯了的。"[④]

1961年6月12日，毛泽东在中央工作会议上再一次做了自我批评。并要求传达到各省、各地方去。

1961年11月，毛泽东提出召开七千人大会的目的之一，就是要向全党交代，过去几年中央犯了错误。他说：几年来中央在工作上犯了什么错误，要讲。这几年各省只讲自己错，不讲中央错，这不符合事实，要用这次大会讲清楚。[⑤]表示要承担责任。

就是怀着这样一种心情，毛泽东在大会上说：

> 同志们，我们是干革命的，如果真正犯了错误，这种错误是不利于党的事业，不利于人民的事业的，就应当征求人民群众和同志们的意见，并且自己做检讨。
>
> 去年6月12日，在中央北京工作会议的最后一天，我讲了自己的缺点和错误。我说，请同志们传达到各省、各地方去。事后知道，许多地方没有传达。似乎我的错误就可以隐瞒，而且应当隐瞒。同志们，不能隐瞒。凡是中央犯的错误，直接的归我负责，间接的我也有份，因为我是中央主席。我不是要别人推卸责任，

注释

①参见刘武生《中共党史资料》，1993年第4期；逄先知、金冲及《毛泽东传（1949—1976）》上册，中央文献出版社2003年12月版，第917页。

②见吴冷西《忆毛主席》，新华出版社1995年版，第135页。

③《杨尚昆日记》上册，中央文献出版社2000年9月版，第412页。

④参见《毛泽东文集》第8卷，第197页。

⑤中央书记处会议记录，1961年11月13日。

⑥见薄一波《若干重大决策与事件的回顾》下卷，中共中央党校出版社1991年版，第1030—1031页。

⑦肖冬连等著《求索中国——"文革"前十年史》下册，红旗出版社1999年版，第822页。

其他一些同志也有责任，但第一个负责的应当是我。

我们这几年工作中的缺点、错误，第一笔账首先是中央负责，中央又是我首先负责。

关于“大跃进”以来所犯错误的责任，是当时全党关注的重点问题之一。不少地方干部嘴上不说，心里明白，这几年的错误绝不是一地一县一省的问题，而是带有全局性的错误。既然是全局性的错误，那么问题就在中央，主要是中央犯了错误。所以刘少奇代表中央做检讨，毛泽东主动承担责任，则显得十分必要。不仅如此，毛泽东还坦率地向全党承认，他不懂经济，他不如其他的同志。他说：

拿我来说，经济建设工作中间的许多问题，还不懂得。工业、商业，我就不大懂。别人比我懂，少奇同志比我懂，恩来同志比我懂，小平同志比我懂。陈云同志，特别是他，懂得较多……对于农业，我懂得一点。但是也只是比较地懂得，还是懂得不多……我注意得较多的是制度方面的问题，生产关系方面的问题，至于生产力方面，我的知识很少。⑥

毛泽东的自我批评，在会上引起震动。当时会上有这样的评价：“毛主席绝对正确，有些事办错了，也是歪嘴和尚念错经，是下面的错。”福建有人当场表示，“听了主席的讲话，只有一条意见，就是他老人家不该做检讨，我们把工作做坏了，为什么叫他老人家检讨呢？”说到这里，流了眼泪。会上的很多同志也感动得流下眼泪。还有一些地委书记、县委书记激动地说：“主席都检讨了，我们还有什么说的？”⑦

我想这些反应都是真实的。2002年我们在采访杜润生同志时，他告诉我们，为什么人们会这样想，因为“毛主席提倡大跃进，后来居上，有道理，毛本人没有提倡搞浮夸。那时候要力争上游，形成了大家的共识”。这是当时大多数人的思想认识，毛泽东的检讨确实收到很好的效果。

毛泽东讲话后，大会出现了从中央主席到中央各部门负责人，到各中央局书记、省、地、县委书记纷纷检讨，开展批评与自我批评的热烈场面，人人进行自我批评，人人承担责任，这对解除全党的疑虑，增强党的凝聚力起了重要作用。由批评（出气）到自我批评，毛泽东成功地把握了这一转折，从而使七千人大会实现了克服歧见、上下同心的既定目标。

“大跃进”遭遇重大挫折的另一个教训，是党内斗争过火。对此，毛泽东没有在讲话中明确指出，但他提出的一些要求和措施，则有着明显纠正前段过“左”倾向的意思。

他提出“要团结全党，全体人民”，怎样才能做到这一点呢？他强调：一是发扬民主，让人讲话，“只要不是违反纪律的，只要不是搞秘密集团活动的，我们都允许他讲话，而且讲错了也不要处罚。讲错了话可以批评，但是要用道理说服人家。说而不服怎么办，让他保留意见”。二是“不要给人乱戴帽子”，对1958年以来反右倾运动中处理错误的干部“不论是全部处理错了的，或者是部分处理错了的，都应当按照具体情况，加以甄别和平反”。三是不要轻易捕人，尤其不要轻易杀人。凡是可捕可不捕的，可杀可不杀的，都要坚决不捕、不杀。四是“对于犯了错误的人，对于那些不让人讲话的人，要采取善意帮助的态度”。他还说：“让人讲话，天不会塌下来，自己也不会垮台。不让人讲话呢？那就难免有一天要垮台。”基于这样一种认识，毛泽东在七千人大会采取不抓辫子、不打棍子、不扣帽子的“三不”政策。

毛泽东表示出一种宽松活泼的政治取向。“许多同志听了毛主席的讲话，兴奋得睡不着觉”。“朝阳市委第一书记反映：安徽有几个地委书记，在1月30日听了主席的讲话后，都哭了。告诉他说：关于包产到户，死人等问题，安徽省委让他们检讨，他们不愿意”。[①]现在政治气氛好了，他们的压力减轻了。

毛泽东在政治上营造的民主气氛，很快就有了重大收获。无论是在七千人大会上，还是在大会之后，从中央到地方、到各个领域，全国上下出现一个思想解放，积极探索如何建设社会主义的新局面，并取得不少重要成果（后面将要论及）。遗憾的是，毛泽东的这一方向未能坚持下来，七千人大会开创的良好局面只有不长的一段时间。

毛泽东在七千人大会的讲话，发挥了重要作用，这是很难否认的，但也留给我们许多思考，这里也应指出。

注释

①引自七千人大会简报。

比如，他在大会上强调要坚持民主集中制，可是批评的对象却是地方同志，忽略了自身存在的问题，相反，还以为自己做得很好。他在讲话中说："拿中央常委或者政治局来说，常常有这样的事情，我讲的话，不管是对的还是不对的，只要大家不赞成，我就得服从他们的意见，因为他们是多数。"

这也是毛泽东的悲剧所在。"大跃进"期间，党内民主生活不正常的问题，恰恰首先来自毛泽东本身。1958年南宁会议和成都会议反"反冒进"，是中央领导层民主生活不正常的开始；1959年庐山会议反右倾，使中央领导层民主生活受到更加严重的损害，这是民主集中制不能在党内真正贯彻的关键之点，也是国民经济出现严重困境的重要原因。但毛泽东自己并不这样认为。他关于民主集中制问题在七千人大会上的讲话因此不能不大打折扣。事后的情况表明，因不能贯彻党的集体领导原则和民主集中制，使毛泽东变得越发专断，凡是那些不符合自己思想路线的意见，几乎都被定性为修正主义，受到批判和打击，最后使中国误入"文化大革命"的大歧途！可见实行民主集中制，尤其在党内建立能够进行批评第一书记的监督机制是多么重要！一定意义上说，如何完善民主集中制原则，也是如今如何改善党的领导的一项艰巨任务。在毛泽东这一代领导人，并没有能够很好地解决这个问题。

再如，毛泽东把过去几年的经验教训归结为缺乏经验。缺乏经验，这是一个重要原因，但不是全部原因。真正的最主要的原因是党在胜利面前滋长了骄傲自满情绪、急于求成，违反了实事求是和群众路线的传统作风，党内缺乏民主、不让人讲话。如果把"大跃进"的失败仅仅归结在缺乏经验的层面上，必然忽视党内存在的脱离实际、脱离群众的主观主义，高高在上的官僚主义，甚至一意孤行的"左"倾错误。中国后来的"文革"走向，恰恰是更加严重地继续推行"左"倾错误的必然结果。

毛泽东做了自我批评，但显然又有所保留。关于出现错误的深层原因，"三面红旗"是否能够站得住等等，受主客观条件的影响，他未能进行全面认真的反思，以致限制了他的眼界，阻碍了他对中国社会主义的深入探索，也使全党在建设社会主义问题上走了弯路。还有，他只是笼统地说，他要负责任，具体地说他要负哪些责任，到底犯了哪些错误，则没有详述。总的来看，给人的印象是，毛泽东未能彻底放下包袱，在个人得失方面想得多了一些。当然他也有牢骚，为什么第一线的领导同志没有海瑞精神，勇敢地向他提出不同意见？从另一个层面上说，毛泽东希望有海瑞式人物出现的本身，就把自己放到了一个不适当的位置，但毛泽东并没有意识到这一点。事后看来，这些都影响了他和第一线领导同志的合作和团结。此外，毛泽东强调了建设社会主义的长期性，但半年之后又说是在讲阶级

毛泽东与刘少奇、周恩来、邓小平、陈云、彭真在七千人大会上。摄影：吕厚民

斗争的长期性。这样一来，使全党对社会主义建设进行再认识的正确思路被打断了，什么是社会主义、应该怎样建设社会主义的深入探索，也因此停顿了。

今天来看毛泽东的报告，给人的感觉是，毛泽东提出的一些问题立意都很好，又显然都不到位。历史的一次机遇再次与中国擦肩而过，令人扼腕叹息！

毛泽东的这个口头报告，于1962年4月经过整理后同其他领导人的讲话一同下发各省、市、自治区党委，中央各部委学习贯彻。1966年2月，即“文化大革命”的前夕，党内有同志提出毛泽东的这篇讲话很好，建议印发

注释

①只有一个地方提到了阶级斗争，但是这样讲的：“对于政治、军事，对于阶级斗争，我们有一套经验，有一套方针、政策和办法；至于社会主义建设，过去没有干过，还没有经验。”

党内领导干部阅读，毛泽东表示同意。他因此请彭真、陈伯达、王任重等帮助再修改一下。这样，这篇讲话就有了两个版本。

1966年的毛泽东，同1962年初相比，思想发生了很大变化。1966年的他，强调以阶级斗争为纲，已严重“左”倾，所以1966年的版本增加了一些当时认为正确，现在看来很“左”的东西，并删掉一些很好的内容。现在人们所看到的，是1966年的版本，因此对学者研究把握毛泽东七千人大会当时的思想状态，造成一定的困难，这里拟将两个版本做一简单的比对。

总的来看，1966年的文本对1962年的文本比较重要的修改大体有三处：

（一）毛泽东在七千人大会上的讲话，基调比较温和，主要内容讲的是民主集中制问题，目的是纠正过去几年党内存在的压制民主的专断作风，意在党内造成一种“又有集中又有民主，又有纪律又有自由，又有统一意志又有个人心情舒畅、生动活泼，那样一种政治局面”。这里有一个小细节，毛泽东在讲话时，曾强调要团结全体人民的百分之九十几，对苏联搞全民党提出批评，但他在1962年3月整理讲话稿时，又将团结全体人民的百分之九十几，改为要“团结全党，全体人民”。可见毛泽东当时并不十分强调阶级斗争问题，他的通篇讲话几乎没有提到“阶级斗争”四个字[①]，所强调的是对反动阶级的残余进行斗争。1966年的文本却加进了这样一段话：

> 已经被推翻的反动阶级，还企图复辟。在社会主义社会，还会产生新的资产阶级分子。整个社会主义阶段，存在着阶级和阶级斗争。这种阶级斗争是长期的、复杂的，有时甚至是很激烈的。

这段话是1962年9月28日中共八届十中全会公报中提出的，话虽然不多，却严重夸大了社会主义社会在一定范围内存在的阶级斗争，更标志着毛泽东的指导思想开始以阶级斗争为纲，并成为他后来发动“文革”的理论基础。将1962年9月的认识，放到1962年初七千人大会上的讲话中来，显然给我们今天梳理毛泽东的思想轨迹制造了混乱，在此有着澄清的必要。

（二）在反修问题上，毛泽东在七千人大会上讲话的基调同样比较温和。类似“苏联的党和国家的领导现在被修正主义者篡夺了”；“苏联被修正主义者统治了”；“苏联的修正主义者，我们应当看做反面教员，从他们那里吸取教训”等等，都是1966年文本加上的。毛泽东1962年3月整理的讲话原文是：

> 我劝同志们坚决相信，苏联是一个好国家，苏联共产党是一个

好党。无论什么时候，现在，将来，我们这一辈子，我们的子孙，都要向苏联学习，学习他们的经验。不学习苏联，要犯错误。人们会问：苏联不是也有犯错误的人，也有坏人吗？我们还学他？我们不是学习苏联的坏人坏事，而是要学习苏联的好人好事，要学习苏联工人、农民以及马克思列宁主义的知识分子的好经验。

我们永远要坚持团结的原则，我们始终主张社会主义国家和世界共产主义运动一定要巩固地团结起来。

可以看出，毛泽东在尽量淡化提修正主义的问题。他在整理讲话稿时，将在大会上讲的“修正主义者那么坏”一句，改为“苏联不是也有犯错误的人，也有坏人吗”，同时还删掉两处“修正主义”的字样，加上“苏联共产党是一个好党”一句。邓小平2月6日的讲话，也证明了当时毛泽东在反修问题上并不是十分激烈的。邓小平说：“少奇同志的报告和毛主席的讲话都讲到，在国际关系上，在处理反对修正主义这些问题上，都要十分慎重。而在国际方面能否尽到自己应尽的责任，归根到底，首先决定于能否把我们国内的工作搞好。”正如有的研究者所说，如果毛泽东在大会上强调苏联党和国家的领导权被修正主义者篡夺了，那么，当时的中共中央联络部部长王稼祥还在向中央提出包括缓和中苏两党关系在内的一系列建议就很难理解。[1]我想这个说法是有道理的。

（三）1966年文本删掉了毛泽东原本比较实在中肯的话。讲话中“拿我来说，经济建设工作中间的许多问题，还不懂得。工业、商业，我就不大懂”后边，还有一段说“别人比我懂，少奇同志比我懂，恩来同志比我懂，小平同志比我懂。陈云同志，特别是他，懂得较多。他的方法是调查研究，不调查清楚他就不讲话”。这段令人感动、诚恳、激励第一线领导同志的话语，1966年的文本删掉了。

另外，一些研究者为了说明早在七千人大会时，毛泽东就已将刘少奇看做赫鲁晓夫式的人物，经常引用毛泽东1967年2月同阿尔巴尼亚代表团团长巴卢库

注释

①杨奎松《毛泽东与莫斯科的恩恩怨怨》，江西人民出版社2000年9月版，第480页。

讲的一段话："七千人大会的时候，已经看出问题来了，修正主义要推翻我们。"

其实，这段话并不是毛泽东同巴卢库谈话的原话，毛泽东同巴卢库谈话的原文是："1962年1月，我们召开了七千人的县委书记以上干部大会，那个时候我讲了一篇话，我说，修正主义要推翻我们，如果我们现在不注意，不进行斗争，少则几年十几年，多则几十年，中国会要变成法西斯专政的。这篇讲演没有公开发表，在内部发表了。以后还要看一看，里面也许有些话还要修改。不过在那个时候已经看出问题来了。" 事实是，毛泽东同巴卢库所谈的内容，无论他在七千人大会的讲话记录里，还是当年经过整理下发的讲话稿中都是没有的。相反，他的讲话比较温和，对刘少奇也比较友好。他在讲话一开始就说："讲工业，不是我，而是少奇同志、小平同志、彭真同志，农业，我多少懂一点。商业呢？少奇同志比较懂一点，其他的人，包括我在内，一窍不通。"后来，他又讲了这个意思。一篇讲话两次提到在工业、商业方面，他不如少奇同志。这是毛泽东在大会上脱口而出的话，后来在整理讲话稿时，把两段内容差不多的话合并为一段。

但毛泽东同巴卢库谈话时为什么要那样讲呢？根据当时的情况判断，1967年正处在"文化大革命"的癫狂阶段，毛泽东恨时迁昔，极有可能用1967年的感受来回顾过去的事情。刘少奇在七千人大会上的有些话，在毛泽东听来比较刺耳，对他产生不满是可以肯定的，若说毛泽东那个时候就已经把刘少奇看成是赫鲁晓夫式的人物，则还要做大量的继续查证才能下此结论。

还有，一些研究者认为，毛泽东在讲话中谈到的"高度的集中"，是在影射刘少奇，是在强调毛泽东自己的"高度集中"，凡是不服从他的"集中"，就被视为修正主义。他们引用的这段话是："没有高度的民主，就不可能有高度的集中，而没有高度的集中，就不能建设社会主义。我们的国家，如果不建立社会主义经济，那会是一种什么状况呢?就会变成修正主义的国家，变成实际上是资产阶级的国家，无产阶级专政就会转化为资产阶级专政，而且会是反动的、法西斯式的专政。这是一个十分值得警惕的问题，希望同志们好好想一想。"我认为，上述研究者的认识未免有点望文生义。在七千人大会的讲话记录稿中，毛泽东讲的是"没有民主，就不可能有集中，而没有集中……""高度的"三个字，是后来整理讲话稿时加上的，从加写的文字来看，不是毛泽东的笔迹，因此比较难以得出这就是毛泽东在影射刘少奇的推断。

“文革”时期红卫兵创作的一组版画《万岁毛主席》，反映了毛泽东从青年时期一直到20世纪60年代的几个重要历程

14

变局

——七千人大会始末

从省委书记到部长的检讨

1月29日，毛泽东提出开出气会，1月30日，毛泽东作了坚持民主集中制、让人讲话的报告之后，大会正式转入第二阶段——“出气”阶段。

这一阶段，根据中央的布置，省、市、部委一方面要充分听取地县两级干部的意见，一方面要主动检讨过去几年存在的缺点错误，解决一个上下通气的问题。从毛泽东来说，他很重视“出气”这一阶段。在大会的第一阶段，有关各组讨论的情况汇报都是由杨尚昆听取的（刘少奇听了大会第一天的汇报）；而在“出气”阶段，毛泽东则亲自听取了汇报。2月1日晚上，是华北、东北、华东汇报，2日晚上，是中南、西南、西北汇报。[①]那两天，人们汇报了哪些内容，毛泽东到底讲了些什么，今天，我们已无从知晓，档案里既没有留下文字材料，也未见当事人的点滴回忆。

由于“出气会”是毛泽东直接布置的，再加上毛泽东要亲自听取“出气”情况的汇报，各个省、部委都不敢怠慢，非常重视。他们一方面发动大家提意见，一方面抓紧准备检讨材料。

从已知的“出气”情况看，不少人把心中的怨气发泄出来了，有给省委提意见的，也有给地委提意见的，还有给各部委提意见的；有提工作中的意见，也有提运动中的意见，还有提党内政治生活中的意见等等，有些意见则讲得相当尖锐。

比如湖南有人针对1960年冬的整风整社运动，给省委提意见说：“没有抓住‘五风’[②]这个关键问题，把文章做到纯洁组织的问题上去了，全省一下子就发现了32个三类县，可见省委心中无底。工作队一到县里，一下就把县委甩开了，既不开县委会，又不了解情况，却把干部划了一大堆五六类。对当地党委组织根本不信任，不去耐心帮助，怎么能谈得到总结经验、吸取教训呢？”

还有人说：“1960年整社出的问题比前几年还要大，主要是把干部的积极性打掉了。整风整社运动究竟哪些对哪些不对？要请省委加以说明。信阳经验究竟是不是成功的经验？要请创造人作个报告。三类队划分的标准是谁

注释

①这期间，杨尚昆也继续听取了各组的汇报。

②“五风”，指共产风、浮夸风、命令风、干部特殊风和对生产瞎指挥风。

③《人民日报》1958年9月23日。

④《人民日报》1959年10月25日。

规定的，究竟全省有多少敌人掌握的大队，为什么出入这么大？整风整社，整下边干部，真是整伤了心。”由此可以看到县级干部的气的确很大。

吉林有人提意见：“1958年中组部在徐水开过一个会，提出：‘不信就看，不通就辩，不干就换。’对各地影响很大，造成了轻易撤换干部的后果。”

河北有人给省委提意见说：“这几年搞运动多，对干部压服多，开会经常讲撤职、开除，如干部不入食堂撤职，反不出坏人撤职……从食堂里找坏人，从各级干部里挖死官僚，真叫下边害怕。”这些意见反映了上级领导脱离群众、领导作风专断，遇到问题总是用战争年代搞肃反的思路（动不动就抓坏人）搞建设的情况，其结果，弄得上下关系紧张，工作出现重大挫折也就不足为怪了。

还有人针对反倾向斗争提出意见说：“近几年来，在反倾向斗争中，实行了过火斗争，破坏了民主生活，人人自危，实际上是残酷斗争，无情打击……党内实际上没有民主生活，在斗争中，一搞就找集团。”

这些意见都十分尖锐，话说得也重。

在让大家出气的基础上，各个省、市、部委纷纷做自我批评。2月4日是大年三十，除夕；2月5日，大年初一，又是星期日，所以休息；2月6日，大年初二，继续开会；2月7日下午大会闭幕。一般来说，各省都是在春节前听取意见，节后进行检讨。也有在节前检讨的，如湖北。

河北的检讨——河北是由省委书记处书记、河北省长刘子厚在2月6日做的检讨。河北在1958年自称“创造了18万亩千斤、双千斤甚至5000斤以上的小麦‘卫星’田和大面积丰产典型”，同河南一起率先提出1959年实现小麦千斤省[③]的宏伟目标；1959年更喊出“三年包天津、五年包北京”[④]的“响亮”口号，一时间把

河北红星人民公社1958年获得的玉米“卫星”奖状

北京人激动得不得了，一想到在另一个地方，有人在为他们的生活美好而艰苦奋斗的时候，就生出无尽的感激和钦佩！其结果呢，河北连自己的口粮也解决不了。1960年冬，全省人均只吃4两粮食，日子过得很艰难！在检讨中，刘子厚分三段讲了河北的情况。他说：1958年大家都知道不用说了；1959年庐山会议后，认为农村需要反右，把解散食堂也看成是右，实际是农村“左”的情况未彻底解决，反而掀起了反右浪潮。加之在这种情况下，搞了几个大办，搞过渡试点，结果伤害了一部分干部，打击了群众的积极性，造成1960年的减产。再一段是1960年冬，就减产和生活上发生问题的原因，对天灾估计的高，对坏人当道、基层组织不纯、五类分子掌权、民主革命不彻底，估计得过分；而对“五风”错误的严重危害性估计不足。

从河北的检讨来看，河北经历3次反复，第一次是1958年，第二次是1959年庐山会议后至1960年，第三次是1960年冬。前两次的反复把经济搞垮了，也伤害了一部分干部，打击了群众的积极性；后一次在寻找出现困难的原因时，把一些县以下干部的心伤了。

山西的检讨——山西在1958年也是一个比较活跃的省份，不断放高产卫星。1958年7月14日《人民日报》报道，山西农业科学家预计1亩小麦可产2万斤；1958年10月10日《人民日报》报道，山西实现了玉米千斤省。这在当时影响较大。这次出气会上，山西有人提意见说，这几年山西农村工作中的问题，主要是

玉米千斤省——山西

四川三千万亩中稻大丰收

新华社太原9日电　山西省今年玉米获得大面积增产，实现了玉米千斤省。

今年全省共种植玉米五百八十七万一千多亩，根据各地的实收和估产，总产量可达六十一亿三千八百七十六万斤，平均亩产可达一千零四十五斤多，比历史上玉米单位产量最高的1954年增产将近三倍。种植玉米较多的长治、榆次、晋南等地区每亩平均产量都在一千斤到一千二百斤。其中仅据晋南、长治两个专区的初步統計，已有一百七十五亩玉米单位产量达到了一万斤以上。洪赵县赵城人民公社青林农业种植場党支部書記張生才等培植的一亩一分回茬玉米，每亩平均产量达到三万零六百四十八斤半，是山西省目前最大的玉米高产“衛星”。

今年以来，山西省各地人民在农业生产大跃进中，經过辯論，批判了“玉米低产”論的思想，同时吸取了去年玉米减产的教訓，緊緊抓住了深耕、密植、浇水、施肥等各种措施。各地农民还根据小麦丰产的經驗，展开了“以夏促秋”运动，在玉米生长的后期普遍进行了多次追肥、浇水、中耕鋤草和人工授粉等后期加工管理，做到了水飽肥足，保証了丰收。

新华社成都7日电　四川省三千二百三十五万六千亩中稻获得大面积丰收。据农业部門3日統計，全省中稻总产量共达二百三十三亿一千六百万斤，比去年淨增六十九亿多斤，平均亩产七百二十点六斤，比去年的五百零五斤提高約半倍。

今年四川省从平原到山区，絕大部分中稻主产区亩产都在六百斤以上，并且出现了千斤以上的专区一个，千斤以上的高产县共十六个。郫县一县放出了亩产万斤以上高产“衛星”田三十五处。川西平原上温江专区平均亩产一千二百多斤，比去年提高了一倍多。

四川省中稻大丰收是全省人民在各級党委領导下改造自然，也改造思想取得的丰碩之果。在中稻生长期間，全省曾組織两次几百万五級干部田間会师的生产大检查，加上各地經常性的評比检查和竞賽，一切通过辯論，形成了一个全民不断跃进的生产高潮。在这一形势下，各地密植、增施肥料等技术措施貫徹得很好。民族杂居的高山区馬边县，由于破除了“山区没办法”的論調，积極改进措施，特别是抓緊深耕，全县今年平均亩产超过一千斤，比去年提高了三倍还多。由于接受了小麦、早稻丰产經驗，各地不断采取小运动方式反复消灭三类苗，促进新的跃进。温江专区就是抓住了这一条，使全区一类苗的标准从几百斤最后提高到一千几百斤，从而大大突破了原訂生产計划。

四川省农民在过去几个月中，还战胜了侵袭中稻的各种自然灾害，并大量制造土农藥，向病虫害进行了不懈的斗爭。

解放了的奴隶創奇迹

小凉山空前丰收每人有粮一千六百斤

新华社昆明9日电　粉碎奴隶制度枷鎖后的云南省小凉山宁蒗彝族……心，掀起了轟轟烈烈的生产大跃进运动。

1958年10月10日《人民日报》报道山西实现了玉米千斤省目标

1958年的农村壁画作品《咱村又添两座山》。巨大的比山还要高的粮仓与土高炉，占据了整个画面的中心。作者任贺名，1958年

"人灾"造成的，"天灾"对收成的影响不大。1958年是丰收年，1959年、1960年一部分地区受灾，1961年天灾比哪一年都大，但收成比1960年还好。"人灾"主要是1959年以后，公共食堂散了又办，办了又散，反复了两次；社办经济大搞平调；征购中购了过头粮；瞎指挥，修了一些无用的水库。于是农村出现了三瘦（人瘦、牲口瘦、猪瘦）现象。1960年冬，形势恶性发展，闹了浮肿病，死了一些人。

山西省委第一书记是陶鲁笳，1962年他45岁。陶鲁笳36岁时就已担任中共山西省委第一书记，是当时全国省委第一书记中年龄最小的之一，也是当年的省委第一书记至今还健在的惟一一位。山西当年虽然也是头脑发热，犯了不少错误，但相对全国来讲，三年困难时期山西人口总量没有出现负增长，还算一个稍显平稳的省份。陶鲁笳在2月6日检讨说："第一，过去4年，我们曾有两次头脑发热，一次是1958年9月—1959年2月；另一次是1959年9月—1960年6月。1958—1960年，全省平调总数共计8.1亿多，其中6亿多是1959年9月—1960年6月。"陶鲁笳的检讨与大家所提意见比较一致，关键是庐山会议以后的错误。

陶鲁笳还说："第二，1958年冬我曾向毛主席汇报石楼县少种高产，全县平均亩产千斤的经验，其实是170斤。"①在这个事情上，陶鲁笳也是被骗了。杜润生后来说："像湖北省，1亩地能打1万斤，王任重都信以为真。我后来问王任重：你当时怎么相信？王任重说：我看见打场了。实际情况是地方上有人骗他。在他来参观的头一天晚上，把20亩的水稻搬到一个场上，说是1亩地产的。我当时在科学院工作，多数科学家不相信。"②陶鲁笳把这样一件离奇的事情在出气会上检讨出来，应该说是比较坦诚的。

陶鲁笳检讨的第三点错误是：山西省委在反倾向斗争中有机械过火的错误：第一次1957年反右，第二次1958年，第三次1959年庐山会议以后，第四次

注释

①1958年10月13日，《山西日报》发表社论《登天有方》。介绍石楼县一个十分贫瘠的地区，如今不愁粮食不够吃，而开始考虑粮食多了怎么办。最根本的一条经验就是变广种薄收为少种多收，变耕作粗放为精耕细作。社论总结说：少种多收，是低产区的登天之路。

②访问杜润生记录，2002年5月20日。

③李尔重、王克文、栗栖《铿锵磊落一男儿》，见《怀念王任重文集》第48页，中共党史出版社1997年出版。

④《王任重文集》上册，第336页。中央文献出版社1999年12月出版。

1960年冬—1961年春的纠正“五风”运动（即整风整社运动）。陶表示，省委当时对于农村阶级复辟的情况和阶级复辟对党内的影响估计得过于严重了一些。

在反倾向斗争方面，陶鲁笳还加了1957年的反右，这在当时并不多见。看来陶鲁笳的检讨具有一定的深度。

湖北的检讨——湖北省委第一书记王任重的检讨比较有些特色。他在2月1日做自我批评说：湖北这几年的错误是自以为是，“五风”俱全，盲目乐观，“左”倾蛮干。1958年大办钢铁，大办公社，1959年大办水利，大搞“三治”（治山、治水、治土），1960年夏季大搞开荒，都表现了“左”倾蛮干。我们在进行工作的时候急躁，纠正错误的时候也急躁。就错误与成绩而言，至少是三七开，也可能是四六开、对半，请大家公道。我的错误之一，没有调查研究，对上对下，常常轻率发言，表示意见，给工作造成不少损失。王任重还说，林总批评有人干扰主席思想向“左”拉，我就是其中一个。反映了一些不合实际的情况，岂不就是干扰了主席思想。

从王任重的检讨来看，他认为一些大办和“左”倾蛮干他有责任，但最值得指出的错误是没有调查研究，对上对下，常常轻率发言，反映一些不合实际的情况。这一点在“大跃进”初期，湖北的表现的确比较突出。

湖北在全国最先宣传水稻“亩产3万6千多斤”、“粮食多得无处放”、“吃饭不要钱”，[3]在全国造成了很坏的影响。王任重后来对《人民日报》的同志说：“1958年我们天天登报，出了风头；现在看来，我们出了丑。浮夸风我们在全国带了头”。[4]王任重的话，讲得比较实在，能够认识到这一

人民日報
RENMIN RIBAO
麻城建国一社出现天下第一田
早稻亩产三万六千九百多斤
福建海星社創花生亩产一万零五百多斤紀录

《人民日报》1958年8月13日关于湖北“天下第一田”头版头条的报道

点，又把它讲出来，实在是难能可贵！

此外，湖北在1958年向中央报粮食产量是450亿斤，其实只有197亿斤。这大概就是王任重所说向中央反映不合实际情况的内容。因为向中央多报了数字，在1959年春，湖北形势恶化起来，开始发现饿死人的事情，此时的省委有所醒悟，向中央做了检讨。1959年庐山会议之后恶化的形势没有得到遏制反而继续发展，湖北大量死人是在1959年底至1960年初。

1960年7、8月间，湖北重新认识错误，并号召层层揭盖子，到1960年11月，省委专门召开三级干部会议，总结工作，请大家提意见。

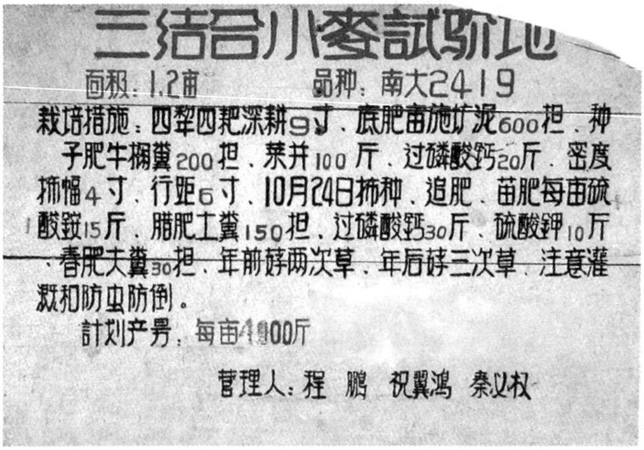

湖北省干部、农民和技术人员“三结合”小麦高产试验田的牌子

总的看来，湖北曾经很“左”，但煞车较早，并不断做自我批评。不过，这次出气会上人们进一步提出：“省委担担子是担的空担子，检讨以后完事，我们担的是实担子，大会批评，小会斗争，撤职，开除。”①王任重对此多少有些意外。他为此再做自我批评，他说：湖北犯错误最严重的时期是1959年秋季到1960年上半年，省委搞了反右倾机会主义的斗争，错误地对不少同志进行了批判。湖北的这一斗争，从根本上讲是错误的。他针对“省委担担子是担的空担子”问题，表示要对处分错了的同志平反，其错误的主要责任应该由省委来负。王任重特别提到“中央没

注释

①《王任重文集》上册，第338页。中央文献出版社1999年12月出版。

②《王任重文集》上册，第337–339页。中央文献出版社1999年12月出版。

③ 李尔重、王克文、栗栖《铿锵磊落一男儿》，见《怀念王任重文集》第48页，中共党史出版社1997年出版。

④《人民日报》，1958年11月21日。

有处分我们，我们也不应该处分你们”。王任重的这席话，是“出气会”基本精神的体现，层层放担子。这样一来，上下级之间的紧张关系得到了一定程度的缓解。

王任重在检讨犯错误的原因时，他说：客观原因是缺乏建设社会主义的经验，主观原因是缺乏调查研究和党内民主，此外有急躁情绪，总是嫌慢了，怕落后。②

王任重的检讨比较全面，也有一定的深度，湖北的同志也相对满意一些。若干年后，他的同事回顾这一段历史时说：“错了的事，他勇于担担子、改过，不诿过于人……到1960年全国还在困难之中时，湖北已渡过了最困难的时刻。任重同志对工作中的失误，认识得快，改得坚决。”他们还讲了这样一件事：1959年1月，武汉市只剩下够用一天的存粮，为了救急，把从四川运往上海的粮食扣了。中央办公厅得知这一消息，大发雷霆，对武汉市委要给予处分。这时的王任重出来代市委承担责任，事情得以化解。③这又反映了王任重敢作敢为并勇于承担责任的另一面。

广东的检讨——广东省委检讨说，这几年我们实际上是丢掉了党的两个优良传统：一是党内斗争惩前毖后，治病救人，运用批评与自我批评，达到新的团结的传统，出现了过火斗争；一是实事求是，调查研究，群众路线的传统。

“大跃进”初期广东也是一个浮夸大省。1958年11月，他们向中央报喜，广东全年粮食平均亩产1650多斤。④后来的广东比较稳一些，1960年他们对信阳经验没有推广，并做了严格约束，虽然也出现一些扩大化问题，但比较轻。这也是广东省委比较自豪的一个问题。广东省委关于丢掉两个优良传统的说法，也算找到了问题的实质所在。

吉林的检讨——吉林是“大跃进”期间稍显平稳的省份，也是全国没有饿死人的少数几个省之一。仅举一例便可证明。比如：1958年10月9日《人民日报》报道，吉林平均粮食作物亩产237斤；而在这之前，《人民日报》已相继报道安徽、河南、江苏、湖北成为千斤省，在这之后，10月10日《人民日报》报道，山西实现了玉米千斤省；11月21日《人民日报》报道，广东全年粮食平均亩产1650多斤。透过这些信息，可以看到吉林的可贵之处，在一片浮夸浪潮中，吉林能够保持低调是相当的不容易。不过，即使是吉林的低调，也存在很大水分。这个237斤，实际比上年增产达

45%，是否浮夸，一看便知。但对比前面提到的各省几倍甚至几十倍的“增产”，吉林还算“实际”些。但吉林也仅仅是没有饿死人而已，经济建设还是遭遇了很大挫折。

吉林省委第一书记吴德在检讨中说：四年来经过三个反复：从1958年下半年到1959年初，这一时期的主要问题是省委1958年11月召开过一次思想混乱的会，会上提出农业一年翻身，粮食过关，搞高产田、卫星田，计划大量缩减耕地面积，宣传两三年吃的方面实现按需分配，强调拔“白旗”等等，1958年郑州会议以后，1959年上半年情况显著好转。1959年下半年到1960年，又发生了比较严重的错误。这是因为反右倾的斗争，搞到基层扩大化了；1960年4月的六级干部会议，一方面纠正“共产风”，一方面又布置过渡试点，这是自相矛盾的；还有十几个大办接踵而来；高指标没有降下来。加上天灾，这年的农业大量减产。

这里吴德没有明确指出所谓第三个反复是什么。分析起来，这第三个反复很可能就是指1960年冬的整风整社运动，又伤害不少人。

浙江的检讨——“大跃进”期间，毛泽东头脑发热，下边不少同志甚至还要热。比较典型的例子是，当毛泽东发出纠“左”的指示以后，有些地方竟顶着不办。四川是一个，浙江也是一个。2月6日，浙江省委在检讨时说：高指标、浮夸风，主席六条指示[①]下达以后，仍自以为是，5月，又提出把早稻双千斤的锣鼓敲起来。浙江是这样，柯庆施在检讨中也说，“每当主席、中央纠正高指标的错误时，我们一方面同意，一方面总怕退得太多，思想上没有真正解决问题，又订出了比较高的增产计划。”柯庆施所谈，恐怕也是一些高级干部的思想状态。为什么会出现这种现象呢，除了着急、怕落后之外，一个重要原因就是不了解实际情况，结果弄巧成拙，想快反而慢了。当然也不乏摸不准毛泽东和中央指示精神的问题。陶鲁笳后来回忆说：总的看，毛主席“在纠正高指标的错误过程中，旗帜鲜

注释

①指1959年4月29日毛泽东关于农业问题给六级干部的信。信中讲了六条：一包产问题，二密植问题，三节约粮食问题，四播种面积要多的问题，五机械化问题，六讲真话问题。

②陶鲁笳《毛主席教我们当省委书记》，第76页。中央文献出版社1996年出版。

明，态度坚决，……但是，我也感到毛主席有时又流露出欣赏高指标的情绪，似乎表现出一种矛盾的心理状态”。[②]由此看来，毛泽东的矛盾心理，也是下边不能立即贯彻纠“左”指示的原因之一！

综合以上介绍，各省委书记的检讨，大体给人这样一些印象：

在中央已经检讨过去几年到底犯了哪些错误，有哪些经验教训，主动承担责任的情况下，各省的检讨相对比较细致一些，一般都划分了犯错误的阶段，而且主要分成三个阶段：

第一阶段是1958—1959年初，他们认为这一阶段主要是缺乏经验。

第二阶段是1959年下半年—1960年上半年，无论哪一个省都认为这一阶段的问题最大，是庐山会议反右倾反坏了，真正减产的是这一年。

第三阶段是1960年冬。1960年冬为什么也成了一个阶段呢？1960年10月，中央发现信阳等地出现大面积饥荒，非正常死亡很多人之后，当时做出的第一反应，除了工作上的失误，就是坏人捣乱。于是，这年冬季在全国开展了整风整社运动。整风整社的结果，处分了不少县委书记以下（含县委书记）的干部，伤害了很多人，使人们怨气很大。王任重说，我们向前进的时候，有急躁情绪，在纠正错误的时候，也有急躁情绪，过分的批评人，处分人。王任重此话，就是讲的第三阶段。

在这次检讨中，有些省在估量错误和成绩的关系时，不仅没有坚持“一个和九个”的关系，甚至还突破了“三个和七个”的关系，认为可以是四六开，也可以是五五开。还有的省直接提出，“天灾”不是主要的，“人灾”是主要的。他们认为犯错误的主观原因，主要是缺乏调查研究，缺乏党内民主，这两条不纠正，以后还要犯错误。

我想，提出党内缺乏民主，尤其显得重要。比如搞调查研究，实际上并不缺乏，“大跃进”期间，上自毛泽东，下至县委书记，是下基层最多的年份之一。当时很多部的部长都到基层去了，以致周恩来下令每个部必须留一个部级干部看家，免得中央有急事找不到人。可见各级干部工作之“深入”。但下去是下去了，看不到真实的情况有什么用呢？即使看到了也不敢讲真话。缺乏民主的氛围，调查研究也就失去了意义，只能是表面上的轰轰烈烈。所以会上几乎每个省委书记都提到了缺乏民主，党内斗争过火的问题。这也是七千人大会的一个重大收获，能够提出这个问题，就表明当时已经认识到这个问题的极端重要性，或者说已经有了一些民主气氛。但是，如何纠正，如何才能实现党内民主，尤其是如何才能防止党内不民主的现象再次发生，综观整个七千人大会，都没有得到深入讨论或者做出一些有益的尝试。当然，这不是一次大会就能解决的问题，是中国共产党历史上和未来一直需要面对的一个大问题，时至今日我们仍在探索中。

1962年的春节，各个省委在做自我批评的同时，中共中央各直属机关和国务院的各个部委，也都在进行自我检讨。这些单位均分管着全国的各行各业，有着很大的权力。在检讨中，他们也是纷纷主动承担责任，表示工作没有做好。

粮食部说：1959年全国征购粮食1200亿斤，这是农村伤了元气的一个原因。1959年全国全年粮食产量是3400亿斤，征购就拿走了1200亿斤，占三分之一强，粮食部为此感到非常痛心。粮食部还说：1960年本来全国已出现大面积的饥荒，饿死人的现象已极为严重，粮食部还自以为天下太平。可见粮食部见事太迟了！全国出现大饥荒的原因，可以说是由多方面的因素造成的，其中粮食征购过头是其重要原因之一。

煤炭是工业的重要能源，要发展工业，没有煤炭等于无米之炊。中央因此一直非常重视煤炭的生产。煤炭部检讨说：对这几年煤炭生产方面的估价，可以分为三个阶段。从1958年8月到1959年上半年，生产迅速增长，虽然也过了头，可以说成绩伟大，缺点不多。从1959年9月—1960年底，生产搞过了头，使生产能力遭受严重的破坏，产量下降。因而这段工作是“得不偿失”的。1961年做了很多调整工作很有成绩，但是也走了一些弯路。

和各省的检讨一样，国务院各部委在检讨中，也都提到了犹如分水岭和转折点的1959年的庐山会议，事实上它不仅对农村经济，对工业经济也起了非常严重的负面作用。

冶金部的错误就更大了。“大跃进”期间，冶金部可以说是全国最老大的“大红人”，以钢为纲，一切都要为钢让路。本来，在经济建设中必须注意综合平衡，但是，冶金部看到毛泽东和中央很重视钢铁的产量，认为这是千载难逢的机会，一定要紧紧抓住，大力发展钢铁事业。因而就不

注释

①逄先知、金冲及《毛泽东传（1949—1976）》上册，第793页，中央文献出版社2003年12月出版。

②薄一波《若干重大决策与事件的回顾》（修订本）下卷，第718—719页，人民出版社1997年12月出版。

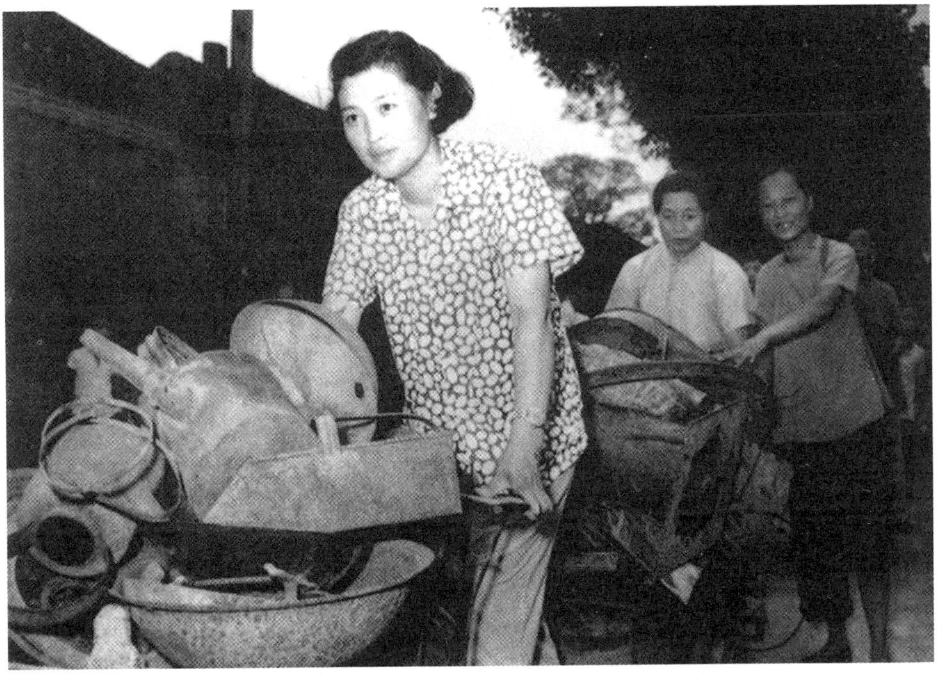

家里的锅碗瓢盆也成了炼钢的原料。这是北京居民把家里的铁制生活用品送去炼钢

断地、一而再，再而三地提高钢铁指标。当毛泽东在成都会议谈到用“10年或稍多一点时间赶上英国，20年或稍多一点时间赶上美国，那就自由了，主动了”①的想法后，冶金部立刻写报告给中央和毛泽东说：“从我们自己的教条主义学习方法中解放出来”，我国钢铁工业“10年赶上英国，20年或稍多一点时间赶上美国，是可能的”。对此毛泽东很是高兴，称冶金部的报告是“一首抒情诗”。②1958年5月，冶金部又论证表示只要5年就可以超过英国，15年可以赶上美国，这对毛泽东和中央一再抬高钢铁指标，起了推波助澜的作用。所以，这次冶金部在会上检讨说：生产和基本建设的高指标是冶金部带起来的，计委提的指标高，有些是我们直接提的，有些是我们造成的。所以计委、经委的毛病我们有份。中央要把责任担起来，我们更加于心不安。的确，冶金部在片面追求钢铁产量问题上难辞其咎，不过冶金部积极检讨的态度还是值得称赞的。

外贸部检讨说：1959—1960年多出口粮食几十亿斤，而且在一个时期要求大家不吃猪肉，支持出口。这几年外贸部提出：“挤、超、顶”，“五先”，“出口第一”，“保一头”等口号，起了不好的作用。今天看来，确实如此。不过说句公道话，责任也并不全在外贸部，当时勒紧裤带向苏联还债也是原因之一。无论怎么讲，饥荒既起，仍不顾国内的经济状况，盲目出口，以致国内的经济更是雪上加霜，错误也是有的。

水电部检讨说：1960年蓄水1亿立方米以上的水库全国上马300多个，结果不仅浪费了国家的财力、物力，而且还挤占了农村大量的劳力，影响了农业生产，也造成近年来防汛工作很紧张。

具体地说，“大跃进”运动在水利问题上，一方面取得重大成绩，修了很多很好的水库；一方面也上了很多得不偿失的项目，造成重大损失。河南、湖北等不少省市都有乱修水库造成大面积土地沙化，甚至死人的情况发生。这一方面留下的教训也是十分深刻的。

在中共中央各部门的检讨中，《人民日报》社社长、新华社社长吴冷西的检讨非常值得在此一提。毛泽东十分重视宣传工作，很多时候都让吴冷西列席中央常委会议。吴冷西的政治待遇，可以说在中央政治局委员之上。自然，吴冷西对中央的各项决策过程是十分清楚的。

吴冷西于1957年担任《人民日报》社社长，他的前任邓拓因为不及时宣传中央的精神，曾受到毛泽东的严厉批评。吴冷西大概是吸取邓拓的经验教训，变得非常注意抓苗头，赶潮流，致使其主管的《人民日报》和新华社，在“大跃进”期间起了非常明显的推波助澜的作用。这次会上，吴冷西在检讨时讲了一句很经典的话，他说：“可以说，在一个时候，没有《人民日报》比有《人民日报》还要好一些。”

这是一句比较实事求是的自我评价，也是他深刻反省的结果。所以还在毛泽东提出开“出气会”之前10天，吴冷西就在中直系统的文教组做了全面系统的检讨，将《人民日报》的错误概括为9个问题。

他在谈到建立人民公社问题时说：1958年夏的北戴河会议说：先试点，再推广。9月4日《人民日报》社论却说“也可边试点，边推广”。北

注释

①周恩来在七千人大会的讲话记录，1962年2月7日。

②经过反复查阅1958年的《人民日报》，没有找到“人有多大胆，地有多大产”的社论。此语最早见于8月11日谭震林发表的文章《论我国今年夏季的空前大丰收》。8月27日，《人民日报》以“人有多大胆，地有多大产”为标题，发表了中央办公厅工作人员刘西瑞从山东寿张县写回来的信件。

③《梁灵光回忆录》，中共党史出版社1996年版，第356页。

戴河决议说：由集体所有制向全民所有制过渡，要三四年、五六年，或者更长的时间；9月3日《人民日报》社论却把“或者更长的时间”这几个字擅自删掉了。可以看出当时的《人民日报》是火上加油，以致错上加错。

关于高速度与按比例，吴冷西说：宣传了总路线的灵魂是高速度，高速度本身就是按比例。片面强调多快，忽视好省。

是啊，翻开当年的《人民日报》，“高速度万岁”，黑体大字赫然醒目。《人民日报》的浮夸言论，满纸都是!

“人有多大胆 地有多大产”

1958年8月27日《人民日报》发表的《人有多大胆，地有多大产》文章

吴冷西还说：宣传地方工业遍地开花，一马当先，万马奔腾。对此，周恩来在七千人大会上提及时说，实际是“一马当先，万马落后”。毛泽东插话说，是“一马当先，万马皆死”。[①]毛、周的话，反映了他们对这一口号的深刻反思，教训是痛彻心骨的。

关于破除迷信，吴冷西说：主席讲了敢说、敢想、敢干，要以马列主义为基础，《人民日报》发表了“人有多大胆，地有多大产”的社论。[②]此后，它成为一句家喻户晓的著名口号，也为后来所有了解中国“大跃进”这段历史的人所熟知。当年的福建省委书记梁灵光几十年后回忆说：“《人民日报》登出一张小孩子坐在麦穗上的照片，发表了《人有多大胆，地有多大产》的文章，说什么‘不怕做不到，只怕想不到’。”这一天以后，“柯庆施不断地给我们打电话，说全国连发几颗‘卫星’都是在北方，南方的空气太沉闷了，你们要表态呀!叶飞很紧张，连忙把新闻记者找来，要他们‘赶快动手’。这样，福建也开始放‘卫星’”。[③]很显然，《人民日报》在其中起了很负面的导向作用。

关于浮夸，吴冷西说：1958年3月，毛主席在成都会议上强调压缩空气，说河南一年水利化即使能够实现，也不登报，硬是卡死。但是《人民日报》却在1958年6月7日，报道河南半年就实现了水利化，而且发表社论“河南人民做出了好榜样”，将全国的军。报纸还大量登载高指标、放卫星，批评不相信高指标的人是“右倾保守”，是“白旗”。

1959年6月5日，罗荣桓在解放军政治学院的一个会议上说：现在看粮食越紧张，越是去年放卫星的地方，不紧张的倒是去年被插“白旗”的地方。真是一语中的。

关于瞎指挥，吴冷西说：不问具体条件，运用一种激将法：“这儿能办到，那儿为什么办不到？”这样推广了一些很错误的东西，如大面积丰产方，方田化，企业无人管理等等。还在报上搞了许多进度表，如扫盲进度表，除“四害”进度表，造林进度表，钢铁放卫星等等。批评数目字低的是劲头不足。对此，一些省委反映强烈，并告到毛主席那里，说《人民日报》在“大跃进”中搞各省进度表，对他们的压力很大，其结果只能是你赶我追，大搞虚夸。毛泽东为此批评《人民日报》，“要引以为戒”。①

吴冷西还谈了一些《人民日报》的其他错误，这里不一一赘述。

在毛泽东提出开“出气会”的当天，1月29日，吴冷西还以新华社社长名义在中直系统文教组做了检讨。

新华社同《人民日报》一样，是中央的喉舌，它的言论在某种程度上代表着中央的声音，在全国全党有着极高的舆论导向作用。那么，它在“大跃进”期间又做了些什么呢？吴冷西说：对所有制的报道中，曾经提倡“一切社有”、“全民所有”、“消灭私有制残余”、“交出全部自留地，并且将私有的房屋、牲畜、林木等生产资料转为全社所有”等等。在农业方面，所报道的各种卫星，最高的冬小麦亩产7320斤（河南），春小麦亩产8585斤（青海），早稻48925斤（河南），中稻60400斤（广东），北方水稻12万4329斤（天津），红苕25万斤等。宣传过“放开肚皮”“无限量”地吃饭。

注释
①吴冷西《忆毛主席》，新华出版社1995年版，第109页。
②即无人售饭菜食堂，无人发放工资、无人管理工具库、无人管理图书馆、无人管理游艺室、无人收会费、无人收售电影票、无人收售洗澡票。
③吴冷西《忆毛主席》，新华出版社1995年版，第140页。
④吴冷西《忆毛主席》，新华出版社1995年版，第112—113页。

在工业、财经方面，把过去的规章制度，一概说成是把职工群众的手捆起来。还公开提倡过无人负责制，赞扬了建华机械厂实行的“八无制度”②。

此外，还有什么16个无盲（文盲）省，54个四无县（无老鼠、麻雀、苍蝇和蚊子），无痛病院（外科不疼，皮肤科不痒，妇产科不叫，小儿科不哭）等等。

报道安徽提出文化大普及的标志是：人人能读书，会写会算账；人人学科学，技术个个强；人人看电影，每月两三场；人人能唱歌，歌声满城乡；人人能画画，处处是画廊；人人能舞蹈，男女喜洋洋；人人能表演，百花齐开放；人人能创作，诗文似海洋。这诗一般的描绘确实很美，遗憾的是太浪漫了，很难在现实生活中出现。

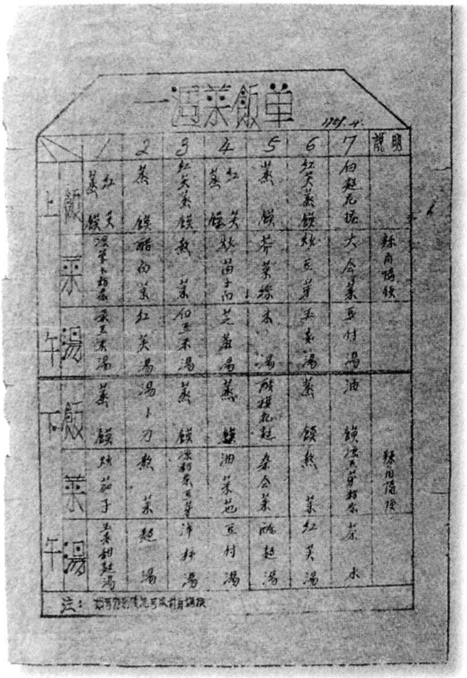

这是河南农村一个公共食堂使用的一周饭菜单

这些充满理想、超越现实的报道，表面看来美好动人，但实质是愚弄了人民。报纸的生命是真实，失去了真实，也就失去了宣传的价值。《人民日报》和新华社这种失信于民的情况，毛泽东也感到了问题的严重性。1959年5月他批评说：《人民日报》老气没有了，但去年吹得太凶、太多、太大。现在的问题是改正缺点错误。如果不改，《人民日报》就有变成《中央日报》的危险，新华社也有变成中央社的危险。③

做宣传工作难，很多事情是《人民日报》和新华社不能够左右的，但火上加油、错上加错的东西则是应该认真反思的。当时的毛泽东对《人民日报》表示了不满，但也没有过分追究，而是以一种循循善诱的口吻教导说：“新华社和《人民日报》，记者和编辑，头脑都要冷静，多开动自己的脑筋，独立思考，不要人云亦云，随声附和。要调查，追根问底。要比较，同周围比较，同前后左右比较，同古今中外比较……记者，特别是记者头子……像你（吴冷西）这样的人，头脑要清醒，要实事求是。”④

看了各省委的检讨，再看中央各部委的检讨，大致可以看出，七千人大会的特点之一是中央担担子，而“出气会”是省委担担子，给地、县委书记减担子。实质上是层层放担子。王任重说：“中央没有处分我们，我们也不应该处分你们。”王任重的话，揭示了事情的本质，出气和做自我批评试图达到的效果是，在错误和挫折面前，大家主动承担责任，积极吸取教训，跌倒了爬起来，团结一致做好以后的工作。从大会的效果来看，这一目的实现了。

15

变局
——七千人大会始末

邓小平：厚道人的一篇务实报告

2月6日，正月初二，七千人大会举行第四次全体会议。全体与会人员乘坐着统一安排的汽车，从北京城的四面八方奔向人民大会堂。

春节，是中国人最看重的合家团圆的节日，尽管处在困难时期日子艰难，北京和天安门的许多建筑物上还是悬灯结彩，红旗飘扬，爆竹声在噼啪作响，充满着节日的欢乐气氛。天公也很作美。正月初二这一天，天气温暖，气温高达摄氏9度，也为人们的心里增添了几分暖意。

七千中共高级干部云集北京过春节，这是一件史无前例的事情。2月4日除夕那天晚上，人民大会堂灯火辉煌，北京市委第一书记、北京市市长彭真以东道主的身份，主持春节联欢晚会，毛泽东、刘少奇、周恩来、朱德、董必武、陈云、林彪、邓小平均来助兴。当他们出现在主席台上时，“全场欢腾，发出暴风雨般的热烈掌声，向中央领导同志祝贺春节”。

正月初一晚上，解放军总政治部在人民大会堂举行拥政爱民联欢晚会，有4万多人参加，规模之大令人咋舌。这次晚会，据周恩来讲，他本不想惊动毛主席，在晚会开始前的一小时，想来想去，还是要和毛主席说一声，结果毛主席表示他要参加。周由此得出结论，毛主席是愿意和人民群众在一起的。因为毛泽东的出席，中央领导几乎全部出动。1962年2月6日的《人民日报》对此报道：“8时整，毛主席、刘主席等党和国家领导人走上主席台，向大家祝贺春节。这时，全场响起长时间的热烈掌声，欢呼‘毛主席万岁！’”事隔44年的今天，我们很难想象当时人们的心情，感受他们的情绪，在困难和贫苦之中，他们的情绪是饱满的，他们对党、对毛泽东充满着热爱和信赖。

人民日報

RENMIN RIBAO

解放軍总政在京举行盛大拥政爱民联欢晚会

毛主席刘主席等領导人同与会軍民共度春节

中共中央領导同志四日参加首都各界人民节日晚会

各民主党派各人民团体負責人和首都各界知名人士团聚

京沪人民欢度春节

干部同职工社员祝贺新春 群众喜洋洋参加文娱活动

今日要目

第一版

解放軍总政在京举行盛大拥政爱民联欢晚会，毛主席刘主席等領导人同与会軍民共度春节

古巴举行第二次全国人民大会

《紅旗》半月刊社論：加强党的战斗力

第二版

古巴全国人民大会通过第二个哈瓦那宣言

第三版

田汉：谈话剧該着重写哪样的人

第四版

星期画刊：軍民一家

1962年2月 6 星期二 夏历壬寅年正月初二 十五雨水

今日天气预报（北京地区）

今日北京开印时間3时27分

1962年2月6日中央领导人参加春节联欢活动的公开报道

七千人大会的全体与会者都出

席了除夕和初一晚上这两次联欢活动，但当时的报纸却只字未提他们参加联欢的事情。七千人大会是悄悄进行的。沉浸在节日气氛中的北京市民，不知道这个春节还是全中国政治精英的一次大团聚。

联欢活动一过，正月初二，大会就继续开全体会议。会议仍然由毛泽东主持，由中共中央总书记邓小平讲话，他要专门讲党的问题。

按常理这是春节之后大会的第一次全体会议，大家都要互道一声过年好之类的客气话，以表示友好喜庆之意，但毛泽东一如既往，没有开场白，上来就说：今天开大会，请邓小平同志讲话。

邓小平呢，也没有客套，开口就切入了正题，仿佛春节并不存在一样！只听那抑扬顿挫的四川话在大会堂里回荡："同志们：这次会议，是一次意义十分重大的会议。现在，我讲一讲党的问题……"

邓小平的特点是，善抓大事，举重若轻，在别人看来十分复杂的问题，在他那里会变得简单起来。他的讲话也比较简洁、直接。所以，今天的大会安排邓小平和朱德两个人讲话。邓小平先讲，朱德殿后。

当年的邓小平，58岁，小毛泽东11岁，小刘少奇、周恩来6岁，是中共领袖中的少壮派。毛泽东对邓小平比较欣赏。早在抗战初期，便对邓小平委以重任，使邓就任一二九师政治委员（当时的中共仅有3个师）；解放战争时期，邓小平就任第二野战军政治委员，尤其是淮海战役期间，毛泽东指定邓小平担任由两个野战军组成的中共前敌委员会书

邓小平在七千人大会上讲话

记，赫赫有名的刘伯承、陈毅两位司令员都在他之下。新中国成立之初，邓小平就任中共西南局第一书记，成为雄踞西南的一方大员。1956年，毛泽东亲自举荐邓小平做中共中央总书记。他对邓小平的评价是：公道，有才干，能办事，顾全大局，是个厚道人，犯了错误对自己很严格。

据毛泽东身边的工作人员说：大凡毛泽东表扬人，说你学习好或者人才难得，其实未必能合得来，一起干得久。但是表扬你是老实人，你就可以在他身边工作得长久了。罗荣桓曾多次被毛泽东誉为老实人。罗荣桓去世以后，毛泽东无限惋惜，赋诗追念，一句"君今不幸离人世，国有疑难可问谁？"更道出了罗荣桓在毛泽东心中的位置。罗荣桓在众多将帅中是惟一一位享受毛泽东以诗纪念殊荣的。那么到底什么是老实人？厚道算不算？如果算的话，邓小平既老实又有才干、能办事，他受到毛泽东的器重，也就不足为怪了。邓小平由此进入了中共领导核心，就任中共中央总书记，成为中央政治局六大常委之一，排名第六，年纪很轻，当时才52岁。不仅如此，1959年4月5日，毛泽东在八届七中全会上还讲了这样一句话："权力集中在政治局常委和书记处，我为正帅，邓小平为副帅。"由此可以掂出邓小平在毛泽东心中的分量了。

自邓小平任总书记之后，他便大刀阔斧地工作在中央领导第一线。但因为中国共产党对社会主义建设缺乏经验，也由于这一时期国际国内出现一些纷繁复杂的情况，1957年开展了"反右"运动，1958年掀起了"大跃进"运动。上任不久的邓小平，在"大跃进"运动初起的时候，头脑也跟着发热。几十年后在谈到这一段历史时，邓小平曾不无感慨地说：

> 1958年大跃进，我们头脑也发热，在座的老同志恐怕头脑发热的也不少。
>
> 大跃进，毛泽东同志头脑发热，我们不发热？刘少奇同志、周恩来同志和我都没有反对，陈云同志没有说话。

注释

①邓小平在中央工作会议上的讲话记录，1961年5月31日。

②邓小平在中央工作会议中南、华北小组会上的讲话记录，1961年3月19日。

作为当事人，邓小平讲的是真心话。那是一个特殊的年代，人们的理智被激情所代替，做了很多荒唐事。当困难形势出现在人们眼前的时候，邓小平同不少人一样，还没有能够立刻引起严重关注，在1960年《农业十二条》下发以后，他还以为农村的问题解决得差不多了，对毛泽东主持制定《农业六十条》的问题，没有做出积极反应，并因此受到毛泽东的批评。但随着调查研究的深入，邓小平对下面情况了解得越来越多，开始感到问题严重，必须下大力气来调整，并不断地反思这些年失误的原因，千方百计地探索解决问题的办法。

1961年3月19日，邓小平在中央工作会议小组会上说："人民公社肯定要搞，但如何搞，规模多大，摸得差，如果搞得谨慎一点，有些话慢点说，可能会好一点。"不知道他谈到的"有些话慢点说"是指什么，我想很可能是委婉地指毛泽东"人民公社好"之类的话有些欠考虑吧！后来的邓小平多次谈到，人民公社办急了，早了，如果经过试点更好。

到这年5月，邓小平又说："三年来毛病出的很大，问题相当多，……究竟是由于天灾还是由于人祸？少奇同志也讲过，恐怕我们工作上（包括若干政策）的毛病是主要的，天灾不是主要的。""大跃进没有错，就是猛了点。"①虽然，邓小平没有否定"三面红旗"，但他的这些话表明，已开始对"三面红旗"进行深入的反思。

也就是在3月19日的中央工作会议小组会上，邓小平还主动做了自我批评。他说：

> 从中央到地方都有缺点，中央应当负担主要责任。57年以后，中央的具体工作由书记处主持，作为中央常委和主席的助手，工作没有做好，日常工作做得不坏，但方针政策方面出的好主意不多，如钢铁的第二本账，粮食数量、公社规模等，我们都参加了意见，赞成了的。②

其后，邓小平积极参与国民经济的调整和整顿工作，1961年几乎每隔几天就召开一次中央书记处会议，讨论研究各项工作。这个时期不论党的工作，还是政府工作都要拿到书记处讨论。

1961年末，中央书记处还专门向毛泽东、刘少奇及中央写了书面检讨，检讨"大跃进"以来，中央书记处存在的缺点和错误。这个检讨发到了七千人大会。从目前所看到的材料，国务院没有专门做检讨，但中央书记处代表中央写了检讨，可见其地位是相当显要的。不过大会上，有人提意见，认为中央书记处的检讨不深刻。这也难怪，不少决策并不是中央书记处所为，检讨起来必有相当的难度，这也是情理之中的事情。

关于召开七千人大会问题，可以说，首倡者之一是邓小平。在中央领导的第一线工作，他深感人们气不壮，心不齐，对下边存在的分散主义问题非常着急。

关于大会所要解决的问题，邓小平思想比较明确。他在1961年12月18日中央书记处会议上说：

> 为什么明年要开七千人大会，其用意就是要统一全党思想，鼓足干劲。现在是党的问题，要统一思想，鼓足干劲，在一个目标（长远规划）之下，立志气，有奔头，不要搞得思想解体，灰溜溜地……我建议，各省委，包括各个企业，告诉他们要千方百计从全局出发，七千人大会也是搞这个事。

应该说，对于七千人大会所要解决的问题，邓小平和毛泽东的想法是一致的，就是统一思想和鼓足干劲。

邓小平在1962年2月6日大会上的讲话，主要讲党的问题。至于他为什么要讲这个题目，原因也很简单，他是党的总书记，自然应该讲党的问题。而党在这些年，也确实问题很多。要想把中国的事情弄好，首先就要把党建设好，所以这个问题显得十分重大。

邓小平所深恶痛绝的，是各地存在的分散主义，他感受最深的，是人们气不够壮。他认为过去是高指标，现在是低指标也完不成。所以在大会前，邓小平在中央书记处会议上，曾多次强调全党要有理想、有志气，并为此发过脾气，自认为多少年也没有讲过这么生气的话了。①这次大会上，为了使大家增强信心，他一上场就讲，中国共产党有五好，也就是说有五大优点。

注释

①当时是否存在气不够壮的问题，还有待探讨。我认为，对于各级干部来说灰溜溜的感觉是有的，但也不是完全的失去信心，以致低指标也完不成，实在是客观情况使然。1962年3月8日，周恩来在中央财经小组会议上讲的几句话，应该说是比较符合实际情况的。他说：“1960年，我还想怎么把大家的劲鼓起来，到了1961年，我了解到不是干部、职工松劲的问题，而是许多问题没有能解决。当时有人说要反对干部松劲，我就不同意。”

他说：

第一，有好的指导思想。这就是以毛泽东思想为代表的党的指导思想。毛泽东思想，就是把马克思列宁主义的普遍真理同中国革命和建设的具体实践相结合的思想。这个思想，从历史上证明了是好的。中国的革命，不是由别的思想引导到胜利的，而是由毛泽东思想引导到胜利的。革命胜利以后，也正是在毛泽东思想的指导下，我们的社会主义建设才获得了这样伟大的成就，并且继续胜利地前进着。

第二，有好的党中央。这就是以毛泽东同志为首的党中央。从1935年1月遵义会议以来，27年的历史证明，我们的党中央是一个好的党中央。……

第三，有大批好的骨干，包括大批新的积极分子。现在……县以上的主要骨干，军队团以上的主要骨干，大多数是经过长期革命斗争锻炼的。地委一级干部大都是抗日战争初期入党的，县委书记多半是抗日战争中期入党的，当然也有一批新的。这些骨干，是经过风浪的，是很可宝贵的。现在，我们的干部又有了12年社会主义

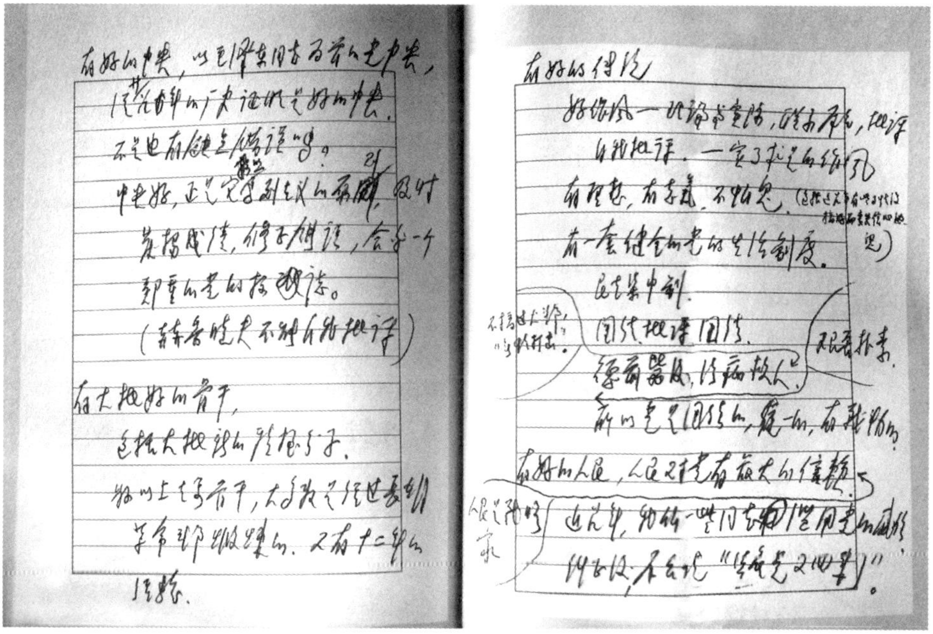

邓小平在七千人大会上的讲话提纲手迹

革命和建设的经验，包括正面的经验和反面的经验。正面的经验是很重要的，反面的经验也是很重要的。刘少奇同志的报告中讲到，我们有了反面的经验，就增加了"免疫力"。我们的干部，经过历次革命斗争的锻炼，又有了12年建设经验，是我们党的好的骨干。

第四，有好的传统、好的作风。我们党的好传统、好作风，就是毛泽东同志所概括指出的，理论与实践相结合的作风，联系群众的作风，自我批评（当然也包括批评）的作风。总的来说，就是毛泽东同志所说的实事求是的作风。

我们党还有一个传统，就是有理想，有志气，不怕"鬼"。……

我们还有一个传统，就是有一套健全的党的生活制度。……

我们党有这些好的传统，所以我们党历来是团结的，统一的，有战斗力的。

第五，有好的人民，人民对我们党有最大的信赖。……我们的人民懂得顾大局。他们有理想，不会丧失信心……

……这几年来，我们一些同志滥用了人民对党的信任，滥用了党的威信，群众是不满意的。但是，当我们犯这样的错误的时候，群众还是这样想：共产党不见了。当我们改正错误的时候，人民群众就说：共产党回来了。这样的人民，是很好的人民。我们不依靠人民，不走群众路线，是毫无道理的。

这五大优点，邓小平在一篇讲话中，先后讲了两遍，给全党鼓劲，可谓用心良苦。

讲优点是为了给全党鼓劲，问题是党犯了错误，国民经济出现严重困难，而且付出很多生命的代价，这些留在每个人心中的结如何才能解开？刘少奇讲了，毛泽东讲了，林彪也讲了，那么邓小平讲些什么呢？

邓小平说："最近几年，我们党的领导，党的工作，是有严重缺点的。"具体是些什么缺点，邓小平没有一一历数，他是从党的优良传统着眼，来总结经验教训的。他说，特别重要的是，党的优良传统受到了相当程度的削弱，有些地方甚至是严重的削弱。

到底是哪些优良传统被削弱了呢？邓小平说：是实事求是、说老实话，群众路线，民主集中制这三个方面的传统。被削弱的原因有两条：一是忽视调查研究，因而所提出的一些任务往往不是实事求是的，所提的一些口号，也有许多不是切合实际的。二是这几年运动中斗争过火，伤害了一大批党内外干部，因而在党内滋长了一种不如实反映情况，不讲老实话，怕讲老实话的坏风气。

邓小平谈到的这两条原因非常重要，尤其是党内斗争过火问题，在大会上反映很是强烈。一个工厂负责人写信给刘少奇、邓小平，表示了对运动的不满。他说：今后不准搞整人运动，只有增产节约和学习两个运动。增产节约运动，如朝鲜的千里马，中国红旗超英等等。这样好处太多了，不会整错干部，不会耽误生产，还可改造省市书记的懒汉思想。在广西，许多人认为：几年来的经验教训关键在反倾向斗争上。光是从反右考虑问题，讨论工作，脱离实际。几年来把两条道路斗争和两条路线的斗争混淆在一起了。把党内一些不同的意见，也作为两条道路的问题斗争了。根本问题在这里，光说没有经验是不行的。由此看出，当时的人们对党内斗争过火意见极大。

这次会上，刘少奇谈到党内斗争过火的问题；邓小平也谈到了；朱德在福建组讲话时，也曾谈到过去几年党内斗争过火的事情；2月8日，大会闭幕后的第一天，刘少奇在省市委书记会议上更加明确地指出，“大跃进”的经验教训主要有两条，一条是缺乏经验，一条是党内斗争过火。毛泽东没有明确讲，但表示要给受到错误处理的同志平反。实际上也是一种反思。反对党内斗争过火，加强民主集中制在大会上被反复强调，可见弱化党内斗争的要求已在全党上下取得共识。

邓小平因此强调，毛泽东同志提出的，要造成又有集中又有民主，又有纪律又有自由，又有统一意志又有个人心情舒畅、生动活泼，那样一种政治局面。这种局面首先要从党内造成。这时刘少奇插话说：什么叫争上游呢？首先，就要力争造成这种局面的上游。邓小平接着说：我们国家也要造成这样一种局面。我们党内一定要有充分的民主。党员对党，对工作，对问题，对领导人，都有权按组织原则，在党的范围内，提出批评和意见，并且有权保留自己的意见。

对于过去几年，党内存在的万马齐喑，跟风走，致使国家和人民遭受巨大损失的情况，邓小平作为中共领导集体的核心之一，其体会是极为深刻的。所以当毛泽东发表要发扬民主、让人讲话的讲话时，邓小平立刻做出了积极的反应。

邓小平还说，现在必须把党的优良传统恢复起来，加强起来，发扬起来。今天的问题，并不是要建立什么新章程的问题，章程早就有了，遵义会议以后就有了。关键是要把好的制度恢复起来。我们现在是执政党，执政党也不是很容易当的。过去我们无非是闹革命，现在就要担负起把国家引导到社会主义道路去和进行建设的艰巨任务。同志们不要以为建设社会主义没有问题了，也不要以为有了权就好办事，有了权就可以为所欲为，那样就非坏事情不可。邓小平的这段话，是这几年遭遇曲折的经验总结。他所谈到的以为有了权就好办事，社会主义建设比革命好搞等上述思想，在党内是比较普遍存在的现象，这次人们吃了大亏，才真正清醒过来。

那么，如何坚持党的优良传统呢？邓小平讲了四点：一是民主集中制的问题；二是建立经常工作的问题；三是培养和选择干部的问题；四是学习的问题。

邓小平在讲民主集中制问题时，就党内如何建立监督机制，提出了自己的一个想法。他说：对于“党的各级领导人（包括党委会的所有成员），应该有监督”。“我觉得，对领导人最重要的监督是来自党委会本身，或者书记处本身，或者常委会本身”。把领导人“同伙夫、勤杂人员等同志们编在一个党小组里，那是起不了多少监督作用的”。“我想，是不是可以这样，就是把领导人的主要的小组生活，放到党委会去，或者放到书记处去，或者放到常委会去”。这样做，对于同级里面讨论问题，取得一致意见，作出决定，是很重要的。

今天看来，邓小平的这一提议，并不能起到有效监督第一书记的作用，但邓小平那时就开始考虑如何建立监督机制的问题，也不失为一种积极的探索。改革开放以后，邓小平又试图在这方面做些尝试。至今，这个问题仍在进一步探索中。

在2月6日的大会上，邓小平针对过去几年的工作，评价说：

> 有许多事情，形式上似乎比过去更集中，但在实际上，分散主义的现象却是很严重的。另外有许多事情，形式上似乎比过去民主，但在实际上，命令主义、少数人或个人独断专横的现象却是十分严重的……
>
> 这几年，工作中的分散主义是相当厉害的……在五个统一（统

一认识，统一政策，统一计划，统一指挥，统一行动）方面，却不如过去了！这就是说，分散主义发展了。

这次会议提出，要加强民主集中制，发扬民主，加强集中统一，反对分散主义。这是很必要很适时的。

在邓小平看来，这几年是命令主义发展了，分散主义也发展了。这两个问题必须同时克服，否则就难以加大调整的力度。为了克服这两种现象，他表示，今后订计划，中央努力做到不过重，也不过死。今后制定具体政策，在强调集中统一的时候，更应该注意运用从群众中来，到群众中去的方法。

邓小平的讲话，从16时38分一直讲到18时，第二天，2月7日，大会就闭幕了。看来大会没有时间消化邓小平的讲话就结束了。3月，邓小平的这个讲话曾同刘少奇、毛泽东等人的讲话一起，发给各地学习讨论。但各地有何反映，就不得而知了。

25年后，1987年，邓小平的这一讲话重新在《人民日报》发表，并收入《邓小平文选》，受到世人关注。遗憾的是，至今尚没有知情人回忆到这篇讲话形成过程的有关情况，我们很难一窥当时邓小平的心境。只能从后人的角度，从他的讲话本身，揣摩他的思路：

邓小平在讲话中，多次提到刘少奇的报告，并且说刘少奇的报告是不容易的；也多次谈到毛泽东的讲话，说是有深远意义的。但他一个字也没有提到林彪的讲话，他更没有迎合林彪的高调。大讲什么“三面红旗”是正确的，犯错误等于付学费，毛主席的思想总是正确的等等。邓小平也没有像刘少奇那样慷慨激昂，他甚至从头至尾就没有涉及“三面红旗”问题，也没有讲成绩和错误的比例，更没有讲天灾、人祸的问题。整个说来，他取的是平实具体的立场，但旗帜却十分鲜明。从后来邓小平提出不论白猫、黑猫，捉到老鼠就是好猫，支持农村包产到户的情形，也可以看出，邓小平的确是十分务实的。

还有，从邓小平强调要恢复党的优良传统，反对党内过火的斗争，要实事求是来看，也可以明了邓小平当时的思想倾向。“大跃进”的教训，对邓小平说来肯定是刻骨铭心的，他后来把实事求是作为党的思想路线，作为毛泽东思想活的灵魂发扬光大，强调以经济建设为中心，淡化党内斗争，一方面是他放眼世界的结果，一方面更是他对中国历史经验教训的深入体验和总结的结果。

中国共产党的火炬传递给邓小平，他使它更加明亮与灿烂。人们或许还存在这样和那样的问题与遗憾，但历史总会有遗憾的，不然又如何前进呢！

16

变局

——七千人大会始末

从三易其稿看朱德的心路历程

朱德，中国人民解放军总司令、共产党元老，当年76岁。

20世纪20年代，朱德在昆明任云南警备处长兼省会警察厅长时，脚蹬铿亮的皮靴

朱德有着传奇般的经历：一个四川农村佃户的儿子，靠父母省吃俭用和借债读了书，当兵10年官至旅长，月薪上千大洋，却找到陈独秀要加入没有薪水收入的共产党，被陈独秀以没有军官加入为由婉言拒绝。36岁时，远涉重洋先后到德国、苏联留学，被同学称为“老朱”。1927年，革命最低潮的时候，他率领部下官兵参加了著名的南昌起义，打响共产党武装反抗国民党的第一枪，从此“落草为寇”。在国民党的白色恐怖中，历尽生死磨难，同毛泽东一起创建了井冈山革命根据地、中央苏区，曾担任红一方面军总司令、中革军委主席、第十八集团军总司令，排在中华人民共和国十大元帅的第一位。

朱德月薪上千大洋时，脚蹬皮靴，身着官服，颇有贵族气；当了共产党，皮靴变草鞋，官服变民装，土得像个伙夫，自在随意。能洋能土，能富贵能贫苦，这便是朱德。

新中国成立后，朱德就职中共中央第一任纪律检查委员会书记、中华人民共和国副主席，1959年任全国人大常委会委员长。他年事虽高，但很

注释

①康克清《庐山会议与七千人大会前后的朱德》。

②朱德送毛泽东的讲话稿，1962年1月9日。

③朱德送刘少奇等的讲话稿，1962年1月13日。

勤快，喜欢到地方了解情况。一位很有地位的同志说，党内他最佩服的有两个人，一个是毛泽东有思想，一个是朱德实际知识很丰富。朱德的实际知识，来源于几十年社会生活的丰富阅历，来源于建国后经常的深入基层。

1958年以来，朱德每年几乎都有一半的时间，在外地视察工作，了解当地生产、群众生活。4年的时间里，他除了西藏、云南、宁夏，几乎走遍全中国，像其他常委很少涉足的新疆、甘肃、青海、内蒙古、贵州、福建等，都留下了朱德的足迹。康克清说："给我的直观感觉是，这些实地考察，加深了朱老总对实际情况的了解，形成了他对一些问题的看法。"①

在七千人大会上，朱德要讲些什么呢？

比较有意思的是，为了在大会上的讲话，朱德三易其稿，颇费思量，表现得有点特别……说起来情况是这样的：

1月9日，在大会开幕之前，朱德起草了一个讲话稿，并送给毛泽东征求意见。信中说："主席：送上讲话草稿，请你修正。并问你好。敬礼 朱德。"②

长征结束后，朱德与毛泽东在陕北合影

1月13日，朱德又把讲话稿送给刘少奇、周恩来、邓小平、彭真、李先念、谭震林等广泛征求意见。每一份讲话稿上，朱德都亲自写了请"修正"字样。在给刘少奇的稿件上，还专门附了一封信。信中说："少奇同志：你的报告读过了，很好，很完备，很透彻……我完全同意。我准备了讲话稿，请你修正。此致 敬礼 朱德。"③

反馈回来的情况是：邓小平于1月27日批写"退总司令"。谭震林2月

1日批写："已看了一遍，最好是谈一谈总路线问题。"李富春1月30日退来的稿子上说明："有三处小的修改。"其他人未见有书面反馈意见。

朱德的这个讲话稿，主要讲四个问题：

一是谈当前国内外的形势。他的看法是：总的说来是很好的。"在国内，12年来，特别是大跃进的4年来，我们在社会主义革命和社会主义建设方面都取得了伟大的成绩。这是谁也抹杀不了的。连帝国主义也是不得不承认的。"他还说："事实证明，总路线、大跃进、人民公社三面红旗是完全正确的。今后历史将进一步证明，三面红旗不仅是我们走向社会主义胜利的道路，而且是走向共产主义胜利的道路。"

二是讲要积极发展手工业，还应注意恢复和发展家庭手工业和副业生产。

三是讲要积极发展对外贸易，大力开发能够出口的一些产品。

四是强调有了正确的路线政策和办法，关键在于贯彻执行。基本思想是强调贯彻各项具体政策，也就是当时各行各业制定的各项条例。

从讲话的内容看，朱德这个讲话稿主要是围绕经济问题展开的，其中积极发展手工业和家庭副业，积极发展对外贸易问题，是他平时比较关注的问题，在当时也是两件大事。在今天说来，也仍是十分重大的事情。现在我们积极开拓国际市场，千方百计扩大出口，成为拉动国民经济增长的重要国策，从这个意义上讲，朱德很有眼光。所以，朱德的这个讲话稿还是中肯的。至于朱德对"三面红旗"的充分肯定，应该说是当时程序化的表态。

但是，不清楚为什么，1月29日，朱德改变了主意，他写信给毛泽东说："我拟在扩大的中央工作会议上的讲话，原来起草的稿子不好，不适用，又重新起草了一个。现送上请修正退我。"

也就在同一天，朱德又写信给邓小平说："前稿不适用，又写了很简单的稿子，在这次大会上口头上讲一讲，以兹鼓励。请你再修改退我。"①

注释

①朱德送毛泽东、邓小平的讲话稿，1962年1月29日。

朱德的这个讲话稿（二稿），确实非常简单，同第一个比起来，相对较空，没有多少实质性内容，可以说是一个表态性的发言，用他自己的话说，是给大家鼓劲的发言。讲话稿说：

> 我完全同意少奇同志代表中央作的报告。12年来，我们党……在革命和建设上都取得了伟大的成绩。特别是1958年以来。在三面红旗的指引下，我国社会主义建设出现了史无前例的全面的大跃进。我们的三面红旗，是毛主席总结了我国6亿人民建设社会主义经验后提出来的。因此是完全正确的。他不仅得到我国6亿人民的热烈拥护，而且得到亚非拉美革命人民的赞扬和支持。

按照这样一个基调，他最后强调：

> 在已有经验的基础上，我们的工作一定会做得更好，要紧密地团结在毛主席和党中央周围，高举三面红旗，为完成1962年的任务，为超额完成十年规划的目标奋勇前进。

这个讲话稿，在表态方面，似乎更强调了“三面红旗”的重要作用，对过去几年工作的评价明显是夸大其词的。在这个稿子里，1958年以来不仅实现了“大跃进”，而且这个“大跃进”是“全面的”，“史无前例的”。不清楚朱德为什么要准备这样的讲话，这难道是他的真实想法？以朱德一贯的做法来看，似不太可能！

那么到底是怎么一回事呢？这中间的反复出于什么原因？

为此，笔者曾打电话给目前惟一能够了解情况的朱德的秘书曹全夫同志，向他询问事情的原委，并说朱德讲话的第一稿上还有他批写的“打印15份，1月10日，送玉泉山”字样。曹全夫同志反复回想，并试图找出自己的日记本，可惜已经不知去向，一点印象也没有了。他来电话说，40多年了，实在想不起来了。到此，真是使人感觉很无奈，莫非这真的成了历史谜团？

无奈之下，仔细翻查当年的一些材料，想找出一些比较合理的解释来。事情是不是这样呢：1月29日，林彪在大会讲话，他大讲“三面红旗”的重要意义，对过去几年“三面红旗”的评价调门很高。林彪讲完后，受到毛泽东的当场表扬。此时的朱德，有可能以为大会会按林彪的口径统一思想。

原因是：1959年庐山会议的前期，朱德曾表现得十分活跃。会下不断找人谈话，了解情况、交换看法；会上积极发言。他批评1958年是发了一阵疯，“农民大炼钢铁是不应该的，不但损失了20个亿，更重要的是耽误了别的事情”，[①]他反对办公共食堂，提出要坚持自愿参加，即使垮了，也不一定是坏事。他评价1958年说：“最大的是两件事：一是大炼钢铁，一是公社化。结果该搞的未能搞成，私人的坛坛罐罐归了公，农民的家务被搞掉了，使国家也受到了很大损失。现在应该退回去，首先要把农民的家务恢复起来。”[②]他还说：“如果去年不是吃‘大锅饭’，像高级社那样再维持几年，农业就会皆大欢喜了。至少肉、鸡、蛋会有的吃。”[③]我看应当让农民富，“起码应该超过过去的富农。应该让他们一家一家地富，一县一县地富。不要怕他们变成资本主义，不会的。”[④]或许朱德本人没有意识到，对全国大炼钢铁、公社化提出批评，强调不要怕农民富，实质上就是对“三面红旗”、对担心出现富裕阶层产生修正主义的思想提出了批评。庐山会议前，党内还是比较敢于讲话的。

庐山会议转入批判彭德怀之后，朱德又说，彭总的看法是错误的，但彭总的信起了好作用，“彭总在生活方面注意节约，艰苦卓绝，谁也比不过他。彭总也是很关心经济建设的，只要纠正错误认识，是可以把工作做得更好的。”[⑤]

朱德的几次发言，都是这个调子，毛泽东不大满意，在中央常委会上，批评他“未抓到痒处”。[⑥]

注释

①朱德同中共湖南省委第一书记周小舟谈话记录，1959年7月11日。转引自《朱德传》，中央文献出版社（修订本），2003年4月版，第869页。

②朱德同中共中央中南局第一书记兼中共广东省委第一书记陶铸的谈话记录，1959年7月9日。转引自《朱德传》，中央文献出版社（修订本），2003年4月版，第868页。

③朱德同中共河南省委第一书记吴芝圃谈话记录，1959年7月16日。转引自《朱德传》，中央文献出版社（修订本），2003年4月版，第870页。

④朱德同中共江西省委书记刘俊秀的谈话记录，1959年7月8日。转引自《朱德传》，中央文献出版社（修订本），2003年4月版，第868页。

⑤《庐山会议简报》第36号，1959年7月26日。转引自《朱德传》，中央文献出版社（修订本），2003年4月版，第871页。

⑥《朱德传》，中央文献出版社（修订本），2003年4月版，第871页。

⑦《朱德传》，中央文献出版社（修订本），2003年4月版，第871—872页。

由于毛泽东的不满和批评，朱德在庐山会议小受挫折。庐山会议结束仅仅两天，中央军委在北京就召开扩大会议，揭发批判彭德怀、黄克诚的所谓“反党罪行”和“资产阶级军事路线”。因为朱德在庐山会议之前和会议期间，曾批评过“大跃进”和公社化运动中“左”的错误，在这次会上，也被视为右倾而受到错误的批判。会上，林彪“帽子”满天飞，出口伤人，污蔑朱德是“老野心家”、“想当领袖”，还说朱德实际上“没有当过一天总司令”。⑦朱德被迫做了检讨。这次会议之后，中央军委进行了调整，毛泽东为主席，林彪、贺龙、聂荣臻为副主席，朱德却未在副主席之列，而只为常委。随后他的检讨在党内下发。

1959年庐山会议旧址

在遭受这一系列的挫折之后，朱德变得谨慎起来。这次七千人大会，刘少奇的讲话虽然很是大胆，与会者对过去几年的工作也是议论纷纷，而林彪却反其道而行之。朱德根据自己多年对林彪的观察，认为林彪最能揣摩毛泽东的心思，况且林彪的讲话当场受到了毛泽东的表扬。在这种情况下，朱德可能在担心，大会会不会突然转向？再来一个类似庐山会议的反右倾？这或许是朱德决定换讲话稿的原因所在。当然也可能另有其他原因，还待深入研究。

2月6日下午，轮到朱德在大会讲话了。按照大会的安排，这天下午是邓小平和朱德两个人讲话。待邓小平讲完时，时钟已经指向18时，外面的天空早已暗了下来。毛泽东说：现在，请朱德同志讲话。在大会的一片掌声中，朱德开始了讲话。

前面谈到，朱德的讲话稿只是一个表态性的发言，所以给他留下的时间就比较有限。

只听朱德开口说道：今天我要着重讲一讲反对修正主义斗争的问题。

原来，朱德又改变了话题，不是他送给毛泽东、邓小平的第二个讲话稿了。看来他对自己那样的表态也不满意，于是又换了讲话内容。

不过朱德在大会上做反修报告，也多少让人有点颇费思量。对于反修，毛泽东是非常重视的。这次大会未召开前，他曾布置由周恩来在大会上讲一讲，因为年前周恩来曾率团参加苏共二十二大，由周介绍一下情况是顺理成章的事情。但因为大家的兴奋点都在国内的缘故，周恩来一直没有作这样的报告。现在朱德忽然来讲，或许他受了委托？或许是有别的原因？

分析起来，大概与毛泽东1月30日号召发扬民主，强调要让人讲话有关。从2月3日朱德在山东组的讲话来看，他还是比较放开的。他批评党内的一些现象，说：

这几年党内斗争扩大化了，吃了一些亏，运动中打击面宽了，伤了人……对犯了错误的同志，应当治病救人，不能搞惩办主义，无情打击。要很好地爱护干部，尊重党员的权利。

作为领导者应当注意，反“左”容易出右，反右容易出“左”。这种情况，有“左”反“左”，有右反右，有啥反啥，没有就不反。不要一说反什么就自上而下地来个普遍化。

他还讲了农业和手工业问题，说：

把生产队搞好，自留地分配好。其余如大队企业如何办好，这些问题都要有个规定。

中国人民过去几千年是怎么生活过来的？主要是靠农业、手工业生产维持。今后手工业生产还要发展。办手工业可以使老小有事做，有收入。有些东西销到国外可以换粮食、钢材。现在工业半成品还不多，手工业产品还很需要。

注释

① 《朱德选集》，人民出版社1983年版，第387—390页。

② 朱德在山东组的发言记录，1962年2月3日。

他认为党制定政策不能忽视的问题是：

要使农民安居乐业。安居乐业是发展生产的根本保证。不能安居乐业，如何增加生产？所有的人都要安居乐业。①

从这些讲话来看，朱德很痛恨在党内搞惩办主义，尤其是一反什么就是一阵风，这几年党在这方面吃了亏。他谈到的要使"所有的人都要安居乐业"，表明他的指导思想，是把安排好人民的生活放在第一位，他强调的"中国人民过去几千年是怎么生活过来的？主要是靠农业、手工业生产维持"，实际是批评"大跃进"运动超越了中国的现实情况。

1961年3—5月，朱德在四川、陕西、河南进行调查研究后，回来给毛泽东写了一封信，反映食堂、手工业和自由市场问题。图为1961年4月朱德在四川与农民座谈。摄影：杜修贤

当然朱德并不是所有的问题都看得十分清楚，也并不意味着他对社会主义建设到底怎么搞已有一套正确的思路。重要的是，他讲出了自己的真心话。他在山东组还讲了以下一段话，他说：

这两年搞多了一些，想越快越好，计划是有错误的。高指标、大计划是否通通都错了？还不能那样说。有些是错了，有些开始看不出来……以后搞不起来才知道了，当时哪个晓得搞不起来？北京修大建筑，不修已经修了，不能毁，在世界上是有很大的政治意义。经济上吃亏了，人家来参观，都说中国了不起。②

这应该是朱德的真心话，也是他的亲身体会。当时的人们对一些事情，并不像现在的人能看得如此清楚，从毛泽东到刘少奇，都强调总结经验也只是初步的。其中的含义也就在这里。总之，随着大会的深入，朱德由比较谨慎变得开朗起来，本来那个表态的稿子多少有些违心，在大会上再讲已没有必要；但第一个讲话稿他已经自我否定，不可能再讲。那么讲点什么呢？国内的问题大家都已经谈得很多，就讲讲反修的问题吧。

那么朱德是怎么讲反修问题的呢？他说：

> 我们可以看得很清楚，现代修正主义已经形成了比较系统和比较完整的路线。我们同他们之间的分歧，是马克思列宁主义同修正主义之间的原则分歧，是关于世界革命运动的路线性质的分歧。

什么样的原则分歧呢？朱德又说：

> ……他们在对敌问题上，不要革命，厌恶革命，要对美帝妥协，厌恶对美帝斗争，在兄弟党、兄弟国家关系上，从大国沙文主义，即资产阶级民族主义立场出发，要所有的兄弟党、兄弟国家都无条件服从。

在朱德看来现代修正主义的表现主要有两条，一是对美妥协，二是大国沙文主义。究其根源来说，他们"是从害怕战争变成害怕革命，自己不革命也不许别人革命，发展到系统的完全修正主义的理论和路线"。因此，朱德强调："面对着这些错误路线，我们当然绝不能在原则问题上屈服和让步。如果我们屈服和让步，就等于放弃正确的路线，放弃马列主义的阵地，对国际共产主义运动不负责任，就等于放弃无产阶级立场，放弃

注释

①朱德在七千人大会上的讲话稿，1962年2月6日。

革命，变成修正主义，变成帝国主义的走狗。同时，我们必须把这个斗争进行到底。”

朱德的这些提法，和刘少奇在大会所讲基本是一致的。但朱德的态度更坚决一些，强调要把同修正主义的斗争进行到底。朱德还强调：

> 我国民主革命的经验，已经超越了国界，成为亚非拉各国人民的共同财富。同样的，在一个原来是贫穷落后的国家建设社会主义的经验，也是亚非拉各国人民以至许多社会主义国家的人民，所共同关心的。……从这个意义上说，我认为，我们这次会议，对于我们工作的基本经验教训的总结……是具有重要国际意义的。同志们，我们应当把我们的工作做得更好，使我们在建设方面也像革命一样取得更完备的，一整套的具体经验，我们不但应当有自己的建设社会主义的完整的经验，而且应当创造在我们的国家中逐步向共产主义过渡的完整的经验。这是我国人民的愿望，也是全世界一切革命的人民的共同愿望。

朱德这种放眼世界，对社会主义事业充满必胜的信念，反映了他们那一代人对社会历史进程的理解和政治理想。根据当时以及后来一些情况的判断，他们的表述绝不是作秀，而是非常真诚的。

朱德在讲话时还谈到一个问题，也值得一提。在讲到在社会主义国家中如何防修的问题时，提出高薪阶层和富裕农民是滋生修正主义的土壤。他说：

> 在社会主义国家中，现代修正主义也有相当的社会基础和市场。这个问题，很值得我们警惕。在一些社会主义国家中，有高薪阶层和富裕农民，他们容易安于现状，追求生活享受，革命意志逐渐衰退，他们容易接受资产阶级思想影响，成为滋生修正主义的土壤。[①]

朱德的这个认识，同他在1959年庐山会议上所说，要让农民富，一家一家地富不会变成资本主义，是相矛盾的。这也表现了朱德的矛盾所在。这个认识是否真的代表他的所思所想，还有深入研究的必要。

朱德讲话后，毛泽东说："同志们，今天就散会。明天上午开省一级的会，下午开大会。"①

毛泽东对朱德的讲话没有作任何评论就散会了。

大会之后，中央在下发中央常委讲话时，朱德的讲话没有下发。

注释 ①毛泽东主持七千人大会的讲话记录，1962年2月6日。

17

变局
——七千人大会始末

周恩来给地方官员透了实底，算了细账

2月7日，大年初三，这一天天气仍然晴好，七千多名中共官员再次浩浩荡荡地乘坐着大客车，向人民大会堂方向集中。当时的北京大街上，汽车比较少见。这么多汽车向同一个方向驶去，引得不少市民驻足观望。大会在下午四时半开始，主持人毛泽东的话还是简单得不能再简单了："开会，请恩来同志讲话。"

周恩来，浙江绍兴人，中等身材，给人一种儒雅干练的印象。历史上看，他曾有机会做中共的第一把手，但他没有做。人说，绍兴是出师爷的地方。也许是地方文化使然，周恩来始终把自己摆在辅佐者的位置。自新中国成立以来，他一直担任国务院总理，地位显赫非同一般。周恩来开篇便表态说：

"同志们：我完全同意刘少奇同志的报告，主席和其他政治局常委同志的讲话。"

这时，与会者开始注意到，周恩来手中没有厚厚的讲话稿，拿的只是一份讲话提纲。手持提纲发表大会讲话，是这次七千人大会的一大特色。

事前，毛泽东曾提出中央常委都在大会上讲一讲，但具体讲些什么内容，他没有说，也没有进行讨论和布置。结果，除刘少奇的一个书面报告之外，每个人（包括刘少奇）都是按讲话提纲进行大会发言。有的发言稿即使事先写好了，也没有用。如林彪，就是把事先写好的材料扔在一边，自己临时拉条子在

毛泽东和周恩来在七千人大会上。摄影：吕厚民

大会上讲的；朱德事先准备了两个讲话稿，并曾广泛征求意见，后来也收回了，临时换了讲话内容。毛泽东甚至连讲话提纲都没有。陈云则是个例外，他没有讲话，毛泽东曾请陈云在大会上讲一讲，陈云以没有把握为由谢绝了。

这种现象，应该说在党的历史上是比较少见的。它至少说明两个问题：

第一，七千人大会属于临时动议，准备工作只有两个月的时间，相对来说比较仓促，像刘少奇的书面报告，起草出来送给毛泽东审阅时，距大会的召开仅差一两天时间，毛泽东有什么意见，已经来不及切磋修改了。

第二，这是一个总结经验的大会，人们思想比较活跃，相互碰撞，相互启发，不断产生新的想法。七千人大会的这种“动态”的特点，有点类似中共十一届三中全会前召开的中央工作会议，大家解放思想，畅所欲言，新想法、新动议不断产生，因此，许多中央领导同志的讲话都是根据大会的新情况即席发言。

2月7日，也是七千人大会的最后一天。周恩来手持提纲侃侃而谈，一口气讲了两个多小时。

周恩来的讲话，是从国务院总理的角度来讲的。大体分为三个方面的内容：一是表态性的；二是为中央分担责任，代表国务院包括他本人做自我批评；三是讲经济形势的主要困难和克服困难的主要办法。

首先，就需要统一思想的重大问题，即对过去几年的工作和“三面红旗”问题，他表明了自己的观点。他说：

> 这几年的社会主义建设工作，在“三面红旗”的指引下，成绩是伟大的，是第一位的，主要的；缺点和错误是第二位的，次要的。
>
> “三面红旗”，经过实践的考验，证明是正确的。从建设社会主义的整个历史时期来看，今后将会更加证明“三面红旗”的正确和光辉。我们的缺点和错误虽然严重，但是，它是属于执行中的具体政策和具体工作的问题，不是“三面红旗”本身的问题。缺点和错误，恰恰是由于违反了总路线所确定的正确方针，违反了毛主席的许多宝贵的、合乎实际而又有远见的意见才发生的。

周恩来的上述这一段话，基本采用了刘少奇书面报告中的说法。第二段话，看得出来，他是在努力和毛泽东保持一致，维护毛泽东的形象。

周恩来的讲话同林彪相比，显然有着本质的区别。林彪是满怀激情地为“三面红旗”辩护，同时强调“毛主席的思想总是正确的”。周恩来给人的感觉，似是一种按部就班的表态。他所说的缺点和错误，恰恰是“违反了毛主席的许多宝贵的、合乎实际而又有远见的意见才发生的”这句话，似也可以理解毛泽东也有一些不合实际和缺乏远见的意见。周恩来乃外交领域的高手，他的话多少给人外交辞令的感觉。比较而言，刘少奇坦率分明，邓小平则采取了不提“三面红旗”的回避态度，而周恩来则有点不偏不倚的味道。

周恩来是一个对自己要求十分严格，勇于检讨错误、承担责任的人。这次会上，他的这一点表现最为突出。周恩来对于经济工作虽然不如陈云那么擅长，但自新中国成立以来，由于担任国务院总理，长期处在工作第一线，也积累了不少经验。1956年，面对盲目追求高速度的情况，周恩来曾提出“反冒进”的问题，因此遭到毛泽东的严厉批评，说他泄了6亿人民的气，犯了政治方向性的错误，为此他做了一次又一次的检讨。“大跃进”运动起来之后，应该说周恩来的内心是复杂的，既存在对“大跃进”疑虑的一面，也有被人们的热情所鼓舞感染的一面，还有屈于巨大的政治压力的一面。

这种矛盾的心理，在“大跃进”的严重后果暴露出来后，加深了他对自己的自责。他在2月7日的讲话中，代表国务院做自我批评说：

> 对于缺点和错误，在中央来说，国务院及其所属的各综合性委员会，各综合口子和各部，要负很大责任。国家计划和具体政策，具体措施，有许多是由政府部门提请中央审核批准的。还有一些政策性的文件，没有经过中央审核批准，就由各部门擅自发出，这更是无组织、无纪律的分散主义行为。
>
> 计划上的高估产、指标高、变动多、缺口大、基本建设战线过长、权力下放过多、过散，不切实际的，过多过早过急的大办、大搞等等，国务院及其所属部门，都是有责任的。

周恩来在代表国务院进行自我批评的同时，还向大会检讨了自己本身的错误。他不是泛泛地说我有责任等语，而是实实在在地举了两个比较典型的例子。他说，自己犯的一个严重错误是：

1959年8月26日在人大常委会上，提出了超过实际可能的关于跃进、大跃进、特大跃进的标准，即规定农业每年增产超过10%是跃进，超过15%是大跃进，超过20%是特大跃进；工业每年增产超过20%是跃进，超过25%是大跃进，超过30%是特大跃进。

另一个错误是：1958年6月2日，他主持起草了一个关于将轻工业下放98.5%，重工业下放96%的文件。这是权力下放过多过散，形成分散主义的根源之一。这种不切实际的要求，就必然造成地方上各搞一套和盲目追求产值的严重后果。周恩来表示，这些问题，他还要在3月的人大、政协会议上作适当的解释，这是他的账，要交代。

坐在一旁的毛泽东心里明白，周检讨的两个错误，并不是他的发明，大家都有份，所以插话说："交代一回也就好了。"

这就是周恩来。在中央七大常委当中，像周恩来这样把责任揽在自己身上，做非常具体的自我批评的独一无二。听了周恩来的讲话，不少人很感

周恩来1961年4、5月间到河北邯郸农村搞调查，开座谈会。摄影：杜修贤

动。有人说，以后再怎样打屁股也痛快。

从周恩来讲述的第一个错误的时间看，正是1959年庐山会议刚刚结束的时候。庐山会议之前，周恩来已经看到了“大跃进”的问题，开始考虑要降低各项经济指标。但庐山会议反右之后，他立刻将冶金部的副部长袁宝华、国家计委的安志文叫到庐山，重新核定钢材产量问题，并给各部长打招呼，说彭德怀的问题是什么性质，主席是怎么表态的，政治局是什么意见等等。用袁宝华的话说，总理打招呼的目的，是怕大家犯“错误”。[①]可能就是为了不犯“错误”，庐山会议结束10天后，1959年8月26日，周恩来便按照中央讨论的意见，在人大常委会上讲了新的跃进标准。

从周恩来讲的跃进、大跃进、特大跃进的标准来看，确实有点天方夜谭，按这样的标准部署经济工作，只能带来更大的浮夸和瞎指挥。类似这样的错误，恐怕不止周恩来一人，但只有他当着全党的面，揭自己的短。心地坦诚可见一斑！

不过有一个问题要问：周恩来本来已经知道指标高了，可是为什么还要这样宣布呢？袁宝华说：“当时是泰山压顶，很难顶得住啊！”[②]

这就是当年的现实情况。这种现实，有多少值得令人回味、令人深思的东西呀！

周恩来在做完自我批评之后，开始讲这几年他感受最深，作为一国总理最为头疼的事情，那便是困难的形势。当时全党对形势的看法并不统一，一种认为形势极端困难，一种认为没有什么了不起。毛泽东认为，最困难的时期已经过去。大会按照毛泽东的口径，也强调最困难的时期已经过去。那么，这个困难的形势到底是过去了还是没有过去呢？周恩来在讲话时，便把重点放在了解释为什么说最困难的时期已经过去的问题上，他说：

> 现在的困难既然相当严重，为什么说最困难的时期已经渡过了呢？这是由于：工作中的缺点和错误已经改正或者正在改正；几年

注释

①访问袁宝华记录，1996年5月16日。

②访问袁宝华记录，1996年5月16日。

来工作经验的积累，使我们逐渐认识了一些建设中的客观规律；农村情况已经开始好转，工业减产趋势已经基本停止；最重要的是，我们对过去工作中的缺点错误，揭开了盖子，破除了迷信，统一了认识，总结了经验。

既然最困难的时期已经过去，而缺点错误又已经纠正或者正在纠正，为什么又说目前国民经济中的困难还相当严重呢？这是由于三年严重灾害的影响和许多工作中的缺点错误所造成的困难，还不能一下子就完全克服；工农业生产在某些方面遭到了部分的甚至是严重的破坏，经济情况的好转还刚刚开始，工农业生产的恢复和回升，还需要一定时间。

应该说，周恩来在这里将中央对形势看似矛盾的估计讲透了。他实际上给全党这样一个信息：我们大有希望（最困难的时期已经过去了），不过要知道还有严重的困难（还相当困难）。他把毛泽东对形势的估计和判断辩证地、入情入理地一一向大家阐释，使人很难不信服。人说周恩来是毛泽东的左右手，毛泽东用口，周恩来用手。毛泽东说的话，要靠周恩来去完善、去落实。从这里，似可以看出周恩来在落实毛泽东的意图方面，确实有十分高超的艺术。难怪蒋介石曾十分羡慕毛泽东身边有个周恩来。

那么到底存在哪些具体的困难呢？刘少奇在口头报告中，已经讲了不少，周恩来在讲话中，更加具体地一一罗列出来。他说：

1961年4、5月间周恩来在河北邯郸农村调查时坐在农民门槛上与之拉家常。摄影：杜修贤

当前的主要困难是，生产降低，物资不足。

农产品很不足，人民的吃、穿、用都不够，市场供应相当紧张，工业、原料、材料、燃料不够，许多工厂处于半开的以致停工状态，约有三分之一的企业亏本赔钱。我们经济上的困难，反映在财政上，就是最近两年财政都有赤字……

周恩来强调，目前供应最紧张的是粮、棉、煤、木，其中最突出的是粮食。

因为粮食连年减产，全国出现严重的粮食危机，这几年各省市几乎天天向中央告急。1960年6月，国务院财贸办的一份报告谈到粮食情况说：北京的粮食只能销7天，天津只能销10天，上海已经几乎没有大米库存，辽宁10个城市只能销八九天。这恐怕是新中国成立以来，最让中央领导人心焦的事情了。倘若几个大城市的上百万市民排队购粮，而粮店则没有粮食可卖！将是一个怎样的情景啊！

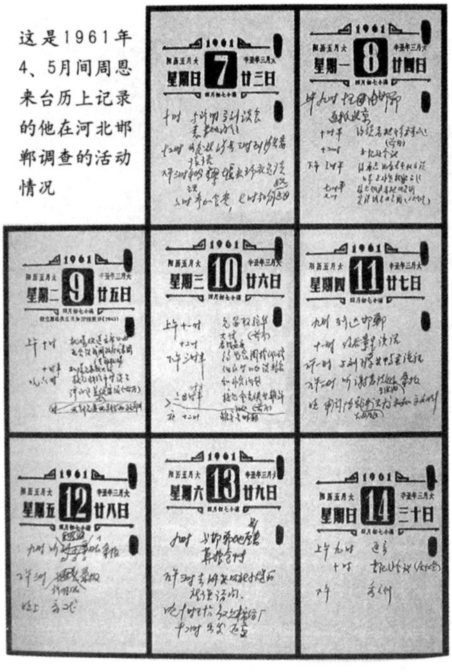

这是1961年4、5月间周恩来台历上记录的他在河北邯郸调查的活动情况

周恩来急得吃不下饭，睡不着觉，为了解决人民的吃饭问题，周恩来给各省市打电话，有时亲自前往，慢声细语，请求地方发扬风格支援中央；急了，也得声色俱厉地陈明利害关系；有时候，他还得用诙谐的态度，想办法“钓”出粮食。

有一次，周恩来来到江西，江西省委负责人请他吃饭。省委书记

注释 ①参见金冲及《周恩来传》，中央文献出版社1998年2月版，第1561页。

刘俊秀举杯向他敬酒，周恩来端起酒杯，却提出一个条件，干一杯酒，增加外调粮食1亿斤！连干3杯，增加3亿斤好不好？刘俊秀顿感为难起来。周恩来说：我有调查。江西老表口粮水平比较高，还有储备粮，比严重缺粮的晋、冀、鲁、豫好多了。增加3亿斤虽有困难，还是可以的。无奈，刘俊秀只好答应。[①]一杯酒，值1亿斤粮食。这恐怕是世界上最最昂贵的一杯酒了。为了解决粮食问题，周恩来用尽一切办法，在各省市之间腾挪周转，一国总理得了个“粮食调度总指挥”的雅号。

这几年，从中央到地方，受粮食的困扰实在太大了。除了粮食，还是粮食，其他国家大事，几乎无暇顾及。那么多人因缺粮少吃而得了浮肿病，还有不少人被饿死，从毛泽东到周恩来，到党的各级干部，又如何能够心安？中国是一个有6亿人口的大国，基本的粮食问题不解决，其他的建设问题又从何谈起。召开七千人大会的直接起因，就是为了解决粮食问题，所以在大会上，周恩来强调了又强调的，就是粮食，想尽办法克服粮食危机。

当时中国严重的粮食危机，并没有向社会透露一丝一毫，报纸上一个字的报道也没有，国外对此也只能猜测——中国已经发生粮食危机。在七千人大会上，周恩来给这些地方官员们交了实底，算了细账。他说：

> 第一个五年计划，平均每年生产的原粮，有3600亿斤左右，全国农民每年的年均口粮是400多斤原粮。1961年粮食总产量2800亿斤左右，全国农民平均口粮只有300斤左右原粮，多数的省、区在300斤以下。
>
> 粮食在大量减少，而同粮食成反比的是：这几年城镇人口比1957年增加3000多万人，粮食销量增加100亿斤左右。尽管1961年精简城镇人口1000万人，1962年要养活现有的城镇人口，还差100亿斤左右的粮食没有着落。

与会者听到这里，个个屏声息气。过去他们考虑的是一个县、一个地区、一个省、一个大区的情况，现在听到的是全国的情况。看来全国形势真的不容乐观。只听周恩来继续谈到，如何解决粮食困难呢？

> 第一，能不能向农民再多征购一些？看来不大可能。因为我们现在的征购比重很高了……如果征购过头，势必增加今后农业

恢复的困难，延长农业恢复的时间。可是，为了保证国家最低的需要，上面说的征购数字也不能再减少。邓小平同志说过，如果再减少，那只好解散城市，大家回乡。

第二，能不能再降低城市的供应标准，我看也不能。目前城市人民的生活已经降低了，如果再降低，就很难维持下去。

第三，能不能再增加粮食进口？1961年我们进口了500万吨粮食，已经很吃力。今年准备进口400万吨，粮食的来源和外汇都还没有完全落实。

这也不能，那也不能，到底什么是解决困难的主要办法呢？周恩来说："还是刘少奇同志报告中所指出的精兵简政、增产节约。"具体地说，周恩来提出了八项办法：

第一，坚决精简机构，压缩城镇人口，精减职工人数，减少粮食供应。1962年上半年要继续压缩城镇人口700万人，其中职工要减少500万人，在上半年精减的指标实现以后，下半年还要考虑提出新的精减计划。这是克服当前困难最重要的一着，也是调整工作的一个重要环节。

第二，争取农业增产，主要是粮、棉、油。

第三，努力增加工业生产，首先是增加能够供应市场的工业品的生产，同时，保证完成煤、木、矿、运的任务。

第四，缩短基本建设计划，坚决"下马"。

第五，要统一、全面、彻底、合理地进行清仓核资。

第六，大家一起走"前门"，反对走"后门"，搞好市场供应，争取财政收支平衡。

第七，坚决还账，努力承担国际义务。

注释 ①周恩来的讲话，均来自周恩来的讲话记录，1962年2月7日。

第八，建立新秩序，树立新风气。

周恩来强调：

抓紧以上的八项工作，做好这些工作，才能克服困难，实现以调整为中心的1962年的任务，也才能为实现十年奋斗目标创造有利条件。

这扭转局面的八项工作，在我们今天看来，似乎有些拘谨，力度不大，没有放开搞活，但在当时，传统社会主义模式制约着人们思想的时候，也只能这样来做。值得指出的是，八项工作，其中六项都是硬碰硬的具体措施，没有谈到要反对什么利用职权，为己牟利的问题。有人说，那八项中不是有反对走“后门”一条吗？其实，这个走“后门”，主要是指有些省企图通过关系请中央多拨款，打乱中央财政平衡的情况。可见当时，即使生活十分困难，党的干部的作风还是经得起考验的。

周恩来的报告，一方面使大家认清了当前形势，实实在在地了解了全国粮食的底细与中央的困难，一方面又使人们明了克服困难的具体办法，可操作性比较强。会后，上述八项工作都顺利落实，到1963年底，粮食形势出现根本好转。

周恩来在讲话即将结束时，向全体与会者提出了希望。他说：

同志们，刘少奇同志在书面报告中最后提出，我们要进行建设，也要有像毛主席的七大时期所提倡的愚公移山的精神，既要有雄心壮志，又要实事求是；既要鼓足干劲，又必须从实际出发，走群众路线。我们一定要兢兢业业，勤勤恳恳，一点一滴地做好实际工作，一个一个地解决具体问题。这也就是毛主席所说的，我们的经济工作，必须越做越好。①

周恩来讲完之后，大会表决通过了有关刘少奇书面报告的决议。最后，毛泽东说：这个会议就闭幕了。但是，明天还要留一天，以便各省还有些问题谈一谈。明天要开一次小型会议，有省一级的同志参加。明天过了，后天就都回家，回你们那个家。

毛泽东最后说：“这个会开得好，开完了，散会！”①

注释 ①毛泽东主持七千人大会的讲话记录，1962年2月7日。

18

变局
——七千人大会始末

大会留下的悬念：陈云为什么不讲话？

陈云，中共中央副主席，是中共第五号人物，自然也是中共中央七大常委之一。这次会前，毛泽东曾布置中央常委都要在会上讲一讲。会议期间，毛泽东也曾亲自请陈云讲话，陈云都以“在做工业调查，还没有调查完，现在还没有把握来讲”[①]为由，谢绝了。毛泽东问他哪一年可以讲，他说过半年以后。[②]

其实，毛泽东是很希望陈云讲一讲的。为什么呢？

陈云，在中共党内虽然排名第五，但论经济工作，可算是第一号人物，大家公认的经济专家。新中国成立之初，开始执政的中国共产党，面对的是物价飞涨、满目疮痍的烂摊子。有人说，中国共产党打仗是一百分，搞政治八十分，管经济只能是零分。全国的金融中心上海，被一些看不见的手操纵着市场，他们囤积居奇、哄抬

陈云1958年在北京听取关于石油工业发展情况的汇报时

注释

① 孙业礼、熊亮华《共和国经济风云中的陈云》，中央文献出版社1996年版，第233页。

② 《陈云年谱》，中央文献出版社2000年6月版，下册，第106页。

七千人大会散会时，秘书正在帮毛泽东收拾桌上的文件。右一为陈云。摄影：吕厚民

物价，并且断言，解放军进得了上海，人民币进不了上海。为了驯服这匹“脱缰的野马”，陈云被派往上海坐镇，同上海的投机商斗法，很短的时间内，便大获全胜，控制了通货膨胀，稳定了市场，安定了人心。毛泽东大喜，没想到陈云竟有这样“回天”的本领，为陈云写了一个“能”字，并高度评价这次以上海为重点、涉及全国范围的经济斗争，“不下于淮海战役”。

七千人大会，又是在国家经济工作最困难的形势下召开的，会议的目的，也主要是解决经济建设中的问题。现在的毛泽东是“国难思良将，家贫念贤妻”，对于经济工作，他最佩服的人是陈云。所以七千人大会怎能缺少陈云的声音呢？偏偏就是陈云不肯讲话。

陈云为什么不讲？他所说的理由是真的吗？根据陈云在大会前的情况以及大会闭幕后，仅隔14天（并非他说的半年），就在西楼会议开口讲话的情况分析，陈云所说“现在还没有把握来讲”，不是他真正的理由，而是一种婉转的拒绝。

实际情况是：陈云对工业已经调查清楚了。1960年9月，陈云考察了天津、河北的工业和农业，10月，又到河南、安徽、江苏、上海考察了工业和农业，实地调查了河南的“156项”重点工程之一的洛阳拖拉机厂、轴承厂及矿山机械厂、柴油机厂

1962年2月6日，大年初二，七千人大会闭幕前一天，《人民日报》发表的剪纸作品《春夏秋冬》，洋溢着新年的喜悦

等。有关煤炭、机械问题，陈云曾找煤炭和机械部门的同志座谈，了解详细情况。陈云的调查，既不是走马看花式的，也不是外行隔靴搔痒式的，而完全是一个行家的算账式的调查，因此，他的调查所得，也是比较符合实际情况的。钢铁问题，他更是花了不少心思，不但找冶金部和地方的有关人士座谈过，还到一些矿山亲自调查过，甚至不顾体弱多病（医生曾嘱咐他走路不能超过百米），两次下到矿井，去调查采掘情况。在七大常委中，真正下矿井进行深入调查的，恐怕不多，但陈云去了，可见其调查工作的仔细和深入。1961年6、7月间，陈云又到家乡上海青浦县做农村调查，亲自开座谈会，亲自到农家走访，亲自到地头察看庄稼的长势，看农民养猪、养鸡，了解农民的副业、自留地等情况，他蹲在这个调查点上，用了半个月的时间。

因此可以判定，当时的陈云不论对工业，还是对农村，都做了大量详细的调查研究，对全国的经济形势已经有了比较深入的了解。对怎样才能迅速克服困难、恢复国民经济，肯定有着一套自己的想法。

既然陈云对毛泽东讲的理由是不存在的，那他为什么不肯讲话呢？他为什么不把自己的想法对毛泽东讲，在大会上讲呢？带着这个问题，笔者电话采访了陈云的秘书周太和。周太和说，他当时不在陈云身边，正在外地做调查工作，这个问题他当时不清楚，事后也没有问过陈云同志。

真是太遗憾了。既然周太和不在陈云身边，一定有其他的秘书知道情况。但周太和说，其他的秘书不是他的文字秘书，也说不清楚。

这真成了七千人大会上的又一个谜。按照常规，陈云是七大常委之一，对于经济工作又最有发言权，毛泽东亲自请他讲话，他就是不肯开口，的确有些蹊跷。一般说来，没有毛泽东请不动的人，但陈云破了例。个中原因，到底为何？带着好奇心，翻开那个年代的历史，慢慢细品，或许多少也能品出一点味道来。私下以为，陈云不肯讲话，是否可以从三个方面来理解：

第一，陈云对当时经济形势的判断和在解决困难的思路上与毛泽东有着不同的观点。毛泽东对形势的判断是，最困难的时期已经过去，再有2—3年经济就可以恢复，为了鼓劲，并提出制定10年规划，写进刘少奇的书面报告，由大会讨论通过。从陈云十几天后在西楼会议的讲话来看，陈云则认为，最困难的时期还没有过去，全国农业的恢复不是2—3年，而是至少5年。陈云认为，不应忙于制定10年规划，可以作一个5年恢复、5年发展的计划等等。陈云与毛泽东的想法既然不一样，讲出来的调子与大会也就不合拍，因此，陈云的话也就不那么好讲了。

第二，陈云是一个不太愿意讲违心话的人。从他的经历和性格来看，非到不讲不能过关的时候，才讲些违心话，大多数情况下，他采取的办法是沉默。这一点，最有说服力的是，在“大跃进”运动中，不少人随声附和跟着发热，陈云也热，但没有狂热，基本保持了沉默。邓小平回忆那一段历史说：“‘大跃进’，毛泽东同志头脑

1954年陈云和毛泽东在北戴河。摄影：侯波

发热，我们不发热？刘少奇同志、周恩来同志和我都没有反对，陈云同志没有说话。”①

第三，还是心有余悸。从个人而言，他担心弄得不好，当了“秋后算账派”，引起毛泽东不快，万一如庐山会议一样，大会改变了方向，这也是难以预料的。

说起“秋后算账派”的事情，则需要从“反冒进”讲起。

1955年，上自毛泽东，下至周恩来，由于经验不足，都对经济形势比较乐观，为提早完成中国的社会主义工业化和社会主义改造，毛泽东曾提出以反对右倾保守为中共八大的指导思想。结果，1956年出现了经济过热，资金、原材料和市场十分紧张的现象。周恩来、陈云等人发现了这一问题，当机立断“反冒进”，把过大的建设规模压了下来。

毛泽东同周恩来、陈云比起来，对经济工作更是缺少经验。周恩来、陈云等发现了经济建设冒进的情况，立刻煞车，但毛泽东没有看出问题的严重性来。当时的他虽然没有反对，但当1957年他准备开展“大跃进”的时候，开始批评周、陈搞“反冒进”，说一反就泄了气，泄了6亿人民的气。毛泽东还上纲上线说，这是方针性错误，是政治问题。②毛泽东很欣赏柯庆施1957年12月25日在上海市党代会作的《乘风破浪，加速建设社会主义的新上海》的报告，说这个报告把中央许多同志比下去了。这“许多同志”是何许人呢？后来毛泽东自己揭了这个谜底，他主要就是针对陈云来讲的。言外之意，陈云做经济工作不行了——这是1958年1月南宁会议的事情。

在这之前，全国的经济工作是由陈云负责的；在这之后，毛泽东亲自统揽了经济工作的大权。也就是说，毛泽东从二线回到了领导经济工作的一线。

为了加快中国经济建设的步伐，毛泽东加大了反“反冒进”的力度。1958年2月，毛泽东在中央政治局会议上，针对“反冒进”讲了一句很重的话，他说：“反冒进”的人“跟右派相距不远”了，“大概50米远”。③陈云听了，如坐针毡，革了一辈子的命，谁愿意与右派为伍？无奈，陈云发言检讨了自己“反冒进”的“错误”，并表示，对“反冒进”中财贸工作的“错误”要负主要责任。

注释

①参见《邓小平文选》，人民出版社1994年10月版，第2卷，第296页。

②参见《陈云年谱》，中央文献出版社2000年6月版，中册，第408页。

③见金冲及、陈群《陈云传》，中央文献出版社2005年6月版，下册，第1128页。

④1958年4月1日，毛泽东的谈话记录。转引自孙业礼、熊亮华《共和国经济风云中的陈云》，中央文献出版社1996年版，第139页。

1958年3月的成都会议，陈云再次检讨了自己在“反冒进”中的“错误”。

1958年4月的汉口会议，不知道毛泽东是有预感还是别的什么，他表达了这样一种心情：有些人可能是“观潮派”、“秋后算账派”。他说：如果今年得不到丰收，还会有人出来说“我早就有先见之明，还是我的对”。到那时又要刮台风的。党内中间偏右的人是“观潮派”，他们是“楼观沧海月，门对浙江潮”。④

毛泽东的这番话意味深长。陈云当时没有参加会议，事后他得知此事，除了震惊，恐怕就是担忧了。

毛泽东通过批评“反冒进”，终于为“大跃进”扫清了思想障碍，各地纷纷以反对右倾保守为柴薪，为经济上的冒进加热、升温，从而形成了“大跃进”的高潮。

“大跃进”的后果，今天已经十分清楚，给中国经济造成的损失是极其巨大的！

1958年秋，毛泽东开始发现“大跃进”存在的问题，头脑有些清醒了，并着手纠“左”。1959年庐山会议，毛泽东甚至做好了心理准备，让人家“秋后算账”。但当彭德怀批评“大跃进”是犯了小资产阶级的狂热性时，毛泽东又很难接受了，刚刚有些清醒的头脑，再次昏涨起来，不但停止了纠“左”，还定了彭德怀的罪，继续反右。这些风云变幻，陈云自然历历在目。时间虽然到了1962年，眼下的情景已同1959年的庐山会议有着很大的不同，但毛泽东接受意见的空间到底有多大呢？应该说，陈云还是吃不透、拿不准。

解放初，全国的金融中心上海，被一些看不见的手操纵着市场。有人放言，解放军进得了上海，人民币进不了上海。陈云坐镇上海与投机商斗法获胜，被毛泽东誉为“不下于淮海战役”。上图为解放前在上海外滩国民党中央银行挤兑黄金的人群。下图为当时的街景，物价暴涨，上海市民把大捆金元券放在自行车上去采购日用品

再者，陈云同毛泽东的关系是上下级关系。党内多年形成的历史习惯，是将毛泽东看做真理的化身，只要是他说了话，一般只能执行，很难回转。

陈云在“反冒进”问题上，受到毛泽东的批评后，一直比较谨慎，一直是在毛泽东能够接受的范围内进行小心的矫正。比如，“大跃进”正热的时候，经济学家薛暮桥曾私下对陈云说，希望他找毛泽东谈谈对“大跃进”中的一些问题的想法。陈云说：“现在不是毛主席一个人热，全国许多领导都热，不吃一点苦头，这些话是听不进去的。”①1959年初，陈云说服国家计委将钢的产量降为1600万吨，讨论的结果，国家计委只同意将钢降为1800万吨。不久，毛泽东请陈云和主管财经工作的几位副总理吃饭时，陈云向毛泽东进言：1800万吨好钢是不是能够完成，恐怕有点问题，他倾向降到1600万吨。当时的毛泽东，不知是没有思想准备，还是不同意陈云的意见，他停顿了一下，说：“那就拉倒。甚至于这个总路线究竟正确不正确，我还得观察。我随时准备修改总路线。”②毛泽东的这一席话，给陈云的印象是，他不仅不同意陈云的意见，而且还把降低指标同总路线联系起来了。陈云在心里叫苦。孰料，毛泽东回头却提议中央开会，讨论生产计划等问题。毛泽东的意图，是希望陈云在会上把他的想法给大家讲一讲，说服头脑还在发热的同志把指标降下来，降到1600万吨。而陈云呢，以为毛泽东是因为不满意他的想法，才提出开会。所以，这个会上，陈云不仅没有讲自己的想法，还做了自我批评。这件阴差阳错的事情令毛泽东十分恼火，后来为这事曾多次抱怨。

诸如以上种种顾虑，可能就是陈云在七千人大会上没有讲话的原因。今天当笔者对此文进行修改时，《陈云传》出版了，发现陈云对自己为什么在七千人大会上不讲话，也当成一件大事铭记在心，专门作了解释。事隔26年后，他说：“1962年七千人大会，毛主席要我讲话，我不讲话，主要是和稀泥这不是我陈云的性格，同时不能给毛主席难堪。”③读了陈云的回忆，笔者欣喜地看到，上面关于陈云不讲话的前两条判断，同陈云的回忆基本吻合。至于第三条原因，陈云自己没有讲，是不是就不存在呢？作为研究，应该是可以探讨的，所以仍然保留下来，以供读者参考。

注释

①薛暮桥《杰出的经济工作领导者——陈云同志》，见《陈云与新中国经济建设》，中央文献出版社1991年5月版，第37页。

②孙业礼、熊亮华《共和国经济风云中的陈云》，中央文献出版社1996年版，第167页。

③陈云的谈话记录，1988年5月21日。见金冲及、陈群《陈云传》，中央文献出版社2005年6月版，下册，第1292页。

④访问梅行记录，1994年9月5日。

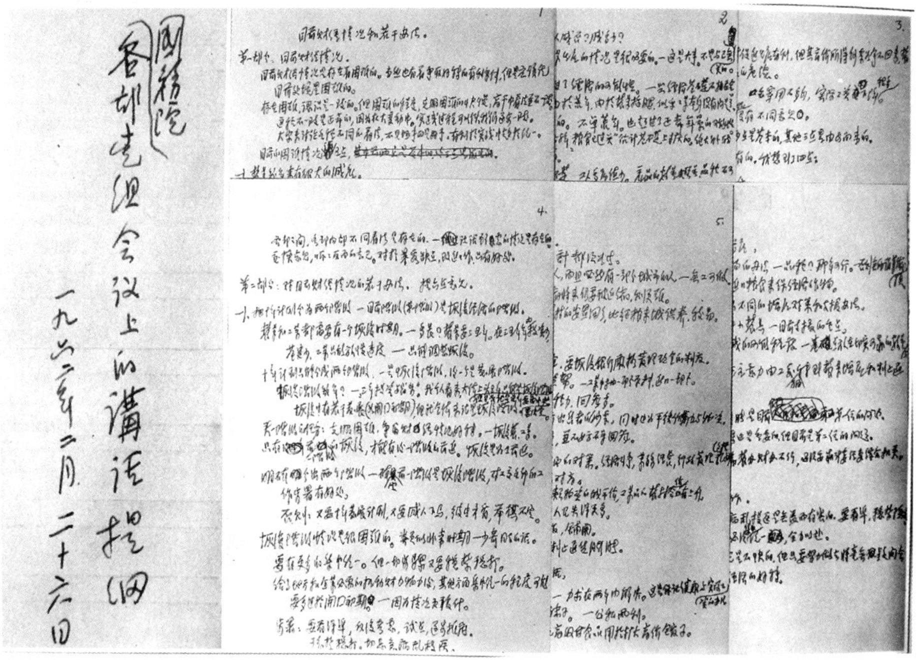

这是1962年2月26日，陈云根据刘少奇的建议，继续发挥西楼会议讲话精神的部分提纲手稿

七千人大会于2月7日闭幕，事隔14天后刘少奇主持召开中央政治局常委扩大会议，即“西楼会议”。会上陈云就当时的财政经济情况和克服困难的办法作了长篇讲话，对七千人大会的一些观点和决策进行了大胆修正。他认为困难主要表现在五个方面，然后提出克服困难的六条重要措施。陈云的讲话，引起大家强烈的共鸣，全场疯狂地鼓掌！陈云也很兴奋，脸孔通红。④大家认为这次真是讲透了，知道了应该干什么，怎样去干，心里有底了。

那么，陈云在七千人大会上不讲，为什么在“西楼会议”上又讲了呢？

分析起来，大体有四条原因：

一是“西楼会议”的范围比较小，为中央政治局常委扩大会议，也就是说，讲话的场合比较合适。有些意见在大会上讲不方便，但可以在小范围的会议上讲一讲！二是毛泽东在大会讲话时，谈到了自己在经济工作上不如陈云，陈云“懂得较多”。虽然这是毛泽东在七千人大会讲的，实际上是向全党宣布在经济工作方面陈云懂得最多，包括刘少奇、周恩来、邓小平等，谁也不如陈云内行。陈云因此受到一些鼓舞。三是毛泽东在七千人大会发扬民主，让人讲话的精神，或许陈云感到那个务实的、善于听取不同意见的毛泽东又回来了。2月8日，陈云在陕西组的讲话证明了这一点。他针对有人担心在北京什么意见都可以提，回去以后恐怕就不行了，乐观地说："从这次大会开始，今后批评的门是大开着的，并且是越开越大的。"①四是严峻的经济形势。七千人大会之后，中央又发现了1962年的国家预算，表面上收支平衡，实际上有着50亿元的赤字，使中央领导人感到震惊。出于一种高度的政治责任感和使命感，几个因素相叠在一起，就有了陈云在"西楼会议"上的大胆一讲，也就有了那一篇备受欢迎的精彩演说。那一刻，也成为陈云人生辉煌的又一个瞬间！

当然，毛泽东对陈云在"西楼会议"的讲话确有不满意的地方，认为他把形势看得黑暗了。后来多次不点名地批评陈云说农业要5—8年才能恢复。后来的实践也表明，经济恢复的时间，确实比陈云估计的要快一点，但陈云提出的一些措施，对经济的恢复则是十分有效的。

有人说，只有七千人大会，没有"西楼会议"，国民经济不可能很快走出困境，这也是对"西楼会议"及陈云讲话的一种充分肯定。这里想再补充一句，没有七千人大会，也不会有"西楼会议"。有了七千人大会的民主精神，反分散主义的举措，又有"西楼会议"确定的宏观调控措施，这样，国民经济才得以顺利调整落实。由此说来这是两个相辅相成十分重要的会议。

陈云在"西楼会议"的表现，功不可没。

注释

①陈云的讲话记录，1962年2月8日。

19

变局

——七千人大会始末

谭老板、曾胡子、李井泉等能不能过关？

谭震林，湖南攸县人，全国解放战争时期是华东野战军仅次于陈毅、粟裕的第三号人物，深受毛泽东喜爱。1954年起，谭主管全国农业工作。他个性鲜明，快人快语，爱放炮，人称谭老板。

"大跃进"时期，分管农业工作的中共中央书记处书记谭震林，不但没有向头脑发热的毛泽东提供比较符合中国农业实际情况的降温措施，相反起了推波助澜的作用。他冲锋陷阵，被人称为"大跃进"年代的"风云人物"。这次大会，谭震林专门写了书面检查在大会下发。[①]大会讨论时，谭震林的名字也常常出现在简报上，但不是表扬，而是批评。谭震林因此成为这次大会的一个"人物"。

说起谭震林，"大跃进"期间，确实表现得非常活跃。他在南方、在北方先后召开几省、市的分片农业大协作会议，召开小麦、水稻、棉花等主要农作物的专业会议，召开水利、农业机械等现场会议，大做促进工作；在《人民日报》发表文章，宣传要"大跃进"。他还马不停蹄地到处视察，比较典型的一次，仅用10天时间就跑了30个县，一天3个县。想想当年的交通状况、乘车条件，就可以想象他是怎样不辞劳苦，又是怎样走马观花了。他一路看下来，各地热火朝天的生产景象，使他产生了不仅调高的指标可以达到，而且能够大大超过的错觉，"大跃进"的信心也因此更足了。他在中共安徽省委三级干部会议上说："我来安徽，主要是看形势……我就看到了这个跃进的形势……汕头、醴陵和湖北的几个县是搞亩产1500斤的，你们来个全县平均2000斤盖过它。这不是自满，这是打擂台。"接着他又鼓劲说："第一个'卫星'放出去，第二个也就出来了。我看麦子亩产5000斤的'卫星'可能出在你们安徽的阜阳。会不会出现亩产万斤，我看有可能。"[②]一种美好的想象，最终被现实击得粉碎。七千人大会上，杭州地区

注释

①据谭震林传编纂委员会《谭震林传》记载：七千人大会时，谭震林将其书面检查送给中共中央总书记邓小平，请求批发大会。邓小平批示：中央承担责任可以了，不要个人检讨了。随即退回了这份检查。从大会讨论的情况看，有陕西、浙江、山西、河北、吉林、交通、邮电等不少部门就谭震林的检查提出意见。从这些情况分析，谭震林的检查应该是下发了大会。

②陈利明《谭震林传奇》，中国文史出版社1994年出版，第325页。

③见1958年8月11日《人民日报》刊登的谭震林《论我国今年夏季的空前大丰收》。

④谭震林传编纂委员会《谭震林传》，浙江人民出版社1992年版，第325页。

⑤陈利明《谭震林传奇》，中国文史出版社1994年版，第327—329页。

的同志愤愤地说：谭震林“乱批评人，乱压人。逼着我们在杭州搞亩产万斤田，搞一个亩产万斤的专区，完全脱离实际”。

“人有多大胆，地有多大产”这个曾经响彻全国的离奇口号，也是谭震林的文章中第一次引用的。[③]他还宣传和推广了“吃饭不要钱”、“放开肚皮吃饭”的口号，对有些地方提出的“马上就要进入共产主义”等错误提法表示赞成。

1959年庐山会议上，毛泽东说，他自己的“罪状”有两条：一是大炼钢铁，二是人民公社，他无发明权，有推广权，主要责任在他，赞成的也分点成。其中特别提到谭震林，他说：“你们放大炮的也相当多。如谭老板，放的不准，心血来潮，说话把握不大，要谨慎一点。”[④]

从这时起，谭震林才开始清醒一些，此后的他开始做自我批评，也逐渐地谨慎起来。他说：“中央书记处分工我管农业，我没有管好。虽然‘大跃进’了，可是过了五关，斩了六将，最后走了一个麦城。”“去年刮‘共产风’这是我要负责任的，过去做过的一律不算，要追究责任，要给处分，都是应该的。我毫不推脱这个责任”，“‘五风’主要来自上面，来自中央各部门，来自中央做具体工作的同志，我就是其中之一”。[⑤]他在七千人大会的检讨，从四个方面回顾了自己的错误，强调说自己的错误是严重的。

然而大会在讨论时，人们针对谭震林仍然提了不少意见。大体说来有两个方面：

一方面认为，谭震林能够进行自我批评，这是很好的，对大家有启发教育作用。但又强调，谭检查得不够。说这个检查晚了，在去年5月的中央工作会议上和8月的庐山会议上他就应当检查，另外检讨得也不深刻。一是错误属于什么性质，没有深挖。这种错误是属于离开了毛主席思想，离开了总路线的错误，是离开了正确的轨道，有“左”倾的毛病。二是对错误的危害没有检查，对错误所产生的后果没有痛心之感。三是对产生错误的思想根源挖得不深。主要是骄傲自满了，官做大了，严重的官僚主义。四是检查中没有说清楚自己应负什么责任。五是农业今后如何办，没有提出几条办法。

有些人还提出应把他定为路线性的错误。还有人尖锐地说，谭是我们党有史以来第一个大官僚主义者。主席思想受干扰，主要是由于他的影响。他的错误，为什么不可以说是路线性的？很显然，人们对谭震林的检查一方面表示欢迎，一方面又表示不满意。

当时的谭震林一定压力很大。他作为分管农业工作的负责人，有些责任是不能推脱的，但要把他定为路线性的错误，显然是言重了。

谭震林的一生，毫无疑问是很传奇的一生。他为人民做了很多好事，但也犯过错误。“大跃进”期间，因为他错炮连连而走了麦城；“文革”期间，也因为他炮轰陈伯达、江青，被称颂为英雄。这就是真实的谭震林！

对“大跃进”的错误，过去的时间越久，谭震林想的越多，越是内疚。21年后的1983年，在他即将离开人世的时候他还在反思，而且念念不忘，他说道：“我们党在农村工作方面所犯的错误，特别是1958年所犯的错误，我是负有责任的。”[①]毛泽东走了，谭老板还活着，但他对“大跃进”的错误，并没有推诿。这也是谭震林的性格，是他的高尚之处！

和谭震林一样，曾希圣是七千人大会上另一个惹人注意的人物。1月30日，毛泽东在七千人大会讲话时，批评有的省委书记不让人讲话，老虎屁股摸不得，偏要摸。知情人心里明白，这些摸不得的“老虎”中，就包括安徽省委第一书记曾希圣。很快，在大会“出气”阶段，便传来了曾希圣被免职（当时叫调离）的消息。

曾希圣，1904年生，和邓小平同龄；湖南人，和毛泽东同乡。1925年的黄埔生，曾参加北伐战争，可谓资格老矣！他是1927年大革命失败之后，中国共产党遭到全面“围剿”之际，信仰共产主义加入的中国共产党，当时年仅23岁。此后曾希圣先在河南、山东、上海从事地下工作，后到中央苏区领导电台侦察工作。曾希圣脑子快，善于钻研，在当时红军条件极其简陋、人才又很缺乏的情况下，硬靠自己的钻劲破译了国民党军大量的军事情报。红军创造的以小敌大、以弱胜强，粉碎的国民党军一次次“围剿”；红军四渡赤水，巧避敌军锋芒跳出重围的一个个战争奇迹的背后，也有着曾希圣的一份功劳。只是多少年来，这些很少被人提及而已。曾希圣多次受到党中央和毛泽东的表扬，毛泽东赞扬他领导的二局（情报局）说：没有二局，长征是难以想象的，有了二局，我们就像打着灯笼走夜路。周恩来则赞扬曾希圣是我军情报工作“创业的人”。可见曾希圣在战争年代具有独特的一份贡献。

注释

①金冶编《回忆谭震林》，浙江人民出版社1992年版，第395页。

②水静《特殊的交往——省委第一书记夫人的回忆》，江苏文艺出版社1992年版，第234页。

③同上。

战争年代人称曾希圣“曾胡子”；新中国成立后，生活好了，他渐渐“发福”，人称“曾胖子”。曾希圣个性很强，但从这些绰号来看，倒也看不出他很强的个性来。江西省委第一书记杨尚奎的夫人水静说，战争年代也有人说他是“老虎脾气，菩萨心肠”[②]。这里暂不说菩萨心肠，老虎脾气看来是有的。在安徽，有人甚至称他为“曾霸王”。可见工作作风强硬，比较霸气。战争胜利了，和平年代，官做大了，脾气也大，对人民的疾苦恐怕就不那么敏感了。水静同一篇文章还说，她曾向曾希圣反映，她的家乡安徽无为县饿死人的问题，但他听不进去。这真是百姓的悲剧，也是曾希圣个人的悲剧了。

1940年起，曾希圣到华中工作，曾就任第二野战军副参谋长。大概因为他在华中的时间较长，对安徽的情况比较了解，自1951年起任中共安徽省委书记、省委第一书记。1960年10月，山东发生严重饥荒，省委第一书记舒同被中央免职，曾希圣再兼任山东省委第一书记。身为中共中央华东局第二书记，又同时担任安徽省委第一书记和山东省委第一书记，这在新中国成立以来实属罕见，可见中央对他十分看重与信赖。他身边的朋友开玩笑说：“你现在不但是大忙人，也是大红人呀！”[③]

这样一位大红人，怎么会突然在七千人大会期间被

安徽头一炮 旱稻千斤省

据新华社合肥21日电 本社記者……
年早稻获得空前大面积丰收，全省早……
今年安徽省六百一十二万九千九……
共收干稻六十一亿五千零七十万斤，……
斤。总产量比去年增加了234%，单产……

今年安徽省早稻获得全面的空前的大丰收……下，在中共安徽省委的正确领导下，依靠了……的結果；是全省人民大干一冬一春、大兴水……的。今年安……

安徽省今年早稻丰收并不是一帆風順的。……获，曾和涞潮、虫害、干旱进行了極其艱苦的斗爭。安徽省今年……省各地连續三个多月未下透雨，省委及时提出了“大旱一年保丰收”的战……以藐視天公，气死龙王的气概掀起了广泛持久的抗旱保苗运动，从栽秧开始，連旱一直抗到收稻，終于战胜了干旱，贏得了早稻大丰收。

现在安徽全省人民正乘風破浪，鼓足更大干劲，抓紧中耕、追肥，加强田間……稻、秋收作物的更大丰收，并积極为明年生产作好准备，爭取明年来个更大的飞跃。

旱稻万斤榜

据新华社合肥2日电 安徽省舒城县千人桥农业社干部在槐树、中心、旗杆三个生产队培育的三塊南特号旱稻試驗田，平均亩产都达到万斤以上。其中槐树队的一塊一点二九亩旱稻田，实收干谷一万六千四百一十八斤，折合亩产一万二千七百二十七斤。中心队的一塊一点二一亩旱稻田，共收干谷一万三千七百一十四斤，折合亩产一万一千三百三十三斤十四两；旗杆队的一塊一点零五亩旱稻田，共收干谷一万零五百九十一斤，折合亩产一万零八十六斤十两。

朗兴乡和平社种的一点一三五亩南特号旱稻田，也产干谷一万二千七百十四斤，平均亩产一万一千二百零一斤。这塊田是劳动模范、和平社主任桂德生，副主任晏复兴，生产队长晏銀管，技术員晏海天等共同培育的。参加收割、打場、丈田、驗收的有地委、县委、区委、乡委四级驗收工作組，华中农业科学研究所助理研究員李之本、中国农业科学院副研究員郑建儒等等四十多人。

从“千”到“万”，安徽“大跃进”的亩产卫星越放越大

免职？至今，没有详细的文字材料可证，也很少看见有人回忆这一段历史。从一些零星散见的文字资料来看，一般认为是因为他搞“责任田”的缘故。细细研读七千人大会的文件，仿佛事情并不是这么简单。那么到底是什么原因呢？虽然有一些细节问题还搞不大清楚，但基本的面貌似可厘清。事情的原委是这样的：

七千人大会时，全国被定为重灾省的，有河南、山东、甘肃、青海4省。安徽没有包括在内。在1月底中央准备结束会议的时候，一封来自安徽的匿名信和另外的几封来信，猛然搅动了看似平静的一池水面。几封信几乎都在传递着同一个信息：许多代表和他们一样，话没有讲完，还憋着一肚子气，省委压制民主，不让人讲话。

就安徽来说，使人感到安徽省委汇报的死亡数字不真实，曾希圣在安徽是一个人说了算，大家都是看他的眼色和脸色说话做事。不少人对曾希圣有意见，但没有人敢讲。他们是抱了很大的希望，想在中央的会议上把安徽的问题讲出来，看来现在没有法子讲了，因此很失望。

我们有理由相信，这几封信是使毛泽东作出延长会期、开“出气会”决定的一个重要因素。与此同时，中央决定，几大常委分别到各省听取讨论情况，被安排到安徽组参加会议的，是刘少奇。

1月30日晚上，刘少奇来到安徽同志的住地——北京友谊宾馆，参加安徽大组全体会议（大组，以省为单位；小组，以地委为单位）。用刘少奇自己的话说，他来到安徽组的目的，是想搞清楚安徽到底是个什么性质的问题，问题的严重程度怎么样？

曾希圣呢，他对毛泽东在大会上讲的“要摸老虎屁股”的话并没有在意，更没有意识到这些“老虎”所指，其中就有自己。当他得知刘少奇要来参加安徽组的会议，还请彭真捎话给刘，请刘给安徽的同志鼓鼓劲。

刘少奇来到安徽组，就对曾希圣说，你不是请彭真让我给大家鼓鼓劲吗？假如相当多的人肚子里还有气没有出完，越鼓，气就越多，不会有干

注释

①刘少奇的讲话记录。1962年1月30日。

②当时参加安徽组会务工作的董学敬的谈话记录。

劲的。要鼓干劲，首先是出气的问题，充分发扬民主的问题。刘少奇这样认识问题，应该说是正确的。

刘少奇针对安徽这几年出现的非正常死亡、农业减产，工业现在也减产，明年还要减产，生产力遭到严重破坏的情况，又发出和他在大会讲话时一样的“天问”：这些问题到底是什么原因？天灾是主要的，还是工作中缺点错误是主要的？我在报告中讲了4条缺点错误，安徽有多少条？是多一条两条，还是减一条两条？错误的性质，我在报告中说，不是路线性的错误，是执行总路线中的问题，安徽是不是这样？错误的责任，总的来说是中央负责，省、地、县是个什么责任？[①]刘少奇的这几问，直逼问题的核心，所有与会者震动极大，“气氛十分紧张！”[②]刘少奇认为，安徽的盖子还没有彻底揭开，所以他号召大家围绕这几个问题进行讨论，换句话说，是揭盖子。

2月3日下午，刘少奇再一次来到北京友谊宾馆，参加安徽大组会议。经过三天半的讨论，人们已经提了不少意见。同时，刘少奇也找了安徽的不少同志谈话，了解情况。这次会上，曾希圣和安徽省长黄岩先后做了检讨。曾希圣在检讨中说：一是对中央和毛主席的指示没有认真研究，不求甚解，贯彻不力；二是实际上形成了对中央封锁消息；三是对中央有些部门傲慢乱顶，对友邻地区关系没搞好；四是对同级和下级不民主，不以平等态度待人。所有这些，都使党受到了严重损失，使人民受到了严重损失，使工作受到了严重损失，造成了严重非正常死亡，破坏了农村生产力。他还说：1959年、1960年安徽农村工作错误是主要的，教训是非常沉痛的。刘少奇听后问大家：曾希圣同志、黄岩同志做了检查，你们满意不满意呵！众声回答：不满意。

可见安徽的同志对曾希圣真的很有些意见。当然，也不排除会场的气氛感染情绪，导致人们一边倒的情况发生！曾希圣很可能就遭遇到了会上的这样一种情绪。刘少奇呢，对曾希圣平时不让人讲话的情况也很不满。曾希圣越不让人讲话，刘少奇也就越鼓励大家说实话。用刘少奇自己的话说，他当时“生了一点气，发了一点火”。

刘少奇说：我想了解安徽一些真实情况，希望大家说真话，说心里话。问题严重的有山东、河南、甘肃、青海几个省，安徽没有算在里面，但安徽问题比河南严重，比河南严重的是把问题一直包到现在，直到这里还不讲老实话。讲假话是不允许的，在今天以后，再讲假话要立即开除党籍，不管是谁，30年党龄也要开除党籍。

他还说：现在别的事情我不抓，专门抓要讲老实话。不管问题怎么严重，都可以不处分，批评一下承认错误，改正错误，但是再说假话，非处分不可。因此，我要有点压力。现在有两种压力，一种是不要你们讲老实话的压力，一种是要你们说老实话的压力。共产党员应该说老实话的，三大纪律中的第一条就是要如实反映情况，我的报告中也讲过了，不如实反映情况，是丧失党性的表现。

讲到这里，刘少奇戛然而止，不高兴地说：今天散会。“整个会议的气氛越加紧张”。

2月7日，七千人大会结束，安徽的同志仍留在北京继续开会。在大会结束的第三天晚上，2月9日，刘少奇三上北京友谊宾馆。这一次，他经过多方了解情况，看来已经胸有成竹，掌握安徽到底存在一些什么问题了。

在会上，刘少奇发表了总结性的讲话。他说：看来，安徽的中心问题是省委的问题，省委问题的中心问题是曾希圣的问题。接着，他对曾希圣的问题进行了解说。并宣布，曾希圣同志要求中央把他调离安徽，中央接受他这个要求。中央决定派李葆华同志到安徽任第一书记，代替曾希圣同志。

那么，曾希圣到底是些什么问题呢？到底为什么被调离安徽呢？从刘少奇的讲话来看，中央似没有一个正式的文件，或者很正式的说法。因为刘少奇的讲话，看上去似乎讲得比较散，没有系统地列出曾希圣的错误一二三条，讲得比较笼统。这里，大致可以归纳出主要两个问题。

第一个问题是，曾希圣有毛病，而且很严重。具体说来就是老虎屁股摸不得，脾气很坏。刘少奇形象地讲：俗话说，三个臭皮匠，顶个诸葛亮。曾希圣同志就是这个缺点，和三个臭皮匠不能合在一起，合在一起，也是别人做老鼠他做猫，这是非正常的党内关系，也是非组织关系。

还有，曾希圣的作风不好。不好到什么程度呢？就是一切要依他的办，不管正确的或是错误的。从这一点讲，有独立王国性质。但有某种程度的不自觉。

刘少奇还说：作为一个党员来说，这些毛病不是什么了不起的，是可以容忍的，但是作为安徽这样一个大省，这样一个大的党，第一书记是个主要负责人，有这些缺点错误是不能允许的。问题就在这里。说曾希圣同志有一个派别他不好接受，那么，我就说，曾希圣同志是按照自己的面貌来改造安徽的党，改造安徽的社会。我们党，现在有个共同的目标，就是要按照毛主席的面貌，毛主席的思想，来改造我们这个社会，改造我们的国家，来建设我们的党。我看问题性质是不是这样一个性质。他的面貌有好的方面，就是要革命，但是有很多缺点。他改造党的方法，不是无产阶级的方法，无产阶级改造社会，要团结社会上90%以上的人，曾希圣采取的方法是团结少数，压制多数。在一定程度上，已经达到了他的目的。看他的眼色办事，看他的语气办事，看他的态度办事。不是实事求是的，这就违反了马列主义。

刘少奇在推荐李葆华的时候特别谈到：李葆华同志能力没有那么强，那么大，那么厉害，这个人比较和气，好和他讲话，不打击报复人，不会作假报告，你有不同的意见可以和他讲，这个人有民主作风，好处就在这里。

第二个问题是，安徽发生了很严重的问题。关于这一点，曾希圣有点不太服气，他认为其他地方也发生了问题。安徽同别的省比，不过是五十步与百步之比。

对此，刘少奇说：那也是，别的省就没有发生问题呀？也发生了，都死人了，高指标都有，瞎指挥都有。问题是严重程度不一样，有严重的，有次严重的，有不那么严重的，还有比较好的，没有死人的。全国比较起来讲，河南、甘肃、青海、山东、安徽这5个省是最严重的。安徽死了那么多人，省委有没有向中央报告？刘少奇找到两份安徽的报告，但他认为是不真实的。所以使刘少奇最为恼火的是，安徽省委一直不肯揭盖子。他说：一直到我参加你们的会，还是吞吞吐吐，不肯揭盖子。别的省老早揭了盖子，所以工作就转变早一些，经验教训也好一些。这是安徽跟其他省不一样的。

刘少奇还讲了这样一种情况，对于安徽的问题，中央早有察觉，1961年春在全国最高法院副院长王维纲从安徽调查回京就知道了，但是，中央一直等着安徽自己来揭。刘少奇本人为此事也同曾希圣谈过，暗示他自己把盖子揭开，实事求是地把严重问题倒出来，但是一直到安徽有人给中央写信，曾希圣还没有主动检讨。

对于安徽的死人问题，刘少奇深恶痛绝。他说：因为这是个历史事实，过了十年、八年，还可以总结的，五十年以后还要讲的。死了这样多人，生产力有这样大的破坏，受了这样一个挫折，历史上不写，省志上不写，不可能的。这是有文字可考的刘少奇最露真情的话。

可能是出于这样一种义愤，刘少奇痛免曾希圣。当然，刘少奇也谈到：安徽发生这些严重问题中央有责任，不能全部推到省委身上、曾希圣同志身上，中央要替省委和曾希圣同志负很大一部分责任，很多事情是中央提的，人民公社、"大跃进"、高指标、食堂、供给制都是中央提的。那时候别的省都搞，安徽不搞也不行，就是"三改"[①]，曾希圣同志也报告过中央，中央同意的；"责任田"报告过中央，同意他试验的，不过没有讲在安徽普遍推广，只讲在一个地委范围内试验；就是张凯帆、李世农、牛树才这许多案件，也是中央批准的。凡是安徽省做错了的事情，安徽省委要负责任，曾希圣同志要负责任，中央也要负责任。

这里需要指出的是，此时的曾希圣已经比较清醒了。他过去因为积极推动"大跃进"给安徽带来巨大损失，但从1960年下半年起，他通过调查研究，开始根据中国农村的实际情况，率先在安徽倡导"责任田"，受到农民热烈欢迎。实践证明，这确实是一个能够使农民度过饥荒的有效途径。但在这次大会上，他的这一行之有效的、有意义的尝试，不但没有受到重视，相反却和别的错误混淆在一起，受到严肃批评。

在"责任田"问题上，曾希圣本来是对的，但在当时的情况下，曾希圣本人除了以困难形势为理由为自己辩护，也拿不出有力的理论武器。当别人指责他推广"责任田"，是对集体经济丧失信心而各自逃命、各奔生路时，他便只有检讨。其实，在这个问题上，刘少奇的内心可能也是支持

注释

①指安徽在全省推行的对耕作制度、农作物品种、耕作方法的三项改革。

②现在不少人在涉及这一问题时，都说刘少奇指责曾希圣"犯了方向性的错误"，事实上并没有这样讲过。

③叶飞在谈到这一段历史时说：主席要我留在北戴河指挥，跟彭老总一起住，把我弄紧张了。我怎好和彭老总一起住呢？主席究竟是什么意思，我不懂，也不好问。彭老总也没派参谋来叫我住到他那里去。晚上我散步回到房间里，正在发愁，恰好王尚荣同志来，他说："老兄，主席不是交代你住到彭老总那里吗？"我说："我哪好去住啊？！"他知道我为难，就说："我替你想个办法，把专线电话架到你的房间里。"这下就解决问题了。我们商定，前线直接同我通话，我再通过他转报主席，主席的指示也由他转告我。我问："彭老总那里怎么报告呢？主席交代我同他住一起的呀！"他说："你不要管了，此事由我办。"这位作战部长真会处理问题。（《叶飞回忆录》，1988年11月解放军出版社出版，第657—658页）

④杨少桥、赵发生《周恩来与我国的粮食工作》，见《不尽的思念》，中央文献出版社1987年12月版，第230页。

曾希圣的，但因为毛泽东不赞成，刘少奇也只好按“毛主席的面貌”来定调。缘于此，刘少奇在几次批评曾希圣时，并没有揪住“责任田”不放，他提到了这个问题，但并没有作为主要问题痛加鞭打，更没有说曾希圣搞“责任田”是犯了“方向性的错误”。②

曾希圣被免职之后，无疑是很痛苦的。本来没有免除他在华东局的职务，但大会之后，他基本是赋闲在家。曾经雄踞一方、叱咤风云的人物，突然闲得无事可做，他会想些什么呢？对安徽死了那么多人，他是否有过深刻的反思？最近出版的一部有关曾希圣的比较权威的著作说，他曾表示“非常抱疚，对不起党和毛主席，对不起安徽人民，对不起安徽党组织和广大干部，心里十分沉痛”。这一点看来是肯定的，并成了他心中永远的痛。当曾希圣赋闲在家时，还一直琢磨如何才能提高粮食产量，为了不误农时，加快农民的插秧速度，曾亲自动手研制插秧机，并在家里的花盆、面盆、洗澡盆上做育秧试验，一切的一切都没有离开粮食的增收问题……

如前所述，在大会出气阶段，刘少奇参加了安徽组，其他几位常委，如周恩来到的是福建组，朱德到山东组，陈云到陕西组，邓小平到四川组，听取各省讨论情况。林彪大概是因为身体原因，没有参加各省活动，毛泽东也没有参加。

福建，地处中国东南一隅，是一个不大的省份。尽管如此，出席这次会议的同志也达166人。省委第一书记叶飞，福建南安人，华侨家庭出身，1932年加入中国共产党。红军长征时，他留在闽东坚持游击战争。新中国成立前，官至兵团司令。新中国成立后一直在福建工作，职务由省委副书记升到第二书记，再到省长、第一书记。参加七千人大会时，他48岁，正逢壮年。1958年，毛泽东为炮击金门曾把叶飞召到北戴河，面授机宜，并嘱叶飞与彭德怀一起指挥金门炮战。叶飞只是一个上将、福州军区政委，彭德怀乃是元帅、国防部长，他怎敢和彭德怀一起发号施令，为难的不得了。后来讨了一个巧妙的方法③，才使这一尴尬局面得以摆脱。可以想见，毛泽东对叶飞十分信任。

但这次大会，安排周恩来到福建组，叶飞多少还是有点紧张。同其他省份比，福建虽然不是重灾省，但也遭遇了重大挫折，尤其闽西情况比较严重。时任国务院总理办公室主任的童小鹏，1960年春天回到福建长汀老家，发现公共食堂竟无米下锅，社员吃的多是煮青菜。④1960年4月，中共华东局书记陈丕显回到久别的福建家乡，进入闽西，发现“许多人家无隔夜粮，靠野菜充饥……心情很是沉重”。[①]1961年初，最高人民检察院检察长张鼎丞带工作组到闽西，发现“大片土地荒芜，大量牲畜死亡”，[②]真乃凄凉一片。当时的福建副省长梁灵光后来证实：“广大群众因营养不良普遍患了浮肿病，闽西地区非正常死亡比较严重。”在政治方面，几年来福建在反“右倾”、反死官僚主义、反“地方主义”问题上，也伤害不少同志。因此闽清县委书记叶明根在会上建议中央派工作组到福建，把福建几次运动中搞错的干部，不管是南下的、地方的，新的、老的都要平反。可见，福建一些同志心中的气也是蛮大的。

在出气会上，三明地委书记张维兹、福州市委书记郑重、闽清县委书记叶明根、龙岩地委书记谢镇军等先后发言，他们讲本地存在的问题，批评省委在工业、农业上的瞎指挥。如张维兹在三明筹建钢厂时，因省委的计划不断变化，钢厂的规模只好不断调整，致使工地一片混乱。叶飞来到钢厂视察，看到工地混乱的情况，又听到他讲工程的困难，即勃然大怒。这个会上，张维兹把省委的瞎指挥以及心中的不平讲了出来。

叶飞审时度势，他在大家讲完之后，积极检讨错误，讲了因为失误造成的损失。想想所付的生命代价，以及今天的巨大困难，他动了感情，潸然泪下。叶飞态度比较诚恳，认识也较深刻。他在会上表示，大会后要抓紧甄别、平反工作，并向被平反者赔礼道歉。叶飞的表现给人留下深刻印象，若干年后，当时任省委副书记的伍洪祥撰文说：在中央召开的七千人大会期间，叶飞进行的自我批评，“使我深受感动和教育。他表现了一个无产阶级革命家的高风亮节和博大胸怀”。[③]张维兹也说：“大家听了叶飞诚恳的发言，也都动了感情。”[④]

因为叶飞积极主动地自我批评，加上福建还算不上重灾省，周恩来在福建采取了比较温和的态度。他说，大家检讨的目的，是为了增强团结，

注释

①《陈丕显回忆录》，上海人民出版社2005年1月版，第230—231页。

②《人物》1982年第3期第14—15页。

③伍洪祥《深切怀念叶飞同志》，1999年5月31日。

④见本书附录《张维兹——七千人大会上，我对总理讲真话》。

⑤《周恩来选集》下册，人民出版社1984年11月版，第349页。

⑥朱德在山东组会议上的讲话记录，1962年2月3日。

今后，“最重要的是毛泽东同志讲的实事求是，也就是说真话，鼓真劲，做实事，收实效”。[⑤]福建的问题就这样结束了。叶飞对周恩来的做法十分感激。

朱德所去的山东组，原来的省委第一书记舒同已降职调往他省。这个时候，省委第一书记是谭启龙。谭启龙，当年也是48岁，江西永新人。红军长征时，他留在南方坚持游击战争。解放战争时也是兵团级职务。与叶飞不同的是，他任兵团政治委员。1961年初，由山东省省长升任省委第一书记。谭启龙就任第一书记时，全国“大跃进”的高潮已经过去，他上任后的任务主要是救灾抓调整。所以，在“出气会”上，谭启龙的压力应该说并不是很大。但在整风整社时，全省还是批判、斗争、处分了数千名干部，产生了面宽、量大、处理重的问题，使不少同志蒙受冤屈。山东的同志对新省委，也还是心中有气。他们要求省委认真进行甄别，迅速清理冤案，对被批判斗争的同志实事求是地作出结论，并在适当范围内予以平反。

谭启龙针对大家的意见做了检讨。他说，一是1960年10月整风整社，机械搬用信阳经验，搞民主革命补课，把即墨、胶县、平原、高唐等县一度当做敌我问题处理。二是简单化地在各级划分三类县社队和六类干部。其经验教训，从思想上来说，省委领导对于山东广大干部党员缺乏全面正确的认识。从行动上来说，缺乏调查研究。在党内斗争方面，忘记了过去的经验教训，如残酷斗争，无情打击。还有就是骄傲了。

对于谭启龙的检讨，山东有些同志不以为然，针锋相对地提出意见，认为检讨得不够实事求是，并举出具体情况加以说明，要求省委做一次好好的检讨。在那种出气的氛围中，人们很敢讲话，敢揭省委的短。

参加了整个大会，再看看山东组的情况，朱德表现得很高兴。他说“这几年，党内斗争扩大化了，吃了一些亏”，“这次会议，畅所欲言，知无不言，言无不尽，上下通了气，我很满意。以后怎么样，就要看省委是不是真的不抓辫子”。他表示，对山东，他很乐观，希望他们带着愉快的精神回去，改正缺点，团结起来，一定会搞得好。如果舒同能团结人，早就搞好了。犯了错误要在工作中去改正。[⑥]

陈云所去的陕西组，省委第一书记是张德生。张德生生在陕西，工作在陕西，可以说是一名老陕西。早在1941年就做过陕西省委书记。新中国成立后，他于1954年起就任陕西省委第一书记，时年45岁，很是年轻。张德生的特点是比较持重、谨慎，重实际、不张扬。所以在“大跃进”时期，陕西的失误和损失，相对来说比较小一些。1958年11月初，在中央召开的郑州会议上，出席会议的陕西省副省长谢怀德报的粮食产量因为太“低”而过不了“关”，数次电话请示张德生如何办，张回答：不要再多报，把会上定的指标带回来再说。由于在别人放卫星时他不跟浪潮，不过分浮夸说大话，曾被周恩来风趣地说，陕西省委是“守法户”。当然，这都是相对而言，陕西农业也没有逃过三年减产的厄运。仅举一例，便可见一斑。陕西关中坝子历史上产粮最高时是69亿斤，平年是54亿斤，但1961年仅仅38亿斤，比平年还减产16亿斤。减产如此之多，除了三门峡水库占地，基建占地，就是天灾、人祸了。

这一次，中央派陈云来陕西坐镇，是如何考虑的不得而知。不过陈云也只是在2月8日才亲自到陕西组参加会议。从他的讲话中可以看出，他对陕西的情况事先是做了一些调查的。陈云对陕西省委的自我批评表示满意，认为陕西的同志都应该采取欢迎的态度。他说，只要有勇于进行批评与自我批评这一条，我们共产党就将无敌于天下。这一条比10年计划指标还重要。他针对有人说，现在在北京，什么意见都可以提，回去以后恐怕就不行了，乐观地告诉大家：“我说不会的。为什么？大势所趋嘛！从这次大会开始，今后批评的门是大开着的，并且是越开越大的。”他还预言，“以后是不会关门的”。[①]此时的陈云，不仅对陕西的情况乐观，对大会以后的情况也很乐观！

注释

①陈云在陕西组的讲话记录，1962年2月8日。

②1984年《中国人口统计年鉴》记载：中国总人口，1958年65994万，1959年67207万，1960年66207万，1961年65859万，1962年67295万。 1985年《中国人口年鉴》记载：四川总人口，1957年7081万，1958年7077万，1959年6897万，1960年6619万，1961年6459万，1962年6485万。

③1985年《中国人口年鉴》记载：安徽总人口，1957年3337万，1958年3394万，1959年3427万，1960年3043万，1961年2988万，1962年3134万。安徽两年净减人口439万，包括外迁人口。

④写信人叫明朗，当时是四川省委宣传部部长。1961年9月，被指派到重灾区之一的梁平县担任县委第一书记。明朗说：我们下去的时候看到到处都是浮肿病人。县委书记徐海清领着我去看了一个最严重的村子。“我去看了以后，很难过，跟刚打完淮海战役，双堆集附近那些村庄的情况相仿。门窗都没有了，家具也没有了，屋子一个个是敞开的，屋里都是杂草和灰尘，后边的山坡上是一堆堆的坟，村里村外看不见一个活人。”（《当代史资料》2003年第1期）这种荒凉景象令明朗十分震惊。明朗当时是以梁平县委第一书记身份参加七千人大会的。

这里需要略加详细记述的是邓小平所在的四川组。

四川，按人口计算是中国最大的一个省，达7000多万。出席七千人大会的同志达400多人，是福建的两倍多，也是全国之最。

按理四川也是一个重灾省：1960年和1961年全国人口连续两年呈下降趋势，而四川，则是1958年至1961年连续4年下降；全国两年净减少人口1350万，四川4年则净减人口622万。[②]多么触目惊心的数字！就绝对数字而言，安徽同四川相比不过是小巫见大巫，但四川却不在全国重灾省的名单之内。这大概也是曾希圣不服的一个原因。[③]其中情况，确实有些复杂。

四川省委第一书记李井泉，江西临川人，18岁投笔从戎，参加了南昌起义。长征途中，先后在红一、红四、红二方面军担任师职，过了两次草地，可谓千锤百炼。自抗日战争到全国解放，一直在晋绥一带开展工作，成为贺龙的搭档。1949年冬入川南下，同邓小平、贺龙等一起进军西南，也因此便留在了西南。从1952年起，他就任中共四川省委书记、第一书记。1955年合作化时，李井泉还比较冷静一些，他表现得有点从容不迫，四川实现合作化不是1955年，也不是1956年，而是1957年。毛泽东曾表扬他，这“不是也蛮好嘛！”但“大跃进”期间，李井泉则比较积极，各项工作都走在前面，因而颇受毛泽东和中央领导的赏识。1958年，李井泉晋升为中央政治局委员，1961年，又晋升为中共中央西南局第一书记兼四川省委第一书记。

然而，这次七千人大会上，就在刘少奇发表大会讲话前后，中央却收到一封来自四川的匿名信[④]，信中反映的情况引起了中央的重视，信中说：

> 我是在四川工作的一个干部，第一次到北京来参加会议，来的时候抱着很大希望，希望把肚子里的话都说出来，回去愉愉快快地工作。现在，会已开了十几天，看起来这个希望是不能实现了。
>
> 中央提倡说老实话，所以我想写这封信，把我知道的情况反映给中央。
>
> 这次开会，头几次叫我们体会文件精神，不联系实际。后来允许联系实际了，但又叫各人检查个人的，不要把责任往上推，往下推。这几天有人给省委提了点意见，又说发言要端正，于是又像在四川开会一样，大家坐在那里磨时间。不许讲话，不许讲批评省委的话，这大概就是四川省委领导这次会议的方针，这不过是李井泉闹分散主

义的一个表现罢了。①

这封信还说:“在四川工作的干部,上上下下不敢讲话,已经不是什么秘密了。”接着,他举出一些具体事例,陈述了李井泉的错误。这些错误是:毛主席的六条指示,四川省委不准传达,不准贯彻,叫下边从积极方面理解;中央关于自留地、私人养猪的指示,四川省委顶住没有执行;中央关于甄别干部的指示不执行;中央关于改变基本核算单位的文件,没有发到县,不许县里试点,现在中央作了决定,又规定一个公社保留一个大队不变;四川规定农民的口粮标准太低,现在还在饿死人;最近中央指示进行社会主义教育,四川省委改成“打击投机倒把、贪污盗窃活动”等等。这封信最后说:“中央如果要反对分散主义,就应该反反这种人的分散主义。”

从这封信所反映的信息来看,四川在遭受重挫之后,不但缺乏积极主动纠“左”的意识,而且在中央有了纠“左”的指示后,还不积极贯彻执行。恐怕这也是四川连续四年人口下降的重要原因之一。

现在来到北京开会,大家一起总结经验教训,李井泉没有放开让大家讲话,因而使四川同志的气越来越大。匿名信的出现,应该与此有关。

可以认为,正是因为有了这封信,在开“出气会”时,邓小平才来到四川组了解情况。至于为什么派邓小平来,可能因为他是四川人,又曾在西南工作,对四川的情况比较熟悉。

1月29日,当毛泽东宣布延长会期,号召发扬民主,开“出气会”,解决上下通气的问题时,四川的同志很高兴。第二天下午,当毛泽东在大会上警告一些省委书记,不让人讲话,难免自己会垮台,会“霸王别姬”,什么老虎屁股摸不得,偏要摸时,李井泉的反应比较敏锐,立刻感到巨大的压力。从他检讨的内容来看,大概已经知道了匿名信的情况。会后他找到四川省长李大章说:主席这次讲话,主要是对我们四川讲的。李井泉的心情非常沉重。

李井泉明白这几年四川非正常死亡很多,四川上下怨声载道,很多同志对

注释

①明朗《我在七千人大会上写了封匿名信》,参见本书第383~386页。

②摘自廖志高(“大跃进”时期任中共四川省委书记)口述,见《当代四川要事实录》第一辑,四川人民出版社出版。

为放大炼钢铁的"卫星"，人们夜以继日奋战于荒郊野外，白天一片人，黑夜一片火。图为1958年河南信阳郊外的土高炉群

他有意见，作为省委第一书记，自然有着不可推卸的责任。但他也有自己的苦衷。在四川同全国一样，粮食极度困难时，中央多次打电话从四川调粮，他抗争过，但中央强调要先保京、津、沪，"问题发生在四川总比发生在京、津、沪造成的政治、经济和各方面的影响要小一些"[②]，请四川做出牺牲。因而，使四川缺粮情况雪上加霜，非正常死亡更加严重。这是四川同志有气的一个重要原因。那么如何检讨呢？据李井泉的秘书陈振寰回忆：在检查前的一个晚上，李井泉基本上没有睡觉，在走廊里走来走去。看上去，他很为难。把调粮责任推给中央不行，把所有责任全部由他一人承担也不是那么回事，心里矛盾极了。经过一夜的思考，在四川组的会议上，李井泉积极响应毛泽东的号召，代表省委努力在全省干部面前检讨，争取过关。想想这几年拼命工作，换来的却是不堪回首的严重后果，用陈振寰的话说，他在检讨时，心情非常"沉痛，声泪俱下"。凡检举信中谈到的问题，他在检讨时都谈到了。如中央的纠"左"指示贯彻得不积极；压制群众意见等等，对调粮太多的问题，他一方面没有把责任推给中央，但也没有全部承担责任，只是说省委有责任，对下边的情况了解不够。因此他的检讨也就显得很不深刻，致使与会大多数同志更加不满。

在这样的时刻，邓小平做了什么，讲了什么，至今尚没有看到有明确文字记载的内容。据与会者明朗和陈振寰的回忆，是邓小平出来帮助李井泉解了围。陈振寰回忆说："李井泉讲完以后，小平讲了几句话，很简单：'调粮的问题，井泉同志检讨了。中央也有责任，这个问题不能怪四川省委，调粮调得多了些，四川死人多了些，中央也有责任。'"具体邓小平是怎么讲的，无法确证，但从李井泉没有被免职，也没有受到处分，并顺利过关的情况来看，邓小平是讲了上述一些话的。所以会议的后期由集中批评省委第一书记李井泉，转为大家纷纷做自我批评。说到自己的责任，想到那些死去的乡亲，有的同志也是泣不成声。

人们不禁要问，四川遭受如此重大损失，李景泉为什么没有被追究责任呢？现在看来，主要原因是：李井泉在中央天天为粮食心急如焚，无粮救急的日子里，他对于中央派给四川的调粮任务，虽然很不情愿，但当中央领导强调“问题发生在四川总比发生在京、津、沪造成的政治、经济和各方面的影响要小一些”时，他顾全了大局，完成了中央交给的任务，做到了雪中送炭。有关这一点颇受中央赞赏。也就是在七千人大会上，周恩来表扬四川“是上调粮食表现得最积极的，这几年把四川这样一个出商品粮最多的省调亏了”。[①]而四川非正常死亡严重的一个重要原因，就是上调粮食太多。

不过李井泉因为交了过头粮留下的惨痛教训，也使毛泽东很难忘怀。1962年当毛泽东得知四川可能增产粮食50亿斤时，他告诫李井泉：“你们就是增加了，也不要支援那样多！”1965年，在李井泉汇报四川粮食产量并谈到向中央调拨粮食时，毛泽东又说李井泉：“只懂得大公无私，不懂得大公有私。”[②]言外之意，在照顾好人民群众的生活和支援国家建设方面，他没有兼顾好，应该以实事求是的精神处理好局部和全局的利害关系。不过，明眼人一看就很明白，这种批评是十分友善的。

注释

①周恩来在七千人大会的讲话记录，1962年2月7日。

②杨荫梧《深切怀念李井泉同志》，见《人民日报》1990年4月19日。

1960年代初，热望的丰收场景

插图page1

1960年1月26日《人民日报》发表出自山东潍坊的木板年画《工农联盟力量大》。年画是中国历史上十分悠久的古老艺术，但20世纪五六十年代兴起的新年画运动赋予了它新的内容。形式上还是传统对屏布局，但画中人已转换成新时代的主角：工人和农民。在传统的龙、凤背景之下，新增了小麦、棉花和钢花飞舞的图案。朱学达作，1960年

1960年代初，热望的丰收场景

插图page2

山东潍坊是中国传统年画的重要产地，以粗犷鲜明为特色。这幅《五路进财》很好地运用旧形式表现了新题材。进财的五路是什么？不是别的，而是“农、林、牧、副、渔”。出现在画中的，有传统的吉祥符号，如寿桃、莲子、鱼等，还有新出现的大公鸡、羊、马、麦穗等。吕学勤作，1960年

1960年代初，热望的丰收场景

插图page3

1961年，画家盛此君的作品，《稻香千里飘，人人逞英豪》。曾入选“第三届全国美展”。1961年正是中国经济极端困难的一年，也是毛泽东认为的已到“谷底”的一年。稻香千里飘，是多少人心底渴望的粮食丰收场景啊！1962年5月，毛泽东曾亲赴湖南、山东等地了解今年的夏季收成会不会好起来，得到的预测比较悲观。等到6月末7月初夏粮收获出来，却比预料的好得多，这令毛泽东大喜过望！

1960年代初，热望的丰收场景

插图page4

1962年2月1日，春节前夕，七千人大会期间，《人民日报》发表的《迎春图》。这幅画表现了在春天来临前农村修理农具、积肥备耕的场景。细看很有些《清明上河图》的味道

1960年代初，热望的丰收场景

插图page5

1962年2月4日，七千人大会期间，春节除夕，《人民日报》发表的《出门见喜》。这年立春和春节只相隔一天。春天的农事活动关系到夏天的收成，图中，飞跑的火车两边，到处是一片繁忙的春耕景象，寄寓了人们对夏粮丰收的美好期望

插图page6

1962年1月13日，七千人大会期间，《人民日报》发表的木刻《编》。编筐编篮，属于农村小手工业、家庭副业。其实，作者在这里想表达的是另一层意思：对幸福生活的编织

1960年代初，热望的丰收场景

插图page7

1962年秋天，画家魏紫熙的国画作品《收获时节》，突出了丰收的场景。在农村题材中，类似表现丰收、收获的画面常常可见。与两三年前"大跃进"时期风行的农村壁画相比，这幅画显得那么平实，闲适，乐观而亲切

1960年代初，热望的丰收场景

插图page8

1962年田金铎的雕塑作品《稻香千里》，中国美术馆藏，表现的是农妇手拿镰刀，开镰前或丰收后的喜悦。农民与土地的关系，是始终贯穿中国历史发展的主题。20世纪五六十年代中国农村经历的，也是这种巨大变革带来的彷徨、困惑和反复

20

变局

——七千人大会始末

有关大会的成果

七千人大会经过28天的讨论、听报告、开出气会，于2月7日闭幕了。大会开始时，其主题是加强集中统一、反对分散主义。大会开始之后，由于各种意见纷呈，又改为以总结经验为主，再后来，又加了一个“出气”阶段。参加会的人这么多，又开了这么长的时间，连春节也不放假，那么这个会到底起了什么样的作用，给人留下的印象是什么呢？归纳起来，大体有以下几点：

一、大会使全党恢复了比较实事求是的思想路线。在党犯了错误，国民经济和人民群众生活遭遇重大挫折时，如何看待这些问题，如何面向未来，全党上下乃至全国上下思想比较混乱，大会实行三不主义———不戴帽子、不打棍子、不抓辫子，放手总结经验，放手让人讲话，即使对比较敏感的“三面红旗”也可以持保留态度，允许怀疑；中央积极承担责任，毛泽东、周恩来、邓小平等中央领导人主动检讨错误，各省、部委负责人也纷纷做自我批评，虚心听取他人意见，大会还进一步申明对反右倾斗争中被错误批判为右倾机会主义分子的大多数同志进行甄别平反。所有这些，对遭遇重大困难之后“心气”受挫的人们，对于心中有着怨气的人们，甚至对于那些仍然不肯认错的人们，无疑起到了正确认

注释

①访问陶鲁笳记录，1996年5月9日。

②薄一波《若干重大决策与事件的回顾》，人民出版社1997年12月修订版，下卷，第1078页。

③《王任重文集》，中央文献出版社1999年12月版。

④张劲夫在中国科学院司局长会议上的讲话记录，1962年2月9日。

⑤逄先知、金冲及《毛泽东传（1949—1976）》，中央文献出版社2003年12月版，下册，第1121页。

⑥第一，工农业生产的计划指标过高，基本建设的战线过长，使国民经济各部门的比例关系，消费和积累的比例关系，发生了严重不协调的现象……许多地方、许多部门进行过一些不适当的“大办”。在农业生产和工业生产上，在商业、财政、文教、卫生等方面，都犯过瞎指挥的错误……第二，在农村人民公社的实际工作中……曾经混淆集体所有制和全民所有制的界线……违反了按劳分配和等价交换的原则，犯了刮“共产风”和其他平均主义的错误。在手工业和商业方面，也犯了急于把集体所有制改变为全民所有制的错误。第三，不适当地要在全国范围内建立许多完整的工业体系，权力下放过多……过散，发生了许多违反中央政策和国家计划的现象……第四，对农业增产的速度估计过高，对建设事业的发展要求过急，因而使城市人口不适当地大量增加……党政机关的机构比过去更加重叠臃肿，在这种情况下，主观主义、官僚主义和命令主义的作风，有了很大的滋长。

⑦第一，总路线所提出的多、快、好、省几个方面，是互相促进、互相制约的。第二，以农业为基础来发展我国国民经济，是我们的一个根本方针。第三，社会主义的两种所有制，即全民所有制和集体所有制，是不能混淆的。第四，社会主义的全民所有制，在各种所有制中居于领导地位。第五，计划指标必须符合实际，并且适当地留有余地，必须注意综合平衡。第六，文化、教育、科学、卫生事业的发展，必须同经济建设的发展相适应。第七，国家计划的统一性和地方的积极性要结合起来。第八，无产阶级的民主集中制，是在高度民主基础上的高度集中和在高度集中指导下的高度民主。第九，必须充分发展商品交换。第十，社会主义不是平均主义，共产主义也不是平均主义。第十一，一切新的创举，都必须经过试验。第十二，我国的社会主义建设，必须自力更生，必须建立起强大的独立的经济体系。第十三，勤俭建国是必须长期坚持的方针。第十四，必须认真实现“精兵简政”。第十五，必须实行政治和经济的统一，政治和技术的统一。努力认识和掌握经济工作的客观规律，反对“政治空谈”。必须尊重科学技术。第十六，必须加强党的领导。

识过去，解除思想顾虑，化解心中怨气，凝聚民心的作用。正如山西省委第一书记陶鲁笳说：“气不能不顺啊，连毛主席都做了自我批评嘛。”[①]当时以国务院副总理兼国家经济委员会主任身份出席大会的薄一波，几十年后也回忆说：七千人大会实行下级可以批评上级（地委，省委，直至中央），上级虚心听取意见和批评，反复进行检讨的这种做法，在党的历史上是一个创举，是值得我们继承和发扬的好传统。[②]

对于“七千人大会”，刘少奇虽然认为“对困难透底不够”，但相对来讲，还是比较实在地向全党介绍了全国的经济形势，面临的种种困难，以及克服困难的办法；在检讨犯错误的原因，估量过去工作的成绩和错误方面，虽然尚不到位，但在当时也属难能可贵。所以使人感觉中央的工作态度变得务实了，也比过去谦虚了。湖北省委第一书记王任重在传达这次大会精神时说：这次会议是实事求是的会议，真正虚心听取了大家的意见，也是几年来开得最好的一次会议。[③]王任重的这个评价，多少反映了当时人们的一些感受。参加大会的中国科学院副院长张劲夫也说：“这次会非常好，接触到的一些同志反映都差不多。”[④]

二、大会对过去存在的问题和经验教训，对如何迅速恢复和发展国民经济作出了比较系统的总结，对今后的经济建设要注意哪些问题，应该怎么搞，有了比较统一的认识。

过去几年的国民经济为什么遭遇重大挫折？其中缺乏经验，对于社会主义建设的规律还没有从必然王国进入自由王国，这是一个不争的事实，是重要原因之一。七千中共干部，尤其是县委书记一级的干部，他们绝大多数是转业军人，对于社会主义经济建设既缺少理论知识，也缺少实践经验。比如浙江省只有一个县委书记能把三级所有制、按劳分配、价值法则、等价交换说清楚，[⑤]所以，为了教育干部，1961年9月，中央就什么是社会主义，社会主义建设中的几个问题，专门整理成学习材料，举办训练班轮训干部。七千人大会，天天总结的是过去几年的经验教训，讨论的是经济建设和党的问题，实际上，这是对七千中共干部的集中大办班，尤其对县委书记是最好的培训。

经过大会反复讨论修改后的书面报告，将“大跃进”期间的错误归纳为4条[⑥]，对于新中国成立以来，特别是1958年以来的基本经验教训归纳为16条[⑦]。这在当时来说，把人们能够认识到的，基本上作出了总结。

比如：如何迅速恢复和发展国民经济？过去的经验教训是，因为农业不能及时为工业提供农产品和劳动力从而影响工业迅速发展，因此这次大会更加强调必须把发展国民经济的重点放在农业方面，提出以农业为基础来发展我国国民经济，是“我们的一个根本方针”。

过去因为提倡实行供给制，取消自由市场，取代供销合作社和手工业合作社，带来的结果是物流不畅，产品匮乏。为吸取这一经验教训，大会强调“必须充分发展商品交换……要学会做生意，要有合理的价格政策。在农村中还应该适当地保持农村集市贸易……”

对于“共产风”，认识到它不仅刮走了农民的财富，更重要的是刮走了农民的生产积极性，因而给农业生产带来了惊人的损失。过去中央已经大力纠正过“共产风”，这次大会从理论上集中强调：“社会主义不是平均主义，共产主义也不是平均主义。在社会主义阶段，我们的分配原则，是按劳分配；我们的交换原则，是等价交换。”并说：“平均主义的思想，它的性质是反动的、落后的、倒退的。”

此外，“大跃进”期间的高指标、高征购，造成了严重浮夸、违背科学的事情发生，又购空了农民的粮食，使不少农民失去宝贵的生命；由于只注重钢的产量，又造成经济的严重失衡，引出不少人间悲剧！这期间的代价是难以形容的。这次大会强调“计划指标必须符合实际……必须注意综合平衡，……还必须正确地处理积累和消费的关系。积累的增加，必须建立在生产不断发展和人民生活适当地、逐步地提高的基础上。”

“大跃进”期间，还有很多做法是因为不懂经济、不懂科学技术而造成了巨大损失。如在农业方面乱改耕作制度，造成大面积减产；修建不少不仅无益反而有害的水利工程，劳民伤财；在工业方面，任意违反科学的技术措施，导致设备损坏，产品质量降低，成本提高，劳动生产率下降。其教训是十分沉痛的。大会要求全党要“熟悉经济情况，努力认识和掌握经济工作的客观规律，钻研业务……反对‘政治空谈’。必须尊重科学技术。”七千人大会开后不久，周恩来等就积极落实知识分子政策，与这些认识有着很大的关系。

可以肯定地说，在人们既不懂得经济建设又缺乏实践经验的情况下，这些经验教训的总结，在事后的经济建设中起了很好的作用。尽管还带有很多的

注释

①《王任重文集》上卷，中央文献出版社1999年12月版，第329页。

局限性，还有不少让人觉得幼稚可笑的地方，但无疑是全党在认识如何进行社会主义建设方面前进了一步，这一点很难否定，有些经验认识至今仍然适用。

此外，也是在这次大会上制定的10年规划规定，今后5年国民经济的恢复和发展，重点放在解决吃、穿、用上。为了解决吃、穿、用的问题，在安排好农业、轻工业的基础上，对重工业量力而行。王任重说："这是过去没有解决的问题。"[①]陈云在西楼会议的讲话，应该说主要体现了这一精神。

上述总结，是对新中国成立12年来经济建设方面作出的全面反思和总结，基本达到了当时所能达到的认识高度。

三、对社会主义建设的长期性和艰巨性有了比较明确的认识。民主革命时期，中国共产党在30年代曾恨不得一个早上就消灭敌人，夺取政权，结果险些葬送革命的力量；新中国成立后，又犯了经济建设的急性病，恨不得仅用几年时间就使中国强大起来，结果栽了一个更大的筋斗。吃了几年的苦头，毛泽东在这次大会上提出，中国要赶上和超过世界最先进的资本主义国家，需要一百多年的时间；在社会主义建设上，我们还有许多未被认识的必然王国，还有很大的盲目性。如果说，"大跃进"期间，以毛泽东为首的中共领袖们还认为"一张白纸"有优越性的话，那么现在，他们开始不这样认识问题了，开始懂得中国不但不可以马上改变落后的经济现状，而且因为经济落后，处处受掣肘，至少农业就在扯着工业的后腿。大会使全党更加冷静下来，开始自觉地意识到社会主义建设需要一个相当长的时间，如何建设社会主义还有许多事情需要人们去认识，去探索。对社会主义经济建设要立足国情，要克服"左"倾蛮干，使人们从思想理论上有了进一步的自觉。

四、这次大会的一个重大收获，也是应该大书特书的是，人们认识到过去几年最大的经验教训是"缺乏民主"，此前人们比较强调是缺乏经验。大会在讨论时，不少同志对这个问题提出质疑。认为缺乏经验是一个原因，但决不是最重要的原因，说假话、搞浮夸总不能说是缺乏经验，关键是党内缺乏民主，不让人讲话，动不动就拔人家的"白旗"，戴右倾的帽子，就批判，就斗争。结果弄得党内风声鹤唳，万马齐喑。如果民主气氛好，没有经验，可以从别人的意见中得到启发；头脑发热，可以在别人的劝谏下冷却清醒。"大跃进"期间，就因为这些机制不存在，才会一错再错，而且得不到及时纠正，乃至泛滥全国，造成令人痛心的巨大损失。这一点在大会讨论时，不少人纷纷提及。但事后刘少奇说，"我们起草委员会没有注意"。

那么，起草委员会为什么没有注意呢？根据当时的情况分析，刘少奇等似不会认识不到，关键是毛泽东没有谈到，所以刘等不便深谈。到1月30日，毛泽东作了要坚持民主集中制的讲话之后，大会的气氛才再一次活跃起来，刘少奇等的讲话也随之深入起来。

2月8日，刘少奇说："毛主席就讲了一篇民主集中制……这一篇道理，在小组会上反映出来了，我们起草委员会没有注意。过去几年，有集中过多的偏向。这种集中过多，不是真集中，不是无产阶级的集中制，而是独断专行。我感觉，我们这几年的主要经验之一是这一条。"[①]刘少奇还说："这几年我们吃了不调查研究的亏，吃了不讲民主的亏。我们不发扬民主，不善于听人家的意见，不充分在人民中间讨论，不认真取得他们的同意，这是一条很大的经验教训。"[②]刘少奇后来在修改自己的讲话时，又强调这是几年来犯严重错误的"根本原因"甚至是"全部原因"。[③]"如果我们这几年完全根据群众的意见，充分发扬民主，完全走群众路线，有许多错误不会犯，即使犯了，也可以早发现。"[④]刘少奇的这番话，可谓肺腑之言。大会给人传达的信息是，以后要坚持民主集中制，要发扬民主作风，要让人讲话，要有"左"反"左"，有右反右，不再搞过火斗争，不能让第一书记一个人说了算；对过去反右倾、拔"白旗"搞错了的要一律平反等等，这些都是从上到下通过大会总结经验而达到的共识。当然，也并不是所有与会者都能认识这么深刻，其中还存在相当不同的认识，但至少大会表现出来的是这样一种形势，这样一种气氛。而这样一种民主、奋进、团结一致战胜困难的气氛，无疑立即鼓舞了当时人们的士气，振作了大家的精神。

大会上，粮食征购问题的最后解决，就充分体现了大会的民主精神。本书在介绍召开大会的原因时，曾谈到直接的起因是粮食问题。大会之前，在粮食征购问题上，中央和地方几乎是对立的，中央决定从地方上购粮150亿斤，结果地方叫苦连天，不愿接受，中央无奈专门召集各中央局第一书记会议，一个一个地落实。这些书记们在中央的压力下，虽然接受了征购任务，但很勉强，表示还有难处，中央这才决定召开有地委书记以上干部参加的会议（后改为

注释

①刘少奇在中央会议上的讲话记录，1962年2月8日。

②同上。

③薄一波《若干重大决策与事件的回顾》下卷，人民出版社1997年12月版，第1070页。

④《刘少奇年谱》下卷，中央文献出版社1996年9月版，第548页。

⑤见本书"打下毛刘分歧的楔子"一章。

⑥刘少奇在七千人大会上的讲话；毛泽东在最高国务会议上的讲话记录，1962年4月9日。

七千人大会），同时强调要反对本位主义，地方要顾全大局。现在，中央真正放下架子，反复听取地方同志的意见，体谅农民的困难，决定再把工业发展的速度调低一些，挤出工业用外汇，多进口一些粮食，以缓解地方的征购压力。中央的这一举动，受到各省委书记的热烈欢迎，也加强了中央和地方的相互认同。当时的王任重在日记中说："这个问题一解决，这次大会就可以圆满结束了。从'压力下'解放出来，才真正心情舒畅。马列主义实事求是的作风终于得到完全胜利，这次扩大的中央工作会议可以说是百分之百的马列主义，为今后党的会议树立了典范。"由此也可以印证当时许多与会者的心情同王任重一样，是愉快的。

大会在取得重要成绩之外，显然也存在着一些缺点。大会统一了全党的思想，但毛刘之间最高决策层的思想不但没有统一，而且加大了分歧。[⑤]当时刘少奇表示，大会对过去几年工作的总结只是初步的，以后还要总结；毛泽东也表示了这个意思，"是一个初步的总结"。他们两人都认为这个总结是初步的，但是这个"初步"在毛和刘那里，却有着不同的解释。毛泽东认为，认识需要一个过程，"三面红旗"到底正确不正确，还要在今后的实践中间去检验。[⑥]刘少奇则认为，一是时间短，有些问题还看不那么清楚，所以这个总结只能是初步的，在这一点上，他同毛泽东的看法是相同的；但死了那样多人，生产力遭受那样大的破坏，不能总结一次就行了，以后还要不断地总结，在这一点上，就与毛泽东不大相同了。

还有，这次大会没有从 "三面红旗"，这个带有全局性、根本性的指导思想方面来总结经验教训。"三面红旗"到底对不对？大会明显存在不同的认识，有人甚至提出了相当严重的质疑，有鉴于此，大会只是作出了对"三面红旗"允许怀疑的承诺，但最后还是表示"三面红旗"是正确的，还要继续高举。因为没有在指导思想上彻底纠正错误，也因为还要继续高举"三面红旗"，对日后出现的比较符合中国实际情况的实践探索就缺少了理论上的支持，使之很容易便被当做错误的东西，或者是被当做错误路线打压下去，如"包产到户"等问题。

再有，大会已经认识到最大的经验教训是党内缺乏民主，是导致犯错误的根本原因，但如何保证民主集中制的贯彻实行，或者说，怎样才能防止以后类似的错误不再发生？则没有深入的讨论和总结。尤其应该指出的是，这次会议，对庐山会议人为制造的所谓"反右倾"斗争，并没有作出实事求是的评估，仍然保留了对彭德怀等的错误结论和错误处理，以彭德怀有一个所谓"反党集团”，又有“国际背景”为理由，不予平反。用这种态度对待所谓彭德怀“反党集团”本身，就表明党的“左”的指导思想还没有在根本上被触动和解决。

此外，林彪在会上作的鼓吹个人崇拜、掩饰错误的讲话，产生了相当的消极影响。即使是刘少奇的书面报告，对毛泽东的评价也有不够实事求是的地方。比如，报告中历数了很多毛泽东在各个时期的正确意见，但对毛泽东的错误意见则避而不谈，并结论说：“如果我们许多同志更好地领会毛泽东思想，……并且认真执行毛泽东同志在每个关键时刻提出的指导意见，那么，这几年工作中的有些错误是可以避免的，或者可以大大减轻，或者在发生之后可以更快地纠正。”这些话，连毛泽东本人看了也觉得过意不去，他对刘少奇、邓小平说：“你们的报告把我写成圣人，圣人是没有的。”[①]情况表明，一方面，如林彪，不顾历史事实，居心叵测，对毛泽东投其所好；另一方面，中央第一线的领导人也存在自觉为毛泽东开脱的倾向，这对克服毛泽东一个人说了算的专断作风，转变“左”的指导思想起了很大的负面作用。

总之，七千人大会既取得了令人难忘的成就，也留下一些令人遗憾的不足。这里有认识的局限，也有不少个人的因素。它的成就，带来了大会之后的一片新气象；它的不足，注定了那一片新气象的出现必然是短暂的。1980年11月16日，经过18年反思的陈云，回顾这一段历史时说：“在‘左’的错误领导下，也不可能总结经验。”[②]陈云的话，令人扼腕深思！

注释

①薄一波《若干重大决策与事件的回顾》下卷，人民出版社1997年12月版，第1059页。

②《陈云文选》第3卷，人民出版社1995年5月版，第282页。

21

变局

——七千人大会始末

大会带来了什么新气象

七千人大会，未在指导思想上彻底纠正“左”的错误，注定了党的工作还会出现反复。但这是我们今天才能有的认识，当时人们并不可能完全意识到这一点。

七千人大会的与会者被当时所出现的让人讲话、允许怀疑“三面红旗”的民主气氛所鼓舞，解放了思想，放下了包袱，在各项工作领域开始了新的探索。“七千人大会”因此成为中国共产党历史上的一个重要转折点。

在大会结束后的最初阶段，毛泽东和中央第一线的领导人想法是比较一致的，决心发扬大会精神，在党内外继续营造民主气氛，使党、政、军、民、学等七个方面出现一个生动活泼的新局面。

1962年2月22日，毛泽东批复刘少奇，人大“开一次生动活泼的大会极为必要”。[①]（此处的着重号是毛泽东自己加的。）不言而喻，他和刘少奇同样都很期望能出现这种局面。4月9日，在全国最高国务会议上，毛泽东提出对于政治上敢于讲话，工作上敢于负责，学术上敢于争鸣的情况，“要造成一种气氛，现在逐步在造成这种气氛”。[②]

在这样一种氛围下，中国在政治、经济、思想、文化、民主党派、外交等方面的新局面很快就显现出来，调整的步伐加快了，调整的力度加大了。

反映在思想领域，中宣部长陆定一指示编辑、赶印了《魏征传》，希望以史为鉴，来配合当时兼听则明的政治气氛。有些剧作者还立刻创作改编了《唐太宗》、《洛阳宫》、《唐皇纳谏》等剧本。[③]一时间，一股民主宽松的春风荡漾在人们中间。

人们开始变得敢于讲话了。比如，这年的2月17日，周恩来在电影、话

注释

①《建国以来毛泽东文稿》第10册，中央文献出版社1996年8月版，第7页。

②毛泽东在最高国务会议上的讲话记录，1962年4月9日。转引自《毛泽东传》下册，中央文献出版社2003年12月版，第1215页。

③黎之《回忆与思考——所谓“全民文艺社论”和知识分子“脱帽加冕”》，见《新文学史料》，1997年第1期。

④周恩来在电影、话剧创作座谈会上的讲话记录，1962年2月17日。

⑤人民解放军总政宣传部1962年8月18日整理的材料：部队对邓子恢关于当前农业生产和人民公社问题报告的反映。

⑥《周恩来选集》下卷，人民出版社1984年11月版，第292页。

⑦《刘少奇年谱》下卷，中央文献出版社1996年9月版，第549页。

⑧金冲及《刘少奇传》下册，中央文献出版社1998年10月版，第898、904页。

剧创作座谈会上说：“1959年5月3日，我在紫光阁讲了一次话，谈了文艺工作两条腿走路的十个问题。今天讲话和那次有点变化了。那次我也是被戴了帽子的，有些党委就不准传达我的讲话。”[④]周的语气表露出一种愉悦的心情。1962年5月底6月初，邓子恢在部队讲农业问题时，兴奋地说：“过去像我这样的人也不敢讲话。”当他谈到安徽的包产到户时，还说：“过去我这样说是要被戴上右倾帽子的，现在我的右倾帽子摘掉了，不怕了。”[⑤]在中央的会议上，周恩来反复强调：“要鼓励各种意见都说出来，有不同意见可以争论，争论以后由中央作决定。”他还在1962年4月18日召开的全国政协三届三次会议上说“敢于提出不同意见，敢于批评对方的短处”的朋友“不是畏友而是诤友”，[⑥]积极鼓励大家要敢于讲话。

这一年，人们像是又回到了久违的党内那种宽松和谐的政治环境中，党内大有一种精神解放、手脚放开的令人愉悦的轻松气氛。

在经济工作上，七千人大会结束后的第14天，刘少奇在中南海西楼主持召开中央政治局常委扩大会议（通称“西楼会议”）。在讨论1962年的国家预算和国内的经济形势时，刘少奇对经济形势作出不同于七千人大会的大胆判断，提出最困难的时期还没有过去，如果不采取果断措施，国民经济将进一步恶化。刘少奇说：“中央工作会议（即七千人大会）对困难情况透底不够，有问题不愿揭，怕说漆黑一团！还它个本来面目，怕什么？说漆黑一团，可以让人悲观，也可以激发人们向困难作斗争的勇气！”[⑦]他还说：目前的形势是一个困难的形势，“类似非常时期”。[⑧]在七千人大会上没有发表大会讲话的陈云，在这次会上也作了系统发言。陈云将七千人大会提出的10年规划，划分为两个阶段：前一阶段（大概5年）是恢复阶段，后一阶段是发展阶

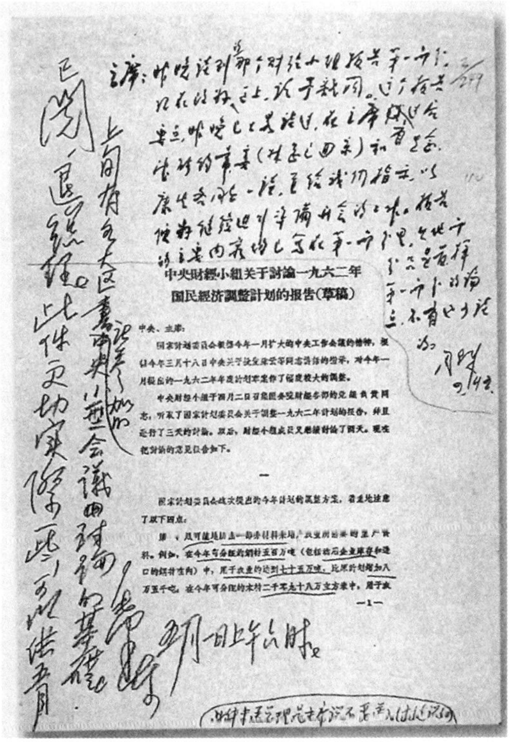
中央财经小组关于讨論一九六二年国民經济調整計划的报告（草稿）

这是1962年4月中央财经小组关于讨论1962年国民经济调整计划给中央的报告。毛泽东批示认为“此件更切实际一些”，并建议拿到在5月上旬召开的中央工作会议上讨论

段，并把工作的基点放在“争取快，准备慢”上。[①]

此外，一度停止工作的中央财经小组恢复起来了，刘少奇提议陈云任组长，统管全国的经济工作。不久，陈云提出，对1962年的年度计划（七千人大会通过的）要重新安排，准备对重工业、基本建设的指标“伤筋动骨”，必须把保障并逐步改善人民生活摆在首位。

如果说，在这之前中央对国民经济的调整还是想慢慢转弯，一个一个方面地来进行，或者说是被动调整的话，那么，在这之后，用周恩来的话说，是来了一个180度大转弯，是主动调整，是着眼全局从综合平衡来考虑和解决问题。很显然，在七千人大会为加快调整的步伐，进行了全党动员之后，“西楼会议”成为大刀阔斧、全面落实七千人大会精神的一次重要会议。

同时，大量精减城市人口，决定1962年一年精减2000万[②]的措施也在有条不紊地推进中。另外，还采取了其他一些措施：对经济效益不佳的工厂实行关停并转；各地的基本建设，除了维持简单再生产的工程和十分必要的扩大再生产的某些工程之外，其他都一律停止；集中力量增加农业生产和日用品生产，解决吃、穿、用问题，保证市场供应，制止通货膨胀。类似的调整，动作之大，力度之强，为前所未有！

就在中央重拳出击的时刻，在一些地区和部门的领导人那里，却出现了不同的声音，他们说七千人大会对经济形势的估计是正确的，采取这样大步骤的调整措施是不是对形势看得太消极了？于是，5月7日至11日，刘少奇再次主持召开有100多人参加的中央工作会议，就如何看待目前的经济形势进行讨论。对此，刘少奇说：“目前的经济形势到底怎么样？我看，应该说是一个很困难的形势。从经济上来看，总的讲，不是大好形势，没有大好形势，而是一种困难的形势。”“现在的主要危险还是对困难估计不够”。“分明有困难，却说没有困难，这样的人，不能算勇敢的人”。“对困难估计不够，自己安慰自己，那不是马克思主义者”。[③]

注释

①《陈云文选》第3卷，人民出版社1995年5月版，第193页。

②1962年实际精减700万人，1961年精减1000万人。

③《刘少奇选集》下卷，人民出版社1985年12月版，第445—446页。

④中共中央书记处会议记录，1962年7月2日。转引自《毛泽东传（1949—1976）》下册，中央文献出版社2003年12月版，第1231页。

在工业调整深入进行的同时，如何尽快恢复农业生产，人们也在进行大胆的探索。虽然早在1961年11月，中央就曾批评包产到户和一些“变相单干”的做法是不正确的，要求把这些做法改变过来，七千人大会上，曾希圣被指出的错误之一，就有在安徽推广“责任田”一项，但七千人大会所强调的要恢复党的实事求是的思想路线，深深地鼓舞着人们解放思想，打破框框，根据实际情况来选择增产的方式。几年来，广大农民所感受的现实情况是，人民公社的美丽前景不但没有出现，相反饿死很多人，而有的农民自己单干，不仅能够吃饱，还有富余交公粮。因此不少农民呼吁把田分到户，中央只应当大家，莫当小家，小家让农民自己去当。所以，在农村包产到户非但没有绝迹，相反呼声越来越高。原来主要是各省自己在搞，到了1962年春夏期间，则受到了来自中央第一线领导同志的支持。如邓子恢、陈云、刘少奇、邓小平、周恩来等均有赞成的表示。用邓小平的话说，不管是白猫黑猫，在过渡时期，哪一种方法有利于恢复，就用哪一种方法。[④]由此在农村出现的新气象，表现为实行包产到户和分田单干的地方越来越多。

1962年毛泽东在查看一张水利工程图。摄影：吕厚民

在七千人大会的春风下，调整全方位展开。中联部部长王稼祥，针对当时中国的外交状况大胆提出一些新的思路。当时的王稼祥因为身体不好，处在半工作、半休养状态，对于国内面临的极大的经济困难，他很是着急；对于中国对外关系方面四面受敌的情况，忧虑得不得了。王稼祥没有参加七千人大会，但会议发给他的文件、各种简报材料，他都认真地阅读了，尤其毛泽东在

七千人大会上的讲话，使他深受鼓舞，[1]于是他支撑起病体，一面找材料，一面找中联部的一些同志进行讨论，于2月27日牵头给周恩来、邓小平、陈毅写了一封建议信，随后，又主持撰写和审定了两份文件[2]，陈述对外工作的见解和主张。其基本思想是，我们应该把和平运动的意义说够，不要只讲民族解放运动，不讲和平运动，不要四面树敌，要缓和和约束某些方面的斗争，以便集中更多的精力，来改善国内的经济状况。其基本方针，是在对外斗争中要小心谨慎，注意策略，而不能勇往直前，一斗到底；对外援助应当实事求是，量力而行。

遗憾的是，这些正确的思路，后来被扣上了“三和一少”的帽子（对帝国主义、各国反动派、修正主义和，支持各国革命运动少），没有得到有效的实行。

在统战工作上，统战部部长李维汉常年同全国各界人士打交道，他深感他们是爱国的，但近几年来，党在统战工作上存在不少错误做法，对他们“敷衍应付”多，要么是“冷在一旁”，“课以责任却不给必要的权力和条件”。受沐于七千人大会的春风，在1962年4、5月间，李维汉主持召开了全国统战工作会议，有针对性地提出了一些非常具有建设性的意见。会议说：统战工作的方针应该更加强调团结，强调发扬民主，开展批评和自我批评；统战工作的基本任务是发扬民主，调整关系，充分使用，耐心教育。[3]今天，当我们看到2004年中国人民政治协商会议章程修正案强调“团结和民主”是全国政协会议

注释

①徐则浩《王稼祥传》在谈到这一段情况时，是这样说的：王稼祥从酝酿、思考、在少数人中议论，直到向中央领导人写建议信，整个过程中，有一个推动力，就是毛泽东在七千人大会上的讲话。毛泽东说：“不论党内党外，都要有充分的民主生活，就是说，都要认真实行民主集中制。”“我们提倡不抓辫子、不戴帽子、不打棍子，目的就是要使人心里不怕，敢于讲话。”对此王稼祥自己后来回顾说：“当时正在开七千人大会，提倡‘三不’主义，所以我抱了对党中央勇敢提意见的态度。”

②这两个文件是《关于我国人民团体在国际会议上对某些国际问题的公开提法》、《关于支持别国反帝斗争、民族独立运动和人民革命——实事求是，量力而行》。

③这四句话的意思是：调整国内各种政治关系，缓和紧张的政治空气。强调在国家政治生活中实行民主集中制，重视民主党派、人民群众团体的参政议政，在意识形态领域里倡导和重申“百花齐放，百家争鸣”的方针。

④李维汉《回忆与研究》下册，中共党史资料出版社1986年4月版，第876页。

⑤陈毅在广州举行的全国科学技术工作会议，全国话剧、歌剧、儿童剧创作座谈会上的讲话，1962年3月5日和6日。参见《党的文献》2002年第2期。

的两大主题的时候，就可以感受到，42年前，这次统战工作会议主张的方针，是多么的富有远见，也可以想见当时的李维汉是何等的敢想敢说了。但是，同样遗憾的是，这次会议的主张，后来在八届十中全会上，也被指责为“统战部要把民主党派改造成社会主义政党和社会主义领导核心”。[④]李维汉因此受到批判。

七千人大会带来的新气象，还表现在对待知识分子问题上，即为知识分子赔礼道歉、“脱帽加冕”。自1957年反右扩大化以后，“资产阶级”这顶帽子就又重新戴在知识分子头上。“大跃进”期间，不少专家学者更被当做“白旗”拔掉，搞得知识分子不写文章，不讲话，或者只是讲好，决不讲坏。最典型的例子是：“大跃进”期间修了许多水库，不少水库不讲科学，造成土地沙化，有的一涨大水，还得动员人力挖掉，或者用炸药炸掉。这些沉痛的事实与教训，引起中央的反思。1961年，中央对知识分子问题开始进行一些调整，但在指导思想上，仍没有彻底改变对知识分子阶级属性的错误估计，知识分子依然心情压抑，顾虑重重。七千人大会结束后的一个月内，陈毅这位国务院副总理、元帅诗人，经周恩来同意，在广州的知识分子会议上讲话指出了历次思想运动的缺点。他说：“我想现在的问题，是大家有气，今天要来出出气。”“在运动中间也发生了一些缺点、错误，有一些地方出现了过火斗争，搞得人感情很痛苦。”“伤了感情，伤了和气。”“我是心所畏危，不敢不言。我垂涕而道：这个作风不改，危险得很！我们必须改善这个严重的形势。形势很严重，也许是我过分估计，严重到大家不写文章，严重到大家不讲话，严重到大家只能讲好，这不是好的兆头。将来只能养成一片颂扬之声，这对我们有什么好处？危险得很呵！”

在谈到“资产阶级知识分子”这个提法时，陈毅提出要“脱帽加冕”，即脱“资产阶级”之帽，加“劳动人民”之冕。他说：“他们是人民的知识分子，社会主义的科学家，是人民的劳动者，是无产阶级的脑力劳动者。”“文化界、作家，他们中间大多数，基本上跟共产党方向是符合的。五四运动以来便是这样。”“为什么12年以后，这些人中大多数又有了新的进步，而我们有些人还拿着‘资产阶级知识分子’给他们做鉴定？这不符合实际，伤人太甚嘛！”“工人、农民、知识分子，是我国劳动人民中间的三个组成部分，他们是主人翁。” 他还说，党的工作者对待知识分子要有三顾茅庐的勇气，要像刘邦一样“倒屣出迎”，改变霸王的态度。霸王是要“别姬”、被逼死在乌江的。[⑤]说到激动处，陈毅向知识分子行了脱帽礼，表示歉意！陈毅的讲话，受到了与会者的热烈欢迎。

1963年周恩来与邓小平在一家小供销社里与店员谈话。摄影：吕厚民

1962年3月28日，周恩来在《中央政府工作报告》中再次强调中国的知识分子，“在社会主义的各个战线上，做出了宝贵的贡献，应当受到国家和人民的尊重”。“他们是属于劳动人民的知识分子”。

长期压在知识分子头上的帽子，至此终于摘掉了，广大知识分子反响强烈。35年后，黎之回忆当时的情景说：“当时参加大会的文化界代表大都住在新侨饭店，同开文艺理论会的人同在一个餐厅就餐。餐厅里挂着欢迎代表的横幅，正中放着巨大的花篮。代表们春风得意，如金榜题名，重获解放似的为能

注释

①黎之《回忆与思考——所谓“全民文艺社论”和知识分子“脱帽加冕”》，见《新文学史料》，1997年第1期。

②《人民日报》1962年5月23日。

③《党的文献》2002年第2期。

属于劳动人民而欢欣鼓舞。”①

令人鼓舞的还不仅于此，1962年5月23日，中宣部副部长周扬主持发表了一篇社论“为最广大的人民群众服务”，这篇社论是为纪念毛泽东《延安文艺座谈会上的讲话》发表20周年而写的。当时负责起草社论的同志觉得这些年，文艺界值得总结的经验、教训不少，尤其是过去着重“反右”，忽略了纠“左”，纠“左”很重要。但“左”在哪里，如何纠法，社论初稿几经修改，还是没有什么新的突破，显得四平八稳。这个初稿送周扬审阅时，他开口就说，这稿子不行。于是修改后的社论，提出了一个大胆的口号：“以工农兵为主体的全体人民（包括民族资产阶级）都应当是我们的服务对象。”②

有“元帅诗人”之称的陈毅在中南海打太极拳

但4年后，“文化大革命”一开始，这篇社论就被冠以“全民文艺”的罪名，同赫鲁晓夫的“全民国家”、“全民党”列在一起，受到了批判。

“在我们这个社会里，应该是人人都有积极性，人人都是笑逐颜开，人人都是心情舒畅，人人都能够知无不言，言无不尽，人人都能够把他的这一点才力、智慧，全部贡献出来。有了问题，能够面责情真！”③这是陈毅构想的一幅美好的图画，但要实现这个美好的愿望，还需要走一段漫长的路。

反映在政治领域，全国掀起了引人注目的平反高潮。1961年6月、11月，中央曾先后提出对过去几年受过批判和错误处理的同志要进行实事求是的甄别平反。七千人大会上，毛泽东也表示了这一态度。但因为有些负责干部对甄别工作重视不够，或者有抵触情绪，或者工作方法不对，甄别工作进展缓慢。1962年4月27日，邓小平专门主持制定了《关于加速进行党员、干部甄别工作的通知》，这个通知指示在县以下的基层干部，凡是在拔白旗、反右倾、整风整社、民主革命补课运动中批判和处分完全错了的，要“一律平反”，即使有轻微错误的，“也不留尾巴”，事实上是一风吹。邓小平这一指示下发之后，各地加快了平反的步伐，截至1962年8月，总共甄别平反党员、干部和群众600多万人。受此影响，县以上的平反工作也在加速进行。如各省委、各部委的不少所谓“右倾”分子也都得到平反。最引人注目的，是彭德怀写信给中央要求平反。此外，中央统战部也提出了对1957年划成的右派进行甄别的问题，国家机关党委对此还进行了试点。这意味着，在全国上下各个层面的平反工作，都在迅速深入地展开着。

新的局面，新的气象，的确十分活跃，令人欣喜。中国似在朝着一条符合本国国情的社会主义道路奔跑。但这种势头，仅仅保持到1962年7、8月间，便戛然而止。

为什么会这样？其根本原因就在于：调整越全面、越深刻，便越触及更为深层的问题，从而引发了大家对形势的判断和认识，对社会主义如何搞等一系列重大问题的意见分歧，而分歧越大，就越强烈地影响到决策层面的行动。

还在七千人大会时，就有不少人认为大会的书面报告把形势说得漆黑一团；到“西楼会议”和中央5月会议对形势进行再认识时，分歧就更加显见。有的同志比较婉转地提出，七千人大会对形势已经作了正确的估计，现在只过了几个月，又讲一篇同那时的估计大有区别的话，这样好吗？有人对陈云在“西楼会议”的讲话也提出非议。①

除了对形势的判断上存在分歧以外，在政治、经济、外交和文化领域，也都产生了不少意见分歧。

在这些意见分歧中，毛泽东是什么态度，则显得十分重要。七千人大会上和大会结束的初期，他显然也要创造一种宽松的政治环境，要造成一种大家在政治上敢于讲话，工作上敢于负责，学术上敢于争鸣的气氛。七千人大

注释

①金冲及《刘少奇传》下册，中央文献出版社1998年10月版，第903页。

②梳理1962年上半年毛泽东的行踪，事实上他从未钟情过山水，更没有做什么徐霞客。寻找这句话的来历，可能是源于毛泽东本人在1962年8月5日的一种说法。毛泽东说，他“周游”了全国。实际上，他所谓“周游”全国，是一种调侃。他在北戴河会议上，曾先后召集华北、东北、西北、西南、中南、华东六个大区的同志谈话，8月5日，在谈到这一情况时，他调侃说，“周游”了全国。基于此，不少人在写文章时，就做了这样有悖历史事实的演绎。

会之后，他虽然不再直接插手经济工作，但决不像有些文章所描述的，正当第一线中央领导同志夜以继日地辛劳调整时，毛泽东则悠闲自得，遍览全国的名山大川，做了一回徐霞客。[②]事实上，他一直在关注着各项调整工作的进展，一些调整取得的重大成果与他的倡导是很难分开的。

问题是，随着调整的深入，中国开始向一个不同于斯大林模式的、比较符合中国实际情况的新模式迈进，这似乎超越了毛泽东既定的认识。于是，在1962年的北戴河会议，他采取了行动，把党内关于国内形势的判断、关于恢复农业生产的办法、关于干部甄别等方面的新举措，斥之为"黑暗风"、"单干风"、"翻案风"，重新用阶级斗争的观点去分析批判。从而，使国内刚刚出现的生动活泼的政治局面，再次发生逆转，使得刚刚进行不久的、对扭转中国政治、经济困难局面极为重要的纠"左"不仅停滞下来，而且受到了批评。

首先引起毛泽东不满的一件事，是"包产到户"和分田单干。在农业问题上，毛泽东主持制定《农业六十条》，将经济核算单位下放到生产队之后，虽然并不是十分踏实，派田家英组织调查组到湖南继续调查《农业六十条》的贯彻情况以及存在的问题，但他还是自认为找到了一条比较适合中国农业发展的道路。谁知，田家英调查的结果是，农民对《六十条》并不怎么认账叫好，农民真正的要求是要实行包产到户或者分田单干。在1962年5月田家英向毛泽东反映湖南农民这些愿望的同时，农村工作部部长邓子恢赞成包产到户的主张也传到毛泽东的耳朵里。随后，又有中央副主席陈云专门找毛泽东谈话，提出包产到户或者分田单干的意见。接着，毛泽东了解到的情况是，刘少奇、周恩来、邓小平都有这一意向。不仅在中央，地方上安徽的钱让能、河北的胡开明，以及陕西等地的农民，也纷纷写信反映这一要求，他们所提出的方案不同，但大体都是赞成包产到户或者分田单干的，一时间，呼声甚高。

但毛泽东显然有着自己的想法。他坚持认为，从理论上说，只有搞社会主义的大农业，搞集体经济，农业才有出路，农民才会富裕。我们是共产党，只能朝着这个方向走，否则就是搞修正主义。从实践上说，发展农业生产，靠单干是不行的。南斯拉夫搞了单干，他们的经济不但没有好转，相反陷入了困难。苏联农业失败的原因，与农业集体化没有关系，主要是投资少，包括化肥、机械、交通运输。波兰也在强调将更广泛地采用集体经营的形式，在最近15年至20年内使不超过一半的农民的土地社会化。国外的情况是这样，在中国呢，没有搞单干的地方也有好的。为什么江西没有搞单干，就搞得好呢？山东破坏得厉害，为什么恢复得很快呢？河南情况也有好转嘛！搞得好的情况，各省都有。北京10个县今年就可以恢复到1957年的水平，有的就没有恢复

不论姓资姓社的争论如何反复，农民总是希望按照他们喜欢的方式生活。图为1960年代初浙江绍兴的公社社员在集市出售农产品

的问题。从单干的前景上看，用不了多长时间，就会出现阶级分化，一方面是三分之一的富裕农民更加富裕，其中有共产党的支部书记贪污多占、讨小老婆、放高利贷、买地；另一方面是贫苦农民破产。毛泽东于是问：你是站在三分之一的富裕户的立场上，还是站在三分之二的基本农民群众的立场上？问题就是这样摆在我们的面前。我们搞了一辈子革命，搞个资本主义、修正主义？赫鲁晓夫搞修正主义，他还不敢解散集体农庄，如果解散集体农庄那就搞成南斯拉夫式的修正主义了。此外，据陶铸、王任重在广西桂林专区龙胜县的调查，农村真正想搞包产到户的人也就占百分之十几，根本不是全体农民的要求。结果，现在就顶不住了，刮起了“单干风”。毛泽东还有针对性地强调，这股风越到上面越大。

对于提倡、宽容以至支持包产到户或者分田单干的那些同志，毛泽东认为，他们是被困难吓倒了，是在困难形势面前，对社会主义动摇的表现。他进而把这上升到阶级斗争的高度，把提倡包产到户，定性为“单干风”，认为是企图离开社会主义道路，走资本主义道路的问题，是两条道路的斗争。

在如何看待形势问题上，还在1961年9月，毛泽东就曾提出，现在是退到谷底了，形势到了今天是一天天向上升了。[①]七千人大会强调“最困难的时期

注释
①薄一波《若干重大决策与事件的回顾》，人民出版社1997年12月版，（修订本）下卷，第1107页。
②毛泽东在最高国务会议上的讲话记录，1962年4月9日。
③毛泽东同国家计委领导小组同志的谈话记录，1964年5月12日。
④同上。

已经过去”，这显然也是根据毛泽东的看法与认识来判断的。但随后“西楼会议”提出最困难的时期还没有过去时，毛泽东的认识上也曾发生过一些反复。1962年4月9日，他在全国最高国务会议上承认：“现在有困难，不能说现在困难很小，现在有相当大的困难。国内有困难，国际上也有困难。”[②]大概是受到毛泽东的认同，5月7日至11日的中央工作会议，刘少奇等更加强调了当时的形势是一个十分困难的形势。但毛泽东同刘少奇等之间，对这个问题上的认识，显然是有距离的。事实上，毛泽东对当时的形势是心存疑虑的。5月初，他走出北京到各省视察，一路对形势问题进行调查，但所了解的情况并不乐观。在湖南，他所信任的华国锋对湖南的夏季收成表示悲观。在华东，他出席了中共华东局会议，向来比较乐观的华东地区，这一次预测夏季收成时也有些低调。

但同时得到的另外两个信息，使毛泽东重又回到了以往的看法。一个信息是从军队系统了解的。5月上旬，毛泽东向杨得志、许世友了解夏季作物长势时，他们说他们部队所在的地方还比较好。[③]另一个信息是6月上旬，毛泽东在同军队的一些同志谈到国内形势时，这些同志认为形势并没有那么困难，并表示对中央总是强调形势很困难有意见。毛泽东当场便说，你们是中央委员可以提意见嘛。[④]这一语道破了毛泽东当时的心情。显然，他对一些人大讲困难心有戚戚焉。

但毛泽东懂得，形势困难与否，不是一个理论问题，而是一个客观存在，只有现实情况才能检验。不久，他找到了答案。也就是这年6月末7月初，南方一些省区夏粮收获以后，结果大大好于原来的预期。比如他所经过的江西、湖南、河南、河北、山东，都比预测的要好。尤其是山东，在5月华东局会议时，认为小麦不行，很是悲观。为了核实山东的小麦产量，毛泽东特意改变了原来的行车路线。本来，他走京广线时都是按郑州—邯郸—石家庄—直北上回京，这一次尽管田家英从北京来电话表示有急事向他汇报，但他还是从邯郸绕道济南，其目的，就是要亲自了解一下山东的小麦收成情况。结果，原来愁眉苦脸的山东同志，这一次眉飞色舞、欢天喜地地告诉他，小麦行了，原来预计只能收29亿斤，结果收了42亿斤。毛泽东大喜。毛泽东就是带着这样一种喜悦回到了北京。

毛泽东回到北京的当天，田家英、陈云先后向他提出为了克服困难实行包产到户和分田单干的建议。毛泽东当时嘴上没说什么，便让刘少奇找山东的谭启龙、江西的刘俊秀、河南的刘建勋了解农村形势。他想决策是从分析形势中产生的，既然认为一片黑暗，就证明社会主义不行，因而就需要全部单干。

认为大部黑暗，略有光明，采取的方法就是大部单干，小部集体。所以，毛泽东要让刘少奇等先认清形势再说。在毛泽东看来，农业集体化大有希望，前途是一片光明。毛泽东因此批评中央第一线的领导人刮“黑暗风”。

同样，在对外工作上，毛泽东在七千人大会上的讲话基调是比较温和的。大会之后，从毛泽东接受越南等国建议，愿意通过召开世界各国兄弟党会议，大家面对面地、心平气和地坐下来讨论问题，消除分歧，实现团结的情况，可以看出，他想把中国同各国的关系弄得缓和一些。但缓和到什么程度？毛泽东的底线是决不能对美国和，也决不能附和赫鲁晓夫。1962年7月，中国代表团出席世界和平理事会在莫斯科召开的世界裁军大会时，强调和平、裁军的内容比较多，同时同意了没有“反对美帝国主义”字样的共同文件，因此受到赫鲁晓夫的表扬，同时引起几个亚非国家的不满。这件事使毛泽东大为光火。过后他反复提起此事，此事也在日后成为提倡所谓“三和一少”修正主义路线的典型。

1962年1月7日发表在《人民日报》上的一幅以“反对美帝国主义”为题材的漫画

还有一件事情引起毛泽东不满的，是所谓的“翻案风”。如前所述，毛泽东是主张要进行甄别平反工作的，但他的底线是不能触动“三面红旗”。而1962年上半年的平反工作，随着深入的开展，已经在逐渐突破着这一底线。比如彭德怀6月16日、8月22日先后给毛泽东和党中央写信，请中央对他所犯的错误进行全面的审查，以做出正确的处理。这意味着如果对“否定三面红

注释 ①指共产风、浮夸风、命令风、干部特殊风和对生产瞎指挥风。

旗”的彭德怀进行平反，就表明彭是正确的了。无独有偶，七千人大会之后，在江苏有一些参加省委扩大会议的代表呼吁中央为彭德怀平反；另有许多基层党组织成员对七千人大会不承认犯了路线错误表示不满。再比如一些被平反的同志，他们变得更敢于讲话了。山东有个宋彩和，在平反时被表扬为敢于顶“五风”[①]的模范，平反后，受此鼓舞，他不仅对过去的工作进行公开的批评，而且矛头直指中央乃至毛泽东。还有一些单位如国家机关党委，在一些所谓右派分子自己没有要求平反的情况下，而主动提出为他们平反。诸如此类的事情，似乎在超出毛泽东所能接受的程度，也违背了他的初衷，因而引起了他的警惕和不安。在毛泽东看来，这已形成了一股不分是非的“翻案风”。

毛泽东的这些认识，今天来看显然不符合实际情况，但那些正确主张遭到错误的打压则在真实发生着。20世纪60年代初的中国，大家在新的社会主义观上，还没有形成自觉的整体的思考，更没有对什么是社会主义进行自觉的比较深入的反思。况且，那是一个社会主义至上的年代，人们坚信社会主义具有极大的优越性，而他们对社会主义的理解，就是消灭私有制、实行公有制、实行计划经济，认为惟有如此才可以迅速改变中国的落后状况，使国家走向富强。在这一点上，中共领袖们的认识应该说是一致的，从无动摇的。问题是理论上这样讲，但在实践中却碰了钉子，如农民愿意自己单干，自留地就是比生产队的庄稼长得好，合作化时期或者合作化以前的农作物产量就是比人民公社以来的产量高，因为懂技术的人不敢讲话，就上了很多不该上的项目，以致后患无穷。这些问题究竟怎么看，是一个非常复杂的巨大论题。就当时身处其境的人们来说，每个人接触的事物不一样，他们的感受不同，结论也就不同。从大的方面讲，建设社会主义需要从中国的实际出发，这是毫无疑问的，也是毛泽东经常地反复强调的。但中国进行社会主义建设的时间并不长，虽然遭遇重大挫折，但认为那都是“五风”造成的。中国的社会主义建设之路，究竟要在什么地方有别于苏联模式，当时人们的认识并不深入，何况所谓苏联模式在当时，亦被看做是正统的马克思主义模式。追究到具体的人对具体问题的认识，自然彼此也就不同，往往出现比较矛盾的、错综复杂的现象。比如陈毅，在广州给知识分子“脱帽加冕”，被人们传为佳话，但他在北戴河会议上，则对王稼祥提出的外交新思路率先提出批评；如邓小平，在平反问题上大刀阔斧，在知识分子问题上支持周恩来、陈毅的主张，但对李维汉的统战思想则提出批评；此外，党内不少干部支持包产到户，也有不少高级干部反对包产到户。尤其需要指出的是，刘少奇等在进行一系列实践探索时缺乏系统理论的有力支撑，故而当争论发生时，毛泽东尖锐地提出到底是走社会主义道路，还是走比赫鲁晓夫还不如的南斯拉夫式的道路；到底是站在三分之一的富裕户立场上，还是站在三分之二的基本农民群众的立场上时，刘等表现得有些理短，只能用现实中的困难来抵挡。于是当毛泽东证明形势已经好转，去年比前年好，今年比去年好，如此刘少奇等也就无话可说了。王稼祥提出不要四面出击，对外支援要量力而行的主张，其基点也是建立在为缓解国内困难形势之上，因此当毛泽东等认为最困难的时期已经过去时，王稼祥的意见也就很容易被看成是错误的，不带有长远战略眼光的权宜之计。这就是那个年代的特点。

本来，在工作中大家存在意见分歧是十分正常的事情，不同的思想可以到实践中去寻求验证和统一。但不幸的是，如此多的、巨大的涉及中国社会主义建设事业未来发展方向的争论，却发生在总是以姓资姓社划分思想路线界线、党内又缺乏民主气氛的年代，许多有建设性的意见，许多有积极意义的探索，许多大胆的尝试，被冠之以错误路线，遭到不应有的批判和打击。

1962年的新气象就这样夭折了，七千人大会萌发的民主探索精神中断了。短暂的1962年的春天过后，形势再度发生逆转，中国这列载着6亿多人口的列车，开始朝着以阶级斗争为纲、通往“文化大革命”的方向行驶而去。

22

变局
——七千人大会始末

打下毛刘分歧的楔子

七千人大会总结了新中国成立以来12年特别是1958年以来4年的成绩和经验教训，使全党在充分讨论的基础上达成了共识，但也留下了毛刘之间的分歧，这也是七千人大会引人关注的一个重要问题。

民主革命时期，毛泽东和刘少奇，一个在根据地、一个在白区摸爬滚打若干年，为总结出一套行之有效的革命理论和经验，各自做出了重大贡献，并成为所在领域的代表人物，两人彼此欣赏，珠联璧合。

新中国成立后，社会主义如何搞，无论对毛对刘还是对全党来说，都是一个全新的课题。虽然苏联已经有了一个现成的模式，根据民主革命时期的经验，他们懂得照搬肯定是不行的，必须结合本国的实际情况来确立自己的建设道路。显然其任务是十分艰巨的。

既没有经验可谈，又不可能照搬他国的经验，在艰难的实践与探索中，自然，毛刘之间产生不同意见、产生摩擦也就在所难免，并且是常常发生。

最早是山西农业生产合作社问题，接着是新民主主义秩序的问题，然后是社会主义社会的主要矛盾等等，这里不一一赘述。上述不同意见的产生，因为是在工作顺利的情况下出现的，并不牵扯个人的责任，又没有形成一定的气候，大家都是为了中国的繁荣富强，说起来也就是意见不一致的问题，谈不上什么恩恩怨怨的，因此并没有根本影响他们之间的相互信任和友谊。1956年，中共八大时毛泽东把刘少奇等推到领导工作第一线；1959年，毛泽东又主动辞去国家主席职务，由刘少奇接任，党和国家的工作仍在按部就班地进行着。

七千人大会总结“大跃进”和人民公社化运动的工作时，情况就不同了。“大跃进”和人民公社化运动，不但没有实现原来的预想，相反还使本来就很脆弱的国民经济遭受重大挫折，致使全国经济一片萧条，尤其令人难于承受的是饿死了很多人！这个问题怎么看？怎么总结？如何向全党乃至全国人民交代？就成了中央领导，尤其是毛刘二人面对的一件大事了。

“大跃进”的首倡者是毛泽东，是他在反“反冒进”的基础上发动起来

注释

①参见《人民日报》，1958年9月30日。

②1958年，刘少奇在第一次郑州会议上的讲话。参见薄一波《若干重大决策与事件的回顾》，人民出版社1997年12月版，（修订本）下卷，第756—757页。

毛泽东、董必武和刘少奇一家，1962年。摄影：吕厚民

的。早些时候，周恩来、陈云因为提出“反冒进”，曾受到毛泽东的严厉批评。刘少奇虽然没有被毛泽东点名，但也难辞其“咎”，因为他曾主持会议通过了“反冒进”的决策。“大跃进”期间，本来比较冷静的刘少奇，也被热烈的气氛所感染，头脑跟着热起来。1958年9月，刘少奇到江苏常熟视察，面对一个公社党委书记报出亩产1万斤的高产，信以为真地问：还能再高吗？[①]关于人民“公社”的名称，刘少奇自称他和周恩来、陆定一、邓力群4人在一次南行列车上也积极地“吹”过，到了郑州向河南省委第一书记吴芝圃推荐[②]，如此等等，事例很多。无疑，刘少奇在“大跃进”中也起了促进的作用。

当然，最早纠正“大跃进”和人民公社化运动错误的是毛泽东。自1958年底开始的纠“左”历程中，毛泽东和刘少奇都承认犯了高指标、高征购，实行供给制，办公共食堂，刮共产风，瞎指挥，未注意综合平衡以及急于求成等错误。在具体调整的方针、政策上，都主张要制定实事求是的经济计划，大量地精简城镇人口，制定了《农业六十条》《工业七十条》以及各行各业制定自己的条例等，还有在农村适当地开放集市贸易，给社员留出适量的自留地，允许社员搞家庭副业，在政治上给被反右倾错了的同志平反，清理错误的口号，中央要向人民做自我批评等等。

但是，当纠“左”的层面深入到需要揭示犯错误并导致经济严重困难的深层原因时，需要对过去几年工作的估量做整体的判断以调整今后方向时，他们的分歧却悄悄地产生了。

比如，关于犯错误的原因，刘少奇比较注重讲“人祸”。1961年5月31日，刘少奇在中央工作会议上说：

“这几年发生的问题，到底主要是由于天灾呢，还是由于我们工作中间的缺点错误呢？湖南农民有一句话，他们说是‘三分天灾，七分人祸’。我也问了几个省委干部。我问过陶鲁笳同志……他说，工作中的缺点错误是造成目前困难的主要原因。河北、山东、河南的同志也是这样说的。其他一些省我没有问。总起来，是不是可以这样讲：从全国范围来讲，有些地方，天灾是主要原因，但这恐怕不是大多数；在大多数地方，我们工作中间的缺点错误是主要原因。”

“我们在执行总路线、组织人民公社、组织跃进的工作中间，有很多的缺点错误，甚至有严重的缺点错误。最近不仅农业减产，工业生产也落下来了。如果不是严重问题，为什么会这样减产？为什么要后退？难道都是天老爷的关系？”

“我们现在是来总结经验，好在我们现在能够回头，能够总结经验，能够改过来，还不是路线错误。但是，如果现在我们还不回头，还要坚持，那就不是路线错误也要走到路线错误上去。”[①]

微妙的是，也是在这次会议上，毛泽东在谈犯错误的原因时说：你违反了它（经济规律），就一定要受惩罚，我们就是受了惩罚，最近三年受了大惩罚。[②]“社会主义谁也没干过……苏联的经验是苏联的经验，他们碰了

注释

①《刘少奇选集》下卷，人民出版社1985年12月版，第336—337页。

②《毛泽东传（1949—1976）》下册，中央文献出版社2003年12月版，第1123页。

③《毛泽东文集》，人民出版社1999年6月版，第8卷，第276页。

④《党史研究》1985年第6期。

⑤张明军《关于“文革”史研究中几个问题的再思考》，见《湖南师范大学社会科学学报》，2004年第6期。

钉子是他们碰了钉子，我们自己还要碰。”[3]可以看出，和刘少奇的讲话相比，毛泽东更愿意强调是因为缺乏经验，是因为社会主义建设的规律还有待认识。细细揣摩两者之间的差别，的确令人玩味。

七千人大会之前，因为没有集中地、系统地总结工作，毛刘之间即使有了分歧，也还没有那么明显地表露出来。七千人大会则不同了，中央要如此大规模地在全国县委第一书记以上的干部中进行系统的总结，就必须对出现经济困难的原因、犯错误的原因，对过去几年工作的估量，包括对形势的判断、对“三面红旗”的评价等，要作出一系列的回答。如何解说，解说到什么程度，毛刘之间的分歧自然因七千人大会的召开而凸显出来。当然，会议中的绝大多数人并没有察觉到这一点，但是毛泽东感受到了。

5 年后，1967年2月，毛泽东同阿尔巴尼亚代表团团长巴卢库的一段谈话，让人们的目光一下子聚焦在七千人大会。以后，每当人们谈到毛刘之间的分歧，都要引用毛泽东的这段话：“七千人大会的时候已经看出问题来了，修正主义要推翻我们。”[4]很显然，这个所谓的“修正主义”指的是刘少奇。

不过笔者发现，毛泽东的这段话是经过人们简化和加工的。他到底是怎么讲的？是这么具体直接吗？通过仔细查阅毛泽东与巴卢库的谈话记录，发现毛泽东其实是这么说的：“1962年1月，我们召开了七千人的县委书记以上干部大会，那个时候我讲了一篇话，我说，修正主义要推翻我们，如果我们现在不注意，不进行斗争，少则几年十几年，多则几十年，中国会要变成法西斯专政的。这篇讲演没有公开发表，在内部发表了。以后还要看一看，里面也许有些话还要修改。不过在那个时候已经看出问题来了。”

这里还涉及一个问题，毛泽东在七千人大会上是不是真讲了这么一段话呢？经过再查阅毛泽东在七千人大会讲话的原始记录，结果并没有这样的内容，即使1962年4月下发的毛泽东讲话记录整理稿，也仍然没有这段话。相反，毛泽东在七千人大会上的通篇讲话给人感觉既幽默风趣，又谦虚诚恳，洋溢着比较浓烈的民主气息，流露出他和刘少奇、周恩来、陈云等和谐的亲密气氛！

难道是毛泽东空穴来风？这不太可能！如果考虑1967年2月正处在“文化大革命”的癫狂阶段，刘少奇已被认为是中国的“赫鲁晓夫”，是“修正主义在中国的代理人”，毛泽东用1967年的感受来追溯1962年初的事情，显然是可以理解的。但是，毛泽东为什么偏偏把反思的目光锁在了七千人大会？为什么把刘少奇要“推翻”他这样一件大事，偏偏追溯到七千人大会，而不是别的什么时候？1967年4月12日，江青说的一句话，应该是解开这个谜团的一把钥匙。江青说，毛主席在七千人大会时憋了一口气。[5]这至少表明，刘少奇在七千人大会上确曾使毛泽东很不高兴。那么，这憋的一口气，是什么气呢？

检讨七千人大会前前后后的情况，有以下几个问题可以探讨。

先从刘少奇主持起草的报告初稿来看，这中间似存在着毛刘之间沟通不够的情况。理由是：报告除了讲三大块[①]之外，其中一些比较敏感的问题讲到什么程度，如何表述，两人之间事先缺乏很好的协调。如对当时的形势如何估计？这是毛泽东十分看重的问题。1961年9月，毛泽东在庐山会议上提出，经济形势已经退到谷底，现在是一天天向上升了。也就是说，最困难的时期已经过去。此后他一直坚持这样的看法。但刘少奇有着自己的不同看法，所以他主持起草的报告初稿，没有把毛的这句“定调”的话写进报告。毛泽东看后不满意，也就可想而知了。后来经过讨论修改后的报告稿，还是加进了“最困难的时期已经过去”的判断，显然，这是按毛泽东的意见在估计形势了。

再如：报告初稿在讲成绩和错误方面，将新中国成立以来12年的成绩一起混着讲了，对“大跃进”以来的成绩没有突出出来单独讲，相反报告讲的缺点错误几乎都是“大跃进”以来的。当然，这是符合实际情况的。问题是，会上有人抓住这一点说缺点错误讲得过分了，说报告漆黑一团，越看越没劲。从毛泽东最初想拿出3天时间对稿子进行修改，以及后来将稿子直接发给大会讨论的情况判断，他显然也存在着同样的看法——缺点错误讲得严重了一些，“大跃进”的成绩讲得不够，使人鼓不起劲来。后来经过大会讨论修改的稿子，开始突出“大跃进”以来的成绩，一共讲了12条，缺点错误讲了4条，显然是在努力把成绩讲够方面下了工夫。

还有报告初稿对“三面红旗”的评价是：“站得住的”、“正确的”、“基本上正确的”。大会在讨论时，有些人认为评价低了，应统统改为“完全正确的”。后来二十一人报告起草委员会接受了部分意见，将“站得住的”改为“正确的”，其他没有改动。“三面红旗”对毛泽东而言，是一个很敏感的问题，刘少奇的态度是否也会引起毛泽东心中的不快呢？

这些情况表明，毛泽东期望刘少奇主持起草的报告，对“大跃进”要给

注释

①报告稿共讲三个问题：一、关于目前的形势和任务；二、加强集中统一，反对分散主义；三、党的问题。七千人大会之后，第二个问题改为“关于加强民主集中制、加强集中统一的问题”。

②毛泽东同李雪峰等的谈话记录，1964年8月20日。

予充分的肯定，刘少奇虽然也肯定了，但在毛泽东看来，肯定得不充分，不那么理直气壮，甚至给人一种“大跃进”是“漆黑一团”的感觉，这使毛泽东感到刘少奇对“大跃进”的估量，对当前形势的判断，对“三面红旗”的评价等，并没有按照他的想法解说。但事情还不止于此。毛泽东本来对刘少奇主持起草的报告初稿就有意见，岂料刘少奇在1月27日作大会口头报告时，更讲了一些让毛泽东心中不快的话。刘少奇在向大会解说出现经济困难的原因时，提出了天灾、人祸哪一个是主要原因的问题，并作出了两个“三七开”的判断。他说：有些地方减产的主要原因是天灾，有些地方不是天灾，而是工作中的缺点和错误，“过去我们经常把缺点、错误和成绩，比之于一个指头和九个指头的关系。现在恐怕不能到处这样套。……恐怕是三个指头和七个指头的关系。还有些地区，缺点和错误不止是三个指头。如果说这些地方的缺点和错误只是三个指头，成绩还有七个指头，这是不符合实际情况的，是不能说服人的。我到湖南的一个地方，农民说是‘三分天灾，七分人祸’。你不承认，人家就不服。全国有一部分地区可以说缺点和错误是主要的，成绩不是主要的。”

我们至今还能感受刘少奇说这番话的坦率与真诚，热烈与激昂！这些话在当时听起来是十分尖锐，很带刺激性的，因为很少有人敢于这样讲话。

这里有人要问，早在1960年底和1961年初，毛泽东就把工作中的错误称作为“人祸”，刘少奇这样讲毛泽东怎么会不高兴呢？ 问题是，毛泽东自1961年4月以后，几乎没有再用“人祸”的提法，也从未作出过几分人祸几分天灾的判断；此外，用一个指头和九个指头比喻缺点、错误与成绩之间的关系，是毛泽东第一个提出来的，而且他经常讲，尤其是在工作出现失误遇到困难的时候。再者，毛泽东虽然在估量地方工作时，曾突破“一个和九个”的框框，但是并没有对全国的工作做出三分缺点错误七分成绩的估量。因此刘少奇的这番话就显得十分大胆，作为第二把手，他作出了毛泽东从未做出过的判断，而这些敏感问题恰恰是毛泽东本人不愿意多说的。还有一个重要的因素是，毛泽东几次谈到“人祸”，是在小范围的内部谈话时讲的，而刘少奇却是在扩大的中央工作会议上，向七千党的领导干部，也就等于向全党提出这样尖锐的问题，对工作做出了这样的估量，毛泽东听起来自然不那么愉快了。所以在毛泽东看来，刘少奇是缺点错误讲得过于严重了。1964年8月20日，毛泽东在北戴河同中共华北局第一书记李雪峰等谈话时说：“七千人大会有纲，也有目，把一些缺点错误讲得严重了一些，以后在4、5月更讲得严重。”②可见刘少奇的这一估量，给毛泽东留下的印象是十分深刻的。

还有敏感的“三面红旗”问题。刘少奇在二十一人报告起草委员会上说“比较难说的三面红旗问题”。难说在什么地方？为什么难说？刘少奇没有讲。“三面红旗”作为过去几年中国经济建设的指导思想，造成三年严重经济困难的后果是客观存在的。一般说来，如果是个别错误，就要考虑具体政策是不是有问题；如果是全局性的错误，就要看指导思想是否正确。“大跃进”的失败，明显属于全局性的错误，对“三面红旗”为什么还要坚持？甚至还要高举？这个问题很复杂，既有全党认识上的问题，也有毛泽东的问题。①毛泽东在“三面红旗”问题上始终没有让步，一直认为出现经济困难的原因是在“一个相当时间内，我们还没有来得及、也没有可能规定一整套适合情况的具体的方针、政策和办法”。②刘少奇在这样一种情况下，在七千人面前如果讲“三面红旗”是正确的，自然如其所说变得“难说”起来。刘少奇在大会的口头报告中讲“三面红旗”时，是这样说的：“总路线”是完全正确的，只是在执行中有偏差，注意了多快，忽略了好省；对“大跃进”的解释也有一些片面性，比如说，产量每年翻一番，要从一个历史时期来看，“大跃进”还应该继续作为我们全国人民努力奋斗的目标，我们应该坚持下去；“人民公社”是有前途的，还是应该办的，只是搞得太

注释

①具体的论述，参见本书“为什么还要继续坚持‘三面红旗’？”。

②《毛泽东文集》第8卷，第305页。人民出版社1999年6月版。

③此处指什么问题？刘少奇没有解说。刘少奇在这次讲话中还说：人民公社问题，大家都知道有一个口号，叫作“一大二公”。这个“一大二公”的好处，现在还看不大清楚，要过若干年再看。1961年7月17日，刘少奇在沈阳谈到人民公社时说：“现在看不出优越性，难于说服人家，农民就说服不了。等三五年后，经济恢复了，人民公社显示出更多的优越性来，有了事实，才能说服人。”这里是否指人民公社的优越性呢？还有待进一步考证。

④1962年1月27日刘少奇讲话记录。

⑤1961年9月5日，邓小平在庐山会议上说：“主席说，三面红旗是对的，问题是搞过了，是没有具体政策，具体办法。”

⑥1962年1月20日，周恩来在给二十一人报告起草委员会的书面材料上说：“报告应从‘三面红旗’的伟大成绩和一年多调整后的逐步好转讲起，接着就讲我们违反毛泽东思想和‘三面红旗’的方针而造成的错误。如果没有客观上的困难和主观上的错误，‘三面红旗’的成绩还要更大。”

⑦1962年夏，毛泽东在北戴河会议上讲：“1960年下半年，1961、1962年上半年，都讲黑暗，越讲越没有前途了，这不是压我？压我两年了，难道讲一点光明都不行？”引自张弓《党的八届十中全会评述》，见《党史研究》1984年第2期。

⑧访问邓力群记录。1994年7月1日。

⑨姚锦编著《姚依林百夕谈》，中国商业出版社1998年12月版，第165页。

⑩袁宝华《对国民经济的艰苦调整》，见《当代中国史研究》2002年第1期。

急，未经过典型试验就全面推开了。然后，他总结说：“三面红旗”，我们现在都不取消，都继续保持，继续为“三面红旗”而奋斗。现在，有些问题[3]还看得不那么清楚，但是再经过5年、10年以后，我们再来总结经验，那时候就可以更进一步地作出结论。[4]从这里可以看出，刘少奇对每一面“红旗”都作了论述，他的方法是总体上肯定，具体上指出问题，事实也等于检讨了指导思想存在的问题。应该说，在这一点上，毛泽东对刘少奇的意见并不是很大，有的问题他自己也做过检讨[5]。关键是刘少奇的结论，即“现在都不取消”，难道将来就要取消？毛泽东似乎觉得刘少奇对“三面红旗”肯定得不够，尤其同林彪相比，更显得刘少奇坚持“三面红旗”不那么理直气壮，即使同周恩来相比，刘少奇的态度也显得有所保留。[6]这也是毛泽东对刘少奇产生不满的另一个因素。

由此可以得出结论，毛泽东在七千人大会期间，确实对刘少奇产生了不满。这个不满主要表现在刘少奇“大讲”缺点错误，讲“人祸”，把过去几年的工作讲得“漆黑一团”，不积极维护“三面红旗”，不和他保持一致，换句话说，毛泽东感觉刘少奇不但没有积极维护他的领导，还有点“施压”[7]的味道。从这个意义上说来，毛刘之间在七千人大会的分歧虽然没有公开，却是比较深刻的。不过，此时的毛泽东虽然憋了一口气，但因为他对“大跃进”和人民公社化运动的失误确实有着不可推卸的重要责任，当时的国民经济还在一片萧条当中，有些问题还要靠实践来检验，所以毛泽东的憋气并没有表现出来。而刘少奇呢，受大会民主气氛的鼓舞，一种强烈的使命感和责任感，使他工作起来更加大胆、更加泼辣，思想也越来越解放，讲话越来越尖锐。

七千人大会闭幕后，刘少奇在整理他的口头报告时，情绪很激动地说：“大跃进”错误严重，这次总结经验是第一次。以后每年要回过头来总结一次。总结一次，修改一次，一直搞它10年，最后做到这个总结符合实际，真正接受经验教训，不再犯“大跃进”的错误为止。他还说，历史上人相食，是要上书的，是要下“罪己诏”的。我当主席时，出了这种事情！刘少奇这些感受很深的话脱口而出，令当时在场的人十分震动。[8]

不久，刘少奇在“西楼会议”上自喻是“非常时期大总统”[9]，说：“国民经济到了这种状况，在国外，总统就要宣布废除宪法所赋予的权力。”[10]刘少奇在这里追究的是他自己的责任，但不少人都知道，最大的责任者是毛泽东。

1962年3月，刘少奇在要求公安部总结几年来打死人命，伤害无辜群众的教训时，对公安部长谢富治等说：“活人不揭，死后下一代揭。”事后，他觉得不妥，坚决不同意公安部党组印发他的这番讲话，因为他觉得“将来会出毛病的”。[①]这些话都触及了毛泽东的敏感之处。毛泽东听了会是怎样的感受？至少，憋气是肯定的。

刘少奇主持召开中央政治局常委扩大会议（史称“西楼会议”）的地方——中南海西楼

还有，刘少奇在“西楼会议”上，批评七千人大会“对困难情况透底不够，有问题不愿揭，怕说漆黑一团！”[②]他针对七千人大会对形势的判断提出，最困难的时期还没有过去，现在是“非常时期”[③]，此后，刘少奇在中央工作会议上强调：“现在的主要危险还是对困难估计不够”，“分明有困难，却说没有困难，这样的人，不能算勇敢的人。”“对困难估计不够，自己安慰自己，那不是马克思主义者。”[④]这年5月刘少奇主持下发的中央文件也说：“不愿意承认困难，或者困难本来有十分只愿意承认几分，总怕把困难讲够了会使干部和群众丧失信心，以为回避困难，问题就容易解决，对于困难不是认真对待，而是掉以轻心，很明显，这决不是真正的勇敢，决不是革命家的气概，决不是马克思列宁主义者应该有的态度。”[⑤]

注释

① 《刘少奇年谱》下册，中央文献出版社1996年9月版，第551、552页。
② 《刘少奇年谱》下册，中央文献出版社1996年9月版，第549页。
③ 《刘少奇年谱》下册，中央文献出版社1996年9月版，第549页。
④ 《刘少奇论新中国经济建设》，中央文献出版社1993年10月版，第505页。
⑤ 《建国以来重要文献选编》第15册，中央文献出版社1997年1月版，第405页。
⑥ 《建国以来毛泽东文稿》第10册，中央文献出版社1996年8月版，第200页。
⑦ 《毛泽东传（1949—1976）》下册，中央文献出版社2003年12月版，第1394页。

尽管刘少奇讲的都是事实，或者可能讲得严重了一些；尽管民主革命时期的毛泽东也强调要充分估计困难，反对盲目乐观，在中共七大上他就曾一下子讲过17条困难，但现在，毛泽东虽然也讲困难，却并不愿意总是强调困难，他更愿意把形势估计得乐观一些，在某种程度上，他恰恰是刘少奇所说的对困难估计不够的代表者。照此说下去，毛泽东是不是连一个真正的马克思主义者也不够资格了呢？毛泽东对刘少奇不满的加剧，也有这种因素吧？

在刘少奇强调困难形势的同时，如何调整方方面面的政策，迅速恢复国民经济，毛刘之间又发生了思想路线上的分歧。七千人大会之后，也就是1962年上半年发生的几件事，从毛泽东看来，都是“右倾”的表现。最突出的一件，便是各地出现的有关包产到户和分田单干的做法，这些做法还受到了中央第一线领导人的积极支持。毛泽东认为，这是搞社会主义还是搞资本主义，是搞分田到户、包产到户还是搞集体化的重大原则问题。他批评分田到户、包产到户的主张，是对社会主义丧失信心的表现，是刮“单干风”，而且越到上层风刮得越大。再有一件，就是王稼祥在外交政策上提出：对外斗争要小心谨慎，注意策略，而不能勇往直前一斗到底；对外援助应当实事求是，量力而行。这都被他认为是修正主义的“三和一少”。1962年7月，中国代表团出席世界和平理事会在莫斯科召开的世界裁军大会时，强调和平、裁军比较多，反帝调门比较低，曾引起几个亚非国家代表团的不满。事后，毛泽东对此多次提起批评，说是“脱离了左派，加强了右派，增加了中间派的动摇”，并向有关国家道歉。还有，就是在平反问题上，毛泽东认为形成了一股平反之风，无论什么都要平反。他针对国家机关党委准备对几个比较有名的右派进行平反的事提出严厉批评，责问刘少奇、周恩来、邓小平：“此事是谁布置的？是组织部，中直党委，还是国家机关党委自己？此事出在中央机关内部，右派分子本人不要求甄别，而上级硬要‘试点’，以便取得经验，加以推广。事件出在6、7月。其性质可谓猖狂之至。”⑥这类事情，还可以举出一些，如在统战工作问题上，在知识分子问题上，都出现了一些在毛泽东看来带有右倾性质的方针政策。事后，毛泽东曾多次批评1962年上半年，说那时候是一股风，可猖狂了。1965年8月11日，毛泽东在一次中央小范围会议上说，1962年刮歪风，在国际上、外交上主张“三和一少”，在国内主张“三自一包”，如果当时我们几个常委不顶住，不用好久，只要熏上半年，就会变颜色。许多事情都是这样，领导人一变，就都变了。其实，在毛泽东看来多数常委并没有“顶住”。⑦可见1962年的上半年给毛泽东留下的印象是十分深刻的。

那么这些所谓“右倾”的表现，又和刘少奇有什么关系呢？在毛泽东看来，刘少奇主持第一线工作，是那些问题的支持者，或是那些问题的始作俑者。具体的工作和任务是从分析形势中提出来的。既然形势是一片黑暗，就证明社会主义不行，因此才导致了党的一系列方针政策的右倾。所以，毛泽东对刘少奇又多了一层政治上的不信任。

换言之，七千人大会之前，毛泽东与刘少奇存在的分歧主要是工作上的

1962年9月，中共八届十中全会召开，毛泽东在讲话中重提阶级斗争。摄影：杜修贤

分歧。七千人大会使毛对刘憋了一口气，产生恩怨，问题开始变得复杂起来。七千人大会之后，毛刘之间的矛盾不但没有化解，而且还在不断积累，同时在估量国内形势，在对外政策和农村政策，以及不少重大决策上，出现一系列彼此相左的意见分歧，而这个分歧的产生则关系到如何进行社会主义建设的根本问题，在毛泽东眼里是出现了走社会主义道路还是走资本主义道路的重大分歧。他认为，刘少奇是被困难吓倒了，对社会主义失去了信心，要走资本主义的道路。至此，两人之间的分歧便具有了双重意义：既有个人的恩怨情结，又有思想路线上的分歧。这种矛盾纠葛，随着以后“社教运动”的进行，以及一些国际事务的开展等等，变得越加难以调和，最终使毛泽东产生一种党内存在“两个司令部”和两条战线斗争的错觉……

23

变局
——七千人大会始末

为什么还要继续坚持“三面红旗”？

刘少奇在七千人大会上的报告，不再提“15年赶超英国”的口号，不再提“一大二公”的问题，甚至连《农业发展纲要》也不提了。同时七千人大会还决定，要对中央的文件进行清理，将“大跃进”期间不合时宜的口号统统取消，但惟有一件，表示要继续高举总路线、大跃进、人民公社这“三面红旗”。

在七千人大会前后，以及七千人大会上都有一些同志对“三面红旗”提出质疑，准确地说，“三面红旗”是“左”的思想发展的产物，站在当时说话，至少是“大跃进”的产物。七千人大会对此已经有所质疑，但它为什么还要继续高举呢？应该说，这是一个比较复杂的问题。

从“三面红旗”提出的过程来看，“三面红旗”并不是“大跃进”一开始就有的，也不是哪一位领导人发明的，它是在“大跃进”当中逐渐形成的。周恩来在1964年12月15日中央政治局讨论三届人大政府工作报告时说：“三面红旗”是《人民日报》提的，中央跟着讲。①

关于这一情况，王学启进行了很好的梳理。摘编如下（有些地方本文作了补充）：

> 关于“总路线”概念的形成：“三面红旗”的第一面红旗——“总路线”的概念，是由毛泽东提出的。这可以从1955年底说起。当时正处在农业合作化的高潮，毛泽东将中国的工业化等项事业发展的规模和速度，概括为“又多、又快、又好、又省”。1956年《人民日报》元旦社论正式公布了这一口号。两年之后，1957年12月《人民日报》发表社论，提出“多快好省”是进行社会主义建设的方针。不久，1958年《人民日报》元旦社论提出“必须鼓足干劲，力争上游，充分发挥革命的积极性创造性，扫除消极、怀疑、保守的暮气”。接着，2月3日《人民日报》发表社论，题为《鼓足

注释 ①周恩来在中央政治局会议上的讲话记录，1964年12月15日。

干劲，力争上游！》，号召全国人民“鼓起革命干劲，打破一切右倾保守思想，力争上游，又多又快又好又省地进行社会主义建设”，总路线的基本内容被概括出来了。

这一年的中央，脚步匆匆，3月4日，毛泽东在成都主持召开政治局扩大会议，并多次讲话，号召人们破除迷信，解放思想，敢想敢说敢干，完整地提出了“鼓足干劲，力争上游，多快好省地建设社会主义的总路线”。至此，总路线的概念已经形成。5月，中共八大二次会议在北京举行，正式通过了这条总路线，从而成为中国共产党领导各族人民建设社会主义的一面旗帜。

关于“大跃进”口号的形成：在总路线指导下，“大跃进”的口号应运而生。在《人民日报》上见到“大跃进”一词，最早是1957年6月29日，一个署名叫于践绘的人发表文章，提出1956年，是中国社会主义建设大跃进的一年。随后各地不断发表文章，提出要实现农业生产大跃进，推进生产大跃进等等。1957年11月13日《人民日报》社论说：“有些人害了右倾保守的毛病，像蜗牛一样爬行得很慢。他们不了解农业生产合作化以后，我们就有条件也有必要在生产战线上来一个大的跃进。这是符合客观规律的。”“大跃进”的口号提出以后，得到了毛泽东的称赞。他说：这是个伟大的发明，它剥夺了反冒进的口号。1958年2月2日，《人民日报》又发表社论，发出了实现国民经济“全面大跃进”的号召。5月，八大二次会议在讨论和通过社会主义建设总路线的同时，也正式肯定了“大跃进”的方针。会议说：“1958年的春天，这是我国社会主义建设开始全面跃进的春天，无论工业、农业和其他事业，都有比以前更大更快的发展。”并且宣布我国社会主义建设已进入“一天等于二十年”的伟大时期。

由于这是中共全国代表大会的决定，总路线和大跃进的口号，从此响遍全国的各个角落。

“人民公社”概念的形成：伴随生产建设上急于求成而来的是生产关系上的急于过渡。1957年冬和1958年春，全国农村掀起了农田水利建设高潮。为了有利于农业生产的发展，1958年3月，毛泽东在成都会议上提出了把小型的农业生产合作社适当地合并为大型的农业生产合作社的建议。于是中央正式下达了文件，各地很快开展了并社工作。

在开始并社的时候，群众自发地采用“共产主义公社”、“集体农庄”、“社会主义大院”、“社会主义大家庭”等不同的名称。6月间，毛泽东和中央为这种新的社会组织定名为“人民公社”，认为人民公社是“一个比较最能表现这一组织的内容和最能受到群众欢迎的名称”。7月1日，陈伯达在北京大学庆祝党成立37周年大会上，发表的《在毛泽东同志的旗帜下》的演讲，第一次把人民公社这个名称公诸于世。他说：“毛泽东同志说，我们的方向，应该逐步地有次序地把工、农、商、学、兵组成为一个大公社，从而构成为我国社会的基本单位。”

8月上旬，毛泽东到河北、河南、山东等地视察工作，多次谈到小社并大社的优越性问题。在河南视察时，毛泽东说：“人民公社这个名字好。包括工、农、兵、学、商，管理生产，管理生活，管理政权。人民公社前面加上个地名，或者加上群众喜欢的名字。”8月9日，毛泽东到山东视察，当省委书记谭启龙汇报历城县北园乡准备办大农场时，毛泽东说：“还是办人民公社好，它的好处是，可以把工农商学兵合在一起，便于领导。”8月13日，《人民日报》公开发表了毛泽东在山东的讲话。从此，人民公社好的口号，遍及全国城乡。各地小社并大社的工作迅速转变为直接办公社的热潮。8月17日，中央在北戴河举行政治局扩大会议，通过了《关于在农村建立人民公社的决议》，在农村普遍建立以“一大二公”为特点的人民公社。从此，人民公社这面旗帜也就正式举起来了。

从上面的情况可以看出，总路线、大跃进和人民公社，这三者是相伴而生，紧密相连的。在社会主义建设总路线的指引下，掀起了“大跃进”运动；在“大跃进”运动中，农村实现了人民公社化。但是，把三者联在一起并构成为具有特定政治含义的新概念，则还有一个过程，大致经历了“光荣旗帜”—“三大万岁”—“三大法宝”—“三面红旗”这样一个演变过程：

关于“光荣旗帜”：在1958年夏到1959年夏庐山会议以

前，总路线、大跃进和人民公社三者还不是并列的，总路线被作为统帅一切的指导方针，大跃进和人民公社是总路线的产物。庐山会议及其以后，这三者的地位发生了变化。庐山会议上，彭德怀在给毛泽东的信中谈了他对1958年大跃进和人民公社的看法，既肯定了取得的伟大成绩，也批评了所存在着的缺点错误。毛泽东从“左”的思想出发，错误地认为“在我们党内出现了以彭德怀为首，包括黄克诚、张闻天、周小舟等同志的右倾机会主义反党集团反对党的总路线、反对大跃进、反对人民公社的猖狂进攻”，说彭德怀的意见书，“实质上是否定总路线的胜利，否定大跃进的成绩”，也“反对人民公社化运动”。由于毛泽东给彭德怀扣上了令人震惊的这三顶大帽子，从而引起人们对总路线、大跃进和人民公社的特别关注，并展开了一场大辩论。大概是为了反击所谓右倾机会主义分子的“猖狂进攻”，庐山会议开始大树特树总路线、大跃进和人民公社的威望，并把三者并列在一起，称之为“光荣旗帜”。庐山会议通过的《关于开展增产节约运动的决议》指出：“总路线、大跃进、人民公社，这是我国勤劳勇敢的6亿5000万人民的伟大决心和伟大智慧的表现”，是“毛泽东同志创造性地把马克思列宁主义的普遍真理同中国实际结合起来的产物”，正因为我们在社会主义建设事业中，“坚持总路线、大跃进、人民公社的光荣旗帜，我们取得了去年和今年上半年的伟大胜利”。这是第一次在中央文件上出现“光荣旗帜”的提法，也是第一次将总路线、大跃进、人民公社同毛泽东直接挂钩。庐山会议以后，各种报刊按照中共中央的口径号召全党和全国人民“更高地举起总路线、大跃进和人民公社的光荣旗帜”。

关于“三大万岁”：大约在1959年国庆节以后，人们又把总路线、大跃进、人民公社称之为“三大万岁”。10月1日，林彪在庆祝中华人民共和国成立10周年典礼上宣读国防部命令时，最后高呼：“总路线万岁！大跃进万岁！人民公社万岁！”从此，有些领导人作报告、发表讲话写文章，也往往在结束时三呼万岁。于是，人们就把总路线、大跃进、人民公社简称为“三大万岁”。1959年冬季，在全国农村开展整风整社运动，广东省委提出要以“三大万岁”作为中心内容开展鸣放辩论，以便达到“保卫党的总路线、保卫大跃进、保卫人民公社”的目的。“三大万岁”的提法和“光荣旗帜”的提法一样，都是针对所谓右倾机会主义的“攻击污蔑”而提出的赞美或歌颂之词，因而这一时期宣传的特点是两种提法并用，有时称“三大万岁”，有时称“光荣旗帜”。

关于“三大法宝”：1960年元旦《人民日报》发表社论《展望60年代》指出：“党和人民在毛泽东同志的领导之下，根据最近时期的经验，找到三个法宝，这就是：建设社会主义的总路线，大跃进的发展速度和人民公社的组织形式。”这是报刊上第一次出现的“三大法宝”的提法。于是许多人按照元旦社论的口径进行广泛宣传，并进一步阐述它与民主革命时期的三大法宝具有同等重要的意义。2月3日，《人民日报》发表了《总路线、大跃进、人民公社的伟大胜利》一文，指出：在民主革命时期，毛泽东根据中国的具体情况，灵活地运用了马克思列宁主义的原理，提出了著名的党的建设、统一战线、武装斗争的三大法宝，从而取得了民主革命的彻底胜利。“在社会主义建设时期，党和人民在毛泽东同志的领导下，又找到了‘三大法宝’，这就是：建设社会主义的总路线，大跃进的发展速度和人民公社的组织形式。” 4月5日，《人民日报》发表一位全国政协委员的发言说：“总路线、大跃进、人民公社这三面红旗是我们高速度建设社会主义的三大法宝，是我们一切工作取得胜利的惟一保证。没有这三个法宝就不能建设社会主义，同时也就不能达到幸福美好的共产主义社会。”三大法宝的提法把总路线、大跃进和人民公社同民主革命时期的三大法宝相提并论，成为进行社会主义建设的指导思想，仿佛我们已经找到了中国社会主义建设的正确道路。这显然是错误的。因为它既不符合马克思主义的基本原则，也脱离

注释

①王学启《“三面红旗”是如何形成和消失的》，转摘自汤应武主编《重大史实考证》第3卷，中国档案出版社2001年3月版，第1766—1772页。

了中国的实际情况。

关于“三面红旗”：在《人民日报》上最早出现“三面红旗”提法的是1959年12月，北京提出了“三面红旗万万岁”的口号。1960年2月1日，北京又开展了“三面红旗万万岁”的活动。3月8日，《人民日报》社论谈到了要“高举总路线、大跃进、人民公社三面红旗”的问题，3月30日至4月10日，全国人大二届二次会议的一些报告也都采用了“三面红旗”的提法。周恩来在会上发表讲话说：“中国人民在社会主义建设中由于高举总路线、大跃进、人民公社三面红旗而取得了伟大的成就，在国际上发生了广泛的影响，受到亿万人民的赞扬。”与全国人代会同时举行的政协三届二次会议通过的文件也采用了“三面红旗”的提法。①

从史料来看，1961年1月以前，“三面红旗”和“三大法宝”两种提法同时并存，1961年1月以后，不再提“三大法宝”，而只提“三面红旗”了。其原因可能是在1960年下半年经济危机出现以后，人们开始反思所谓“三大法宝”的问题，尤其是在中共八届九中全会提出要搞一个调查研究年以后，中央放弃了“三大法宝”的说法，而保留了“三面红旗”的提法，因为总路线、大跃进、人民公社确实很难与民主革命时期的“三大法宝”相提并论。其实在1961年1月以后，人们对总路线、大跃进、人民公社的思考，已经不是什么“三大法宝”的问题了，而是“三面红旗”是否正确，要不要继续坚持的问题了，所以从那时开始，在文献和报刊中再也没有出现“三大法宝”的说法，而在提到“三面红旗”时，多数是说“三面红旗是正确的”“要继续高举”等等。

随着国民经济的调整，尤其全面贯彻以调整为中心的“八字方针”以后，就很难说社会主义建设的指导思想是“三面红旗”了。实践已经表明，开展“大跃进”的结果不但没有跃进，反而是一再地收缩和后退。所以到七千人大会时，“三面红旗”在指导思想方面，已经弱化了其指导地位。

但为什么还要高举呢？前面谈到，这是一个很复杂的问题：

原因之一，有来自于国际的因素。周恩来1963年4月15日在国家经委政治工作座谈会上曾说：七千人大会的时候，正面临着苏联的压力，就是说我们国内的情况有困难，修正主义利用这个，想把我们压下去。那个时候，我们党非坚持原则（不可），高举“三面红旗”，坚持下去，跟他顶

1961年10月，苏共二十二大上赫鲁晓夫肆意挑衅，向中国发难，企图动摇毛泽东的地位。应邀与会的周恩来愤然提前回国，毛泽东、刘少奇亲自到机场迎接周恩来归来。摄影：吕厚民

着。①彭真讲得就更直接了，他针对苏联方面的一些言论说：无论如何要把人民公社的旗子树起来。越是在困难的时候，越要这样，我们一定要考虑这个影响。②所以国际的因素是很大的。

“大跃进”期间，因为中国对自己的经济建设充满信心，1957年11月毛泽东在莫斯科当着各国共产党的面，提出了15年赶超英国的口号。此后的中国，开展了“大跃进”和人民公社化运动，在经济建设中放出一个又一个卫星，夸下一个又一个海口。也就在这期间，中苏关系开始变得紧张起来。本来，中共对赫鲁晓夫就有些看法，赫鲁晓夫又对中国的“大跃进”和人民公社表示怀疑并提出批评。自然，赫鲁晓夫的批评，不仅没有引起毛泽东的自省，带来的却是反感。1959年8月1日，毛泽东在一份内参上批示：“将来我拟写文宣传人民公社的优越性。一个百花齐放，一个人民公社，一个大跃进，这三件，赫鲁晓夫们是反对的，或者是怀疑的，……这三件要向全世界作战，包括党内大批反对派和怀疑派。”③

注释

①周恩来在国家经委政治工作座谈会上的讲话记录，1963年4月15日。

②彭真讲话记录，1961年3月5日。

③《建国以来毛泽东文稿》第8册，第391页。

当“大跃进”、人民公社受挫后，赫鲁晓夫和印度总理尼赫鲁、美国总统肯尼迪（简称“三尼”）等不约而同地对中国冷嘲热讽，说人民公社政策垮台了，“大跃进”破产了，中国政府也要垮台了。对中共中央来说，赫鲁晓夫有点落井下石的味道。在“大跃进”运动还没有受挫的时候，中共领袖的第一反应是反感，受挫以后，应该说他们的心态是复杂的。毛泽东曾说，美国看不起我们，赫鲁晓夫看不起我们，就连贫穷落后的印度总理尼赫鲁也看不起我们。大概是为了不让帝修反看不起（不是惟一原因），中国共产党选择了悄悄纠正错误的方式。如举行七千人大会总结“大跃进”和人民公社化运动的经验教训时，中国所有的报刊就一个字也没有报道。报刊上在谈到中国经济出现困难的原因时，1961年以前，一般说来，是说中国遇到了严重的自然灾害，从1961年到七千人大会，除了讲遇到自然灾害以外，开始说我们的工作出现了一些缺点和错误。但是在“三面红旗”问题上，因为过去几年被宣传为是中国进行社会主义建设的“三大法宝”，也是赫鲁晓夫等集中批评的焦点，所以一时很难放弃。这恐怕就是七千人大会之所以要继续高举“三面红旗”的原因之一。

在接下来的时间里，“三尼”的个人命运发生了很大变化。1963年11月22日，肯尼迪在美国南部的得克萨斯州达拉斯市遇刺身亡；1964年5月27日，尼赫鲁在新德里去世；1964年10月，赫鲁晓夫

这是坐落在沈阳原红旗广场的群雕“毛主席无产阶级革命路线胜利万岁”中的一部分“三面红旗万万岁”。群雕创作于“文革”时期，正面的主像是毛泽东全身塑像，“三面红旗万万岁”（1958—1965）被立于群雕右侧，以表现社会主义革命和建设时期胜利的主题

突然被其部下取代。如果仔细翻阅这几年的《人民日报》就会发现，也在1964年，《人民日报》提到“三面红旗”的次数骤然减少了。1962年提到“三面红旗”是229次，1963年是226次，1964年一下减少到129次。1964年底，如前所述，周恩来在三届人大一次会议作政府工作报告时，便没有提到“三面红旗”。细细揣摩其中的变化，这是一种偶然的巧合，还是因为没有了对手，不需要再“顶”？可能是有些千丝万缕的关系。1965年，《人民日报》提到“三面红旗”的次数更下降到38次，1966年、1967年由于“文化大革命”的原因，对“三面红旗”提到的次数又多了一些，此后，渐渐减少，最少的是1975年，仅有3次提到，1978年是1次，1979年就没有了。

原因之二，囿于对传统社会主义的认识。中国在进行社会主义建设之后，毛泽东虽然一直在探索走出一条符合中国实际情况的建设道路，但还是没有冲破传统社会主义模式的樊篱。所谓模式，最主要的就是计划经济和生产关系方面的公有制。“三面红旗”的提出与实践，固然与毛泽东既不了解经济建设的规律，又过分自信、轻率盲目有关，同时与他坚信社会主义的计划经济优越于资本主义、公有制优越于私有制有关。“大跃进”和人民公社化运动虽然遭遇重大挫折，但是并没有影响他继续坚持计划经济和公有制的坚定信念，这里也包括刘少奇、周恩来等党和国家的领导人。所以当总结“三面红旗”的时候，“大跃进”这面旗帜，虽然被实践证明不但没有跃进，反而成为跃退时，毛泽东便以“从长时期来看，应该是跃进的”①为理由，为“大跃进”这面旗帜进行辩护。总路线，从社会主义的优越性出发，也应该是多快好省的，因为过去只注意了多快，没有坚持好省才出现了问题，所以从理论上讲可以说正确的。人民公社，只是搞急了，试点不够，其优越性是肯定无疑的，从社会主义的发展方向来看，是一种必要的组织形式。这些理论观点无疑是影响当时深入反思、继续高举“三面红旗”的原因之一。

注释

①二十一人报告起草委员会会议记录，1962年1月21日。

②《建国以来重要文献选编》第16册，中央文献出版社1997年7月版，第313页。

③毛泽东的谈话记录，1963年6月。

④《王力反思录》上册，香港北星出版社2001年1月版，第302页。

原因之三，很难排除毛泽东对个人得失的考虑。如果说“三面红旗”如同民主革命时期的“三大法宝”，中国找到了建设社会主义的正确路线，为什么中国经济不是前进，而是触目惊心地倒退？如果指导思想是正确的，为什么出现的问题不是个别的，而是全国性的？既然有不少同志对“三面红旗”提出质疑，实践中又遭遇重大挫折，为什么还要继续高举？这些问题，毛泽东不会不考虑。他不仅会考虑，而且还会比一般同志考虑得都要深远。问题是“三面红旗”是在反对彭德怀“右倾机会主义”的问题上概括出来的，是“要向全世界作战”的，尤其过去曾把“三面红旗”说成是毛泽东的伟大创造，如果否定了“三面红旗”，就相当于否定了毛泽东自己。这一点，恐怕是毛泽东很难面对的。

从后来的情况看，毛泽东对“三面红旗”还要不要继续高举的问题，他一直在考虑。比如，七千人大会不久，1962年4月9日，毛泽东在最高国务会议上，谈到过去几年的工作时说：“比如‘三面红旗’究竟还要不要，究竟还对不对之类，要有一个实践的过程，要有一个做的过程。”表明他允许大家怀疑“三面红旗”，其正确与否还要由实践去检验。一年多以后，1963年5月，毛泽东在杭州主持制定的关于开展社会主义教育运动的“前十条”对“三面红旗”则给予了充分肯定。“前十条”说：“所有这一切，也证明了党高举总路线、人民公社、大跃进三面红旗，是完全正确的，是伟大的。”[②]但事隔一个月，1963年6月，毛泽东在武汉的一次会议上谈到“三面红旗”时，却又讲了这样一番话：“‘三面红旗’这个口号从哪里来？一面红旗还不够要三面？总路线是父亲，大跃进、人民公社是儿子。大跃进的大字是从哪里来的？相当乱，原来在莫斯科只提跃进。”[③]“跃进，这是违背唯物辩证法的。跃进，就是质变，没有量变怎么有质变呢？”“什么‘三面红旗’，这是三元论，我们是马克思主义哲学一元论，只有一面红旗，就是总路线。”[④]

这表明，毛泽东一方面在坚持“三面红旗”，一方面对“三面红旗”在进行认真地反思。按照这个思路往下想，周恩来在1964年底作政府工作报告时，只提总路线，不提“三面红旗”也就可以理解了。

上述情况似可以说明：七千人大会仍然保留了“三面红旗”的提法是一个非常复杂的问题。有来自国际的因素，而且较大；有对“三面红旗”的模糊认识，说到底是对传统社会主义的认识局限问题；还有领导者个人得失的考虑等等。

通常说来，七千人大会只是初步地总结了经验。这个“初步”怎么理解，现在的情况比较明了，基本包括两层含义：

其一是由大家对社会主义的认识水平所决定的。当时的人们在总结经验时已经意识到，社会主义是怎么一回事？如何搞社会主义？并没有解决。这是中国科学院副院长张劲夫的讲话。他还讲到：“中央同志说，对社会主义现处在初中程度。康生同志说，他是红领巾，我们连幼儿园也够不上。”[①]现在看来，这个话是比较符合实际的，也是当时情况的真实记录，所以七千人大会对过去经验教训的总结也就只能是初步的。

其二，即上面所说的国际因素和毛泽东对“三面红旗”的坚持与之有着很大的关系，它阻碍了人们对过去工作教训的深入探讨。1964年底以后，对“三面红旗”提得越来越少，毛泽东的兴趣，也逐渐转移到抓阶级斗争方面去了。

注释

①张劲夫在中国科学院党组会议上的讲话记录，1961年6月18日。

附　录

袁宝华——有关七千人大会前后的一些情况

1996年5月16日上午，我骑着自行车来到国家计委袁宝华同志办公室，袁老热情地接待了我。他头发花白，精神矍铄，讲起话来慢条斯理，一看就觉得他很精明能干。虽然年事已高，却不减当年的风采。袁老对我说：毛泽东建国以来的文稿，还有传记出得太慢了，咱们不出，人家就出，就等于让出市场来由外国人占领，让外国人去胡说八道。他们出得很快，这就有读者，咱们迟迟不出，就有些被动。言谈之中，透着强烈的责任感。今天，《建国以来毛泽东文稿》已经出齐，《毛泽东传》也于去年出版了。袁老终于放心了！以下是袁老关于七千人大会的回忆。

七千人大会前的一些情况

七千人大会已经过去30多年了，早该总结了。这次大会非同寻常。现在有些当事人都已经去世了，没能把他们了解的情况留下来，非常可惜。

你的题目出了以后，我想了一下，同时也翻了翻当时的一些工作日记。大会上发的材料我一份也没有，因为当时都收回去了。就是我在小组讨论会上做的记录也都收回去了。我的工作日记上只有非常简单的记录。

从哪里说起呢？先讲讲1959年的庐山会议吧。

庐山会议，最初是要反“左”，毛主席在会上讲了十几条，大家都奔着这个方针来考虑问题，但一下子出了彭德怀的那封信。

我上山比较晚。我那时是冶金部副部长，管生产，部长是王鹤寿。他先上庐山了。要我去庐山，是周总理的秘书打来的电话，要我和国家计委的安志文一起去。我们两人的任务就是一条，汇报1959年钢材平衡问题。当时的总理遇到难题了，本来1959年的日子就难过，想降低指标。但总理一看庐山会议的形势，要反右了，各项指标看起来下不来呀，这其中钢材是个关键问题。

我和安志文乘的飞机，可能是总理的专机，上面还放着一张床，可以睡觉。

我们到郑州休息了一下，在郑州机场吃了一顿饭，给的馒头就是苞米面的，还有白薯。这还因为我们是从北京来的客人。临走的时候，服务员有点不好意思，说你们有没有粮票？有，就留下来，没有就算了。

到了庐山，总理当天晚上就找各部的同志谈话，给大家打招呼，说彭德怀的问题是什么性质，主席是怎么表态的，政治局是什么意见等等。他打招呼的目的是怕大家犯“错误”。

在庐山除了给总理汇报之外，就是跟各个部的同志交换情况。

当时比较紧张的是薄老。薄老是不赞成高指标的。庐山会议以前，在一次国家经委召开的会议上，薄老曾批评冶金部搞高指标。庐山会议的前期，薄老没有去，在家里主持工作。后来，通知薄老去，因为他是中央政治局候补委员。我去庐山之前，薄老已经知道庐山发生的事情，马上找我，要冶金部召开电话会议，他要讲话。接着他找煤炭部，也开了电话会议。在电话会议上薄老就是鼓大家的干劲。这之后他才上庐山。

庐山会议回来，各个部门都批判了一些同志。冶金部也批了几个局长，也就是说对“大跃进”的一些不同意见进行了批判。

你提出当时的王鹤寿是不是比较“左”？也不这么简单。当时我们搞冶金工作的同志有一个私心，就想趁此机会发展一下。现在叫抓住机会，趁此机会发展我们的冶金工作。你知道这是千载难逢的机会呀，主席亲自抓嘛！老实讲，我们缺乏实事求是的思想。经委批了薛暮桥、郭洪涛，计委批了贾拓夫，各个省都抓出了一批反党集团，如浙江的沙文汉，安徽的张凯帆，山东、河南都批了一批。

本来想把高指标降下来，因为反右倾，就硬着头皮顶着要完成，但最后也没有完成。1960年就来了一个更大的高指标，是折腾最厉害的一年。1960年1月上海会议，毛主席把大家都批评了，包括林彪在内也挨批了。毛主席说：在中央我是主席，邓小平是总书记，咱们来专政。林彪，你过去反对过我。

上海会议搞得很紧张。全国又开始大办县、社工业，大办水利和养猪场，一些原定缩减的基本建设项日重新上马，高指标、浮夸风、命令风和“共产风”更严重地泛滥起来。

更糟的1960年又遇上布加勒斯特会议，赫鲁晓夫放了一阵子炮，真是内外夹攻啊。我们那年要生产1800万吨钢，赫鲁晓夫讲，你生产废钢就是了。回来就要鼓这个劲。10月10日，小平通知中央书记处开会，会议由李富春主持，彭真、总理都参加了，还有几个部的部长。这个会我参加了，这是我第一次参加书记处会议，会议气氛非常紧张。总理批评几个部长：你们在北戴河会议上当着毛主席的面都拍了胸脯子，这个可以完成，那个也可以完成，现在已经到10月10日了，冶金部讲煤炭供不上，煤炭部讲铁路运不出来，铁路又讲钢轨不够。狠狠批评了一顿。这几个部长谁也不讲话。我很少看到总理发那么大的脾气，这是我第一次看见。三年"大跃进"，大家总是气不顺。就是这样一种情况！心里别扭。

参加中央书记处会议，我当时不是作为冶金部的负责人出席的，是以国家经委负责人的身份参加的。1960年下半年我调到国家经委工作，任经委副主任兼物资局副局长，局长由国家经委的常务副主任孙志远兼任。

1961年初，中央开了八届九中全会以后，大家做一做调查研究，了解了一些下边的真实情况，头脑开始冷静一点。但是，真正要把基本建设规模缩短，高指标压下来，确实不容易。鼓这个劲很容易，一哄而起；要泼一瓢冷水不容易，你得让他凉下来。比如：1958年夏天的北戴河会议，我参加了，是鼓劲的，提出钢产量翻一番。会后毛主席不放心，专门找几个主要生产钢铁的省市和冶金部的几个同志一起研究，这个指标究竟行不行，大家都说行，没有人说不行，惟一持怀疑态度的是薄一波同志。最后薄老说，大家都说行，我建议登在报纸上，这样才能动员大家完成任务。毛主席说，告诉胡乔木同志，明天在报纸上公布。后来毛主席特别后悔，说1958年若是不把那个高指标登出来，就不会那么被动。当时的情况就是这样子，要把这个弯子转变过来，确实是费尽心思，可不是一件容易的事情。

1958年是这么一种情况，1959年折腾一阵子，1960年骑虎难下。也就是说，在国内和彭德怀较劲，国外和赫鲁晓夫较劲，1960年10月10日中央书记处开会以后，总理专门到怀仁堂进行了动员，只剩3个月的时间了。无论如何要完成1800万吨钢，1959年是1600万吨，精疲力竭呀。

1961年初，我带着工作组到厂矿做调查，调查鞍钢的情况。主要是围绕制定《工业七十条》来搞的。《七十条》是饶斌搞的，他是国家经委副主任，管企业工作；赵荫华是经委企业局长，后来是国家经委副主任。他们负责《七十条》的起草工作。薄一波同志在沈阳曾听取《七十条》起草情况的汇报。《工业七十条》是1961年9月在庐山会议上通过的。

七千人大会上的一些见闻和感受

1962年初这个会议，是扩大的中央工作会议，当时不叫“七千人大会”，这是后来叫的。这个会约有7100多人参加，主要的厂矿、部队、省、地、县里都来人了，我们各个部是党组成员的都参加了。我参加的小组里都是各个部门的党组成员。当时印象比较深的，是群工部的两个人，发言特别多，一个曹鲁，已经死了；一个王毅之，现在病着。这两人发言有些新意。另外是我们经委的几个同志，还有邮电部、铁道部的同志发言也还可以。因为时间太久，具体讲些什么，已经想不起来了，但有印象。

1962年1月11日开会，就是小组会，没有开大会。传达主席的指示，少奇同志的书面报告中央没有讨论就直接发给大家来讨论提意见了。具体讲没讲大会实行三不主义，我印象里有，这说过。我的日记里没有记。1月11、12、13日都是学习。全天学习。14日休息。

1月14日下午5点中央书记处开会，讨论反分散主义的具体措施。我参加了。七千人大会里有项内容是反分散主义。从1月15—24日，除了星期天，每天下午开小组会。我估计，外地来的整天开小组会，我们在北京的这些人半天小组会，只有开头那几天上下午都学习，15日以后都是半天学习，半天工作。我在机关里有好多事情，要准备订货会议，要搞计划，机关里还要布置整风等。

1月27日，少奇作报告，他没按书面报告讲，是口头讲话。后来口头讲话也发下来了。在他的口头讲话里回答了一些不同意见，像柯庆施这些人说些不三不四的话，什么“四十条”还要不要了，“15年赶上英国”的口号还要不要了，等等。少奇在口头讲话中，实际是回答了这些问题。1958年北戴河会议上，提出农村搞食堂的就是柯庆施。1960年发现信阳地区饿死不少人了，那时我已到国家经委工作，被派到上海蹲点。柯庆施有一次找我谈话，就问我，究竟怎么样，现在的粮食够不够吃？工人、农民和咱们不一样，咱们吃多少菜，不吃多少粮食，工人、农民没肉吃，全靠吃粮食啊。他那时也感到心里没底了。实际上，他说这个话的时候，食堂已经坐吃山空了，有些食堂已经解散了。1961年，中央正式通知解散食堂，因为已经都办不下去了。毛主席让他身边的工作人员到河南去调查，他看得清清楚楚，农民是恨天怨地呀。

七千人大会上少奇同志引用农民的话，讲了个“三分天灾，七分人祸”。1958年时棉花都没人收啊，扔在地里白花花的，都去炼钢炼铁了。食堂里都是稀粥啊，农民打回家只好再挽些野菜什么的，所以农民过了很艰苦的日子。1961年是最艰苦的一年，又要统一大家的思想，又要动员上千万的城镇人口回农村，是一项艰巨的任务啊。确实困难，总理这阵子瘦了一圈。富春同志在这次会上做了检讨。

少奇同志的报告讲了形势，讲了集中统一，反对分散主义，讲了党的问题。少奇同志提出了要总结“大跃进”以来的经验教训，分析产生这些缺点和错误的原因，提出当前全党的主要任务是做好调整工作。少奇同志报告以后，1月28日，小组讨论，大家对少奇的报告都是满意的，尤其是我们这些在中央部门工作的同志感到很满意。

具体对林彪的报告怎么看？情况是这样的：1月29日下午开大会，林彪作报告。林彪的报告大家听了感到很新奇。怎么很新奇呢，他说了很多部队里边大家想不到的事情，而且他讲了以后，毛主席即席讲了几句话，对他很赞赏，所以30日大家讨论林彪的讲话时，对他的讲话还挺感兴趣，感觉林彪这个人还是实事求是的。因为，我们在战争期间都是从最困难处着想的。当时是这么一个看法。没有感觉到林彪与少奇的讲话有什么不同。林彪说了一句犯错误是因为没按毛主席的指示办事，成功是按毛主席的指示做了。这个话大家也赞成，这是个原则话。

当时刘少奇讲“三分天灾，七分人祸”的问题，也没有听出他和林彪两人的调子有什么不一样？少奇说，是农民讲的。他是借农民的话说的。少奇同志讲“三面红旗”时，也强调是执行中的错误。他没有否定“三面红旗”。他提出“三面红旗”我们还要不要？还是要坚持。他是这样讲的。另外他还讲了，最困难的时期已经过去了。认为少奇同志是坚持“三面红旗”的，大家对“三面红旗”没有怀疑。你问人们是不是觉得人民公社办早了？也都认为这是执行中的问题。当时认为人民公社是好的。至于说有问题，也是干部的作风不正造成的。

对“大跃进”这面红旗也没有怀疑，总要跃进。总理对这个问题作了解释，他说，要从一个历史时期来看，不看眼前的三年两年。总理讲了大会堂的屋顶装饰是一个个波浪，要波浪式前进，就像大会堂屋顶的设计，一个波浪一个波浪地前进，波浪吗，总是一高一低的。一个时期低是很自然的事情。当时对“大跃进”的看法各式各样的都有。

1月30日下午，毛主席讲话。对毛主席讲话印象深的是坚持民主集中制，批评曾希圣不民主，说你早晚要“霸王别姬”呀。这就提出一个出气的问题，“白天出气，晚上看戏”。他自己也做了自我批评，说：对于经济工作我不大懂，没有这方面的知识，我是主席，我要负第一位的责任。当时大家听了很受感动，认为这不是毛主席一个人的责任，我们大家都有责任。尤其是我们冶金部的同志，大家都检讨自己，说主席是听了我们的意见，我们头脑发热，致使主席犯了错误。

毛主席讲话以后，又开了4天小组会。1月31日、2月1、2、3日上午小组会，开出气会。6日下午，小平和朱老总讲话；7号下午，总理讲话。在7日的大会上，主席问：陈云同志不讲一讲？陈云说，我不讲了。后来有一张照片，散会时毛主席和陈云说话，其他的常委都在两边。

2月7日散会。9日，富春就召集计委、经委两个党组开联席会议。在这个联席会上主要是讨论平反问题。富春同志讲，过去批判了一些干部，这次七千人大会以后，要给这些干部平反，但他又加了一句话，“除了贾拓夫”。这弄不清是怎么回事，可能是中央对贾拓夫有什么看法。另外，富春同志还说，把他的检查发给大家，请大家提意见。

2月10日、12—17日、20日，先后8天的时间，我们每天用半天学习七千人大会文件。主要是毛主席的讲话和常委们的讲话。在学习过程中，党组成员每个人都做检查。2月24日，谷牧召开经委干部会，传达党组的检查。因为国家经委首当其冲。具体检查些什么内容，因为时间太久了，记不起来了。

“西楼会议”给大家服了一服清醒剂

2月21—23日，少奇同志在中南海西楼主持召开中央政治局常委扩大会议（即西楼会议），我参加了。“西楼会议”决定恢复中央财经小组，陈云同志任组长。陈云提出，我做组长，薛暮桥同志做秘书长。这之前薛暮桥也是挨过批判的。这一次会议上，少奇同志讲了现在是“非常时期”。说若“非常时期”在外国，总统就要发表废除被宪法规定的若干权力。听了以后，很扎耳朵，这是怎么回事？陈云同志讲了对经济形势的看法，富春、先念都发了言。这才感悟到形势的严重性。这次会议是非常严肃的。

至于“西楼会议”对形势的估计与七千人大会不一样，当时没有这个感觉。陈云同志在这次会上作了长篇发言，讲了他的一些看法，尤其是对农业，他忧心忡忡。最后决定要陈云、富春、先念在各部党组成员参加的会议上讲一讲。这就是2月26日下午在怀仁堂召开的会议，传达“西楼会议”精神。富春、先念讲得很简短，主要是陈云讲。陈云同志一辈子小心谨慎，看问题是比较深刻的。在这个会议上，他对农村形势做了充分的估计，认为经济遭到这么严重的破坏，要把经济恢复起来，不是一年、两年就能够做到的事情，尤其是农民的积极性如何能够动员起来，我们所采取的措施如何？包括对土地的肥力等都作了分析。当时规定各部党组成员都参加。所以那次会议确实起了七千人大会出了气以后，服了一服清醒剂的作用。

七千人大会虽说是一个出气的会，应当说还是一个鼓劲的会。会议的结果是不要使大家的劲泄下来，还是要鼓大家的劲，这是对的。总之，是鼓大家的劲，改正错误再前进。怀仁堂陈云同志的报告会，也是对形势作进一步的分析，这在内部使大家更清醒，知道问题的严重性，这样才好真正下决心去改正错误，改进我们的工作，把我国的国民经济尽快恢复起来。

所谓刘少奇的八次“黑指示”

“西楼会议”以后，少奇同志开始抓物资工作，原来经委管物资工作的是孙志远同志，1961年初，他调三机部任部长，由我兼物资局局长。少奇同志主要抓物资工作的统一管理，集中统配，反对分散主义这一条。用少奇同志的话说，要想扩大基本建设规模，总要用钢材，总要用机器，中央把物资控制起来，就不能乱搞基本建设了。

3月上旬，少奇同志亲自打电话给我，要我当天就去汇报。我说我得准备一下。他说，不要准备，你就来讲。我说，我们物资局属国家经委领导，我和谷牧同志（当时是国家经委党组副书记）商量一下，我们一起去汇报，行不行？他说，可以，那就明天来吧。

第二天我们就去汇报。我问谷牧如何讲，他说：“老老实实，有什么说什么，你到少奇同志那里，不要梳洗打扮。”到了少奇同志那里，其实物资工作怎么做，他已经考虑得很成熟了，讲了好多条。说物资工作要集中统一，把生产资料抓起来。现在采购人员满天飞，这不行，要统一起来；你去飞，不要让他飞。如何把物资管起来，少奇同志讲了一套他的设想。他说：黄敬（当时是华北人民政府企业部的部长）对我讲，解放战争进石家庄的时候，打开一个仓库，都是零件，像中药铺一样，各种零件都在货架上摆放得整整齐齐，管理得有条有理呀。少奇还讲了1927年他在汉口做海员工作时，码头上的理货员如何理货的情景。他说：就要采用这样的管理方法。

1962年下半年，国家成立了物资总局，1964年成立物资部，一直到1965年，少奇同志一共找我谈了8次物资工作。这就是“文革”期间批我时，所谓“刘少奇的八次黑指示”。“文革”结束后，王光美同志问我，少奇找你谈话的记录还有没有，她说她的全被抄走了。我说，我的还有，每次的谈话记录我们都整理出来，印发给物资系统的全体人员学习，“文革”期间成了批判材料，很完整。我把这套材料给了王光美，她说：“这很宝贵。”少奇同志的研究组来找过我，我把这些材料给他们了。现在出版的《刘少奇论新中国经济建设》一书，从8篇谈话中收入了5篇。

1962年是内容很丰富的一年

1962年是一个内容很丰富的一年，年初开了七千人大会，接着是“西楼会议”，5月又开中央工作会议。“西楼会议”和中央工作会议，毛主席没在家，是少奇同志主持的。邓老（邓子恢）去讲了话，后来听说毛主席不高兴。姚依林在会上讲经济上如何渡过难关的问题，讲得很乐观。他讲了以后，少奇同志还说，姚依林同志和我们一起工作很久，这个人一向乐观，他讲的话你们要注意分析，不要被他的乐观迷惑了。少奇对形势的估计很严峻，很困难。

1962年北戴河会议以前，气氛还是好的。4月27日，中央发了《关于加速进行党员、干部甄别工作的通知》。通知说：“凡是在拔白旗、反右倾、整风整社、民主革命补课运动中批判和处分完全错了和基本错了的党员、干部，应当采取简便的办法，认真地、迅速地加以甄别平反。”这确实使大家一下子感觉轻松了，精神得到解放。

夏天的北戴河会议，我去参加了。北戴河会议比较紧张，薄老在北戴河养病，陈云也在北戴河养病，他俩都没有参加会议。会上，毛主席点名批评了邓老（邓子恢）。毛主席点名那天，我看见邓老脸色煞白呀。我们把这个情况向薄老汇报了。薄老一听，他说这样重要的会议我要参加。接着，他就参加会议了。会议是从7月25日开到8月24日。会上不点名还批评了陈云同志。因为“西楼会议”，特别是怀仁堂会议上陈云的讲话，主席有些看法。北戴河会议回来，就开十中全会的预备会及十中全会，从8月26日一直开到9月27日，我列席会议，批彭德怀。十中全会还批评了在“大跃进”中间犯了严重错误的同志，如舒同、张仲良、吴芝圃等。毛主席一点吴芝圃的名，他就站起来说："毛主席：我要检讨一辈子。"

十中全会上，毛主席说："利用小说反党是一大发明。"这个话你在档案材料中没有找到。但我记得毛主席是讲了。因为在这次会上印发了高岗的夫人李立群的一个揭发材料，揭发习仲勋到高岗那儿去，这时习仲勋就靠边了。另外提出李建彤写《刘志丹》的问题，会上发了《刘志丹》上卷。这次会议气氛比较紧张。我参加中南小组的学习讨论，陶铸在会上讲反对彭德怀的万言书，讲党的威信，说反党没有出路。他说，我虽然是中南局书记，我要反党，黄永胜（广州军区司令员，当时在场）都不会放过我呀。陶铸指着李坚贞开玩笑，说都得向李大姐一样，"坚贞不屈"。

是否下马了一些不该下马的企业？

4月30日，中央财经小组给中央写了一个《关于讨论1962年国民经济调整计划的报告》（草稿），5月26日中央转发的。报告里第一项就是大幅度调整1962年的国民经济计划，这是很重要的一条；第二项是集中全力争取国民经济的好转，方针是争取快，准备慢；第三项是缩短工业建设的战线，精简城市人口和企业职工，就是再减1000万，实际这一年减了700万，1961年已减了1300万，其中职工1000万。这就是2000万人口下乡。加强农村基层工作，就是要巩固生产队。因为搞不好就麻烦了。这三条起了很大作用。2—7月确实起了稳定形势的作用。

有人说陈云提出恢复国民经济需要5—8年，毛泽东认为有2—3年就可以恢复，从后来发展的情况看，1964年就恢复了，陈云显得悲观了一些。我以为陈云是从最坏处着想。历史上各项经济技术指标比较高的是1965年和1966年，恢复到1957年的水平是1964年，3—4年恢复了。

你谈到许家屯的回忆录说，十一届三中全会以后，江苏之所以起步很快，原因之一是1962年压缩企业时，江苏没有完全执行中央的指示，很多中小企业保存下来了。因而是否存在当时煞车太急，下马了一些不该下马的企业？我看不能说完全下马了。我在冶金部工作时间比较长，那时搞的一些小钢铁厂现在都上来了。如安阳钢铁厂，邯郸钢铁厂，杭州钢铁厂，现在都是百万吨的钢铁厂，不能说都砍掉了，有些是确实没有条件办下去。退够站稳，还是从这儿来的。什么叫退够，这就有不同的看法。基本建设规模只剩下几百亿了，就是有2000万人下乡，城里还有一部分人没活干。

毛刘的分歧

毛泽东同刘少奇的分歧是否起源于七千人大会？这就很难说了。因为少奇同志和毛主席在工作上的意见分歧是由来已久了。合作社问题，少奇同志有不同的意见，一直到1965年，在他的家里开一次会，我去参加了，他还讲，首先得机械化，然后才能集体化。没有机械化，集体化不能实现。他抱了一大摞马恩列斯的书，他说，一直到现在我还坚持我的意见。我们感觉到的，就是1964年中央工作会议制定《二十三条》的时候，我们看得出来毛刘两人意见不一致。以前没感觉到不一样。

（访问人：张素华，1996年5月16日）

杜润生——对七千人大会一些问题的感受

杜润生，今年已经91岁。我在中国科学院的档案里拜读过不少他的发言，留下的印象是：有思想，能做事。据我了解，他在农村实行包产到户方面，也是居功至伟！前年，我和我的同事刘建平因为合作化问题去采访他。杜老年岁虽高，但记忆力尚好，对晚辈也很热情、坦诚。因为杜老的平易近人，我们得寸进尺，提出能不能就七千人大会问题再谈一次，他爽快地答应了。因此就有了下边这样一次谈话。

我是以中国科学院秘书长身份出席的七千人大会。

这次大会是在这样的背景下开的，“大跃进”以至“大跃进”的一些后果，食品短缺，饿死很多人，引起了一些混乱，地方上浮夸得厉害，还有些破坏行为，比如大炼钢铁、砍树，还有在思想上的，好像要质疑马克思主义，有人提出来要发展马克思、超过马克思，实际思想上是更正马克思主义的某些基本观点。

针对这些问题，中央决定召开人数达7000人的大型会议。刘少奇搞了个书面报告。开会的时候，毛主席说不要念本本了，离开本本讲吧。刘少奇就不那么严密了，特别是他讲了一句话：“大跃进”造成的三年困难，是“三分天灾、七分人祸”。毛主席听了这个话不高兴，但是当时他没有表达出来。不但没有表达出来，他还主张开放言论，在会上最有名的一句话就是“让人讲话”。当时安徽省委第一书记是曾希圣，在讨论时安徽组的人讲话，批评“大跃进”的事情，曾希圣就摁着不叫人家多说。毛主席说，要让人讲话，不让人讲话将来就可能霸王别姬，意思是没有好结果，于是这个会议就放开了。毛主席讲“白天出气，晚上看戏，一日三餐，两干一稀”，大家就对三年困难提了许多批评意见。

在这个会议上，林彪感觉到毛主席实际有不高兴情绪，就讲了个话，要点是：毛主席思想是一贯正确的，“大跃进”出了些问题，是因为有人从

"左"的方面或"右"的方面干扰。毛主席对林彪的这个讲话十分赞赏。他认为"三面红旗"是群众的行动，群众轰轰烈烈在那里搞生产，你不肯定这个行动，反而给它泼冷水，这是不允许的。

毛主席听了刘少奇的讲话不高兴。你们问对毛、刘之间的分歧应该怎么看？我想，分歧是有历史渊源的。毛主席认为刘少奇新中国成立初在天津的讲话是错误的，1951年刘又反对搞合作社。山西办农业合作社，刘少奇批评山西是搞农业社会主义，毛主席出来把他纠正了。1956年、1957年刘少奇和毛主席是一致的。从"四清运动"起分歧又产生了，一直到"文化大革命"。七千人大会提的问题很多，重要的是人们对"三面红旗"提了不少意见。七千人大会后刘主持开了个"西楼会议"，研究处理办法，让与会领导人有话都讲透。这就进一步刺激了毛泽东。所有与会的人提意见不要紧，重要的是刘少奇、陈云、邓子恢这些人提意见，他受不了。

要说受不了的原因是什么，我看一个是毛主席的个性太强，他认定的道理，只能先表示拥护，然后再提点意见，这可以。你反对他，他一定会后发制人压倒你。反右派时，他开放民主，提出要大鸣大放，人家真放了，他不但不能接受，还要发起反击。另外他有时候是看谁提意见。刘少奇提意见，在他心里是最难接受的，就是因为刘少奇是他指定的接班人。

刘少奇和毛泽东最大的争论还是新民主主义问题。新民主主义革命这是一致的，要不要有一个新民主主义社会，这个问题上面认识是不一致的。毛50年代初批评邓子恢和我，说我们：已经进入社会主义了，你们还干新民主主义。批我们在合作化问题上是小脚女人走路。新民主主义是毛泽东最大的理论创新，最有理论价值的一个东西。新中国成立后本来应该有一段新民主主义社会，允许多种经济并存，不能搞全面公有制。应以公有制为主导，允许个体经济、私人经济、合作经济共同发展，有5种经济并存结构这么个时期。这本来是毛的一个主张，刘少奇坚持这个主张。但毛变了，提出新民主主义在桥上，1953年就开始搞社会主义革命，至1956年全面消灭私有制。

历史证明，生产力与生产关系相适应原理是不以个人意志为转移的，中国建立了社会主义制度之后几十年，还需要进行改革。所谓改革，就是从全面公有制、全面计划经济，改变为公有制为主、多种经济并存，恢复市场经济，取代计划经济，进入邓小平时代。邓小平把社会主义定义为发展生产力、共同富裕、防止两极分化。原来的社会主义定义就是公有制加计划经济，这是斯大林的定义。

至于我对社会主义是怎么理解的？我自己的认识，社会主义这个理想，它和资本主义不是绝对对立关系，它要依靠工人阶级政权，不断地发展生产力，继承资本主义，又超越资本主义，这个事业一下子完全实现是不容易的。社会主义最终要扬弃私有制，这是阶级斗争和生产力发展共同作用的结果。作为经济落后农民众多的国家，如何认识社会主义，怎么发展社会主义，得找出一条适应本国国情的社会主义道路来。因此，当前不只是个体经济，包括资本主义经济，原来消灭了，现在还得请回来。现在资本主义经济的规模比我们原来取消的那个时候大得多了。我们还得利用它发展生产力，学习经营管理方法。

七千人大会，刘少奇和毛泽东的分歧背后有这么一个基本分歧。刘少奇想搞新民主主义社会，毛泽东想提早转上社会主义。但刘少奇必须在全党树立榜样，尊重毛泽东、拥护毛泽东、紧跟毛泽东。但两个人又有基本分歧。刘少奇内心始终是矛盾的，他也不敢公开表达，毛泽东作为开国元勋，具有最高威望。那个时候反对毛主席，是犯上作乱，要承受严重后果。

你们谈到刘少奇讲“三分天灾，七分人祸”，毛主席听了很不高兴。这个不高兴是我当时感觉到、看出来的，还是事后知道的？应该说是事后才知道的。毛在大会上讲话，没有不高兴的语言。

那时我们感觉到林彪挺身而出，讲排除干扰，使我们党有安全感——当时就有人这么说。没有料到林彪才真是不安全因素！

当时觉得林彪说得对，那么是不是觉着刘少奇讲“三分天灾，七分人祸”不对呢？不是的，也觉着刘讲得对，因为这是实感，真正的感觉。但认为“人祸”不是毛主席一个人的问题，是集体行为。当时党内不少人搞浮夸，说大话，人祸是实。像湖北省，1亩地能打1万斤，王任重都信以为真。我后来问王任重：你当时怎么相信？王任重说：我看见打场了。实际上是地方上有人骗他。在他来参观的头一天晚上，把20亩的水稻搬到一个场上，说是1亩地产的。我当时在科学院工作，多数科学家不相信。但是科学家也有相信的，如钱学森说是把太阳光射到地面的能量计算了一下，打1万斤可以。

我们当时觉得人民公社搞早了，不满意“大跃进”有许多人浮夸，但是认为不能把一切错误都推到毛主席身上。就是说，毛主席提倡搞“大跃进”，后来居上，有道理，毛本人没有提倡搞浮夸。那时候要力争上游，形成了大家的共识，产生从众心理，羊群效应，个人丧失独立思考了。毛也是人，不免主观主义。有时候一个人胡闹，群众也跟上胡闹，而且情愿。毛主席提倡深翻土地，老百姓明知道生土翻上来是不长庄稼的，但到处都搞深翻。

所以，我们今天回想起斯大林靠贝利亚搞逼供信杀了那么多人，没有人起来反对。毛泽东还不错，审干运动中没有杀干部。他提出：一个不杀，大部不抓。这一条是了不起。

“三面红旗”正确与否，我们当时看不清楚，是事后诸葛亮。就是中央常委我看也不见得。当时的常委都是那样一种传统社会主义的思想水平，对生产力决定生产关系原理的认识，现在普通干部恐怕比当时的常委还明白。也就是说，“大跃进”的严重失误，毛泽东在党内的威信没有受到质疑。时间过得越久，越看出他不能不承担责任。一大二公的人民公社和“大跃进”错了，社会主义改造总路线早了。对于总路线的灵魂，有解释多快好省，实际是强调又多又快，从而引起浮夸。这个总路线寿命不长。

你们谈到这次会开完后，作为与会者，是不是感觉很痛快？实际也没有什么痛快。当时还很困难，首先是大家饿肚子，饿死了那么多人，周围人患浮肿病，心里边……

谈到从什么时候意识到林彪讲话不是实事求是，是吹捧毛泽东，制造个人迷信的问题。我想林彪是个很复杂的人，我和他在中南局一块相处过，他是中南局的第一书记，我是秘书长。我接触他，只知他是讲话简明中肯。他七千人大会上讲话，主要是反对刘少奇——这是后来的感觉。1953年财经会议有高岗这么一派人，一直反对刘少奇。说刘少奇是从白区做地下工作出身的，不是打仗出身的，认为江山是枪杆子打下来的，打江山的人没有坐上江山，不打仗的人坐了江山，反对刘少奇，在党内早有一个暗流。

为什么林彪反对毛泽东？林彪好看些历史书，他认为每一朝君王天子都要杀功臣的，他觉着毛泽东清除了刘少奇以后把他扶起来，最后也可能轮到他。林彪很注意权术，利用江青反刘反几大元帅。记得毛主席听林彪讲的一次历史上的政变经，对林彪这个人抱有警惕，觉得他把共产党搞政变，同封建王朝一脉相承。毛主席给江青的那封信讲钟馗打鬼，很值得研究。

毛主席的晚年，在“九大”时把林彪作为党的接班人写进党章，不是他的本意，是康生搞的。这证明我们中国封建社会这一套东西一下子摆不脱。看来刘少奇比较个人的东西少一点，不搞阴谋诡计，毛主席也不是阴谋诡计，但继承了历史上帝王的一些政治权术，有此一说，但不一定准确。毛进行反倾向斗争，不能不讲策略，这和权术是有区别的。

（访问人：张素华、刘建平，2002年5月20日）

赵家梁——参加起草大会报告和对一些问题的思考

赵家梁，1920年生，上海人。长期在国家计委工作，先后任高岗、贾拓夫、李富春的秘书。20世纪五六十年代，曾多次参与中央文件的起草工作。赵老虽然年事已高，记忆力尚好。谈起七千人大会的事情，侃侃而谈，且有着自己的思考。当我们把谈话整理出来，送他看时，赵老因为心衰已住在医院里。大夫不许他多讲话，但他还是和我们说了许多。第二天，他的病情加重了，我们很是不安。赵老却说：这已经是老病了，没什么的。话虽这样说，我们心里还是不忍。送去的稿子，他忍着病痛（呼吸困难）认真修改、把关，然后退给了我。看着他用颤抖的手改定的稿子，一种敬意涌上心头。这是一位很有责任心的老人，他要把那一段他所经历的历史真诚地留给后人。面对他，我难以表达心中感慨，只能默默祈祷，衷心祝愿他老人家早日康复！

1961年11月，中央书记处决定起草七千人大会的报告之后，搞了一个起草小组，以陈伯达、胡绳、田家英、吴冷西等几个同志为主，从各部门、各有关单位抽调有关的人参加。这个报告一共分三个部分：一是讲形势和任务；二是讲加强集中统一，反对分散主义；三是讲党的问题。我是富春同志通知去王府井人民日报社，由吴冷西交待任务的，当时还有张沛（《人民日报》副总编）。吴冷西对我们两个说，书记处会议定了，准备起草一个报告，他负责第一部分，讲形势和任务。由我和张沛协助他，张沛负责起草“形势”部分，我负责起草“任务”部分。

那个“任务”部分，主要内容是讲10年规划，也就是关心人民生活的“吃、穿、用计划”。因为我在国家计委工作，接触经济工作多一些，所以负责起草“任务”部分。起草报告的地点在钓鱼台8号楼的二楼，我们住的是19号楼。报告的草稿搞出来之后，每天上午9点，起草人员都集中在一起过稿子。陈伯达每天都来，时间挺紧。上午参加这个会，下午忙着改稿子，晚上看戏，看完戏还要加班，连轴转，稿子改了又改。这样弄了十来天，反反复复，一稿又一稿。每天上午，陈伯达一来，坐在墙边地板上就说：“哎呀，我睡不好觉！我要死了，你们说吧。”每天都是这样，要大家随便发言，实际上他肚子里已经有腹稿了。“啊，你们都不说，那只好我先说了。”一般都是这么个开场白，我们都知道他的这个特点。

一段一段地统下来，一面写，一面印，一面改。小平同志来看稿子，谈得比较粗。少奇同志来，我们没有参加。他不是跟我们大家一起谈，也不是吴冷西、田家英几个人参加，他就是和胡绳一个人谈，在斜对面套房里面。是连续好几个上午跟胡绳谈的，谈完后胡绳传达，要动手改的马上改。改动多的是前面两部分，后面党的部分基本上没有多大改动。第二部分，反对分散主义是梅行他们搞的。他们举的例子，牵涉到北京市，彭真很有意见。

关于形势和任务，少奇同志讲：你们秀才随便写，想说什么就说什么，什么都可以写，不要怕，最后还有我们把关嘛。这是胡绳传达的。“三分天灾，七分人祸”这个话，是少奇同志自己讲的，我们在报告里没有写。少奇在大会上讲了，冒了很大的风险，这需要有很大勇气的。他这样讲，有没有得罪毛主席？事后证明，得罪了。

“文革”期间有人问毛主席，是什么时候决定把刘少奇拿下来的？当时他说是1964年。有一个同志说，是1964年？恐怕还早吧。我是这么看：毛主席认为少奇同志作为接班人不合格的想法，不是在1964年，也不是在1962年，还要早。从认识上、工作上存在的不同意见，到对一个人整个的看法，不是短时间的，有个认识过程。他认为刘少奇同他不合拍，这个不合拍是什么呢？他没有具体讲。我要搞社会主义，你却认为社会主义现在还不能搞，还要过10年、15年，甚至更长一些。他认为少奇同志不是要搞社会主义，是要搞所谓新民主主义，或者叫不想走社会主义的路。这个思想，毛主席不只一次讲过。他说：有人不愿意走、不想走社会主义的路，我们要推他，拉他，帮他，实在不行，就让他挪挪位置。这句话很重。这个话主席公开讲，1953年就讲过，是在讨论总路线时讲的。主席对少奇有这样的看法，知道这个情况的人不少。少奇同志在主席心目中，从不合拍、不协调，到对他有不满、有看法，怀疑他的品质，够不够接班人的问题，这件事有一个发展过程。1953年是比较明显的一段。1953年财经会议，从6月一直开到8月，批薄一波的新税制，资产阶级右倾思想和分散主义，薄一波做检讨，总理检讨，最后少奇同志也做了检讨，少奇还检讨到天津讲话、山西合作社，就是牵涉到右倾思想。主席的讲话虽然没有明确点少奇的名，讲分散主义，讲右倾思想，但都有少奇的份。两个月的会议，主席在“文化大革命”中曾经给别人讲，说当年批评右倾思想，响应者寥寥。

我们起草的少奇在七千人大会的书面报告就是总结经验。起草完，毛泽东说报告太长，看不完，先发给大家集思广益。我没想到后面的事，就是从好的方面想。总结经验是好，根本问题是什么？有的人有意不讲，有的人确实是不知道。特别是庐山会议以后，党内有不同意见不敢随便讲，过去可以随便讲，后来就不行了。这些老同志，他们头脑不是糊涂的，他们也是清楚的。但确实对主席都很尊重，不会考虑那么复杂的事情。

毛主席确实也是好心办错事，没办好。后来说一是经验不足，二是头脑发热。当然可以这样讲，但根本问题是，建国以后毛主席的思想深处，“左”的东西越来越发展，这个“左”是违背马克思主义的唯物史观的。

毛主席讲了民主集中制。当时有的同志说：主席怎么讲这么一段？当时像我这样的人也有这样的想法，应该总结经验嘛，希望他讲讲我们不敢讲的，讲得比刘少奇再深入、再进一步，当时存在的主要问题是什么，总结一下经验，统一大家的思想，这才能进一步改进工作，但是，他没讲。所以那时候的统一思想，还没有到那么解放，七千人大会一开始就有解放跟不解放的问题。少奇讲的是集中统一，主席讲的是民主，在民主基础上的集中。这两个都正确。对吗？都对。但监督非常重要，讲民主，不讲监督，领导者错了，谁敢讲？

七千人大会，这个会是好的，但有不足。七千人大会这么大胆，这么敢于冲破框框，这个了不起，不是主席，是少奇。不容易。当然，主席能确定放开手让大家讲话，能确定开这个会，让刘少奇在会上讲，是好的。七千人大会期间，我被分配到各个省的讨论会上做记录。办公厅也组织一帮人去，大家每天晚上到田家英那里汇报。我参加的是安徽组，少奇同志亲自去的。“出气”对着省委，当时的省委确有令人不满的地方。安徽确实令人不满，该“出气”。不光是省委，地委、县委也是，地方的干部上面要他怎么做他就怎么做，他明知道下面情况不是这样，也那么做。为什么？他也有乌纱帽，他也有私。要总结这个经验。这个问题要研究，你深入一步，我赞成。开出气会必要，但怎么出气，才对团结有利，对工作有利。当时主席是什么心情？我不赞成主席讲陈云从来就是不调查研究不发言，没过多少天，“西楼会议”，陈云就作了一大篇报告，他做了调查研究了？陈云“西楼会议”结束后病了。周恩来主持起草了财经小组关于讨论1962年调整计划给中央的报告。起草的人是邓力群、梅行、我、廖季立、许明。也是在钓鱼台的8号楼，后来搬出来了。这是3、4月的事情。这个财经小组的报告，少奇同志组织人写了一个很长的按语，发下去了。总理拿了这个报告到杭州向主席汇报。主席说：山东的谁谁，上海的谁谁、浙江的谁谁，他们都认为形势并不是那么困难，现在都上来了。庐山会议（1961年）我讲了已经到了谷底，现在看往上走了嘛！总理打电话给办公厅，说报告不要发出去，发出去了那就收回。好像是5月25日。我知道这个事情。总理要去沈阳，我们几个计委的工作人员去打前站。到沈阳宋任穷说接到了报告，他看到了。不过宋任穷又说，这个报告中央办公厅通知已经收回了。对陈云，对“西楼会议”，对财经小组的报告，对5月北京会议，主席都有不同的看法，他没有爆发。什么时候爆发了，8月北戴河会议爆发了。

七千人大会有着很重要的意义，当时认真总结经验，统一认识，拨正了航向，有一个好的开端，会后调整的工作不断前进，但是遇到了问题，最后不幸夭折，阻力主要来自主席，当然不是他一个人的问题，包括当时中央、地方有相当的一些干部。他们满腔热情，也希望中国很快搞好。决不是有些人所认为的中国共产党内部起哄。不是的，就是看法不一致，认识不一致。有没有牵扯到个人问题，牵扯到意气，牵扯到以人划线？有，包括毛主席，也包括别的人。我说这个话，不是胡说八道，我认为我是说实在话。1962年讲了阶级斗争以后，是不是有人提出再搞新的跃进？计委内部有，中央有，地方也有。1963年我们在前门饭店讨论1963年的形势，制定1964年的计划，就有人提出要搞新的跃进。这个问题，富春跟中央书记处的同志、总理都不赞成。我不知道少奇的意见，但我想书记处跟少奇的意见是一致的。最后在主席那里定下来：还要搞三年调整，否定了新的跃进。但要搞新的跃进，形成一个新的高潮，当时不是一个人有这样的想法。我们给主席写的材料都是批判这种思想：认为形势好了，但问题还很严重，还要经过一番努力调整为好。那是1963年的夏天，在前门饭店，我印象很深。

（访问人：张素华、刘建平，2002年6月19日。
2004年5月31日受访者定稿于北大医院）

李瑞山——
湖南与七千人大会前后的一些情况

李瑞山，陕西延长人。他是以湖南省委书记处书记身份参加七千人大会的，时年42岁。当时的他，虽然年轻，但从1949年8月起就到湖南工作，做过县委、地委书记，湖南省委农村工作部部长、组织部长，可以说是个湖南通。他退休之前，曾任国家经委副主任。1995年3月29日下午，我来到他在北京市木樨地的家，老人身体很好，热情地接待了我。当我请他谈谈七千人大会的情况时，他好像记起的事情不多，倒是谈了不少1959年庐山会议之后湖南的情况，作为当事人的回忆，以及七千人大会的背景，我觉得还是很有参考价值的。故收录于此。可是没想到事隔两年，1997年10月，他在北京逝世了，享年77岁，真是人生难测！今天把他的谈话发表出来，也算是对他老人家的一份纪念吧！

说实在话，七千人大会时，我们对“三面红旗”从思想上不存在问题了，真心真意地认为它是正确的。对于“左”有共同的认识。

湖南1958年比较稳，当然是比较而言。正因为比较稳，生产情况也就比较好。1959年庐山会议开始时，周小舟是红人。周小舟是个大学生，没有多少工作经验，但他有一个特点，比较民主，能够听取下面的意见，所以湖南比较好。

庐山会议，湖南去了两个人：省委第一书记周小舟和省委书记周惠，我留在家里主持工作。突然有一天，中央办公厅来电话，要我上庐山。我不知道是怎么回事，就问他们，他们也不说，只说你来了就知道了。上了庐山才知道，周小舟出事了。我觉得非常突然。庐山会议反右倾，我心里想不通，或者说不赞成。参加工作几十年，对毛主席非常佩服，对中央的决策从未发生过怀疑，惟有庐山会议我真的想不通。周小舟倒了，中央派张平化到湖南任省委第一书记。我和周惠、张平化是乘同一架飞机回湖南的。张平化是好同志，对党忠心耿耿，他是在庐山会议反右倾的情况下来湖南工作的，既然要纠右，就肯定要“左”了。党内的思想斗争，如果反这不反那，那非走到一边去，非走极端不行。1959—1960年，一个反右倾，再加上高指标还能不“左”吗？

我们是1959年8月20日以后回到湖南的，这时的晚稻都快结籽了，平化提出要增产百分之几。我们说今年已经定局，不可能再增产了。但还是要增产，浮夸厉害呀！1959年，中央一下子调走我们20多亿斤粮食。湖南本来是有粮食的，这样一下子就搞光了，就开始紧张呀，1960年湖南也饿死人了。

1961年湖南热闹了，刘少奇、朱德、毛主席都先后来了湖南。刘少奇在他的家乡调查，开头是我陪，我是工作组组长，刘是副组长，后来是张平化。刘要我去调查食堂。那时候，说食堂是社会主义阵地，不能退的。我和农民在一个食堂吃饭，吃了饭都吐啊！哪有粮食呀，是玉米骨头做的，很难吃的。我想食堂只有解散，没有别的办法。少奇给我讲，食堂能不能自愿参加，力争办好。我不敢把真实情况告诉刘少奇。我把张平化找来，我说如果自愿参加，是不能宣传的，一宣传恐怕有80%的人就不参加了。不久刘少奇去了长沙，见毛主席去了。

信阳事件，少奇和我说过，信阳的书记不杀他，关着。我想，那不能杀呀，如果杀了会控制不住的。

待我回到长沙，正好主席走了，但毛主席给张平化写了一封信，说湖南见事迟，抓得慢。我直到今天还弄不懂，见什么事迟，抓什么事慢了？

我回来的时候，湖南搞了30个三类县，三类县都是国民党的县。我一想，坏了，哪里有这么多国民党？我当过湖南的组织部长，各个县委书记我都熟悉，都是我们党的干部嘛，怎么成了国民党？当时整得很厉害。毛主席走后，王任重、王延春从湖北来湖南主持省、地、县三级干部会，一个一个地找我们谈话。我们说没有这么多国民党，上边高指标，下边肯定说假话，我们不赞成弄这么多国民党县。后来王任重作了一个很好的报告，把这个问题解决了。不然30个县有问题，天下大乱了。“文化大革命”开始时，我和华国锋下乡，看到支部书记戴高帽子游街，我们说，坏了，这几年干部的情绪刚转过来，又被打倒了。

七千人大会，毛主席让大家出气，过了春节以后，人们还要出气，再出就过头了，正在这个时候毛主席收了。毛主席说，不能再放了，再放就烧煳了。我们很佩服毛主席。

你问我当时对刘少奇讲述的“三面红旗”是怎么想的？当时我们对“三面红旗”没有怀疑，也没有听出刘少奇讲“三面红旗”有什么问题，因为我们对集体化坚信不疑。

1962年3月，毛主席没有同我谈话。毛主席同我单独谈话，只有一次，是在火车上。毛主席告诉我，他有意找我们一个一个地谈，没有别的目的，就是认人。确实从此以后，毛主席把我记得清清楚楚。1968年成立革委会时，他点名要我当陕西革委会主任。1969年“九大”投票时，周总理叫我，说毛主席叫你，毛主席把我介绍给林彪，说这是李瑞山，陕北人，当过县委书记，湖南省委书记。

记得那次谈话，是在火车上谈的，毛主席就躺在床上，穿着睡衣，问我是哪里人，做过什么工作？当他知道我做过县委书记时，就问那时县委有多少干部，我说30多人，他又问现在有多少人，我说200多人。他说，当时30多人，不是也干得挺好吗！干嘛要那么多人。当时毛主席有点要精减干部的意思。毛主席还问了我，1927年他搞农村调查时的几个县，现在情况怎么样？我一一作了答复。

毛主席不愿住蓉园，说房子太大。有一次看客人时，发现一个房子，他觉得挺好，就是九所。

有一次是我和王延春一起汇报的，毛主席讲他从湖南过，王延春滔滔不绝讲阶级斗争。

“九大”时，周总理把各省的领导叫在一起，要各省推荐工农干部，因为大家事前没有准备，所以说不出来，总理大发脾气，说我们脱离群众。一个一个地问，说不出就挨训，轮到我那儿，我推荐了吴桂贤，算是过关了。当时我们想，得推荐一个老实的，不能到中央惹事，不然咱受不了。

（访问人：张素华，1995年3月29日）

张文奇——有关七千人大会的保卫和后勤工作

张文奇，1929年生，山西阳泉市人。16岁从学校当兵，1949年进京做保卫工作。1981年任北京市公安局副局长，1983年兼武警北京总队党委书记、总队长，1990年退休。谈起七千人大会的保卫和后勤工作，张老兴致勃勃，他不仅积极地回忆，还专门到有关部门调档查阅。他对历史认真负责的精神，很叫人敬佩！张老说七千人大会的保卫工作，他们并不担心人为的破坏活动，而是设备的安全！

一

我看了你的提纲，大部分问题能说清楚。

七千人大会在咱们党的历史上是很重要的一个会议，有人说是空前绝后的。绝后不敢说，到目前为止至少是空前的。这么大规模的会议，在我们党的历史上确实没有举办过。

当时，中央有两个警卫局：公安部的八局和中央办公厅的九局。党中央开会及中央领导人的活动归九局负责，人大、政协开会归八局负责。七千人大会之前，凡是党中央开会，或者是人大、政协开会，都是由八局、九局牵头。

现在回顾起来，无论过去和现在，只有七千人大会连带当时的另外两个会议①是由北京市牵头做保卫工作的。至于为什么交给北京市搞？当时没有说。现在分析，可能是因为会议人数太多，具体的吃、喝、住、行都在北京市，若由中央牵头，一是中央不了解北京市的具体情况，二是困难时期，操办起来难度很大，所以干脆就让北京市牵头吧。

我记得那是1961年的12月，中央给北京市发了一个电报，是杨尚昆签发

注释 ①两个会议是1962年3月在北京召开的全国人大二届三次会议和全国政协三届三次会议。

的，说中央要连续在北京召开3个会议，3个会议的保卫工作都由北京市牵头。这个电报我看到了。

北京市公安局对中央的这个决定受宠若惊，觉得很光荣，立刻决定由副局长吕展负责。记得杨尚昆还召开过一次会议，作了专门的布置，我陪吕展去开的会。杨尚昆的意思很明确，大会的保卫和后勤工作由北京市牵头，北京市解决不了的，由中央出面。我们开会回来，向市委汇报时，市委觉得这个工作很重要，一定要当做一件大事来抓。又决定由市委牵头，保卫工作由市公安局负责，后勤工作由北京市副秘书长殷玉昆负责。

北京市一下子要来这么多人，真的有点招架不了。这么多的人，不要说北京市，就是中央也没有经验，准备的时间又非常短，也就是一个月的样子，当时紧张得不得了。你就说宾馆吧，哪有那么多的服务员啊！像友谊宾馆一下子要安排1600多人住宿，服务员就缺很多。怎么办呢？从上海借了181人，在北京市内借了128人，然后再培训上岗，一时忙得不亦乐乎！

操办这么大规模的一个会议，即使是现在交通和通讯技术相当发达的情况下，也不是一件简单的事情，更何况当时的条件很差呢，所以北京市感到肩上的担子还是很重的。在保卫工作方面，市公安局接到任务以后，立刻进行了紧急部署：

吕展负总责，具体的分工是：社会治安方面，由公安局副局长安林负责；对敌斗争方面，由副局长交昆负责。同时成立4个组：一组负责会议安全保卫，二组负责代表外出活动、参观、游览；三组负责安全检查，防火、供电，由市消防处牵头；四组负责交通，由市交通处牵头。大组下面还有很多的小组，如驻地组、会场组、交通安全组、现场保卫组、食品安全组等等，都有专人来抓。

组织上的分工明确了，大家立刻分头去做。做的时候还遇到一个问题，就是不能说要开什么七千人大会，怎么办呢？对内就说北京要开3个重要会议，对外宣传是保卫新年和春节，搞好社会治安。大会的保密性是很强的。

彭真在政治上的要求很高，在掌握敌情方面，北京市要做到像玻璃板，水晶石，有个污点都不行，必须发现。为消除安全隐患，我们对散落在社会上的枪支进行了进一步地清缴，收缴了一部分雷管，土枪土炮；对自由流动人口进行了收容；包括对在押人员也加强了管理，还印刷宣传材料9万多件；对准备接待会议代表的十几家大商店、学校都一一进行了安全检查；对铁路、公路进行了检查，对车站、机场等一些公共场所也进行了检查；对周围的环境更是进行了严格检查。

这次会议因为人数多，安排的驻地就有11个地点：北京饭店、前门饭店、北纬路旅馆、民族饭店、友谊宾馆、西颐宾馆、西苑大旅社（今西苑饭店）、虎坊公寓（主要住的是工作人员），还有军队系统代表住的宾馆：三座门招待所、西直门总政招待所、翠微路招待所。大小会场282个，因为各中央局、各省委、各地委开会，都要有会场，像中央局开会，还需要有能容纳近千人的大会场。有的饭店有大礼堂，有的没有，没有的就要为他们找会场。所有这些地方都要安排好，都要提前进行安全检查。

这些检查包括对人、对物的检查。比如人，要事先进行审查，政治上是否可靠。如北京饭店有一位厨师，厨艺非常好，但政治上觉得有问题，就只好不用。再比如物，所有的房间、设备、电梯、汽车都要进行安全检查；吃饭，所有吃的东西从哪儿来的，谁运来的，放在什么地方都要一一核对清楚，叫做采购、运输、制作一条龙，也叫过五关吧。也就是说从人到物到活动，一层一层地都要做工作，任何一个环节都不能出错。

在交通方面，因为县委书记、各大厂矿党委书记、厂长，他们中的大多数人没有来过北京，为使他们出行方便安全，对北京市不少模糊不清的交通标志牌进行了更换。

总的来说，在大会召开之前，我们进行了方方面面的安全检查和准备工作，把该做的工作都认认真真地做了，叫作防患于未然吧！

你问发生过什么案件吗？基本没有。在那时候也破了几个案子，但与大会无关，因为他不知道我们正在开会。总的情况是台湾方面利用大陆的三年困难，挑拨人民群众同共产党的关系，蒋介石的手段，就是散传单了。他的飞机到咱们的密云来过，散过传单。比较大的政治案件，是部队里一个副团长偷了一次枪，发生一个暴乱，也没有什么政治影响。

二

在大会召开以前，我们总是担心哪些方面没有想到会出纰漏，忙得不亦乐乎；大会召开以后，人都来了，稍有不慎就会出问题，所以就更紧张了。一方面北京的社会治安要抓紧抓好，另一方面还要搞好大会的保卫工作。

七千人大会是1962年1月11日召开的，我们原来布置的是1月28日结束，开18天。后来，开着开着就延长了。从会议的内容来说，大会的前半段和后半段还不一样，越开越紧张，因为毛主席发动县委批评地委，地委和县委批评省委。当然我们没有参加会了，但大会的讲话还是听了，毛主席提出开“出气会”，要摸“老虎屁股”。

在出气阶段，虽然我们不能参加小组讨论，但知道会议开得十分紧张。像河南的吴芝圃，安徽的曾希圣等都受到了严肃批评。安徽的会，少奇同志每天去，我作为安全保卫人员也去了。当时的批评会就同斗争会一样，非常紧张。毛主席一方面叫出气呀，什么话都可以讲，一方面又怕省委领导、大区领导坐不住，想不通自杀。所以，就叫我们这些负责保卫的工作人员，每天要反映会议动态，反映代表们的情绪，恐怕出现自杀事件。我们每天都要及时向中央办公厅汇报。无论多晚都要汇报。

但我觉得这次大会群众发动得比较好，就像毛主席说的，白天出气，晚上看戏，两干一稀，大家满意。所以这个会一直开到2月7日才结束。整整开了28天！到2月14日整个会议代表才走完，原因是有的省在北京又延长了一两天，另有16个病号，所以到2月14日才走完。

因为七千人大会对外是不宣传的，所以是一个内部会议。这么多人，时间又这么长，外国人还是感兴趣的。北京饭店是各工作组的大本营，大区书记都住在北京饭店，大会的工作班子也住在北京饭店。另外北京饭店还有加纳、叙利亚、马里、阿尔及利亚4家外国使馆。

那时不大了解外国人如何搞情报，说人家拿一个大头针在电话线上一扎，就可以窃听。北京饭店呢，又是外国人经常出入的地方，他们吃饭、会客、理发进进出出的不少人，你也不能因为开会，就不让人家来吃饭、理发吧。所以安全保卫工作比较突出。为了防止外国人搞窃听，我们还专门请了一些这方面的技术专家，看一看会不会泄密。最后没有发生泄密的情况，据说还是有反映，外国知道这么多人开会，但干什么他们不知道。友谊宾馆还有30多个外国专家，附近还有苏联的一所中学。但都没有出现什么泄密事件。

三

大会组织得比较好，开大会时的用车高峰一次是800多辆。当时的北京有两家汽车运输公司，一个是首都汽车运输公司，一个是友谊汽车运输公司。大会的车主要租的是首汽的。

从乘车情况来说，省委书记以下都是坐大车，中央局以上的领导坐小车，个别身体不好的同志，领导找谈话赶不上坐大车的派小车。

开大会时，没有用过开道车。那时开会不像现在都是事先定好的，而是毛主席他老人家高兴什么时候开就什么时候开。那怎么才能做到既准时又安全地把上万人送到会场呢？我们编了一个顺口溜：时（间）不够分路（走），路不够分时（走），路、时都不够，断一条路。也就是说让社会车辆暂时停一下，先把与会人员放过去。

为了交通安全，交通部门事先都把抽调来的车辆，包括在京的车，那些司机进行培训，怎么走，走哪条线，要注意哪些事情等等，一一交代清楚。这样做起来就比较有章法了。

每次大会结束后，停在大会堂前的车，中央要求20分钟之内必须疏散完毕，结果最长的时间我们才用了18分钟，也就是说没有超过18分钟的。为了做到这一点，事先总是同与会人员说好，原地上下车，这便于散会后找车。白天打一个牌子，上面写着中南局、西北局之类的字，各饭店派人接送，晚上打带灯的牌子。这是因为大多数代表没有来过北京，容易找不到车子。凡事都想在前面，工作做得很细致，因此也就完成得比较好。

北京市的交通工作曾两次受到表扬，一次是纠正违章时敬礼，受到毛主席的表扬；一次就是“七千人大会”受到周总理的表扬。开大会时基本没有影响社会车辆，也没有因为车辆调配不好耽误了什么事情，更没有影响会议的进行，除了几次小车剐蹭，没有出现大的交通事故。你们知道，那时候汽车的质量是很差的，但从未因此出现抛锚的情况。

四

因为当时的经济比较困难，会议吃饭也是一件大事。吃饭是10人一桌，大锅菜，不管你是中央领导，还是一般工作人员，都一样。即使是少奇同志去安徽组开会，吃饭时也和大家一样，凭饭票吃饭。10人一桌坐满才上饭，坐不满不行，饭票丢了也不行。

像我们安全保卫组为了保证会议供电，保证食品安全，有时把供电局的工程师、负责人，还有供应食品的人找来开会，每到吃饭前就赶紧散会，不然没有办法管人家的饭。有的时候，实在不好意思，就把自己的饭票给人家，然后自己回家吃饭。就这样，特别严呀。

做保卫工作的，每个驻地警卫组也就一两个人属于在编人员，大会管吃管住，不在编的，大会不管饭。结果弄得内部也有意见，同做一样的工作，为什么你在编，我就不在编，就不能在会上吃饭呢。实在是编制有限呀，前门饭店来来回回的那么多车辆，就3个警察可以在会上吃饭，剩下的统统自己解决。大会规定的工作组就这么多人，超过是不行的！

每次吃饭，桌子上都吃得光光的，四菜一汤。为了节约，都是大锅菜，大家连菜带汤一起吃。就这样各个饭店都叫苦，要达到中央规定的标准，做不出来，还得往里贴钱，所以炖菜多，不过县委书记高兴，比他们在家里吃得好。

有一次吃饭，吃出一个小铁丝，就紧张地从食堂报告到中央办公厅。我们平常吃饭，吃出点东西来是经常的事，不知道怎么那么紧张，所有的驻地都对大米进行检查。北京市除粮食局以外，还有个副食品公司，把全系统都动员起来了，还不够，又从内蒙古、河北、山西调。从采购，到运输食品，到储存食品，到端到桌子上来代表们吃，由北京市副秘书长殷玉昆专门负责，他现在也去世了。还有北京食品供应处处长，原来他们是管外国人的生活的，也参加进来了。

五

七千人大会的特点是规模大，人多，时间长。当时是经济困难时期，人民群众埋怨我们这个党，因为浮肿、饥饿，心情不舒畅，所以保卫工作既要防止敌人的破坏，又要防止人民内部矛盾激化。好的方面是那时还没有现代化，没有搞什么恐怖活动的，矛盾也不像现在这样尖锐，虽然有不满情绪，老百姓还是听话的，北京市一动员，群众的积极性就很高。

所以保卫工作的特点是，当时并不担心敌人来搞什么破坏，主要是怕一些设备出问题。因为我们各方面的基础设施都不行，比如北京饭店，说是两路供电，其实线路的质量很差，其他饭店都是一路供电，惟恐哪一处线路短路，造成停电，影响会议的正常进行。再如吃饭，怕吃不好中毒，或者闹病什么的，使会议代表心里不高兴。要说七千人大会的保卫工作很紧张，是紧张极了，不过那个紧张，主要是紧张这些问题。

每时每刻都要了解各个驻地的线路情况，供电问题，还有锅炉问题。像人民大会堂，下面很好看，但上面都是木质结构的，每次开会都有几个人在上面看着，怕被电烤热木头烧着了。这种情况一直到国庆35周年才得到改善，换成了钢的结构。

整个大会期间，没有发生断电情况，也没有用过蜡烛。在其他方面也没有出现什么事故，非常顺利。从北京的政治案件来说，比同期减少2起，刑事案件减少46起。整个北京市没有发生损失万元以上的大火。交通事故也有所减少，没有发生重大伤亡事故。

七千人大会开了这么长时间，没有出现什么问题，中央是满意的。这次会议完了之后，公安部召开全国警卫工作会议，汪东兴[①]就让北京市公安局代大会起草文件，要我们把北京的经验糅进去，要求全国都要向北京一样。他认为北京的工作是成功的。当然，他后来犯了一些错误，那是以后的事情，咱们不说他了。

六

在七千人大会结束以后，北京市把所有记录安全保卫工作和后勤工作的文字归档备案，安全保卫工作归一个卷。这个卷一式三份：市里一份，报中央一份，公安部一份。我脑子里的印象，从大会开始到结束，包括各个宾馆的情况，各个会场的情况，都有一个完整的文字记载。你同我说了以后，我到市公安局档案室专门查找了一遍，结果保留下来的文字不全了。

负责交通工作的、吃住工作的同志也都去世了，现在在位的人，问谁谁不知道。关于以前的一些保卫工作，我都愿意讲，我们的保卫工作确实做得不错。里根到中国访问时，开始他并不相信中国的保卫工作，认为中国人野蛮落后，不安全，光带保卫人员就有300多人，连他坐的汽车都是从美国运来的，有两架专机，一架运设备，一架是他坐的。什么都不相信我们，但他没有想到的是，他在北京的几天，非常安全，走的时候满意极了。

他走之后，我们访问美国，他指示，这些人来，想看什么地方就让他们

注释 ①汪东兴，当时任中央办公厅副主任、公安部副部长，分管全国的警卫工作。

看什么地方，想待多长时间就待多长时间。我们从联邦调查局，到下面的派出所都看了，他们给我们看了6个小时的录像，连美国总统的保卫室都让看了。

话又说回来，美国现在已经武装到牙齿了，像白宫，你走到哪儿都有摄像头盯着你，恰恰是他那里的恐怖活动最厉害。美国总统被刺好几任吧，我们国家就是土枪土炮，但我们国家领导人没有发生过这样的悲剧。不能说以后没有，但我们这一代没有出现过。

最近我也套用邓小平的话，写了一份叫有中国特色的警卫工作，提纲给了市公安局。我想趁我的脑子还清楚，组织几个人，找几个老同志，把它具体化，这样才有说服力，要不你说你的警卫工作有特色，哪些是中国的特色？确实我们有些东西别人没有。比如，毛主席为公安工作制定的方针，在党委领导下的群众路线和专门工作相结合。专门工作就是指公安部门的工作，你的工作必须和群众路线结合起来，必须依靠党委。像七千人大会，那么多驻地，你不依靠饭店的领导，叫人家靠边站，所有的安全工作都是保卫部门自己负责，你负责得了吗？你不把饭店的职工发动起来，叫大家都提高警惕，都主动监视那些不安全的因素，安全能有把握吗？绝对不行。

苏联我也去过，考察过苏联安全保卫工作，那是一边倒的时候。咱们的警卫工作受过苏联的影响，但基本上还是毛主席从长征开始建立起来的一套，李克农建立的一套，周总理也抓过。主要还是在毛主席领导下建立起来的。在美国，他们的派出所我也看了，特别是总统被刺的地方，叫希尔顿饭店，他要能走咱们一步，决不会出现这种事情。开枪打他的是一个以记者的面貌混进去的人，像咱们开这种会呀，记者不是不允许来，但是谁家派的记者，你事前必须把记者的有关情况给我，你单位打了保票，我才发记者证给你，你才能接近对象。不然你怎么能到了现场，根本来不了嘛。停车的地方，像大会堂门口，我先扫雷检查，人检查了狗检查，每次都是这样，所以才有安全保障。

1961年，我跟陈毅去参加日内瓦会议，给他做保卫工作。陈老总说，中国没有别的办法，就是有人，你有技术，我有人，我天天在那儿看着，看你拿什么把我的技术拿走。这个话不是没有道理。

我们在日内瓦开会，外电报道，说陈毅坐着坦克车来了，说中国的警卫都像孙悟空一样，现在看着没有，一会儿就会从天上掉下来。

我是从国外看到国内，惟一感觉，咱们中国的保卫工作做得不错。我现在也在努力回忆。小平同志说，他要看一看到底是中国的月亮圆，还是外国的月亮圆，中国的月亮也是圆的。我说这个话正确极了！

我的观点有人说落后了，敌人是现代化武装，你也必须武装起来。我不反对现代化，七千人大会时，敌人破坏咱们的手段没有什么特别的东西，无非是散散传单，造造谣。现在没有先进的手段不行，但是我们的老传统不能丢，只有中国有这个党委领导，群众路线，这个东西若丢掉了，就完全跟人家一样了，这个安全问题也就难说了。

回想七千人大会，确实很辛苦。第一责任大，第二光荣，第三还得往里贴钱（主要是宾馆贴钱）。最根本的问题，就是北京群众发动得好，市委做后台，各区包干。我的结论是，没有这个后盾，光凭警察是根本不行的。

（访问人:张素华，2002年9月13日）

邓力群——毛泽东在七千人大会前后

邓力群，1915年生，湖南桂东人。20世纪五六十年代曾任中共中央办公厅第一办公室、书记处办公室组长，同毛泽东一起读过苏联《政治经济学教科书》，在刘少奇领导下编辑过《刘少奇选集》，参与修改过刘少奇在七千人大会讲话稿，同毛、刘、周、邓、陈等中央领导人有着较多的接触。他最高的职务是，1982年任中共中央书记处书记。从1996年到1997年，我曾几次参与访问过邓老，回忆起往事，邓老头脑清楚，娓娓道来，一丝不乱，给每一个访问者都留下了深刻印象。2000年时，我将他有关七千人大会的一些回忆整理出来，经邓老审阅同意,收入中央文献出版社《知情者访谈录·话说毛泽东》一书。今天在出版我的这本书时，又把邓老这篇回忆编进来，没有别的想法，求个资料的全面，也因为邓老的回忆很有些参考价值！

1960年底、1961年初，毛泽东对“左”的认识比较清楚了

你们提出毛泽东是什么时候发现“大跃进”的错误的？实际上是在1958年末，毛主席开始看出了问题，所以有第一次郑州会议的纠“左”，1959年初第二次郑州会议的纠“左”，1959年7月，“庐山会议”前期的继续纠“左”。你们知道了，庐山会议后期，由于批判彭德怀的“右倾机会主义”，又打断了纠“左”的进程，不仅如此，把批彭的文件一级一级地往下传达，全国各级大批右倾机会主义，就更“左”了。

当然各地“左”的错误也不平衡，相比之下，有的地区稍好一点，有的地区很严重。像河南、安徽、甘肃、青海等省的一些地方，就如火上加油，越来越“左”了。到1959年末，河南、安徽的问题开始暴露，可是还没有反映到中央，也没有反映到毛、刘、周、邓他们的耳朵里。

1959年12月，我们几个人正陪同毛主席读书，那时毛主席的心情好像没有什么着急的事情，那些事情还没有反映到他那个层次。到1960年的春天，“信阳事件”就暴露了。群众来信，人民来访，上告的人越来越多，反映的问题越来越严重。我的一位老朋友彭大章（中南海秘书室的负责人之一）从信阳

调查回来，对我讲：老邓啊，问题真严重啊！说时神色惨然！后来先念同志也去了，回来讲，他去过的村庄，妇女没有一个不穿白鞋的。

这些骇人听闻的情况反映到毛主席那里，简直令人不可想象，唯一的解释是地主、富农趁机进行阶级报复。1960年春，中央发了一个文件，要在那类地区进行“民主革命补课”。

你们谈到毛主席的这种反应，仅仅是他一个人呢，还是带有一定的普遍性？我说，应该是有相当的普遍性。少奇同志也指示钱瑛大姐去调查，也说性质属于阶级敌人报复。在这种情况底下，当时是中南局第一书记的陶铸同志说，问题这么严重，究竟怎么样？他亲自到信阳考察，结果发现是省委主要领导人及基层干部的错误引起的。从这时起，中央开始感觉到农村的问题并不简单，而且严重。与此同时，暴露这种问题的地区也越来越多。中央这才认识到，根本问题是“左”。

因为农村的问题最先暴露出来，毛主席要周总理主持起草一个农村整风整社的文件，后来叫做“农村十二条”。“农村十二条”是1960年11月3日下发的，很快就有了一些好的效果。这个文件的下达，也是中央大幅度调整农村政策以战胜严重经济困难的开始。

接着，反映农村严峻形势的材料也大批地上来了。到了1960年底、1961年初，毛主席对“左”的情况的认识就比较清楚了，已经意识到，农村的问题，不认真对待不行了。

大兴调查研究之风

你们谈到，这个时候的毛泽东心情好像比较沉重，他在给身边工作人员的信中说，“我就67岁了，老了”，透着一种无奈。是这么回事，所以，他开始不断地进行自我批评。他经过反复思考，觉得这几年出现问题的重要原因之一，就是我们党对下边的情况不摸底了，我们对农村的问题还需要进一步的调查和了解。1961年初，他在中共八届九中全会上提出：全党要来一个大兴调查研究之风，1961年要成为一个调查年。他并且讲，我自己也要亲自调查。于是，他组织了3个调查组，陈伯达一个组，跟他一起到广州；胡乔木一个组到湖南；田家英一个组到浙江、安徽。我是跟陈伯达到广州做调查工作的。

这个时候，中央领导同志对形势的认识还不太一致，有的同志认为，情况在好转，有了“十二条”就够了，还搞什么调查，还搞什么新的章程干什么？毛主席没有接受这种意见。事实上，我们到广州一调查，马上证明，后来的事实也证明，光有“十二条”是不行的，还要进一步了解，进一步补充新的规定。

广州提供了什么情况呢？我们到广州时，恰好遇上广东省委召开五级干部会，检查、讨论执行“农村十二条”的情况。大家都说，有了“十二条”以后，情况大为好转，一致认为，只要认真贯彻“十二条”就行了，农村的问题就解决了。只有一个公社书记，不以为然，他大会也好，小会也好，都坚持说：“农村十二条”解决了从上而下刮“共产风”的问题，但是没有解决生产队与生产队之间，生产队内部社员与社员之间刮“共产风”的问题。无论大家怎么批他，驳他，他都不退却。一个人，孤立啊，很有一股反潮流的精神。

我们了解了这个情况，就找他谈。陈伯达立刻把这个公社书记的意见报告了毛主席。毛主席非常重视，他说，这个书记的意见好，我们这次调查要制定的政策，就是要解决大队内部，生产队与生产队之间的平均主义，生产队内部，社员与社员之间的平均主义。这是一个纲。

这件事传到了胡乔木那里，也传到了田家英那里，都引起了重视。经过一个多月的调查，我们对毛主席的这个指示的了解更清楚了。这时毛主席叫胡乔木、田家英也都来到广州，起草一个条例式的文件，核心内容是把公社各级组织的职权搞清楚。文件草出后，由乔木统改了一遍，最后陈伯达又统改了一遍。这就是“人民公社六十条”。

这年3月，毛主席在广州召开“三南会议”（中南、西南、华东），少奇同志在北京召开“三北会议”（东北、华北、西北），这两个会议都是讨论农村工作的。后来因为有了“人民公社六十条”（草案），就把“三北会议”的人调到广州，两个会合起来开。

正在这时，发现了31年前毛主席写作的《农村调查》（即《反对本本主义》）一文，他看了非常高兴，立刻推荐给大家，还专门写了一封信，号召大家做亲身调查，而不是老爷式的调查。在广州的会上，毛主席把他的信发给大家，并点名批评了认为有了“十二条”就不要再进行调查的同志。毛主席说：你们看，只有“十二条”行吗？“十二条”只解决了“调”的问题，还没有解决“平”的问题。这样，与会人员对“六十条”草案又进行了讨论、修改和补充。毛主席说，我们大家经过调查，有了这个草案，这还只是我们的意见，对这些意见，究竟农民、基层还有什么意见，还要返回去征求他们的意见。

会后，大家就拿着草案，原来在哪个地方调查，就回到哪个地方。小平同志、彭真同志就到大兴、顺义调查。总理那时也去调查了。少奇同志就去了湖南老家调查研究。

回去征求农民的意见，我们一方面高兴，一方面还发现不少问题。在胡乔木调查的地方说，公共食堂不解散不行。我们在广东通过对一个生产队的挨户调查，发现七分按劳，三分供给不行。到了5月北京工作会议时，大家汇总了征求来的意见，在草案中去掉了这两个尾巴，一个三分供给，一个公共食堂。这是1961年5月工作会议的成果。但这里还有一个大队核算，小队核算的问题没有解决。到了11月，王任重根据湖北的经验，说核算单位留在大队这一级不好，还是要下放到生产队。立即得到了毛主席的同意，把核算单位放到了生产队。至此，毛主席认为农村的体制问题就解决了，在他有生之年再也没有改变过，其中包括“文化大革命”。

毛泽东在七千人大会的讲话当时听了不过瘾，几十年后感觉很深刻

七千人大会开始的时候，我在广东编辑《刘少奇选集》，春节后才回到北京，这时七千人大会已经接近尾声。少奇同志在大会上的报告经过多次修改，基本定型后送给毛主席。毛主席说，好啊，有了个稿子发给大家讨论，大家提意见嘛，少奇同志不要在大会上念稿子了，大家看了就行了。毛主席自己就不习惯念稿子，延安七大，后来的许多全国会议，大都是稿子搞了七八遍，印发大家，然后他在会上讲他自己还想讲的，发挥一下、解释一下正式稿子上没有的东西。他希望少奇同志也是这样。所以，就有了一个书面报告和口头讲话稿。

现在回过头来看，书面报告也好、口头讲话也好，都是从总的方面总结了“大跃进”的经验教训，提出了调整的方针政策。但口头讲话，毕竟没有像书面报告那样磨来磨去，说得比较开放，语言也自由一些，有感受很深的东西随口而出，难免说了些不好听的话。有些提法可能是受下面的影响，如，三面红旗不提了吧！显然不够策略。“三分天灾，七分人祸”是农民的语言，也拿到大会上讲了。后来我参加修改他的口头讲话时，在把大家的意见向他汇报

中间，他不断插话。我的突出印象是，他感情很激动。他说：犯了那么大的错误，给人民带来那么大的损失，我们这是第一次总结！总结一次还不行，以后每年都要回过头来总结一次，总结一次，修改一次，一直搞他十年，最后做到这个总结符合实际，真正接受经验教训，不再犯“大跃进”的错误为止。其中还讲了这样的话：历史上人相食，是要上书的。我当主席时，出了这种事情！

作为国家主席，在人民遭受灾难时，有这种感情自然是很可贵的。但不清楚这些话是否会传到毛主席的耳朵里，如果毛主席听到了这个传闻，再有人添油加醋，会不会产生一些负面的影响？他们这种地位的人一举一动都引人注目呀。在这件事情上我没有把握，究竟传到毛主席的耳朵里没有？如果毛主席听到了会怎么想？

现在有些同志对毛主席在七千人大会上的讲话评价不高，说老实话，我当时听了也是不过瘾，觉得很一般。但事过几十年后，感觉他的讲话确实是讲得深刻，经得起时间、实践的考验。在民主问题上，他说，列宁讲，无产阶级的武器只有一个，就是按照民主集中制，把自己的队伍组织起来，除此以外，没有别的武器。在社会主义建立以后，这个民主集中制、党内生活怎么适应新的情况，今天还没有解决。并说，没有民主的集中，只能是修正主义的集中，法西斯的集中。他还说，党内要允许有公开的反对派，只是不允许秘密的反对派存在。在社会主义建设问题上，他说，社会主义建设是个必然王国，人们的认识由必然王国到自由王国是个过程，这个过程还没有完结，我们还没有进到自由王国。必须在总结正反两方面的经验的基础上，加深对社会主义建设规律的认识。他说他在今天以前，只关心和努力从生产关系的变革上来考虑问题，对制度方面、生产关系方面注意较多，而对生产力和对生产力的发展方面知识较少，做得不够，不如谁谁。在国内，在世界，我们必须坚定地站在人口的95%以上的人民大众这一边。在怎样对待犯错误和受挫折的问题上，他讲了孔子的故事、左丘明的故事、司马迁的故事、屈原的故事。当时觉得毛主席讲的不如少奇同志讲得那么切肤之痛，但后来看，非常重要。

从毛主席的讲话中得到启发，刘少奇在修改他的报告时，也跟着指出：原来起草书面报告时，只把分散主义作为主要问题来批评，忽略了民主集中制方面存在的问题，由此建议把第二部分“关于集中统一”改为“加强民主集中制，加强集中统一”，把毛主席讲的那层意思修改进去。

七千人大会以后，干部进行学习讨论，有些尖端的意见就通过《宣传动态》反映上来了。人们敢讲话了。其中甚至有人说，下次开党代表大会，他就不选谁了。当然这也过激了一点。

同时，在“人民公社六十条”、“工业七十条”的推动下，各部门分别制定了本行业的条例。如“科技十四条”，“文艺八条”，高教、商业、合作社、手工业等都有了几十条。这是因为毛主席在这过程中已经提出，单有社会主义建设总路线不够，还要有为总路线所需要的具体工作路线。他在七千人大会上继续说，有了总路线不够，还必须在总路线指导之下，在工、农、商、学、兵、政、党七个方面，有一整套适合情况的具体的方针、政策和办法。对各条战线的各项具体工作路线作出明确肯定，这是七千人大会的积极成果。它对进一步贯彻“八字方针”，扭转国民经济的困难局面，是有利的。

在北戴河出现了波折

七千人大会闭幕不久，少奇同志在北京召开了著名的“西楼会议”，对形势做出了和七千人大会不同的判断。那是因为财政部反映1962年的财政预算，还有50亿元的财政赤字。那个年代财政收入才多少啊，有这么多的赤字，不好办啊，引起了少奇同志的高度重视，于是就召开了“西楼会议”。“西楼会议”是七千人大会的继续，如果没有“西楼会议”就不会很好地贯彻七千人大会的会议精神，实际是保证七千人大会精神落实的一次重要会议。这个会议对形势的估计确实和七千人大会不一样。七千人大会讲困难已经过去，这次会议讲，困难还没有过去。当时有人提出离开七千人大会对形势的估计好吗？少奇同志引经据典，说历史上我们曾经开过什么会，后来形势发生了变化，就改变了原来会议对形势的估计，这样的事情不乏其例。历史唯物主义者共产党人要面对现实，不能因为上次会议定了，形势变化以后，仍拘守于原来的东西，这是不对的。如此下来就出现了恢复时期、非常时期的说法。

关于“西楼会议”的主要成果问题，从历史上看，七千人大会对农村问题搞得比较清楚，城市问题是“西楼会议”以后才搞清楚的。最重要的，七千人大会之前，我们党的领导考虑问题，是从一个个方面来着手的，未从全局、从综合平衡来考虑和解决问题。“西楼会议”的可贵之处在于仅有条例还不够，还要有综合平衡，还要有总体的解决，注意了这样的问题。比如工农比例关系失调，财政赤字太大，票子发得太多等等。有了综合平衡，才把这个问题真正解决了。

你们谈到“西楼会议”和毛主席的关系问题，这个事情我知道。作为少奇、小平，对毛主席还是很尊重的。“西楼会议”临结束时，少奇同志在会上讲，我们说了还不行，还要把这一套向主席汇报。主席同意，我们就照着执行，主席不同意，回来再议。所以“西楼会议”结束的第二天，少奇、总理、小平同志就飞抵武汉，将“西楼会议”通过的文件和中央批转陈云同志讲话的批语送给主席看，听取主席的意见。毛主席看了，他表示同意。第三天少奇同志从武汉回来，给我打电话，说：“主席同意啦。”高兴得不得了。

毛主席的同意，是不是勉强的，或者是应付的？对此问题我曾想过，我认为不是。因为“西楼会议”这一套，完全符合1959年庐山会议上，毛主席所肯定的综合平衡、农轻重为序安排计划的说法。即使退一步讲，毛主席是勉强同意的，勉强同意也好啊，如果当时毛主席口头上就表示反对，或者根本不表态，那这个事情就不好办了。这件事，一方面表明刘、周、邓对毛主席还是很尊重的，他们有自己的意见就负责地提出来，不隐瞒自己的观点，并认真地听取毛主席的意见；另一方面也说明，当刘、周、邓提出意见以后，主席了解到这是多数人的意见，他做到了少数服从多数。七千人大会毛主席就讲，不管正确的错误的，要服从多数。他是这样做了。事实也已经证明有了“西楼会议”，形势就逐渐好转，先是恢复，然后发展，最后超过。

“西楼会议”以后，中央成立了一个以陈云为组长的财经小组，财经小组根据当时的经济形势提出了一个《关于讨论1962年国民经济调整计划的报告》，提交5月会议讨论通过。在会议讨论这个报告时，有的同志还是不赞成城市人口下乡的措施。特别是华东地区的柯庆施唱高调，表示不同意。多数大区的同志支持这个报告。邓大姐讲，过去的经济工作方面的报告看不下去，这个报告顺畅得很，说到了大多数人的心里。这个报告经毛主席批发全党遵照执行了。

你们谈到，不料却出现了人们意想不到的波折。是的，情况发生了变化。七千人大会以后，事实上毛主席对农村的情况还是不放心，要田家英带一个调查组去了解农村整风整社的情况。田家英首先来到毛主席的家乡韶山。因为韶山是毛主席的故乡，韶山的老百姓讲话，也就毫无掩饰，没有什么顾忌。调查中，田家英问他们，经过“六十条”这套办法行了没有？多数农民讲退得还不够。少数农民讲行了。他们又到湖北、安徽去调查，都是同样的意见，认为退得还不够。怎么办呢？这些农民讲：“分田到户。”当然，他们没有讲解散人民公社。

田家英带着这些意见回到北京。当时毛主席在外地巡视还没有回来，田家英就向少奇同志讲了。少奇认为解决人民当前的严重困难，采取这样的办法是可以的。他叫田家英去外地向毛主席当面汇报。联系后，毛主席回话说，等他回到北京时再谈。毛主席回到北京，田家英在中南海游泳池边向毛主席做了汇报。不久，毛主席把少奇同志找去，责备他没有顶住。还说，要是我不在世了，“你怎么办？”

还有，陈云在上海郊区农村也做了一些调查，结果他和田家英的意见不谋而合。陈云同志说，现在蒋介石叫嚣反攻大陆，我们把田分给农民，有利于动员农民保卫自己的土地。这时，陈云要向毛主席提出建议，有人劝他，不要和主席讲这些，特别不要讲“分田到户”。陈云同志说：共产党员不隐瞒自己的政治观点，我有意见，向自己的主席反映，有什么不好！陈云同志也向毛主席讲了。毛主席听了，脸色不好看，不过，没有责备。后来知道，毛主席在北戴河会议初期曾找陈云同志个别谈话，进行了严厉批评。

邓子恢同志是总结了安徽“包产到户”的经验，他多处作报告。作了报告，又去向主席讲。主席后来说：他那个讲话，一训就训了我三个钟头啊！水泼不进，针扎不进啊！发了脾气。说邓子恢不但观点不能同意，而且组织程序也不对，组织上也是错误的。

在这样一个情况下面，大家到了北戴河。

毛泽东在北戴河会议的头一天，就批评了田家英的主张，但说田在组织上没有错误，作为秘书向他反映情况是可以的。在会上没有点陈云同志的名。对邓子恢，批评得非常尖锐。说邓的意见，实际上是搞单干，所谓经营管理的创造，是骗人的。不知是邓子恢没讲清楚，还是毛主席没听清楚，这些话对邓子恢确实是个冤枉。邓子恢讲的是实行“五统一”的“田间管理、包产到户”。

你们说：陈云、邓子恢、田家英具体同毛主席怎么谈的，现在没有文字记录，但你们看过安徽太湖县宣传部副部长钱让能给毛主席的信，觉得对实行包产到户很有说服力，可是毛主席没有被说服。由此认为，毛主席对包产到户是断然拒绝的，根本不予理会。我想毛主席把这个问题看得很严重，认为是走社会主义道路还是走资本主义道路的问题。所以毛主席在会上讲形势、阶级、矛盾，说有三股风：黑暗风、单干风、翻案风，越到上面越厉害。于是，重提阶级斗争，重提两条路线斗争。北戴河会议原本是讨论农业、粮食、商业等方面的工作，结果改为抓阶级斗争了。

在这种情况下，少奇同志在会上不能不做自我批评。他说：原以为在这样的困难底下，农村有30%的生产队会散掉，实际上真正散掉的也不过10%，比实际情况多估计了20%。承认自己对形势的估计是错误的。

会议从北戴河一直开到北京，9月下旬开八届十中全会。少奇同志、周总理、小平同志都批了“单干风”。基本路线确定了，“千万不要忘记阶级斗争”，成了全会的主调。

毛泽东的两个思路：经济大革命、政治大革命

从1958年到1962年，从毛主席的思路，他的关注点来看，是要进行经济大革命。所谓经济大革命，就是调整改革生产关系，促进生产力的发展。这期间，一步步升级，由初级社升高级社，高级社升人民公社，人民公社由集体所有又升为全民所有，以致后来一大二公。用这种升级的办法来解放、促进、发展生产力。另外一方面是下放，把全民所有制的企业一级一级地下放。主席当时的理论是要让各级有各级的积极性，由国家下放给省，发挥省的积极性；省又下放到地，发挥地委的积极性；地下放到县，以至到乡，发挥各级的积极性。升级的目的是发挥积极性，下放也是发挥积极性。采取这么两个办法来促进生产力的发展。原来的想法以至政策，到第一次郑州会议，他开始觉得不行，从此转折了。以后就是不断地修正自己的观点。现在需要看看主席在升级以前有些什么意见，第一次郑州会议以后又是怎样修正自己的观点的。我认为最主要的就是划清集体所有和个人所有的两条界线。小的还有很多，比如：赞成张春桥破除资产阶级法权，但按劳分配不能破除；解放思想，破除迷信，但不能破除科学；要热，但不能只有热没有冷；要热也要冷；由集体所有到全民所有，开始是5—6年，后来改成更长，再后来就是相当长一个阶段了；人民公社核算单位下放到生产队；在公社体制方面也不断地改变自己的观点。诸如此类，可以从第一次郑州会议，到庐山会议，到1961年大兴调查研究之风，到“农业六十条”，“工业七十条”，核算单位，七千人大会，以至到后来，把这个过程的主席的议论、文章、指示细致地理一遍，看看他每个时期都提出些什么问题，根据情况的变化又是怎样改变自己的观点，使自己的观点逐渐接近实际的。这里要承认毛主席确实是一位革命家，他不是有了意见之后，就固执己见，情况变了，还仍然坚持自己的错误观点。而是在修正错误中间坚持真理，在坚持真理当中不断地修正错误。没有这一条，就不会有七千人大会和

“西楼会议”。所以我们现在总结“大跃进”，包括总结“文革”，不能只看毛主席的错误。

1962年的北戴河会议，特别是“文革”，从他的思路来看，主要是搞政治大革命。是他发现意识形态方面问题很多，所以用政治大革命来保卫改革了的生产关系，来促进生产力的发展。他是一个矛盾的人，对新生事物很敏感，包括正确的和错误的。这恐怕也是他发动“文革”的一个原因。“文革”期间，毛主席就是在3000万—3500万人之间解决问题，其他的不要去动。农村不要去动；工厂停产闹革命，他发现了，立即制止；学生停课闹革命，他发现了也是纠正啊！3000万—4000万人的政治大革命，开始提得很高，然后慢慢降温，慢慢改变自己的观点。这里也有一个过程。同总结毛主席对经济大革命的探索一样，对他的政治大革命，也应当前前后后地搞清楚，弄清他是如何犯错误和改正错误的。

张维兹——七千人大会上，我对总理讲真话

张维兹，1916年生，山东海阳县人。1935年“一二·九运动”参加者。1941年任海阳县县长，电影《地雷战》反映的就是海阳县的抗战故事。新中国成立后历任厦门市委书记、三明地委书记、福建省计委副主任等职。1990年离休，今年已届90岁高龄。在本书即将付梓之时，发现此文，经征得张老同意，收录于此。原载2005年11月《福建党史月刊》。

1962年春,中央召开了七千人大会,对我党的建设和国家经济发展起了重要作用。我当时是三明地委书记，是七千人大会参加者之一，任三明小组组长。在福建组的会中，有幸两次与周总理对话。只是事过40多年，有些情况逐渐淡忘，现就记忆所及作些叙述，也是对总理的纪念。

大会中期，各小组都在讨论少奇同志将向大会做的政治报告的草稿（毛主席指示先讨论修改后再报告），忽接通知说明天开大组会，周总理要来参加，希望大家发言。我当时的思考是：中央关怀福建，周总理来看望大家是礼节性的，并且一个上午最多也只能讲一两个人。我虽有话要讲，但在这种情况下，就不准备讲了。

第二天，总理按时到了，步履很矫健。刚听到开门声，他已经快步上了主席台。来开会的还有华东局的柯庆施。总理主持会议，宣布发言，晋江地委书记张桂如马上站起来发言。他本来就口齿伶俐，这是大家公认的。他讲了整整一个上午。张讲了“大跃进”以来晋江有了很大的发展和变化，已成了千斤专区，是全国3个中的一个，开展小水电，如永春农村已电气化了。晋江是华侨区，侨胞有向心力，孩子回国上学等等。我们看总理有时记录一下，表情严肃，未做任何回问。张桂如讲完后，大组会就结束了。叶飞送总理出会场，几个地委书记跟随在后面。快到门口时，叶飞说：希望总理常来福建组指导。总理马上站住了，表情严肃地说：中央和毛主席派我来福建组的，要解决问题，不然不好向毛主席汇报。下午大家都认真准备一下，一定要把问题讲出来。周总理说完就离开了会场。叶飞紧张起来，叫大家坐下，要大家认真按总理要求，把真话讲出来。

这一天下午和晚上，我个人思潮起伏，当时三明问题成堆，清流、宁化

已划归三明，“大跃进”使农业遭到极大破坏，是全省重点死人县，宁化约死2万人（全县人口是16万），工业则有很多半拉子工程（如化肥厂），物资匮乏，浮肿病。因几次反地方主义、几次补课，干部思想混乱，而我个人也几次受到不应有的训斥批评，心有不平。会上讲不讲?不讲有负毛主席、周总理对福建的关心，也有愧做一个共产党员。下决心讲，又考虑讲什么问题?讲到什么程度？讲了后能否在福建继续工作？当晚我彻夜未眠。

第二天按时开会，总理主持的。一说开会，大军区副政委刘培善即站起来发言。刘讲得很短，不到10分钟。紧接着闽清县委书记叶明根站起来讲话，他就在闽清所遇到的困难和情况，作了陈述。农业上的瞎指挥“深翻土”、“并丘”、“移苗”，大炼钢铁的大破坏，砍伐很多树木，又在闽清大战葫芦山，抽调了很多农民劳动力，劳民伤财，一无所获。叶讲得很生动，总理也很认真听，有时做笔记。

叶明根讲完后，我就起来发言，我在发言中讲到，1957年中央要各省各建一个中型钢厂和化肥厂，我当时在厦门任市委第一书记，因为从青年时就立志工业报国，抗日战争爆发，不得不投笔回乡，参加抗日战争，但参加工业建设始终是我的夙愿，即使在战争年代，我仍然带着代数、物理等课本，我是主动向省委请缨去三明的。当时计划在三明建两个大厂，20万吨的钢铁厂和16万吨的化肥厂。实行统一领导，由我任化肥厂书记、厂长和三明建设委员会主任，统一领导两大厂及配套的机修厂、重机厂等。1957年冬天，我两次去北京，与冶金部、化工部的同志商量安排设计布局，选定新厂区位置，及设计前开工平土方。1958年开始动工建设。因三明是一个山区小县，突然增加了一两万人，供应、住宿艰苦和困难可想而知。1958年秋突然接叶飞从北京打来电话，说三钢要由20万吨改为60万吨。不多久又来电话，说要改成100万吨，龙岩也要建一个厂，两厂比赛，国庆出钢。又说粮食过关了，不要化肥厂了，可以停建，集中炼钢铁。这个大变动，我们当然无条件执行，可是大调整给工地造成一片混乱。1959年叶飞来视察，看到工地混乱的情况，面部表情就很不高兴，当我在会议室汇报时，讲了工程的困难，粮食、砖瓦附近各县都调不来，叶即勃然大怒，说：张维兹，你在三明哪里是搞“大跃进”……我在大会上谈了这个情况后，对总理说，是我自己请缨到三明来的，三明有个民谣：“小小三明县，三家豆腐店，城内打板子，城外听得见。”当初我带十几人初到三明，深夜下火车，梅列车站只有一家3个床位的小旅社，十几个人就这样挤下。我说：请问总理，在这个地方，如何玩“公子哥儿”?讲到这儿，引起会场大笑。总理也笑了，说：讲下去，你讲得和侯宝林一样。总理的话语，又引起全场大笑。

我的发言讲完后，福州市委书记郑重接着发言。他严肃而又委婉地批评了省里在福州工业、商业上的瞎指挥，造成福州生活紧张，生产秩序混乱。郑又讲了在福州反地方主义的后遗症。郑说：福州人流传着什么是地方主义?地方主义就是本地干部加敢讲话。郑的讲话，得到总理的首肯。龙岩地委书记谢镇军还汇报了龙岩饿死人的情况。

总理在每位代表发言时都详细问了籍贯、职务、时间等，对女同志还问了家庭情况。

大组会发言结束之后，大约休会一天，又召开大组会进行总结。几个地委(市)书记就围坐在主席台旁一个方桌边。总理来了，总理和我们同坐一张桌子。总理记性之好很出人意料。每个地委书记，他都叫得出名字。他与我坐正对面。总理说：你叫张维兹，胶东人，你的发言讲得很好。总理又说：我们搞经济建设，都没有经验，应很好地虚心学习。他举了个三门峡建设的例子，说：三门峡建设是中央决定，他拍板定案的，但不知道黄河的水是碱性的，多用了使土地盐碱化，现在倒灌碱化了八百里秦川，正在采取措施。总理又说：要因地制宜，中国南方和北方，应以淮河为界，生活习惯不相同了，淮南是酸性土壤，淮北为碱性，古书说“橘过江为枳”，是有道理的。

叶飞在会上作了总结和检查发言，讲了几个失误造成的损失。叶飞动了感情，潸然泪下，哭了，大家听了叶飞诚恳的发言，也都动了感情。

叶飞讲过后，总理作了发言，首先说几天来大会的发言很好，张维兹、郑重两同志发言，使我知道了很多福建的情况。接着讲了10个问题，其中两条我记得很深的，一是总理强调培养地方干部。因为总理参加福建组会议时是和代表们一起在宾馆食堂就餐的。而总理参加会议之前，有些省领导是由公务员把饭菜打到房间去单独吃。总理和大家一起用餐时，了解到一个情况，我们福建组和山东组都住在京西宾馆，为照顾南方同志，宾馆特意为福建、广东等省的干部做了南方饭，少量的北方饭（面条），可是福建的同志争着吃北方饭，鱼虾海鲜无人问津。一问，参加会议的福建干部大部分是北方人，而山西的同志大多是不吃鱼的。再则总理在听发言时做了调查，知道9个地市书记，没有一个福建人，62个县委书记，只有闽清的叶明根和同安的林平凡是福建人，所以总理提出这个问题。虽然总理没有提反地方主义问题，但用意大家都明白。

总理提出的另一条是：要多提拔女干部，因会场上代表中只有两位女同志。总理又说，提拔女同志不要只提自己的老婆。这是有针对性而讲的。总理这样讲，大家都明白了。

七千人大会结束后，省委传达了少奇同志的文字和口头两个报告及毛主席的讲话，进行了经济调整，福建的工作有了起色和转变。

明朗——
我在七千人大会上写了封匿名信

明朗，是当时的四川省委宣传部部长。1961年9月，被指派到梁平县担任县委第一书记，农村严重的饥荒情况曾令他十分震惊。明朗当时是以梁平县委第一书记身份参加七千人大会的，他在会议期间给中央写信等相关内容，参见本书第277—280页。他这篇有关给中央写信过程的回忆十分珍贵，首发于2007年《炎黄春秋》第2期，这次补入此书。

1962年1月11日“七千人大会”在北京召开。规定各省由省（市）地（市）县三级党委书记参加。我当时被下放到四川省梁平担任县委第一书记，因而也参加了会议。四川参加会议的人住前门饭店，我和万县地委书记燕汉民同志住一个房间。

大会首先由刘少奇作报告，总结“大跃进”以来的经验教训。报告提到“权力下放过多，分散主义倾向有了严重发展。”“从全国讲恐怕不是三个指头和七个指头的关系；有些地区缺点错误不止是三个指头，也可能是七个指头。”讨论报告时，采用大小组会结合的办法。小组会以地（市）为单位，地（市）委书记是当然的组长；大组会以省为单位。万县小组讨论时，多是联系本地实际，阐述对报告的体会。有人发言也涉及到对省里工作的看法，说：四川恐怕属于倒三七哟！有人甚至说恐怕十个指头都烂了。燕汉民立即制止道：“全省的情况咱们不了解，不要乱估计。”会后，我对燕汉民说：“到中央来开会，你制止县委书记们发言，可不大对哟！”燕汉民说：“你在省里工作，还能不知道省委主要负责人的脾气，任他们这样瞎估计，要是传到省委主要负责人的耳朵里，那还了得。我们到省里开会，都准备了两本账，看省委主要负责人的口气，该掏哪本掏哪本。对省的工作的评估，还是听省委主要负责人怎么说，咱们就怎么跟。”

开第一次大组会，省委主要负责人说了几句，大意是：先体会报告精神，不要急于联系实际。开了几天，该联系实际了，又说：各人检查各人的，不要上推下卸。于是，大家坐在那里磨时间。省委主要负责人大概觉得老是没有发言不大好，便拿出在省里开会惯用的办法，指定人发言。被指定的人不得不联系本地区情况，讲一番自己的经验教训。

我于1958年“大跃进”时下放到德阳县任书记，亲身体会到省委主要负责人那些“左”得出奇的瞎指挥，特别是收回毛主席的“党内通讯”，不许贯彻执行的行为，十分恶劣。1959年下半年我率川剧团出国，躲过了反右倾的灾难。回国后，知道省委主要负责人把许多反映真实情况和对他有意见的地厅级干部都打成了右倾机会主义分子，（下边层层如法炮制，人数就更多了）1961年我又被下放到梁平担任县委第一书记，目睹农村的惨状，到处是浮肿病人，到处是新坟累累，家毁人亡，心中十分难过，只能和几个信得过的同志私下议论。如今到中央来开会，还是这个情景，人人噤若寒蝉。我气愤不过，于是决心向中央写信，反映四川的真实情况。写的时候勇气十足；写成之后，寄与不寄却犹豫不决：很怕这封信万一转到省委主要负责人手上，后果就严重了。犹豫再三，便去找弟弟明吉顺商量（他是1938年到延安的，这时在中央劳动部工作）。弟弟很支持我，但不主张用真实姓名，而且信由他代抄代寄，以免被人查笔迹查指纹。于是，就这样办了。原信如下：

毛主席、刘主席、周总理、朱总司令并党中央：

我是在四川工作的一个干部，第一次到中央来参加会议（中央工作会议）。来的时候抱着很大希望，希望把肚子里的话都说出来，回去愉愉快快地工作。现在会已开了十几天，看起来这个希望是不能实现了。

中央提倡说实话，所以我想写这封信，把我知道的情况反映给中央。

这次开会，头几次叫我们体会文件精神，不联系实际，后来允许联系实际了，但又叫各人检查各人的，不要把责任往上推、往下推。这几天有人向省委提了点意见，又说发言要端正，于是又像在四川开会一样，大家坐在那里磨时间。

不许讲话，不许讲批评省委的话，这大概就是四川省委领导这次会议的方针，这不过是省委主要负责人闹分散主义的一个表现罢了。

在四川工作的干部，上上下下不敢讲话，已经不是什么秘密了，只举几个闹分散主义的例子：

一、毛主席的六条党内通讯，四川省委不准传达，不准贯彻，叫下边从积极方面了解。

二、毛主席反“左”的八句话，四川省委改成三把刀子，变成反右。

三、中央关于自留地私人养猪的五条紧急指示，四川省委顶住没有执行。

四、四川自作聪明提出“一个样”、“公共食堂是人民公社的心脏”等政治口号，助长强迫命令和瞎指挥风。

五、不执行中央甄别干部的指示，泸州地委第一书记邓自力的错误，是划自留地、解散食堂、毛猪下放。甄别的结果，“批判基本上正确”，直到现在省委并没有承认措误；邓自力也没有复职，对其他人的处分，当然也都是“基本正确”。

六、四川省前几年规定农民的口粮标准是八两，不久以前规定四两、五两、六两（十六两秤），有的执行下来，农民一人一天只能吃二两、三两，现在还在饿死人。

七、中央关于改变基本核算单位的文件，没有发到县，不许县里试点，现在中央作了决定，又规定一个公社保留一个大队不变。

八、最近中央指示进行社会主义教育，四川省委改成“打击投机倒把贪污盗窃活动，进行社会主义教育”，规定万分之几逮捕法办，千分之几斗争打击，百分之几批判，硬说干部中有百分之几十的人搞投机倒把，还规定县委书记要到成都交账，哪个交不出不准来北京开会。

省委主要负责人这样搞分散主义，结果是怎样呢？结果大量死人、死猪、减产，有的县饿死人将近总人数的百分之二十，不少县都在百分之十以上，四川省到底饿死了多少人，还要饿死多少人，谁也不知道。像这样严重的问题，省委主要负责人怎么敢叫下面讲话呢？中央如果要反分散主义，就应该反反这种人的分散主义。

一个四川干部

1962 年 1 月

此信中共中央办公厅是 1962 年 1 月 25 日收到的。

信发出后，隔了不多几天，毛主席就发表了那篇著名的讲话，强调充分发扬党内民主；有些话就像是针对省委主要负责人的。人们私下议论，这一回要是能把省委主要负责人撤了，或者调离四川，那就好了。主席讲话后召开的四川大组会，竟是省委主要负责人作检查，这真是出人意料破天荒的大事。省委主要负责人作检查时，对他的错误虽然是轻描淡写，但也流了眼泪。主持会议的是邓小平，邓最后说了几句，话不多，却让大家清清楚楚感觉到保护过关的意思。

第二天的大组会，省委主要负责人未到会，由李大章主持，说是听取对省委主要负责人检查的意见，中央机关还派了两个人来记录。可是，没有人发言。李大章启发了几次，仍旧静悄悄的，大约有一个钟头之多，达县地委书记李香山同志才站起来讲话。他只字不提对省委主要负责人的意见，却自己检查起来，说自己的工作没作好，连累省委主要负责人作检查，非常痛心，觉得对不起省委，以致也流了眼泪。他这样一带头，便有人跟着检查起来。后几天的大组会竟成了为省委主要负责人鸣冤屈、表同情、献忠心的大合唱。我注意到几个资历较深的地委书记如李林枝等同志始终未发言。

大会结束前，省委主要负责人召集了一次小组长汇报会，燕汉民告诉我，省委主要负责人号召大家团结起来犯错误（可能是犯了错误，大家仍应团结的意思），并且询问各小组里有哪些人情绪不正常（指对省委不满意），我却想到省委主要负责人的检查内容怎么只限于那封匿名信的范围，莫非这封信真的转到了省委主要负责人手中，心里一直忐忑不安。

到了“文革”时期，李大章揭发省委主要负责人错误，曾提到七千人大会有这么一封信，中央当时就印发给各常委。红卫兵竟然到中央机关去把这封信抄了出来，刷大字报到处张贴。我当时被关押在川大学生宿舍，今天被这个单位拉出去挂黑牌子游街，明天被另一个单位揪出去坐“喷气式”批斗。造反组织那时到处查问匿名信是谁写的？问到我头上，我见省委主要负责人已被打倒（中央报刊已把他定为“反革命修正主义分子”）。便承认是我写的。想不到一夜之间，我便从“省委主要负责人”的“黑干将”、“文教新帅”、“反革命修正主义分子”变成了响当当的“革命干部”，免却许多皮肉之苦。不料“文革”后期省委主要负责人复出，我又遭到他的打击报复，应了“祸兮福之所倚，福兮祸之所伏”的古训。

李保文——
一位老县长回忆七千人大会

2005年，在山西长治县发展改革局工作的李保文，了解到长治县有两位老同志刘新起、宋务迪参加了1962年的七千人大会。出于对这段历史的兴趣和责任感，李保文多次采访老县长刘新起，综合整理成此文，并首发于《党史文汇》2006年第3期。

1962年1月，时任山西省长治县人民政府代县长的刘新起和县委书记宋务迪一起，去北京参加了扩大的中央工作会议（即“七千人大会”）。参加这次会议的晋东南地区的代表总共36人，由地委书记赵军、专员张行夫带队。山西省参加这次会议的同志在省委第一书记陶鲁笳、省长卫恒率领下乘火车到了北京，住进西直门外国务院招待所。

一

1月11日，扩大的中央工作会议在人民大会堂召开，参加会议的总计7118人，有中央、省、地、县、国家重要厂矿和人民解放军的主要负责同志。当毛主席和刘少奇、周恩来、朱德、陈云、林彪、邓小平等领导人走上主席台时，全场掌声如雷。那时候正是经济暂时困难时期，有的地方还饿死了人，但大家并没有放弃对党、对毛主席的信任。会议由毛主席主持，那年他68岁了。刘新起这是第一次见到毛主席。毛主席说这次扩大会一个县来两个人，地委来三个人，省委来四个人，中央局也来了四五个人，要把这个会当做一次小整风。又说这次会议中央给大家准备了好、中、差三种饭，现在国家困难，许多人连肚子都吃不饱，让大家吃好饭对不起全国人民。而同志们在下边工作又很辛苦，吃差饭中央又觉得对不住大家，我看就吃中等餐吧！毛主席诙谐的话把好多人都逗笑了。那时保密制度甚严，刘新起等出发来北京时，心情很紧张，不知道此行到底是去干啥。直到毛主席讲了这番话，大家才豁然开朗。毛主席讲罢后，刘少奇代表中央作书面报告。这个报告当场就发到了与会者的手中（其他领导的报告则是会后才发）。报告总结了1958年以来社会主义建设的基本经验教训，着重指出了工作中发生的缺点和错误。刘少奇指出，这几年的主要错误一是生产计划指标过高，基本建设战线过长，使国民经济各部门的比例关系失调；

二是在人民公社工作中，混淆了集体所有制和全民所有制的界线，违反了按劳分配和等价交换的原则；三是在全国不适当地建立许多工业体系，权力下放过多，分散主义严重；四是对农业增产估计过高，使城市人口大量增加，加重了城市供应和农业生产的困难。刘少奇认为产生这些缺点错误的原因，除了由于自然灾害造成的农业歉收外，一方面是由于我们对建设工作的经验不足，另一方面是党内不少领导同志不够谦虚谨慎，削弱了民主集中制原则，这就妨碍了党及时地发现问题、纠正错误。刘少奇还对1962年工作提出了10项要求，主要是国家计划（包括生产、基本建设、物资、劳动、财政、信贷、国内贸易和进出口等方面）必须保证全面完成，不经中央批准，不得擅自变动；所有的基本建设项目和投资都必须纳入计划，按规定审批程序办事；凡产品属全国统一调配的重点工业企业，直属中央管理，已下放地方的，在1962年内逐步收回。刘少奇还说1962年是进行国民经济调整至关紧要的一年，必须抓紧这一年的工作。刘讲罢后，毛主席提议对刘的报告稿作评论，提意见。让大家有甚说甚，说错了也不怕。

刘少奇的这个报告未经中央政治局正式通过，而是直接提交会议讨论。目的就是为了让大家提意见，广泛吸收群众的智慧。经过讨论、修改，最后才能形成作为会议的正式文件。

刘新起记得在人民大会堂共开了六次全体会，一般都是下午开会，上午在驻地讨论。每次开会前毛主席都说：“同志们，现在开会。”开罢了他又说：“休会。”原定每天是八小时，毛主席说这样太辛苦，就改成六小时，最后几天干脆是三小时。主席台上除了林彪不抽烟外，毛主席、刘少奇、邓小平、陈云都抽烟，周恩来有时也抽上一支。而台下没有一个抽的，都在低着头记笔记。

大会对同志们的生活安排得很周到。吃饭是八个人一桌，早上有蒸馍、大米、米汤，中午晚上都是八个菜，主食是大米、面条（那时餐桌上还不兴放酒水）。礼拜天照常过，大家洗洗涮涮，看场电影听台戏，还请来侯宝林说相声段子。每次去人民大会堂开会，都有大轿车接送。考虑到有些同志视力差，看不清台上的领袖，大会就从20排后，给每个位子上放一个望远镜。桌子上还并排放着好几个电钮，西藏、新疆等少数民族的同志听不懂中央领导的讲话时，插上耳机子，一按电钮，同声传译过来的就是本民族的语言。而那时的条件真叫简陋，住在西直门外国务院招待所，两个人一个房间，刘新起和宋务迪住在一起。就是每人一张床一条被子，连喝水的杯子都是自己买，笔记本、钢笔自己带。国家就是发一张“出席证”。

二

这次会上民主气氛很浓厚，中央领导都作了批评和自我批评。1月25日，刘少奇主持政治局扩大会议，讨论并基本通过了刘少奇的书面报告。1月27日，刘少奇的书面报告正式印发与会人员。当日下午，刘少奇作口头报告，对书面报告中的一些问题做说明、补充，对大家提出的问题做解释。针对党内看法不一的“总路线”、“大跃进”、“人民公社”这三面红旗，刘少奇说我们现在不取消，要继续为三面红旗而奋斗。他说有些问题现在看不清楚，要经过五年、十年以后再作结论。实际上那时他就对“三面红旗”有怀疑。关于对成绩和缺点的估计，刘少奇说：“过去我们经常把缺点、错误和成绩，比之于一个指头和九个指头的关系，现在恐怕不能到处这样套……全国总起来讲，缺点和成绩的关系，就不能说是一个指头和九个指头的关系，恐怕是三个指头和七个指头的关系……有些地区，缺点和错误不止是三个指头，如果说这些地方的缺点错误只是三个指头，成绩还有七个指头，这是不符合实际情况的，是不能说服人的。”拿九个指头和一个指头的关系，来比喻成绩和错误，这是毛主席第一个提出来的。而这次会上刘突破了毛的说法，把一些地方经济困难的原因，借农民的话说，是“三分天灾，七分人祸”。刘少奇严厉批评了《人民日报》，《人民日报》在1958年的7、8、9三个月连续发表社论，批判“条件论”，宣传“没有万斤的思想，就没有万斤的收获”、“人有多大胆，地有多大产”等唯心主义。1958年9月18日，《人民日报》报道的广西环江县红旗人民公社的中稻收成，亩产量竟高达13万多斤。刘少奇忧心忡忡地说：“实事求是地讲，国内的经济形势是有相当大的困难，表现在吃的不够，穿的不够，用的也不那么够。”义正词严，壮怀激烈。

1月30日下午，毛主席讲话。毛坦诚地说：“拿我来说，经济建设工作中间的许多问题还不懂得。工业、商业我就不大懂，别人比我懂，少奇同志比我懂，周恩来同志比我懂，小平同志比我懂。陈云同志，特别是他，懂得较多。对于农业，我懂得一点。但也只是比较地懂得，还是懂得不多。”并且明确表态：“凡是中央犯的错误，直接的归我负责，间接的我也有份，因为我是中央主席。我不是要别人推卸责任，其他一些同志也有责任，但是第一个负责的应当是我。”毛主席浓重的湖南口音很不好懂，他边讲话还边大口地吸烟，并不时地咳嗽几声，但他的赤诚感染着每一个人，毛主席在如此广大的范围内带头自我批评，同时会上有些对毛的指名批评，在建国后的党内生活中还不曾有过。

2 月 6 日下午，邓小平讲话，讲的是党的建设问题。小平讲话很吸引人，举的例子也生动。他说："在红军过草地的时候，伙夫同志一起床，他不问今天锅里有没有米煮，却先问向南走还是向北走。向南走向北走是当时最重要的战略问题，这说明我们军队里的战士都是关心战略的。"还说："我们最近收到一些匿名信，其中说的都是很好的意见。为什么要匿名信？既然是共产党员，为什么不可以公开地郑重地发表自己的意见，由半勇敢变为全勇敢呢？"邓小平讲话时，毛主席就坐在他的右侧，毛主席和刘少奇不时地插话。当邓讲到不准搞派别活动时，毛主席说："不准搞暗藏的派别活动。有一部分人，他公开发表不同的意见，是不是许可呢？"邓答："这是党章上许可的。在问题没有作出决定以前，都可以公开地发表自己的意见；在作出决定之后，就必须坚决执行。"当邓小平谈到把一些领导人同伙夫、勤杂人员编在一个党小组里，起不到多少监督作用，建议把领导人主要的小组生活放到党委会去，或者放到书记处去，这个监督作用可能更好一些时，刘少奇说："可以有这么个建议，各级党的委员会一个月之内要有一次党内生活会。"邓小平说："不一定一个月，三个月有一次也很好了。"小平这话毛主席赞同，说："检查工作，总结经验，交换意见。"邓小平最后说："刘少奇同志讲到力争上游，我们一定要力争上游。我们要在坚持党的优良传统作风方面，力争上游！我们要在加强和正确执行民主集中制方面，力争上游！我们要在学会当好'班长'，学会当乐队指挥，学会'弹钢琴'方面，力争上游！我们要在我们这一代为了下一代树立良好榜样方面，力争上游！我的话完了。"同志们就热烈鼓掌。

邓小平讲罢后，朱德讲了反对现代修正主义的问题。2 月 7 日大会闭幕时周恩来讲话，周恩来分析了目前国家存在的困难，提出了克服困难的办法。并代表国务院作了自我批评，说："对几年来的缺点、错误，国务院及其所属的各综合性的委员会，各综合口和各部，要负很大责任。"

出奇的是 1 月 29 日下午林彪的讲话。他与众不同，说现在的困难，"恰恰是我们有许多事情没有按照毛主席的指示去做而造成的。如果按照毛主席的指示去做，如都听毛主席的话，那么困难会小得多，弯路也变得少一些"。"过去的工作搞好的时候，正是毛泽东思想不受干扰的时候。凡是毛主席的思想不受尊重，受到干扰时，就会出毛病。几十年的历史就是这个历史”。他在会上大肆吹捧毛主席，说“毛主席的优点是多方面的，不是一方面的。我个人几十年来体会到，毛主席最突出的优点是实际。他总比较人家实际一些，总是八九不离十的”。林彪还大骂彭德怀，说他走的是一条“反动军事路线”，是“大军阀”、“大党阀”，从来不把毛主席放在眼里。林彪讲这番话时，毛主席插话更多。林彪当时任副总理兼国防部长，他边讲话边挥动手臂，一口纯正的湖北黄冈口音也好听，所以煽动性极强。刘少奇的报告作了不到三个小时，林彪一口气就讲了四个多小时。散会时天已大黑，北京的街头已经亮了路灯。林彪讲罢后，毛主席夸他讲得好，说：“林彪同志讲了一篇很好的讲话，关于党的路线，关于党的军事方针。我希望把它整理一下。”不仅毛主席，参加会议的大多数同志也都认为林彪说得对。毛主席让林彪用三天的时间把他的讲话整理出来，林彪说：“三天不行，五天吧！”毛主席答：“好，就五天。”

三

按照日程安排，这次扩大的中央工作会议于 1 月 30 日就要结束。1 月 30 日是腊月二十五，代表们都预订好了车票，只等一散会，就赶回家去过年。29 日下午，林彪讲罢后，毛主席即席发言。毛说：“你们都急于回去过春节，这是个矛盾。还有几个同志准备讲话，是恩来同志、小平同志、朱德同志，我也想讲几句话。”同志们听了都拍掌欢迎。就在这时候，从底下传到主席台上一张小纸条，毛看了就笑了。刘新起后来才知道，这原是东北局的一位老同志写的，署名“党小鬼”。他说明天会议就要结束了，可大家还有很多话没说完，还憋着气，要求把气出完再走。毛主席当场同意，宣布延长会期，让大家出气。他说：“为什么一定要回到你们家过春节才算舒服？为什么我们在北京 7000 人一道过一个春节不好？我看，春节不关大局，不关什么农、工、商、学、兵、政、党。我主张集体在北京过一个春节，有什么不好啊？”同志们听了群情振奋，全场热烈鼓掌。毛又说：“我相信能解决上下通气的问题。有一个省的办法是白天出气，晚上看戏，两干一稀，大家满意。我建议让人家出气，有多少气出多少气，不管是正确之气、错误之气，不挂账、不打击、不报复。”毛主席还风趣地说：“如果你们不赞成，一定要明天结束，我也可以接受，我们明天就可以散会。”

在毛主席的倡导下，会期延长一周。接下来就有两件事情要办，一是过年，一是“出气”。

从1月31日到2月7日，以中央局为单位召开会议。主要是地方上来的同志给中央、省、市、自治区党委提意见，开“出气”大会。当时全国有华北局、西北局、中南局等六个中央局。华北局的“出气”会在西直门外国务院招待所的一个会议室里举行，中央派一名记录员到场。会议由华北局第一书记李雪峰主持。李雪峰首先讲了这次提意见的重要性，接着副书记李立三发动大家提意见。华北是革命根据地，是老解放区，同志们都是在党的关怀下成长起来的，现在要站起来给党提意见，都觉得抹不下脸来。这时候薄一波来了，他说前些时到南方一个地方去，那里的同志很热情地招待，吃的、住的都好。可看了几天下来，觉得那里存在不少问题。说出来怕伤了和气，不说吧问题又确实很严重。“我是说好呢还是不说好呢？”薄一波问大家。那还用说，“说吧！”大家异口同声。“那好，”薄一波提高了嗓门：“这道理一样。现在我们党的工作有了问题，你们都是在下面了解实际情况的人，也应该都说出来。”这下大家思想通了，都争先恐后提起意见来。有的说浮夸风、共产风刮得太厉害；有的说省委领导工作作风粗暴，“老八路作风”不见了；还有的说“一平二调”损害了先进社队的利益，不能再搞下去了。“一平”就是搞平均主义，在公社范围内实行贫富拉平，平均分配。“二调”就是县、社两级无偿调拨生产队（包括社员个人）的财物和劳动力。这种做法在1958年以后的公社化初期极为盛行。刘新起提的意见是政策变得太快，一会儿一个政策。那时在基层干部中流行一句话——“电话赶不上变化”，刚发布下来的命令正在贯彻落实，忽然上级一个电话打过来又变了。那几年晋东南地委隐瞒库存粮食数字，多征收了各县区的公粮。这件事在这次扩大的中央全会上被抖出来，各县区长纷纷提意见，弄得地委领导很是难堪，地委书记赵军在会上做了检讨。还有的领导一次检查通不过就再二、再三地做，哪天通过了哪天算。对市委领导、省委领导，甚至对毛主席，有什么意见也能提。

2月4日这天是除夕，同志们早早就打扫了房间，穿上了新一点的衣服，准备和毛主席一块吃年夜饭。这时候中央认为七千多人在一起吃顿饭，光搬动桌、椅、碗、筷、碟就需要很多人力、物力，造成不必要的浪费。于是决定在各驻地，由中央局领导和大家一起过春节。华北局的全体同志是在招待所的大餐厅里欢度除夕的，李雪峰代表毛主席给大家敬酒，祝同志们新春愉快、身体健康，在新的一年取得更大的成绩。那天晚上喝的是“西凤”酒，每个桌子只上一瓶，每人喝上两盅就是了。刘新起记得在北京开了20多天会，只上过一次酒。没有和毛主席在一起吃顿饭，大家心里多多少少有些遗憾。但晚上毛主席要和同志们一起观看春节晚会，于是大家又高高兴兴去了人民大会堂。刘新起记得那天晚上看的是京剧。

大年初一放假一天，毛主席、刘少奇、周恩来、朱德、董必武等中央领导和参加会议的同志及首都4万多军民共度春节。毛主席、刘少奇走上主席台，向大家祝贺，全场欢呼“毛主席万岁”。团拜会结束后，大家都去街上游玩。节日的北京红旗飘扬，张灯结彩，爆竹声声。晋东南地区的36位同志来到颐和园照了张相，作为这次参加中央工作会议的留念。

在这次会上，毛主席说过一句传诵至今的顺口溜——“白天出气，晚上看戏，两干一稀，大家满意”。两干一稀就是一天能吃上两顿干饭。那时候粮食供应紧张，一个县委书记家吃一顿猪肉臊子拉面尚困难，与会者一天能有两顿干饭就蛮可以了。吃饱了饭，在会上又出透了气，还在北京过好了年，同志们的心情都很舒畅。都说再干不好工作，就真对不起毛主席了。

四

2月7日（大年初三）是大会的最后一天，这天周恩来讲话。周讲的是目前国民经济存在的困难及克服困难的办法。周总理阴沉着脸，说我们提拔了一大批会刮风、会拍马、会吹牛的“风马牛干部”。还说“党政机关和企业、事业单位，首先要裁并机构，要‘拆庙子’，同时要‘搬菩萨’”。有个名词“621”，就是为了减小城市粮食供应的压力，根据中央部署，把2600万城镇人口遣送回乡。周恩来后来说，这相当于一个中等国家搬家。“621”就是1962年1月在扩大的中央工作全会上定下的方针。其实精简职工从1961年起就已经开始了。总理讲罢后，又通过了关于刘少奇书面报告的决议，接着毛主席讲话。

毛主席谈笑风生。他说把同志们请到北京来住了几天，都讲了讲心里话。中央少奇同志、恩来同志、朱德同志、林彪同志、小平同志和我也讲了讲，就是陈云同志没讲。陈云同志不调查清楚他就不讲话，他还没调查透。这时候毛主席又扭过头来问坐在旁边的陈云讲不讲，陈云说不讲。毛主席说，好，等他调查充分了再讲吧！这次会上毛主席有好几次请陈云讲话，陈云都没讲。毛主席安顿同志们回去以后把这次会议的精神贯彻落实好，接着就宣布大会闭幕。

散会后，中央领导和同志们一起合影留念。刘新起记得好像是在外交部照的相。那时候技术落后，不可能照一张七千多人的全体相，就以中央局为单位

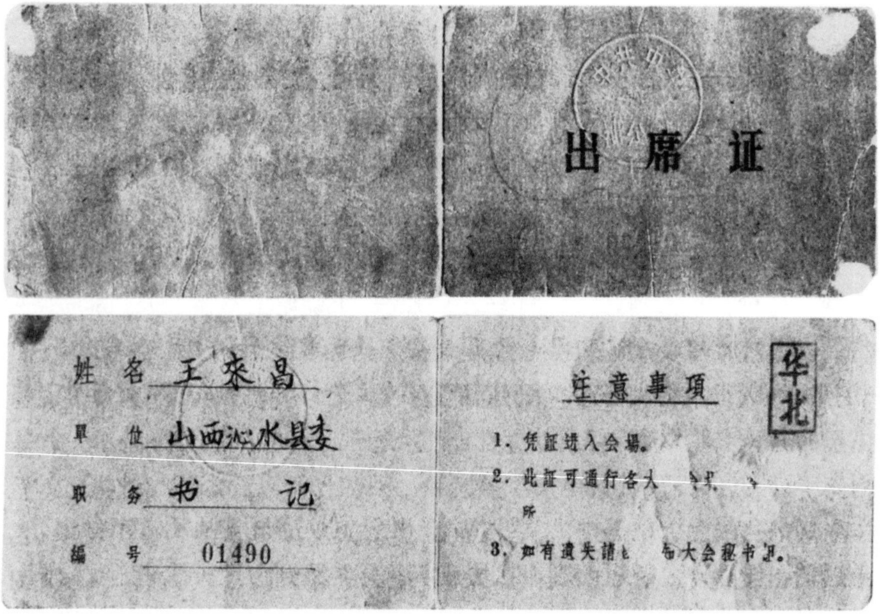

新发现的由中共中央办公厅颁发的一张七千人大会出席证。封面为红色，内页填写有姓名、单位、职务与编号，以及注意事项。

照。首长们先在那儿坐好，大家按事先排好的顺序进去站好。这时候毛主席就站起来问同志们好。规定不能主动和毛主席握手，主席伸出手来你才能握，主席问话你才能答，所以一会儿功夫就照好了。毛主席等中央领导和大家的合影，中央给全国每个县委、县政府各赠送一张，私人谁想要就出 16 块钱。那时正经济困难，大部分人没要这张像，刘新起也没要。今年 80 岁的刘新起提起这事来都后悔不迭。

这次扩大的中央工作会议共开了 28 天，鉴于当时国内外特殊的政治形势，《人民日报》、中央人民广播电台等媒体均没有对这次会议做报道，当时一般中国人根本不知道还开着这么个会。大会规定，与会者不准给家里写信、打电话。所以 20 多天没有音讯，有人还以为他们是有问题被关起来隔离审查了。刘新起记得晋中地区有位同志给家里寄了封信，被组织上知道了，不但把信追回，还让他在会上做了检查。“七千人大会”在当时也没有这种叫法，后来才有了这个名词。

正月初五从北京回来，宋务迪、刘新起连家也没回，就召集全县党员开会，传达这次中央工作会议的精神。接着又召开社员大会，把党中央、毛主席的声音传到每家每户。

后来的事实证明，“七千人大会”是我党历史上一次重要的会议。它对于统一全党、全国人民的思想，促进国民经济的恢复和发展，起了积极的作用。在“七千人大会”的基础上，1962 年 3 月在广州召开了科技工作和文艺工作会议，周恩来在会上提出了知识分子绝大部分已经是工人阶级的一部分的观点。到 1962 年 8 月，全国有 600 多万在“反右倾”等运动中受过批判和处分的干部、党员和群众得到了平反。我国的政治、经济形势出现了那个时代少有的转机。

刘新起——我在县长任上参加七千人大会

刘新起，1962 年以山西省长治县县长身份参加七千人大会，他的这些回忆文字收录于其未刊稿《往事忆记》中，由采访过他的李保文提供。

1961 年 9 月，根据中央文件精神，长治县、潞城县从长治市分出，一分三治。长治县政府返回到市区大南街，县委回到市区天晚集。我被调任长治县县长职位上。由于刚从长治市区分出来，又处于国家三年经济困难时期，各方面工作曾经有一段时间难以就绪，每天安排各局干部办公和住地，还得理顺各方面工作关系，组织县级干部下乡帮助社队工作，完成统购统销任务。

1962 年 1 月 11 日党中央决定召开扩大的中央工作会议。决定要求每县出席 2 人，地委 3 人，省委 4 人，大型厂矿 1 人。晋东南地区共计 36 人出席，由地委书记赵军带队到省委集中，由省委书记陶鲁笳带队乘火车去北京报到，当时住进西直门国务院招待所，一人一床两人一间房。自带笔记本、钢笔和水杯、卫生用品等，大会办公室发了一张出席证和会议日程表。

会场设在人民大会堂，参加会议的代表，来回都乘大轿车。参会人员共计 7118 人，包括中央、省、地、县、国家机关单位、重大厂矿及人民解放军主要领导。当毛主席、刘少奇、周恩来、朱德、陈云、林彪、邓小平等党和国家领导人走上主席台时，全场掌声如雷，经久不息。会议由毛主席主持。这是我第一次亲眼见到毛主席和其他中央领导。

毛主席宣布大会开始，并说这次会议主要是总结 1958 年以来的工作经验教训，要求大家以整风精神开好这次会议，还将这次大会的生活安排也告诉了大家。接着由刘少奇代表党中央作了工作总结报告。周恩来、朱德、林彪、邓小平等都在大会上作了总结发言。都从各方面谈了经验，讲教训，作自我批评，然后按地区分组讨论。根据报告精神，对照各自工作进行总结检查，狠批“五风”即共产风、浮夸风、命令风、干部特殊风、瞎指挥风。向领导提意见，民主气氛十分浓厚。特别是毛主席带头作自我批评感人至深。但林彪的讲话与众不同，他把工作中的问题与教训说是不听毛主席的话造成的，大肆歌颂毛主席，攻击彭德怀，根本没有自我批评。

十几天的听报告，分组讨论，以批评与自我批评的方式，总结经验，检查问题，互相批评，深受教育，思想认识提高了，明确了今后工作方向目标。最后在外交部大院同毛主席和党中央领导合影留念。按大会安排，1 月 30 日（农历腊月二十五日）结束，各代表已买好离京的火车票，只等最后大会总结安排宣布散会。谁知在毛主席作完总结安排，宣布散会时，东北一位代表给毛主席递了一张纸条，毛主席看后念给大家听，其大意是还没出透气，要求会议延长时间，落款是“党小鬼”。毛主席说气应该出透，在肚里搞不好工作，他提议会议再延长 7 天，让大家出气。并提出和大家一块过春节，问大家愿不愿意，大家一致鼓掌同意，散会后退掉火车票，大会转成出气会。对同级、上级直至中央有什么提什么，过火点都可以。腊月三十日晚，各分局书记代表毛主席向大家贺新春佳节，华北局李雪峰书记敬酒后共同乘大轿车去人民大会堂同毛主席、中央领导同志一起看戏欢度春节，大年初一放假一天。晋东南地区 36 位代表在颐和园照了像，作为中央工作会议纪念。正月初三是大会最后一天，毛主席作了会议总结报告与安排。他还说了一句“白天出气，晚上看戏”的话，至今还在传诵。这次大会开得很舒心，收获大受教育深，春节欢快。与会人员共同心声是“干好工作，一定对得起党中央和毛主席”。

正月初五离京回来，连夜召开县委扩大会议、公社干部会议，集中传达贯彻这次中央会议精神，并组织力量分头快速将毛主席和中央领导的指示精神，传达到全县党员和群众之中。

中央七千人大会是我党历史上一次重要会议，对于统一全党、全国人民的思想，促进国民经济恢复和发展，起到了积极的作用，我国的政治经济形势出现了新的转机。这时的中央工作会议正开在我国经济三年困难时期。在中国共产党的领导下，各级政府一方面开展增产节约，压缩机关城市人员、家属返乡，减少干部职工非农业人口供应粮，挤压粮食供应补百姓粮食欠缺。毛主席表示三年不吃肉和百姓共度灾年。另一方面，各级干部大力发动群众，组织领导群众生产自救，利用糠菜、玉米皮、秸杆加工成淀粉、掺树叶等补充粮食不足，对重灾区特困户国家发点救济粮。尽管群众吃糠菜、树叶树根，买过河南省的红薯片，少数人得过浮肿病，但饿死人甚少，更没外出逃难者。有中央工作会议精神鼓舞，毛主席的再次讲话，党内干部和群众团结一心，艰苦奋斗，很快度过这一灾荒，迅速转向经济大发展的热潮中。

附：李保文补充说明刘新起还曾谈起以下几点——

一、刘新起老县长谈过，七千人大会上虽然伙食比家里好，能吃上蒸馍、大米和肉菜，但还是吃不饱。中午就是八个菜，大米饭摆上一盆就不上了。那时的县长、县委书记都是三四十岁的年纪，正是能吃的时候，饭桌上的东西每顿都吃得净光光的。当大家吃罢起身时，总有几个人在各个餐桌边来回地转，看见有剩下的东西就吃了。

二、七千人大会上有些县长、县委书记对毛主席很有意见。他们常年在基层工作，深知上头一天一个政策对下面造成的危害。这些人说："地委书记赵军是归省委书记陶鲁笳管，陶鲁笳是归华北局书记李雪峰管，李雪峰是归毛主席管。底下没有粮食吃，饿死人了，不怨毛主席怨谁？"

三、毛主席的秘书田家英曾于1961年11月在晋东南做调查研究，住了一个月的时间。两个月后，当晋东南地委书记赵军带领各县的县委书记、县长去北京参加扩大的中央工作会议（即七千人大会）时，田家英还让逄先知去会场上找见他们，并用他的车把晋东南的同志们接到中南海的家里，他的夫人董边接待了他们。田家英还抽出时间来，领着晋东南的同志们在中南海里转了一圈，参观了国家领导人的住处。

四、刘新起回忆说，开罢七千人大会后，一回到县里，他和宋务迪就召开县委扩大会议，把中央会议精神做了传达。

李曦沐——亲聆毛泽东在七千人大会上的讲话

李曦沐，七千人大会期间，是东北局工作人员。他这篇回忆文章，原文刊发于《纵横》2003 第 11 期。

由于工作的关系，我曾有幸多次见到毛主席，听取他的讲话。印象最深的是 1962 年的“七千人大会”，不仅直接聆听了他的重要讲话，而且同他一起过年，站在他的身后照了相。

七千人大会正式名称是扩大的中央工作会议。参加会议的有中央、中央局、省委、地委、县委（包括重要厂矿）的五级领导干部，共 7118 人，人们习惯地称之为“七千人大会”。这是我党历史上规模空前的一次有全国各级主要领导干部参加的大会，是发扬民主、开展批评和自我批评、总结“大跃进”以来的经验教训、统一全党思想、纠正“左”的错误、克服国民经济暂时困难的会议。

这次会议之前，先在 1961 年 12 月 20 日至 1962 年 1 月 10 日召开了有各中央局和省委书记及中央各部委负责同志参加的中央工作会议。我作为东北局的工作人员，从这次会议开始就来京参加。外地来的同志都住在北京饭店。要过新年了，会议还没有结束。毛主席说，接着就要开扩大的中央工作会议，大家不要回去了，咱们在北京一起过年。除夕晚上，毛主席和其他中央领导同志连同一部分家属都来到北京饭店，欢聚一堂，一起吃年饭，气氛很热烈，很亲切。毛主席很高兴，王光美、张茜等女同志都去给毛主席敬酒。东北局来开会的一位同志有个小女儿当时正在北京上学，小姑娘长得很可爱，除夕来看爸爸，同我们一起参加了这次除夕晚餐。我们怂恿她也去给毛主席敬酒。她很勇敢地端起一杯酒走到毛主席身边，不料毛主席竟然站起来郑重其事地和她喝了一杯酒。

扩大的中央工作会议即七千人大会是 1962 年 1 月 11 日开始的，一直开到 2 月 7 日。当时正值困难时期，我们原以为会议会直接提出和讨论如何克服困难的问题。不料在会前的中央工作会议上，毛主席提出会议的主题是民主集中制。少奇同志代表中央作报告，也不像往常那样先报告后讨论，而是先把报告稿发给大家提意见修改，然后作为书面报告发给到会同志，少奇同志则另外作了一篇口头讲话。报告中原来很强调反对分散主义，也改为强调民主集中制。

在讨论完少奇同志的报告以后，毛主席在 1 月 29 日提议开“出气会”，让大家把要讲的话都讲出来，把“气”出完，即后来所说的“白天出气，晚上看戏，两干一稀，大家满意”。

第二天，毛主席在人民大会堂大厅作了长篇讲话。他没有讲稿，看上去只有个简单的提纲，一共讲了 6 个问题，主要的是民主集中制和认识客观世界的问题。我体会，前者是如何对待所犯的错误和调动全党的积极性来克服错误所带来的困难，后者则从认识论的高度分析了产生错误的根源，都讲得非常开阔，非常深刻。对民主集中制则着重讲了发扬民主的问题。他广征博引，紧密联系实际，抓住要害，鞭辟入里，从各个方面，对这个问题作了极为透彻的分析，强调指出，“不论党内党外，都要有充分的民主生活，就是说，都要实行民主集中制。”他说：“我们现在不是有许多困难吗？不依靠群众，不发动群众和干部的积极性，就不可能克服困难。但是如果不向群众和干部说明情况，不向群众和干部交心，不让他们说出自己的意见，他们还对你感到害怕，不敢讲话，就不能发动他们的积极性。”他在讲话中，还作了自我批评，说：“凡是中央犯的错误，直接的归我负责，间接的我也有份，因为我是中央主席。我不是要别人推卸责任，其他一些同志也有责任，但是第一个负责的应当是我。”并指出：“省委书记、地委书记、县委书记，直到区委书记、企业党委书记、公社党委书记，既然作了第一书记，对于工作中的缺点错误，就要承担责任。”他并且尖锐地批评了那些个人说了算、“一人称霸”的第一书记，说他们“应该叫作霸王”，如果不改，“总有一天要‘别姬’就是了”；批评那些“不负责任，怕负责任，不许人讲话，老虎屁股摸不得”的人，毛主席用他那高亢的、有些尖利的湖南乡音很动感情地高声说道：“你老虎屁股真是摸不得吗？偏要摸！”

1957 年，毛主席在《关于正确处理人民内部矛盾的问题》的讲话中曾经说过：“经济我们还缺乏经验，因为才进行七年，还需要积累经验。对于革命，我们开始也没有经验，翻了筋斗，取得了经验，然后才有全国的胜利。我们要求取得经济建设方面的经验，比取得革命经验的时间要缩短一些，同时不要花费那么高的代价。”“必须懂得，在这个问题上是存在着矛盾的，即社会主义社会经济发展的客观规律和我们主观认识之间的矛盾，这需要在实践中去解决。”很显然，这是毛主席高瞻远瞩洞察到的真理。这次，经过“大跃进”以来的实践，毛主席的这一认识更加深刻了，更加展开了。他在讲话中关于认识客观世界这一部分，详细地从认识民主革命规律的过程讲到认识社会主义建设规律的过程，指出“在社会主义建设上，我们还有很大的盲目性。社会主义经济，对于我们来说，还有许多未被认识的必然王国。”“这时候，我们是一些蠢人”，最近几年就干过许多蠢事。他发展了马克思主义“自由是对必然的认识”这一论点，指出“自由是对必然的认识和对客观世界的改造”，只有“经过反复的实践，在实践里面得到成绩，有了胜利，又翻过筋斗，碰了钉子，有了成功和失败的比较，然后才有可能逐步地发展成为完全的认识或者比较完全的认识。”

听到毛主席这篇讲话，我的心中顿时产生了一种豁然开朗之感。没来开会之前，看到当时的严重经济困难，心情非常压抑，原想到会上能得到一些克服困难的办法。开始听说会议的主题是民主集中制，还摸不着头脑，不理解；对毛主席号召大家“出气”，要把这个会开成“出气会”也不太明白。听到毛主席这篇大开脑筋的讲话，开始理解了。果然，在毛主席极其开阔深刻的开导和带头作自我批评的引导之下，地方的负责同志都作了自我批评，大家也心平气和地出了气，把会议形成了一个统一认识、团结一致、共同去战胜困难的会议。气顺而后心齐，心齐而后劲足。严重的困难，终于在全党全民万众一心的努力下，经过一系列政策调整，很快被克服了。毛主席过人的马列主义智慧，一下子就能抓住本质和要害，抓住主要矛盾和中心环节，解决重大难题的非凡本领，又一次令人折服地展现出来。

会议最后一天，与会全体同志齐集中南海怀仁堂外的大院子里，以大区为单位，分别同毛主席和其他中央领导同志合影。周总理接触的人多，记忆力强，到我们的队伍前面一望就和毛主席说，这是东北的同志。毛主席在落坐之前同站在他身后的 3 个同志握手，我恰好是 3 人中间的一个。这是我平生唯一的一次同毛主席合影，同毛主席握手。这张照片虽然已经发黄和折裂，但我始终珍藏着。

毛主席在七千人大会上的讲话，给了我极大的教育和极深的印象。“文革”中我挨批斗，被打倒，心情极度沮丧时，毛主席在“七千人大会”讲话中引述司马迁所说“文王拘而演周易，仲尼厄而作春秋。屈原放逐，乃赋离骚。左丘失明，厥有国语。孙子膑脚，兵法修列。不韦迁蜀，世传吕览。韩非囚秦，说难孤愤”和他随后讲的一大段极富启发教育意义的话，给了我很大的支持和鼓舞，使我经受住了那段炼狱般的考验。

在七千人大会上，除了毛主席的讲话，刘少奇同志和林彪的讲话，也给我留下难忘的记忆。少奇同志在讲话中对形势作了实事求是的分析。他说：“过去我们经常把缺点、错误和成绩，比之于一个指头和九个指头的关系，现在恐怕不能到处这样套。……全国总起来讲恐怕是三个指头和七个指头的关系。还有些地区，缺点错误不止是三个指头。”有些地方是七分天灾三分人祸，有些地方则是三分天灾七分人祸。林彪讲话的调子则全然不同。他说：“我个人几十年来体会到，毛主席最突出的优点是实际，他总比人家实际一些，总是八九不离十的。”“我深深感觉到，我们的工作搞得好一些的时候，是毛主席的思想能够顺利贯彻的时候，毛主席的思想不受干扰的时候。”最近几年的困难，“恰恰是由于我们没有照着毛主席的指示、毛主席的警告、毛主席的思想去做。”

在七千人大会上，中央的七位常委，除陈云同志外都在大会上讲了话。别人讲话的时候，毛主席都没有说什么，唯独林彪讲话以后，毛主席立即高兴地说：“林彪同志，你讲的好啊！把它整理出来。你身体不好，给你一个礼拜时间。一个礼拜不够，给你两个礼拜；两个礼拜不够，给你三个礼拜；三个礼拜不够，给你四个礼拜。”赞赏欣慰之情，溢于言表。今天回想起来，刘少奇同志和林彪两人调子完全不同的讲话，肯定在毛主席心中引起了强烈的不同反应。两人后来截然相反的命运，无疑与七千人大会上的讲话及其所反映的思想分歧有很大的关系。毛主席在“文化大革命”开始时写的《我的一张大字报》中特别点到“1962 年的右倾”，也可以印证这一点。

黄峥——
王光美谈七千人大会的有关情况

此篇访谈，由中共中央文献研究室研究员黄峥完成，原文刊载于《党的文献》2006 年第 1 期。其中，王光美谈及了刘少奇起草、修改七千人大会报告的一些情况。

记者：1962 年初，中共中央召开了一次很重要的工作会议，就是“七千人大会”。刘少奇同志代表党中央向大会提出了书面报告，并发表了重要讲话。请您介绍一些相关的情况。

王光美：整个 1961 年，少奇同志工作一直十分紧张。尤其是下去调查之后，少奇深感形势严峻，责任重大，全身心投入当前工作。这中间有一件事：毛主席在《毛泽东选集》第 4 卷编完后再次提议，编辑出版《刘少奇选集》。中央书记处对此作了决定，并成立了由康生负责的编辑小组。康生和编辑小组几次要向少奇同志专门汇报，但少奇对这件事没有兴趣，因而一直没有汇报成。有时编辑小组把整理好的单篇文章报给他审定，他也没有看。1961 年春，编辑小组拟出了《刘少奇选集》的初选目录。4 月份我们在湖南调查，康生和编辑小组的熊复、王力、邓力群、李鑫等专程赶到长沙，向少奇同志汇报编辑工作情况。少奇同志对康生和编辑小组的同志说：“还是不搞为好，不印没有害处，印了有害则不好，不要祸国殃民。现在党、国家和人民正处在困难时期，工作这么紧张，实在没有心情回过头去看多少年前的文章。”

康生把选目交给少奇，非常谦恭地说：“这些文章不仅对外国同志有好处，对我们国内也有现实意义。这个选集可出 5 卷，150 万字。但要系统地反映刘主席的思想不容易，有些好文章摆不上。”

少奇同志翻看了一下这个目录。它似乎勾起了一些回忆。他说：“在白区早年写的不成熟，也不能畅所欲言。批评立三路线的，成熟一点，当时写好交立三、富春看过，立三要发表。后来写的，有的过于尖锐，伤人太多，因为头上顶着右倾机会主义帽子，肚子里有气。有些文章，当时争论很激烈，写给总书记洛甫的信，触怒了一些人。如果出版，要改，字斟句酌，工作量很大。要重新整理，没时间。用处也不大。”康生马上说：“这是人民的呼声啊！你的文章外国都印了，我们不印不好交代啊！”

少奇同志不好再说什么。他是个组织纪律观念很强的人。他表示：“既然中央作了决定，你们工作照常进行就是了。”

到了11月，由于过度劳累，少奇同志病倒了，不得不停下工作休息。我陪他到广东从化疗养。在休息期间，少奇同志仍念念不忘怎样使国家渡过难关。他看到疗养院的院子里有橡子、木薯，就想尝试一下这些东西能不能代替粮食。他亲自拣了一些，要炊事员郝苗同志做给他吃。郝苗不知道吃橡子要经过一道特殊的泡制工序去掉毒性，而是按一般粮食代用品的做法，做成类似馒头那样的东西。谁知少奇吃了之后，直拉肚子，出现中毒症状，搞得大家很紧张。保健医生为此严厉地批评了郝苗。当然这不能怪郝苗，因为是少奇同志硬让他做的。

为了进一步统一全党思想，贯彻国民经济调整方针，中央决定开一次工作会议。少奇同志接到中央通知，于12月19日回到北京。

中央工作会议先是小规模的，从12月20日到1962年1月10日。会议讨论了国际国内形势、国民经济计划、党的工作等问题。会议中间，中央决定工作会议进一步扩大规模，全面总结这几年来的经验教训，开展批评和自我批评，统一思想，以便团结全党和全国人民，集中力量克服当前的困难，争取国民经济早日好转。中央还决定由少奇同志主持起草一个总的报告，代表中央提交扩大的工作会议。所以在会议的后半段，少奇同志以主要精力准备这个报告。在小平同志的协助下，经过起草小组夜以继日的工作，报告终于在扩大会议正式开始前写出了初稿。

扩大的中央工作会议从1962年1月11日正式开始。出席会议的有中央、中央局、省、地、县的领导干部，共7100多人。

记者：除中共中央、中央局负责人外，全国每个县委2人，地委3人，省、市、自治区委4人，中央一级的部、委4人，还有大型厂矿企业和军队各大单位的负责同志，共7118人。

王光美：所以后来通常称“七千人大会”。党中央开过很多中央工作会议，这是出席人数最多的一次。少奇同志提交给“七千人大会”的报告，本来应该先经中央政治局和毛主席通过，然后拿到会上讨论。这次毛主席建议，先不要开政治局会议讨论了，报告初稿直接发给到会同志，同时组成一个由少奇同志负责、有关领导同志参加的起草委员会，吸收与会者的意见修改定稿。这样，扩大会议开始后，首先讨论少奇同志的报告稿。

一段时间以来，党内外对形势和工作的看法差异很大。出席“七千人大会”的同志来自全国各地、各个不同的岗位，对很多问题的看法不一致。能不能在这个会上统一认识，关键在少奇同志代表中央提出的报告。少奇同志认为，只有实事求是才能统一全党的思想，无论是分析形势、肯定成绩、提出问题，都要坚持实事求是。在那些日子里，少奇同志频繁地找有关同志谈话，主持起草委员会讨论，为沟通各方面的思想反复做工作。

经过会上讨论和起草委员会修改，少奇同志的报告又改出了一稿。1 月 25 日晚，少奇同志主持政治局扩大会议，讨论并基本通过了这个报告稿，决定正式向大会作报告。毛主席又提议，报告已经经过上上下下反复讨论，大家都熟悉了，少奇同志就不要在会上念稿子了，改为书面报告发给大家，同时请少奇同志口头敞开讲讲，对书面报告作补充和说明，加深大家的理解。

少奇同志对毛主席的意见历来是很尊重的。本来他没有准备第二天在大会上讲话，但既然主席说了，他就说：“好，但我必须准备一下。这里的会我就先告退了。”回到家里，少奇同志连夜准备了一个口头讲话的提纲。第二天，在大会开始前，政治局常委们先到大会主席台旁边的休息室，传阅少奇同志写的讲话提纲。少奇同志把花了一个通宵写出来的提纲交给毛主席，主席看完一页，就交给其他常委同志，一页一页地传看。好在提纲不长，只有十几页，字又比较大，很快就传看完了。

少奇同志在大会上按提纲发挥，作了长篇讲话。讲话中的有些新提法是未见诸书面报告的，还提到不少事例，但这些都曾同毛主席和一些负责同志谈论过。当然，既然是口头讲话，总是要比书面报告随意一些。书面报告是经过反复修改推敲，经过秀才们的字斟句酌才定稿的。我觉得，少奇同志的这篇讲话来之不易。它集中了党内大多数同志的正确意见，也是他深入基层调查研究的一个结晶。这个讲话正确分析了形势，根据实际情况研究了客观规律，总结了正反两方面的经验，突出地讲了实事求是与群众路线问题。

少奇同志在口头讲话里面，讲了两个“三七开”的观点。一个是说，缺点成绩三七开，就是七分成绩，三分缺点错误；另一个是说，造成这几年严重困难的原因是三七开，就是“三分天灾，七分人祸”。

林彪长期养病，好多中央会议都不参加，“七千人大会”一开始也没通知他参加。后来主席让通知他参加。林彪到会以后作了个发言。他的讲话比较特别，说我们有些同志，不能够很好体会毛主席的思想，把问题总是向“左”边拉，向右边偏。

“七千人大会”后，为了研究和贯彻国民经济调整的政策，又开了两次重要会议：一是2月下旬在中南海西楼召开的政治局常委扩大会议，即西楼会议；二是5月上旬召开的中央工作会议。那时毛主席已经南下去了武汉，会议由少奇同志主持。经过这两次会议，全国上下迅速行动起来，调整工作全面展开。

当时党内外许多同志听说中央正在编辑《刘少奇选集》，都很高兴。“七千人大会”期间，不少同志建议，如果选集不能很快出版，可以先发表少奇同志有关党员修养、党性锻炼方面的文章，配合“七千人大会”精神的传达贯彻。首先选中的一篇就是《论共产党员的修养》。1962年夏的一天，邓力群同志拿着康生写的条子到我们家来，将这篇文稿报送少奇同志审改。《论共产党员的修养》一文是少奇同志1939年在延安马列学院的讲演，已经过了20多年，有些提法需要订正，还要适当补充一些内容。少奇同志向编辑小组谈了修改意见，口授了一些内容，还亲自动手写了一些章节。在编辑小组初步整理的基础上，他又对全文作了3次修改。少奇同志定稿后，正式将文章报送中央书记处审查。最后经中央书记处审定，《论共产党员的修养》于1962年8月1日在《红旗》杂志、《人民日报》同时发表。

注释

① 老邓，指邓典桃。

② 指将召开的扩大的中共中央工作会议，即七千人大会。

杨尚昆——
七千人大会前后日记摘选

杨尚昆，当时任中共中央书记处候补书记，中央办公厅主任等职。1962 年七千人大会之后，又临危受命，担任中央精简小组组长，协助刘少奇、周恩来、陈云和邓小平等全面贯彻国民经济调整的“八字方针”，致力于减少城镇人口二千万的工作，直至 1963 年 6 月精简工作完成。在 2001 年出版的《杨尚昆日记》中，他记录了当时参与筹备并参加七千人大会的一些情况，兹录于此。

1961 年 11 月 13 日

上午办公，看文件，与老邓[①]谈讨论二十二大的问题。

下午 4 时起开书记处会议，布置 12 月份和明年 1 月份的工作，决定下次工作会议于 12 月 20 日举行，1962 年 1 月召开省、地、市、县的负责同志会议。

…………

11 月 25 日

上午 9 时到 12 时，约有关同志讨论 1962 年 1 月 10 日中央扩大工作会议的各项布置工作。

…………

12 月 1 日

…………

下午 4 时召集有关同志，谈 1 月中央工作会议的准备工作。

5 时半心慌病发，周身冷汗，约半小时后才好些。

晚饭后看电影，办公到 12 时，因发病后特乏，未再继续办公。

12 月 4 日

上午 10 时起床，给赖祖烈谈大会[②]准备工作……

12月11日

上午9时到12时，在怀仁堂后厅，听了关于全国农业会议的汇报。

下午3时半到6时半，听了计委关于1962年计划的汇报。

…………

12月12日

上午书记处开会，讨论声讨美国共产党受审、苏阿断绝外交关系、理论文章、1962年1月10日扩大工作会议的准备等项问题，恩来同志出席了会议。

…………

12月18日

上午9时到12时半，书记处开会，听关于工业会议汇报，恩来同志也参加了。

与罗瑞卿同志谈朱明[1]和情报工作问题，1时才吃午饭。

午睡未睡好，4时约吴振英、李润民[2]汇报扩大工作会议名单。

晚饭后在家休息到9时，刘澜涛同志来谈话到12时才走。

办公到1时半，回家洗澡后睡。

12月19日

今天主席、少奇同志均已回到北京。各省同志亦相继到达。

上午办公，约何均同志谈话。

下午约王愈明同志谈妇联会议情况，富春同志来谈话。

晚8时开始办公，汪东兴同志来谈话。

李润民汇报关于名单问题的结果，2时回家，洗澡后睡。

注释

① 朱明，当时任中国人民解放军通信兵政委。

② 李润民，当时任中共中央办公厅机要室会议科副科长。

12 月 20 日

上午参加伯达同志主持的会议，讨论代书记处收集材料问题。

下午办公，编小组名单，看文件。

晚间 7 时到 9 时，主席召开会议，讨论工作会议的开法，除到常委外，有各中央局书记参加，决定先讨论形势，每天开会半天，注意劳逸结合。

会后办公，找康一民、李润民谈话，到 2 时回家，洗澡后睡。

12 月 21 日

上午参加办公厅会议。伯达同志来谈话。

下午 3 时至 6 时，在怀仁堂大厅开中央工作会议，到各中央局，省、市委，中央各部门共百余人，由小平同志讲话，提出工作会议的日程和安排。

…………

12 月 22 日

上午看工作会议文件。

下午参加小组会，讨论国际形势，我首先发了言。6 时半回家。

晚饭后在家看电视，9 时开始办公。

1 时半回家，洗澡后睡。

12 月 23 日

上午召集各中央局的办公厅主任，谈 1962 年 1 月 10 日会议的筹备工作。

下午 3 时到 6 时，参加小组会，继续谈国内外形势，我再次发言。

…………

12 月 25 日

上午 9 时半到 11 时，约妇联同志汇报。

11 时半参加书记处会议。

下午参加小组会议，6 时半回家吃饭。

…………

12 月 26 日

上午同邓典桃同志谈话。

下午3时到6时半在北京饭店参加小组会。

晚饭后，在家看了电视，9时到钓鱼台主席处开会，汇报各组情况。

9时会议开到10时半，回居仁堂继续办公到2时半，回家洗澡后睡。

12月27日

…………

下午3时到6时，参加小组讨论会，主要是地方同志发言。

…………

12时半到1时半与吴振英、李润民谈大会有关问题。

2时才回家，洗澡后，睡已3时了！

12月28日

从上午10时起，到下午1时，又从下午4时到7时，全天都听总理关于1962年计划的报告，他说的不只是明年计划，实际是过去三年的总结和今后几年的任务。他对目前情况作了较详细的分析，经济工作的分析，指出了各种不平衡，很好。

7时半吃完晚饭后，在家看了电视，8时半开始看文件。

几天来因开会，文件压的很多，同时又到年底了，必须把一些积压清理一下，故赶看了一批，到1时半才回家，洗澡后睡。

今天恩来同志提出了八项任务：(1) 放下架子；(2) 坚决减人；(3) 加紧收购；(4) 保证木、煤、矿、运；(5) 清理物资；(6) 保证市场；(7) 贯彻各种政策、制度、条例；(8) 建立新秩序。

注释

① 澜涛，即刘澜涛。

② 李润民、王兆光，当时均任中共中央办公厅机要室会议科副科长。

12 月 29 日

上午 10 时到 12 时，书记处会议，讨论元旦社论等文章。

…………

12 月 30 日

上午迟起，因故也！与龚子荣同志谈话。

下午参加华北组讨论会，我在会上对各级党政机构人太多的现象，作了发言，提出精简机构的问题，并谈到党委领导方法和官僚主义等问题。

…………

1962 年 1 月 1 日

…………

今天《人民日报》的新年献词，指出 1962 年是我国调整国民经济的关键一年！必须进一步贯彻执行总路线的各项具体政策和具体办法，以调整为中心，调动一切积极因素，完成国家计划，使农业、轻工业、重工业的关系进一步协调起来，使整个国家经济进一步活跃起来！农业方面应争取丰收，目前就应当抓住夏季的农业工作，争取夏季的丰收！

今年我自己应当：（1）多读点书；（2）下农村或工厂去调查；（3）尽量摆脱事务工作，多注意政治、思想工作；（4）锻炼一下身体。

1 月 2 日

…………

明天工作会议继续开小组会，讨论“七年到十年的规划”。

晚间办公到 12 时半，回家早睡。

1 月 3 日

上午处理文件，看工作会议的文件。

下午 3 时到 6 时，约彭德怀同志来谈话，他谈了回家去调查的印象，提出了有关退赔、分配完全采用按劳分配是否适合等几个问题。

晚间 8 时半到 12 时半，澜涛[①]同志来谈话，谈到陕西的工作和有关精简机关的一些问题。

以后李润民、王兆光[②]来谈七千人大会问题。

2 时半才回家，洗澡后睡已 3 时了。

1月4日

上午约王愈明、邓典桃、刘火、李鉴等同志谈话。

下午3时到6时半去北京饭店参加华北小组会议，讨论长远规划。

晚饭后看了一个电影《春雷》，不好。

9时半到11时半，在颐年堂主席处开会，汇报了各组讨论的情况。散会后，我向主席报告了彭德怀同志的情况。

处理文件已2时半，回家洗澡后睡。

今天比较冷了，据说明天气温还会下降。

主席令我找黄克诚同志谈谈，希望他也出去走走。

1月5日

上午迟起，约龚子荣同志谈中央机关出席大会①的名单。

…………

5时到6时半与黄克诚同志谈话，他应允在春节后出去走走。

晚间办公，到1时，回家洗澡后睡。

1月6日

上午10时到1时，在西花厅恩来同志处开会，谈精简机构问题。指定以我为主，仲勋、启龙、文瑞②等同志参加，先了解一下情况，然后定出几条规定，争取在扩大的中央工作会上能拿出来。这是一个困难、复杂的问题，可能搞不出名堂来，当努力为之！

注释

① 指即将召开的“七千人大会”。

② 仲勋，即习仲勋，当时任中共中央委员、国务院副总理兼秘书长；启龙，即张启龙，当时任中共中央候补委员、中央组织部副部长；文瑞，即马文瑞，当时任中共中央候补委员、劳动部部长、党组书记。

③ 指刘少奇代表中共中央向扩大的中央工作会议提出的书面报告稿，其中的第一、二部分分别为：“目前的形势和任务”、“加强民主集中制，加强集中统一”。

④ 指《中共中央关于谴责美国政府反共暴行，支援美共正义斗争的声明》，后来在1962年1月15日《人民日报》发表。

⑤ 康，指康一民；吴，指吴振英。

⑥ 任白戈，当时任中共重庆市委第一书记；李林枝，当时任重庆市市长。

下午办公，决定一些与扩大工作会议有关的问题。

…………

1月8日

上午看《在扩大工作会议上的报告》[③]前面两部分，基本上是好的，目标鲜明！已发各小组讨论。第三部分关于党的问题，明天才能修改好。

下午书记处会议，讨论支援美共的声明[④]。我向书记处报告了大会的几件工作，书记处均已批准。

晚间8时到10时，约保定的王鸿儒、徐水的杨凤亭、刘逢春，安国的侗玉书等几位同志谈话，要他们研究一下县、地一级的编制问题。

1时半回家，洗澡后烤电，因左臂又疼了！

1月9日

上午继续看文件，约康、吴[⑤]等同志谈话。

下午5时约任白戈、李林枝[⑥]、潼南县委书记谈话，并请他们便餐，8时他们才走。

与李润民、王兆光谈话，准备明天上午开一个汇报会议。

田家英同志来谈各小组对少奇同志报告初稿的意见，并谈了一些其他问题。

办公到1时半回家，烤电后睡。

1月10日

上午9时半到12时，召集各区同志汇报情况，并提出招待工作的第一阶段已结束，大致已安定下来，今后应继续检查，保证会议能顺利进行。目前各组的中心，应转到保证会议的工作，从事务转入政治，并提出简报如何写法的意见。

12时伯达、家英同志来谈上午小平同志同他们去主席处谈话的意见，主席认为报告的中心（反分散主义）不能变动，必须坚持，并决定立即将报告印发七千人大会，分组讨论三天，征求意见，准许各种意见的发表。吃中饭时，与伯达、家英一起同少奇同志谈了半小时。

午后召集了一个继续收集分散主义材料的会议。

5时半又召开了各区同志的会议，通知了他们大会如何进行。

晚饭后看了《不速之客》电影，10 时到 1 时澜涛同志来谈话。

2 时回家，洗澡、烤电后，睡。

1 月 11 日

上午 10 时到 12 时，书记处开会，由小平同志谈各组对报告反应和会议的开法、主席指示的要点。大家一致认为报告很好，主导思想不能变动，否则不利于总结经验和吸取教训，也就不利于建设。

今天各组下午都在读报告，明天可能开始小组讨论，与子荣[①]同志商定组织 35 人下去参加，主要是反映情况，求得将会议动态迅速反映给常委各同志。

晚间办公到 1 时回家，洗澡、烤电后睡。

读少奇同志报告，只读了第一部分，必须好好读完，虽然已经看过初稿了！

1 月 12 日

上午起床后，办公 1 小时，小平同志即电话通知去钓鱼台 8 楼，谈了报告的修改意见和如何收集反映的问题，12 时半回家吃饭。

午后读文件，看了一些电报和有关编制情况的材料。

饭后烤了电。晚饭后在家休息到 8 时半，从 8 时半到 12 时半，听各组参加同志的汇报，少奇同志也参加了，共 4 小时，反映了下面一些情况和意见。少奇同志也谈了些意见。

倦极，看了一些材料，回家睡时，已 2 时了。

1 月 13 日

上午去小平同志和富春同志家里，汇报各组昨天讨论的情况。

下午 3 时半到 6 时，在钓鱼台 8 楼开会，少奇、富春、一波、先念等均到，由小平同志主持，讨论了对报告修改的意见和按照主席指示的意见，大会将延长时间和以小组会议为主，专门讨论少奇同志的报告……

注释

① 子荣，即龚子荣。

晚8时到1时，听各小组汇报，今天有几位省级同志在小组会上的发言，很值得注意。

2时回家，烤电、洗澡，勉强地早睡。

1月14日

今天星期日，入三九已经几天了，但不算冷！

11时召集各大区秘书长，谈：（1）常委决定的会议开法；（2）文件问题；（3）减少每晚的娱乐节目，以后每周二次。大家都同意。

下午看了一个保加利亚的电影，实在不好！

晚饭后，看了西安制片厂出的《延安游击队》，还不错。

9时半到11时汇报东北、华北两大区的汇报情况。

因文件压得很多，办公直到2时半才回家，洗澡后睡。

1月15日

几天来忙于开会，文件压了一大堆，今天上下午都集中力量看了一些，特别着重看了各小组的简报，可以看出：实际上有一种不同意反对分散主义的意见存在，而主要是存在于省级干部中间。他们的意见是：工业中有分散主义，农村中则是集中过多，不是分散主义。而工业中的分散主义又有各种理由，似乎非此不可，否则就会恢复到1957年以前，不能鼓气，而是泄气了！

…………

晚间8时半到12时，开汇报会议，听了各组的意见。前面所说的感觉更加证实。湖北省委就提出究竟有无分散主义来讨论，而任重的发言是否定的！

县级干部对人民公社的正确性，还有怀疑，觉得不好说。

办公到2时，回家洗澡后睡。

1月16日

上午去小平同志处汇报，将我的看法告诉了他。他指示：应即向少奇同志汇报。

中午开始针灸左臂，随即午睡。

午睡后去少奇同志处，将小组情况向他汇报。他认为：问题有不同看法，主要是一些同志接受教训不够，还没有充分认识，现在不说通，将来还会犯错误。此情况应向主席反映，由主席决定会议如何开法。随即同刘一起去小平同志家，与小平同志共同商量，决定报告主席。返回时我到田家英处，将刘邓二人说的告诉了他，要他向主席报告。

晚饭后，8 时半到 12 时半汇报。

田家英同志来谈，刘、邓已向主席谈过，主席决定成立 20 人的起草委员会，先谈谈主要矛盾是什么，统一思想之后，再写稿子。起草委员会决定明天下午 3 时开会。

2 时半才回家，洗澡后，睡。

1 月 17 日

上午 9 时到 12 时，召集有关同志讨论精简机构问题，仲勋同志起草了一个提纲，就提纲作了讨论，我提出了意见，由曹幼民同志负责去修改，并委托童小鹏同志向总理口头上说说。

下午 3 时到 6 时半，在怀仁堂后厅开起草委员会。首先发言的有少奇、小平、伯达、富春、一波、井泉、陶铸、任重等同志。明天继续开会。

8 时半到 1 时，听各组参加同志汇报。处理了一些文件之后，已经 2 时半了，回家洗澡、睡。

1 月 18 日

上午 10 时起床，看了些文件。

下午起草委员会继续开会，讨论报告，发言的有：任穷、乌兰夫、刘澜涛、彭真，由 3 时开到 7 时，明天继续。

8 时半到 1 时，听各组汇报。

处理了一些文件之后，回家睡时已经 3 点了！

1 月 19 日

上午 10 时才起床，看了文件和报纸。

注释 ① 指刘少奇代表中共中央向扩大的中央工作会议提出的书面报告稿的第三部分《党的问题》。

3时到7时半起草委员会的讨论结束，发言的有先念、陈云、恩来、小平、伯达等同志，思想大体统一起来了，决定明天起集体讨论第二稿。

晚间8时半到1时，听各组同志汇报。回家睡时已经3点了！

1月20日

上午11时，召集各大区同志，通知会议开法，大会将在下周内才能开始。并提出保密、保管枪支等问题。

下午3时到7时，起草委员会集体修改第二稿，今天只讨论完了第一部分，讨论集中在经验教训问题上，明天继续。

晚饭后，在家看了一小段电视《笑的晚会》，8时半开始听各组汇报，到1时结束。在听的中间曾发心慌一次，周身出汗，约1刻钟就好了。

疲乏已极，未洗澡即睡，时已3时了！

1月21日

今天星期日，上午11时起床，在家休息，看报。

下午3时到8时，整整5个钟头，讨论报告的第二部分（统一集中），甚为热烈！

10时起到2时，办了4小时的公，看了一大堆简报和电报。

今天共工作了9小时，虽星期日也无法休息，疲乏不堪。2时后睡，睡前曾洗澡。

1月22日

上午10时起床，看了2小时的文件。

下午3时到7时，起草委员会继续开会，讨论了第三部分的一小部分后，就讨论第一部分的修改稿，基本上已定下来了，少奇同志决定同时印发政治局会议各同志，并拟在日内开政治局扩大会议讨论。晚间第一部分已印好发出，我给主席写了一信，把少奇同志的意见报告了主席。

晚间10时到2时，看文件，看简报，听汇报。3时才回家，洗澡后睡。

1月23日

上午10时起床，看文件，曾三同志来谈话。

下午3时到7时，继续讨论第三部分（党）[①]和第二部分的修改稿。

第二部分已经定稿了，晚间即发出。第三部分明天还要讨论二稿。

8 时半到 12 时，听汇报，明天起拟稍放松一下，缩短汇报时间。

办公到 2 时，回家，洗澡后睡。

1 月 24 日

上午 10 时起床后，看文件。

下午 3 时到 6 时半，第二次讨论了少奇同志的报告第三部分，作了最后的修改，至此起草委员会的工作已全部完成，明天将开政治局会议讨论通过。

刘邓二同志到主席处汇报后，决定：明天下午开政治局扩大会议，并规定大会一定要在本月底结束。

晚间汪东兴、伯达、家英来谈话。今天没有汇报，看了一个德国电影《神童》，是曾经得多项大奖的片子，还好。办公到 2 时，回家洗澡后睡。

1 月 25 日

上午办公，去小平同志家。今天较冷！

下午 3 时到 6 时半，在怀仁堂开政治局扩大会议，基本通过了少奇同志的报告。

晚间看了一个电影，英国的，反华片，很坏！

9 时起到 2 时办公，处理文件。2 时回家，洗澡后睡。

1 月 26 日

上午 11 时召开各大区秘书长同志会议，谈：（1）会议的布置；（2）走的准备；（3）照相问题的组织。

下午 4 时半到 7 时，主席在钓鱼台召开常委会议，谈会议的安排，预定 30 日结束，讨论少奇同志明日口头报告的提纲，决定明天下午 4 时开大会。

晚饭后，看了一个美国电影，是侮辱中国人的。

注释 ①高，指高福有，当时任中直机关管理局副局长；赖，指赖祖烈，当时任中共中央办公厅特快室主任；殷，指殷玉昆，当时任北京市人民委员会副秘书长；吕，指吕展，当时任北京市公安局局长。

办公到1时半，回家洗澡后睡。

1月27日

上午10时召开各大区秘书长会议，传达收回文件之事。

11时赴西花厅参加恩来同志的会议，讨论他在大会上的讲话。

12时主席叫我和小平同志去他处，决定下午2时开大会。

午饭后，稍事休息即去大会堂开会，2时人已到齐，按时开会。

少奇同志报告，花了3小时，5时10分散会。主席主持宣布明天小组讨论。

晚饭后看了电影，办公到1时回家，洗澡后睡。

1月28日

今天星期日，但未休息。

上午10时书记处开会，讨论小平同志在大会讲话的内容。

由下午2时起，到3时40分止，参加扩大会议的全体约8000人，分批地在怀仁堂后面草地上，与中央政治局各同志合影。8000余人，分七次拍照，共用1时40分，实在是一件很不容易的组织工作。

晚间8时半到12时，听参加小组讨论的同志们汇报。大家一致对少奇同志的报告满意，特别满意会议的开法。

听完汇报后，办公到1时半，回家洗澡后睡。

1月29日

上午9时到11时，召开各省、市、大区秘书长、办公厅主任会议，向他们说了一些文件、秘书工作应注意的事项。

下午4时到7时，开大会，林彪同志讲话。主席在会上宣布，要大家“出气”，畅所欲言，把话说完，“趁热打铁”！会议延长几天，到春节前再闭会，获得全场极为热烈的鼓掌。

晚饭后，在家休息到10时。今天没有汇报。

10时起办公，找高、赖、殷、吕[①]等同志，谈会议继续开的招待工作和春节的准备。

田家英、康一民来谈话，一直到1时3刻，才回家洗澡后睡。

1月30日

上午办公，午睡后去理发。

4时开大会，由主席讲话，共两小时，讲了6个问题：(1) 这次会议的开法就是先民主后集中，从群众中来到群众中去；(2) 关于民主集中制；(3) 如何克服困难；(4) 认识世界问题；(5) 中苏关系，世界革命；(6) 团结全党全民大多数。中心是发扬民主问题，号召大家继续出气。反应热烈！

晚间8时半到1时，各组同志汇报。

10时半到12时，主席在颐年堂开会，到常委和大区各同志，决定常委几个同志分别参加几个省的会议，以三天时间开小组会，放手让大家提意见。

3时才回家，洗澡后睡。

1月31日

上午10时起床，曾三同志来谈话，看了些文件。

下午去河北保定小组开会，会议中大家讲话主要集中三个问题：(1) 省委不重视大家意见，天津三级干部会提了许多意见，无交代；(2) 近年来，几次大运动，整的干部太多，伤了干部的心，规定比例、排队等办法使干部害怕，因而不敢说话；(3) 天津地区与保定地区的水利纠纷。

晚间8时半到1时半，各组汇报。从今天的情况看来，由于少奇、恩来同志坐镇安徽、福建，这两省已经慢慢地展开了，向省委领导上初步提出了些意见，还待深入。四川省虽有小平参加，似乎并未展开，而且两次冷场！

回家洗澡后睡，已经3时了！

2月1日

上午10时起床，处理了一些文电。

下午3时到7时，去前门饭店参加四川省绵阳地委小组会议，随后又参加了省委召开的地书汇报会，7时半回家晚饭。今天开会时受了对流风的害，有些感冒，恐怕要病了！

主席在颐年堂召开会议，决定会议延长到春节之后，具体安排明天再谈，听了华北、东北、华东几大区的汇报。

各小组会议到1时半，看文件后，睡已3时半了。

2月2日

上午10时起床后，处理文电。

下午午睡后，已微感不适，找医生吃了一点银翘，本拟去参加小组会，未果。

晚间主席处继续汇报，决定星期日休息，2月6日再开大会。

各小组汇报到1时半，决定从明天起各小组暂停汇报，春节后再恢复。

办文件到3时始回家，洗澡后睡。

2月3日

上午约康一民等谈话，布置收文件、笔记等事项。

午饭后即感全身酸痛，无法支持，同时又咳嗽，即睡下，大病已来了！

晚间一直昏睡，周身疼极，大概是流行性感冒。

自己不注意，今年年初的感冒（每年如此！）又来了。

2月4日　病了

今天星期日，终日昏睡，无气无力，经医生看过，有38℃的温度，断定为重感冒，注射和吃药。他们劝我入医院，实在无力，不愿搬动！全身症状，比过去几次都厉害！不愿睁眼，不愿说话！

2月5日

继续昏卧，不断打针，发烧已控制住了，但全身症状还未减轻。

两天都不想吃东西，只进了一些流质食物和桔子水。

工作会议我实在无法参加了，深为可惜。

自己不注意劳逸结合，致有此次大病。

2月6日

病已渐好，没有再发烧了。但仍疲乏，全身疼，全天休息。

吃药、打针均已停止，只是作口腔吸入。

晚间看了电视后，洗澡睡。

2月7日

中央扩大的工作会议今天闭会，我未参加，各地同志明日起都走了。

七千人大会日志

七千人大会日志①

（1962年1月11日—2月7日）

1961年11月12日，毛泽东根据邓小平关于召开一个全国地委书记以上干部会议，解决粮食征购问题的提议，决定开一个扩大到县委书记的中央工作会议，把过去几年的工作总结一下。

1961年11月16日，中央正式下发了召开扩大的中央工作会议的通知，同时，又将人员扩大到全国重要厂矿党委书记和厂长，使与会者达到七千多人。通知说：中央决定，1962年1月中旬，在北京召开一次扩大的中央工作会议，主要讨论近几年的工作经验和端正工作作风问题，还要讨论我国经济建设的形势和规划。之后，刘少奇和邓小平主持起草了中央在扩大会议上的报告，准备提交大会讨论通过，借此把全党的思想统一到报告上来。

1962年1月8日，刘少奇、邓小平将起草好的大会报告的前两部分（报告共三个部分：一、关于目前的形势和任务；二、加强集中统一，反对分散主义；三、党的问题），拿到事先召开的中央小型工作会议上征求意见。不料，却出现了“议论甚多”的情况。

1962年1月10日，毛泽东把邓小平、陈伯达、田家英等叫到住处，提出在扩大的中央工作会议不要忙于先作报告，把报告稿直接发到大会，征求多数人的意见，文件修改后再作报告……

1月11日　星期四　晴　3度到零下10度

扩大的中央工作会议在北京开幕，但没有举行开幕式。所有到会人员阅读将由刘少奇代表中央在大会上报告的报告稿。

上午10时至12时，邓小平主持召开中央书记处会议，传达毛泽东昨天的指示，决定扩大的中央工作会议先讨论3天，实行“三不”主义，听取各种不

注释

①这份大会日志，主要是根据第一手材料记述的。其中所述1月17日、18日、20日、22—26日，关于“大会继续分组讨论刘少奇的大会报告稿”，“大会继续分组讨论，讨论的形式和内容如前”这几句，就目前对会议材料的掌握来看，笔者感觉把握不是很大，特此说明，仅供读者参考。

同意见。大会准备开10天，20日闭幕。

大会以省为单位（包括各部、解放军）共分35个组，省以下，以地委为单位约400个小组。中央办公厅主任杨尚昆组织35人分到各组了解情况，“求得将会议动态迅速反映给常委各同志”。

1月12日　星期五　晴间多云　4度到零下9度

大会开始以组或小组为单位，讨论刘少奇的大会报告稿。

上午，邓小平在钓鱼台召开会议，谈如何收集大会反映的问题，以及对大会报告稿的修改意见。

晚8时半至12时半，杨尚昆主持召开听取派往各组的同志汇报大会讨论的情况，刘少奇参加，汇报时间长达4个小时。据反映上来的情况，大会是“议论纷纷”。

1月13日　星期六　晴　6度到零下7度

大会继续分组讨论刘少奇的大会报告稿。

上午，毛泽东向杨尚昆提出延长大会讨论时间，要大会充分讨论。

下午，邓小平在钓鱼台召开会议，刘少奇、李富春、薄一波、李先念等参加，会议表示同意毛泽东的意见，并就以后的会期做出安排。会议还讨论了对大会报告稿的修改问题。

晚8时到次日1时，杨尚昆继续主持听取分派各组的同志对大会讨论情况的汇报，长达5个小时。会上一些人对“三面红旗”提出质疑，也有人认为报告对国内形势写得不好，肯定不够。

1月14日　星期日　多云　夜间有小雪　2度到零下5度

大会休息。

田家英写信给毛泽东，说刘少奇、邓小平根据毛泽东的意见，对会议做出了新的安排：会议时间准备从20日延长至28日。19日将刘少奇报告的修改稿发到各同志手里，阅读一天；20日刘少奇在大会作报告，不念报告稿，对报告稿中涉及的一些问题，另作发挥和说明。28日大会闭幕。

晚9时半至11时，杨尚昆听取东北、华北两大区的情况汇报。

1月15日　星期一　晴间多云　1度到零下11度

大会继续分组讨论刘少奇的大会报告稿。

晚8时半至12时，杨尚昆在听取各组同志汇报大会讨论的情况时，意识到有一种不同意中央反对分散主义的意见存在，县级干部对人民公社的正确性还有怀疑，觉得不好说，这也给杨尚昆留下深刻印象。

1月16日　星期二　晴　2度到零下8度

大会继续分组讨论刘少奇的大会报告稿。

上午，杨尚昆到邓小平处汇报大会讨论情况，并汇报了地方同志不同意中央反对分散主义的意见。邓指示杨：应立即向少奇同志汇报。当刘少奇了解情况后，表示应向毛泽东反映，由毛泽东决定会议如何开法。毛泽东闻知，立即召集刘少奇、邓小平等开会，决定由中央政治局常委、各中央局第一书记和中央有关部门负责人共21人，重新成立报告起草委员会，先谈谈主要矛盾是什么，统一思想之后，再写稿子。

晚8时半至12时半，杨尚昆继续召开汇报会议，了解各组的讨论情况。大会仍是议论纷纷，总的趋向是，批评与自我批评，越来越普遍，越来越深入。

1月17日　星期三　晴　5度到零下9度

大会继续分组讨论刘少奇的大会报告稿。

下午3时至6时半，报告起草委员会在怀仁堂后厅开会，刘少奇主持会议。按照毛泽东的意见，会议先讨论报告是不是抓住了主要矛盾，基本上可以还是不可以？反分散主义是不是主要问题？国内形势要不要重新估计？任务要不要重新提？也就是基本上推翻不推翻报告稿的问题？刘少奇说下周一拿出讨论好的稿子，意见都可以提，各种议论都可以发，贯彻“三不”主义。邓小平、李富春、薄一波、李井泉、陶铸、王任重、柯庆施先后发言，会议临结束时，陈伯达从7个方面介绍了大会讨论中提出的意见。

晚8时半至次日1时，杨尚昆继续听取各组讨论情况的汇报。大会上就党犯错误的原因、经验教训、分散主义的表现等提出不少意见。

1月18日　星期四　晴　3度到零下9度

大会继续分组讨论刘少奇的大会报告稿。

下午3时至7时，报告起草委员会在怀仁堂后厅继续开会，讨论报告稿是不是抓住了主要矛盾，要不要推翻等问题。宋任穷、乌兰夫、刘澜涛、彭真发言。刘少奇、邓小平等多次插话。

晚8时半至次日1时，杨尚昆继续召开汇报会议，听取各组收集的讨论意见。长达4个半小时。大会上针对分散主义、“三面红旗”等问题，仍然意见很多。还有人提出，对中央各部部长、省委第一书记，要发动地县同志提意见，两头挤。

1月19日　星期五　晴　5度到零下9度

大会继续分组讨论：有的讨论农村基本核算单位问题；有的讨论大会下发的《毛泽东论社会主义建设的总路线和在两条路线上的斗争》；有的以省、部为单位做检讨；有的继续讨论刘少奇的大会报告稿。李井泉向四川组传达刘少奇、周恩来、邓小平的指示，并研究了进一步深入讨论集中统一和反分散主义的问题。

下午，报告起草委员会在怀仁堂后厅继续开会，讨论报告稿。李先念、陈云、周恩来、邓小平、陈伯达先后发言，刘少奇、刘澜涛等都有插话。至此，报告起草委员会基本统一了思想，认为报告稿抓住了主要矛盾，可以不推翻。从明天起，起草委员会对报告稿进行具体的讨论。

晚8时半至次日1时，杨尚昆继续召开汇报会议，了解大会各组的讨论情况。

1月20日　星期六　晴　6度到零下8度

大会继续分组讨论。讨论的形式和内容如前。

下午，报告起草委员会在怀仁堂后厅继续开会，开始对报告稿的一些具体问题进行讨论修改。本日讨论完第一部分：关于目前的形势和任务。讨论集中在对过去几年的经验教训问题上，刘少奇、柯庆施、邓小平、彭真、李井泉、陶铸等先后发言。

晚8时半至次日1时，杨尚昆继续召开汇报会议，听取各组收集的讨论意见。大会对反对分散主义问题，仍有不同的声音。

1月21日　星期日　晴间多云　6度到零下6度

大会休息。

下午3时至8时，报告起草委员会在怀仁堂后厅继续开会，围绕报告的第二部分：加强集中统一，反对分散主义问题，大家争相发言，阐述自己的观点，有的甚至多次发言，并有争论。如《杨尚昆日记》所说“甚为热烈”。整整讨论了5个小时。

1月22日　星期一　晴间多云　2度到零下7度

大会继续分组讨论。讨论的形式和内容如前。

下午3时至7时，报告起草委员会在怀仁堂后厅继续开会，主要讨论通过报告第一部分的修改稿，剩余少量时间讨论了报告稿的第三部分：党的问题。刘少奇请杨尚昆将修改后的报告第一部分送毛泽东审阅，同时印发中央政治局、中央书记处、各中央局书记、各省市委第一书记和中央各部门的负责人阅读，准备在后两部分定稿后，即召开中央政治局扩大会议讨论通过，然后再印发大会讨论。

晚上，杨尚昆继续听取大会各组讨论情况的汇报。

1月23日　星期二　晴　2度到零下8度

大会继续分组讨论。讨论的形式和内容如前。

下午3时到7时，报告起草委员会在怀仁堂后厅继续开会，主要讨论通过报告第二部分的修改稿，并讨论了报告稿的第三部分。

晚8时半至12时，杨尚昆继续召开汇报会议，了解各组讨论的情况。

1月24日　星期三　晴间多云　3度到零下6度

大会继续分组讨论。讨论的形式和内容如前。

下午3时到6时半，报告起草委员会在怀仁堂后厅继续开会，对报告稿的第三部分“党的问题”做了最后的修改，至此起草委员会的工作全部结束。刘少奇、邓小平到毛泽东处汇报报告稿的修改情况，并研究了下一步会议的日程。毛泽东表示赞成“报告的方向”，商定明天下午开中央政治局扩大会议，讨论通过报告修改稿。还决定大会一定要在本月底结束。

这一天，杨尚昆没有听取各组讨论情况的汇报。

1月25日　星期四　晴　4度到零下8度

大会继续分组讨论。讨论的形式和内容如前。

下午3时到6时半，刘少奇在怀仁堂主持召开中央政治局扩大会议，听取与会者对报告修改稿的意见。会上，刘少奇、周恩来分别就报告的有关内容作了说明，经过讨论基本通过。

这一天，杨尚昆也没有听取各组讨论情况的汇报。

1月26日　星期五　晴　2度到零下9度

大会继续分组讨论。讨论的形式和内容如前。

下午4时半至7时，毛泽东在钓鱼台主持召开中央政治局常委会议，讨论大会的安排问题，决定明天下午4时开全体大会，由刘少奇代表中央作口头报告，而不再念修改好的报告稿，大会于30日结束。会议还讨论了刘少奇关于口头报告的提纲，

这一天，杨尚昆仍没有听取各组讨论情况的汇报。

1月27日　星期六　晴　西北风3至4级间5级　2度到零下9度

中午12时，毛泽东把杨尚昆和邓小平叫到住处，提出大会改在下午2时举行。

下午2时，七千人大会在人民大会堂正式开幕，毛泽东主持大会。他宣布："同志们：扩大的中央工作会议全体大会，今天开幕。请少奇同志报告。"刘少奇手握提纲，滔滔不绝，一口气讲了3个小时。

1月28日　星期日　晴　7度到零下5度

大会没有休息，分组讨论刘少奇的两个报告：书面报告和口头报告。

下午2时至3时40分，参加大会的全体成员在怀仁堂后面草地上，与中央领导人合影。杨尚昆在日记中说："八千余人，分7次拍照，共用1小时40分，实在是一件很不容易的组织工作。"

晚8时半至12时，杨尚昆召开汇报会议，了解各组对刘少奇报告的讨论意见。大家一致对刘少奇的报告满意，特别满意会议的开法。

1月29日　星期一　晴　西北风4至5级间6级　1度到零下7度

上午，大会分组继续讨论刘少奇的两个报告。

下午4时至7时30分，大会在人民大会堂举行全体会议，林彪在大会讲话，主要讲党的问题和军事工作，毛泽东主持会议。林彪没有讲话稿，也是手持提纲演说，讲了3个小时。林彪讲完之后，毛泽东称赞讲得很好，并宣布会议延长几天，大家都在北京过春节，"趁热打铁"，开一个"出气"会，畅所

欲言，把话说完！毛泽东的话，“获得全场极为热烈的鼓掌”。

1月30日　星期二　晴间多云　偏北风2至3级间4级　3度到零下7度

上午，大会分组讨论昨天毛泽东和林彪的讲话。

下午4时至6时，大会在人民大会堂举行全体会议，毛泽东主持会议并发表大会讲话，主要讲民主集中制问题，中心是发扬民主，号召大家继续出气。毛泽东没有讲话稿，也是口头报告，讲了2个小时。

晚10时30分至12时，毛泽东在中南海颐年堂召开中央政治局常委和各中央局书记会议，布置如何开“出气”会的问题，决定以3天时间开小组会，放手让大家提意见；中央几个常委分别到安徽、福建、山东、陕西、四川组参加会议。这天晚上，刘少奇到安徽组参加了会议。

晚8时30分至次日1时，杨尚昆召开了汇报会议，了解各组对林彪的讲话和毛泽东提出开“出气”会的讨论情况，结果是反应热烈！

1月31日　星期三　晴　3度到零下6度

今天是“出气”会的第一天。大会以省为单位，或省以地区为单位开“出气”会。主要是地、县委书记给省市委、各部委提意见，各省市进行工作总结并作自我批评。

周恩来、邓小平分别到福建组、四川组参加了会议。

晚8时半至1时半，杨尚昆继续召开汇报会议，了解各组讨论情况。汇报时间持续5个小时。杨尚昆在日记中说：安徽、福建两省慢慢地展开了，向省委领导初步提出些意见，还待深入。四川省虽有小平参加，似乎并未展开，而且两次冷场！

2月1日　星期四　多云间晴　3度到零下7度

今天是“出气”会的第二天，大会同昨天一样继续开“出气”会。

毛泽东在中南海颐年堂召开会议，亲自听取华北、东北、华东三个大区“出气”情况的汇报。

杨尚昆召开的各小组汇报会依然开到次日1时半。

2月2日　星期五　晴　4度到零下7度

今天是“出气”会的第三天，大会继续分组开“出气”会。

毛泽东在中南海颐年堂继续召开会议，听取西北、西南、中南三个大区“出气”情况的汇报。会议决定除夕休息一天，2月6日再开大会。

杨尚昆召开的各小组汇报会于次日1时半结束。

2月3日　星期六　晴　4度到零下9度

大会延长“出气”时间，继续分组召开“出气”会议，不少省委书记进行总结性的发言，进行自我批评。刘少奇、周恩来、朱德分别到安徽组、福建组、山东组参加会议。

2月4日　星期日　除夕　晴　8度到零下8度

大会休息。

晚上，毛泽东、刘少奇、周恩来、朱德、林彪同全体与会人员一起在人民大会堂共度春节，观看北京文艺工作者演出的京剧、舞蹈、杂技等节目。

2月5日　星期一　春节　晴　8度到零下7度

晚上，全体与会人员出席人民解放军总政治部在人民大会堂举行的拥政爱民联欢晚会，毛泽东、刘少奇、周恩来、朱德、董必武、陈云、林彪、邓小平等参加，晚会规模之大，达4万多人。人民大会堂各楼大厅同时演出了多种文艺节目，还有电影、体育表演等。

2月6日　星期二　正月初二　晴间多云　9度到零下6度

上午，各组继续开“出气”会，会议的内容同昨。

下午4时30分至6时30分，大会在人民大会堂举行全体会议，毛泽东主持。先是邓小平在大会讲话，主要讲党的问题；接着是朱德讲话，主要谈反对修正主义斗争的问题。邓小平也是手持提纲，作口头报告。毛泽东对邓小平和朱德的讲话未加评论，宣布：散会，明天下午开大会。

2月7日　星期三　正月初三　晴间多云　8度到零下6度

上午，大会分组讨论邓小平、朱德的讲话。

下午4时30分至晚7时30分，大会在人民大会堂举行全体会议，毛泽东主持，周恩来在大会讲话。周恩来也是手持提纲侃侃而谈，讲当前的主要困难和克服困难的主要办法。会议的第二项议程，由邓小平宣读大会关于刘少奇书面报告的决议。毛泽东说："同志们有什么修改的意见没有（全场热烈鼓掌），就不需要付表决了吧？（全场热烈鼓掌）"毛泽东又说："中共中央扩大的工作会议关于刘少奇同志报告的决议，就作为通过（全场热烈鼓掌）。"鼓掌过后，毛泽东宣布："这个会议就闭幕了……这个会开得好，开完了，散会（热烈鼓掌）。"

后 记

2006年，我是怀着忐忑不安的心情出版《变局》一书的。未曾想，这本书出版后，立刻受到社会的关注，一版再版，竟成为了当年的畅销书。这是尊敬的前辈、同仁和广大读者对我劳动的最大理解和支持，我非常地感谢！当然，也有一些批评文章。对批评者，我也非常感谢！是他们的批评，逼着我多想问题，多从自己的书中找到不足。

2012年1月11日是七千人大会召开50周年的日子，中国青年出版社为了纪念这次大会的召开，决定将此书推出纪念版。在推出纪念版时，本想将全书做一次全面的修订，但时间短促，又加手头上的一些工作繁忙，实在顾不上来只好留待来日。这次，为这个纪念版，我邀请陈晋写了一篇序言，增补了当年参加会议的明朗、刘新起、李曦沐的有关回忆，李保文对刘新起的采访，以及黄峥对刘少奇夫人王光美的采访，并附录了当时中办主任杨尚昆筹备、参加七千人大会的有关日记。针对反馈给我的一些重要意见，根据新的材料，我还对本书第19章“谭老板、曾胡子、李井泉等能不能过关？”中有关李井泉部分，进行了修订。

为什么要专门对李井泉部分进行修订呢？因为最近几年，学界和网上对四川成为重灾省的原因，有不少讨论。尤其当我看了温江地委书记宋文彬1998年12月20日关于《我对原温江地区农业“大跃进”中的两个特殊问题的主要情况的交代》、传记作家周燕2009年7月15日对李井泉秘书陈振寰同志的采访记录、四川省委书记处书记廖志高的口述等，觉得原来的介绍与评论不够恰当，因而必须进行这次修订。尽管如此，我对此还是觉得不满意，因为那段历史非常复杂，要评论准确，需要看很多材料，并对亲历者进行调查。这些问题，我一时都难以做到，所以再评论起李井泉来，觉得下笔如千斤，很难言说。初步印象，我比较同意廖志高的判断，“外调粮食过头是四川困难时期人口非正常死亡率高的主要原因”。同时，廖志高通过进一步地思考，即“当时四川因过头调粮已经出现缺粮和非正常死人的情况，省委在制定、执行有关政策和工作上还有哪些失误，加剧了群众困难和非正常死亡的严重程度”，以及“同其他一些省、市、区困难时期的情况进行比较”，最后得出结论：“主要有三条是四川特有的或比其他一些省市更严重的失误。即农村公共食堂散晚了、社员自留地恢复迟了、反瞒产私分错了，极大地影响了群众抵御饥荒的自救能力，加剧了四川群众生活困难和非正常人口死亡。”如此，是否可以这样说，以往把账都算在李井泉头上是不公平的，同时和其他省市相比（不少省份也存在调粮过头的问题，当然四川更加突出），省委是有相当责任的。

那个年代已经远去了，即使是七千人大会，也召开半个世纪了。再回头细看那段历史，心情是十分沉重的。那一代人，都是为了理想，不顾个人安危投身了革命。为了建立新中国，他们作出巨大牺牲和贡献。但建国后，在如何进行社会主义经济建设的问题上，一方面由于缺乏经验，一方面由于自身的原因，他们犯过这样那样的错误，做了“对不起人民的事”。我对他们是十分敬重的，同时也有些许的遗憾！

在本书纪念版面世之际，我首先要感谢中共中央文献研究室副主任李捷同志对我原书的顺利出版及纪念版的出版，所给予的积极支持；感谢中央文献研究室副主任杨胜群同志对我写作此书的支持；感谢中央文献研究室原第一编研部原主任熊华源同志在审阅此书时对我的支持。还特别要感谢中央文献研究室副主任陈晋同志为纪念版作序，和对我的鼓励和支持。

在考虑纪念版的增添篇目时，在山西长治县发展改革局工作的李保文同志为我提供了七千人大会的出席证、华北局与会者同中央领导人的合影。这个合影长达 1.8 米，他扫描整整两个多小时，然后发来给我。我十分感动，为此深表谢意！

还要感谢中国青年出版社为此书出版所做的工作。也感谢那么多的读者一直关注这本书，期望这个纪念版能让更多的人来了解那段历史，思考其经验、教训及意义所在。纪念，是为了不忘却，更为了建设未来。

纪念版付梓之前，心中忐忑，不尽之言，尚待来日……

张素华

2012 年 12 月 11 日

编辑说明

《变局——七千人大会始末》首版于2006年6月。此后，曾多次获奖。5年多时间过去了，至今，还没有更多的著述能在有关"七千人大会"研究的广度、深度上，超越这本书。

1962年1月11日至2月7日召开的有七千多县委书记以上干部参加的中共中央扩大的工作会议，在中国20世纪的历史上有十分重要的意义。在这之前，是"大跃进"和1959－1961年三年严重的经济困难；之后，是历时10年的"文化大革命"，它是中共党史上一个十分重要的关节点，它本身蕴涵的丰富信息，以及对中国当代史的深远影响，还没有得到充分的认识和研究。

从这个意义上说，本书是开创性的、是填补了这个领域空白的。它是第一部全面、深入、详细披露了七千人大会缘由、经过以及曲折全过程的著作。作者写作的时间，前后用了三年，经过反复的修改，多方征求意见，几经斟酌才成稿。在出版过程中，还得到了中共中央党史研究室、中共中央文献研究室等部领导和专家的大力支持，许多学者也提出了十分有益的中肯意见。

2012年，正逢"七千人大会"召开50周年。整整半个世纪过去了。50年前，这个有7118人参加的大会，是在极其保密的状态下召开的；50年后，这个大会的神秘面纱徐徐揭开——它对20世纪60年代之后中国当代史的走向发生过怎样的影响，本书都有相当的介绍和阐述。此次出版纪念版，是希望借此进一步推动这些问题的深入探讨。我们希望，能有更多的读者参与进来，提供更多有关七千人大会的回忆、档案材料、图片和宝贵意见，以帮助今后对全书做全面修订。随着参会者与当事人越来越少，这样的材料收集更显得紧迫与珍贵。

在第一版的出版中，在图片的使用上，得到了吕厚民、杜修贤、侯波、徐肖冰等老一代摄影师的大力支持，他们曾经在毛泽东、刘少奇、周恩来等老一辈革命家身边工作多年，给今天留下了许多珍贵的历史影像，也给本书增添光彩，在这里，再一次表示感谢。为了能更好地反映20世纪五、六十年代、七千人大会前后特有的历史氛围，我们也选用了一些绘画作品，这里也再次列出他们的名字，以示谢意，他们是：王叔晖、蒋朝玲、王德志、史余信、宋兴民、李维朴、任贺名、朱学达、吕学勤、盛此君、潘世勋、苗地、王绍基、魏紫熙、田金铎、米谷。也感谢为纪念版提供新材料的杨尚昆、明朗、刘新起、李曦沐，提供采访文章的李保文、黄峥。感谢媒体、读者多年来对本书的持续关注，你们的鞭策，是我们的动力。